文化中国研究丛书

U0118960

周育民　著

晚清财政与社会变迁

修订本

浙江古籍出版社

图书在版编目(CIP)数据

晚清财政与社会变迁 / 周育民著. --修订本. --
杭州:浙江古籍出版社,2023.7
(文化中国研究丛书)
ISBN 978-7-5540-2642-7

Ⅰ.①晚… Ⅱ.①周… Ⅲ.①财政史－研究－中国－
清后期 Ⅳ.①F812.952

中国国家版本馆 CIP 数据核字(2023)第 118201 号

文化中国研究丛书

晚清财政与社会变迁(修订本)

周育民 著

出版发行	浙江古籍出版社	
	(杭州市体育场路 347 号 邮编:310006)	
网　　址	https://zjgj.zjcbcm.com	
责任编辑	刘　蔚	
文字编辑	吴宇琦	
责任校对	吴颖胤	
责任印务	楼浩凯	
照　　排	浙江时代出版服务有限公司	
印　　刷	浙江全能工艺美术印刷有限公司	
开　　本	880mm×1230mm 1/32	
印　　张	16.5	
字　　数	430 千	
版　　次	2023 年 7 月第 1 版	
印　　次	2023 年 7 月第 1 次印刷	
书　　号	ISBN 978-7-5540-2642-7	
定　　价	89.00 元	

如发现印装质量问题,影响阅读,请与市场营销部联系调换。

序 一

财政是国家政权的经济存在。研究一代历史，不能不研究这个时代的国家财政。晚清财政是我国由封建国家财政向近代半殖民半封建国家财政转变的一个重要时期，在中国财政史上具有重要的地位。但是，从清亡至今，已过去八十多年，还没有一本较为系统论述晚清财政演变的学术著作，这不能不说是一个很大的缺憾。究其原因，并不是史学界对这一课题不重视，而是这一课题本身的难度以及我们所经历的时代使然。在打开还散发着油墨香的周育民同志的《晚清财政与社会变迁》书稿时，我想起许多事。

1934 年，汤象龙先生发起成立了"史学研究会"，参加这个研究会的有大家所熟悉的吴晗、谷霁光、梁方仲、罗尔纲、夏鼐、朱庆永、孙毓棠、刘隽和罗玉东等人，当时还都是二三十岁的年轻人，他们对于我国历史学所作出的贡献将永远载入 20 世纪中国历史学的史册。在这批历史学家中，以研究中国社会经济史的居多，其中又以研究晚清财政史的居多，可见当时中国历史学界对于晚清财政研究的重视程度。

在民国以前的历代财政中，清代的财政史料是最为丰富的。在中国第一历史档案馆所藏的 960 万件档案中，大约有四分之一是有关财政或涉及财政的。此外，在私刊的大量清代官员的文集、杂记中，也保留着相当丰富的财政史料。要将这样数量巨大的财政史料整理出来，本来就是需要几代人才能完成的一项艰巨任务。早在 20

世纪 30 年代初，在北平社会调查所工作的汤象龙先生就开始着手研究晚清的财政，并组织了大批人员抄录故宫文献馆收藏的大量档案史料，到抗日战争爆发，抄录了共 12 万余件。他与陶孟和先生主编的《中国近代经济史研究集刊》（后改名《中国社会经济史集刊》）所刊载的论文不少是有关晚清财政的。他还就海关、厘金、盐政、战争赔款等专题专门组织人员进行研究。这项意义重大的研究由于抗日战争的爆发而不得不中止了。当年参加这项工作的罗玉东先生写了至今仍为学术界十分重视的《中国厘金史》，刘隽先生则以研究清代盐政见长，这两位很有前途的年轻学者都不幸死于日本侵华战争时期。汤象龙本人编撰的《中国近代海关税收和分配统计（1861—1910）》早在战前就已完成，但到 1992 年方才出版。1949 年以后，虽然没有继续进行这样大规模的晚清财政史料的研究和整理工作，但相关工作并没有停止。那批逃过侵略战争劫火的"抄档"还保留在中国社会科学院经济研究所中，该所彭泽益等先生在 1949 年后所撰写的不少有关晚清财政史的重要论文，大量地利用了"抄档"，反映了这项工作的继续。但是，无可否认，由于政治运动对于史学的影响，晚清财政史的研究受到了不应有的忽视。重新提到重要位置上来，是在改革开放的 20 世纪 80 年代。

财政史的研究不仅需要研究者具有财政学、经济学的一般知识，还需要有相当丰富的专门知识。清代所谓盐、河、漕三大政，都是财政的重大问题。每一大政，都需要研究者具备专门知识。盐政的研究，需要有清代盐区分布、生产、运销、管理和盐课征收等系统的知识，林振翰编的《盐政辞典》，厚厚一大本，要读懂也不那么容易，河政、漕政还没有专门辞书。财政问题总是和经济发展密切相关，又要求研究者对晚清的经济发展史有着比较广博的知识。统治者处理财政问题往往是从维护自己的统治着眼的，这又要求研究者对于晚清政治史有着比较深切的了解。财政的收入与分配，直接关系到社会各阶层的经济利益，与社会结构、阶级矛盾和民族矛盾交织在一起，又需要研究者对于近代社会有着比较广阔的视野。这些知识当然不可能全部由晚清财政史的研究者一一探求，还需要历史学的全面发展作为基础。从这个意义上说，1949 年以来近代经济史研究的长足进步，80 年代以来社会史研究的迅速发展，又为晚清财政史的系统研究准备了必要的条件。

周育民同志是在"文化大革命"以后成长起来的历史学工作者，他对于晚清的经济史、政治史和社会史有着比较广泛的兴趣，在他的论文和著作中，常常能提出一些颇有见地的观点。还在1982—1983 年周育民同志在中国人民大学清史所进修班进修时，我就听说他在大学时代就开始了对晚清财政史的研究，当时他还二十几岁。在进修期间，他每天一下课，就从北京西郊赶到故宫中国第一历史档案馆阅读军机处档案，分秒必争，风雨无阻。晚上坐在人民大学的图书馆里，大量阅读抄录文献史料，一直到闭馆。进修时间虽然只有九个月，我对这个年轻人还是留下了比较深刻的印象。十五年过去了，他的《晚清财政与社会变迁》一书终于完稿了，我们终于有了一本比较系统地论述晚清财政史的学术专著，这是一件值得祝贺的事。

周育民同志的书稿行文朴实无华，我在翻阅书稿时，却为之吸引。作者的研究重点是财政，但没有就财政谈财政，而是把它放到整个社会变迁的大背景下进行研究，其中所提出的许多问题，对于政治史、社会史和经济史的研究不无启发。如辛亥革命时期袁世凯为何与南方革命党人妥协，人们往往从政治格局中进行探究，而作者根据财政资料认为北洋军的军费 78.3％都是由后来南方独立各省提供这一论据，为袁世凯的行动作了一个新的注解。财政史需要大量的统计资料，作者对之进行了繁重的爬梳工作，但视野却没有为统计数据所囿，而从大量寄生于清代财政的幕僚、吏胥、差役的谋生手段这一社会史的角度，指出了现有统计数字的局限，而这恰恰是社会史所需要进一步研究的课题。

《晚清财政与社会变迁》既大量吸收了老一辈史学家们的研究成果，也包含着他自己的辛勤劳动。书中不仅提出了诸如货币财政与实物财政的关系、经济发展与财政演变的关系、中央财政与地方财政的关系等带有宏观性的问题，而且对于一些重要财政事件的细节也考订得相当精细，如鸦片战后的海关税收，向来都引用王庆云的统计数字，但周育民发现，王庆云的统计数字并没有将江海等关的洋税收入包括进去。他曾在 1989 年发表的一篇论文中推算，清政府为支付甲午战争赔款，实际损失高达四亿两以上的白银，举借外债的经手人获得了巨额回扣，这为以后的研究和新发现的史料所证实。[①] 息借商款、昭信股票究竟借了多少，他没有借用成说，而是一条条地搜集，提出了全新的统计数字。仅庚子地方赔款一项，引用的资料就不下四十条。我粗算一下，在这三十多万字的书中，引用资料不下一千五百条，所列表格不下七十幅。这些丰富的史料信息，表现了作者严肃的研究态度，我从中看到了老一代历史学家的严谨扎实的学风正被新一代所继承和发扬。

学风关乎国运。在今天全国上下提倡实事求是的作风时，我觉得很有必要提出端正学风的问题。我们正处于世纪之交，也处在前所未有的繁荣昌盛的历史时代，政治上改革开放，思想活跃，这为学术的健康发展提供了一个难得的机遇。学术界有责任、有义务进行扎扎实实的研究，不需要也不应该放字数、篇数、本数的"卫星"，而要为后人留下更多的有用的东西，用扎实而丰富的学术成果辉映这个伟大的时代。

戴　逸

1998 年 10 月 20 日于北京铁狮子胡同

---

① 见《中国经济史研究》1989 年第 4 期。

序 二

今年 9 月 10 日教师节晚上，周育民从上海打电话来，说在教师节要献给老师一个礼物。我说不必，他说这礼物是他刚刚完成的新著《晚清财政与社会变迁》，请我作个序。作为老师，没有比收到这样的礼物更为高兴的了，怎么能拒绝呢？

我和周育民相识，是在 1982 年秋天。那时，他来中国人民大学清史研究所进修，我担任了一部分中国近代史的课程。他写给我一封信，其中谈了他研究甲午战争以后清朝财政的计划，原说是准备写一篇论文，但我看了计划之后，觉得这是一本书的计划，便建议他一个个专题搞。此后他每天下课以后，就往第一历史档案馆跑。我觉得他是一位勤奋的学生。

1983 元旦，我们参加了进修班同学的聚会，所领导提出由清史所教师指导，组织进修班的学生编写一本《近代京华史迹》，作为进修班同学集体调研的一个成果，得到了大家的积极响应。周育民同志分担了搞清谭嗣同夜访袁世凯的法华寺的情况。北京有几个法华寺，他发现要搞清法华寺的确切位置，必须首先搞清康有为等候谭嗣同时所在的"金顶庙"的位置。为此，他不仅查了清代北京城的各种地图和文献，而且跑了北京城内许许多多的胡同进行实地考察，几个月后，他不仅把法华寺和"金顶庙"的确切位置弄清楚了，而且生动地将法华寺与近代的一些重要历史事件的关系写了出来。当我知道他在调查中所遇到的各种困难和曲折后，我对他治学精神和态度就有了进一步的了解。

进修班毕业后，他回上海师范大学历史系工作，担负着繁重的教学任务，但一直坚持进行科研，活跃在学术领域。我在好几次国内和国际学术会议上遇到他，他提交的论文大多是有关秘密结社的。1993年我收到了他送给我的他与邵雍同志合著的《中国帮会史》，这是一本填补空白的力作。在这十年里，不少同志都认为他是专治秘密结社史的，但由于我和他在多次学术会议期间常在一起交谈，所以我知道他并没有放弃晚清财政史的研究，之所以花相当大的精力研究帮会史，既是因为课题本身的重要性，也是为了完成他的导师魏建猷先生的遗愿。作为老师，我能体会到学生这样做的意义。

我虽然多年从事近代史的教学与研究，但对于晚清财政只是粗有了解，无暇深研，不过对于这项研究的重要性还是知道的。现在，十六年前我对他的鼓励，经过他艰苦的劳动，终于在十六年后变成了一本三十余万字的《晚清财政与社会变迁》，我当然是极为高兴的。

我怀着愉快的心情，在病中看完了书稿，觉得这是一部很好的研究专著。

一是选题独到。以往即使有对晚清财政的研究，亦大多就财政谈财政，很少结合社会变迁深入剖析的，而离开了具体的社会背景，尤其是像晚清这样剧烈变动的社会环境，财政问题研究的很多难点，是很难突破的。周育民的研究，视角独特，始终紧扣晚清财政与社会变迁的主题，并在各专题深入研究的基础上，详尽阐述了两者间的互为关联互为影响的密切关系，新意迭出，弥补了以往研究的不足。

二是论据扎实。以往相关研究薄弱，与资料散见、爬梳不易有关。周育民的研究花费了极大的精力，努力挖掘、整理了各种相关的史料，并做了许多量化统计的工作，编制了众多的统计图表，使这项研究的资料依据可靠扎实，并据此纠正了一些传统的论断，如对太平天国期间清政府军费开支的考订，较之前辈学者的论断更为坚实。

三是视野开阔。此项研究，在着重研究晚清财政与社会变迁内在关系的同时，还结合史实和国情，提出了一些很有启示的见解。如关于漕粮改折的认识，就发前人所未发，指出在考察这个问题时，应注意到各地经济发展的差异及其可能产生的社会影响，不能一概而论，泛泛而谈。

我为周育民的研究成果感到高兴，也希望他继续努力，不断有新的佳作。

胡绳武

1998 年 11 月于中国人民大学静园

前　言

　　清代前期的财政是我国封建财政发展的巅峰。满洲贵族入主中原之初，财政收入不过一千多万两，而到乾隆朝，整个财政的规模发展到四五千万两。它建立了高度中央集权的专制的财政体系；通过"摊丁入地"，比较彻底地完成了明代以来的一条鞭法的改革；通过"耗羡归公"、捐纳捐输等各种财政措施，在军事、河工等巨额的例外支出以及数次普免天下钱粮以后，仍能创造库存白银八千万两这个世界历史上封建国家财政储备的最高纪录。但嘉庆、道光以后，清王朝盛极而衰，它在封建国家财政史上曾有过的辉煌纪录在内忧外患的冲击之下成了明日黄花。

　　清代财政是我国封建的实物财政向货币财政急剧演变的重要阶段。清代财政货币化加速的原因主要是货币赋税财政比劳役征发和实物赋税具有很多优越性，这种财政体制的形成虽然有着商品经济发展的现实基础，但在本质上是从自然经济的母体中产生出来的。在近代商品经济迅速发展的过程中，这种财政体制与商品经济的矛盾也就不可避免地发展和加剧起来。晚清财政的重点由"征农"而转向"征商"，却并没有切断与其自然经济母体的联结纽带，从而成为商品经济发展的桎梏，这构成了晚清财政发展演变的一个重要内容。

　　鸦片战争对于清朝财政产生了重大的影响，它是中国封建财政向半殖民地半封建财政转变的标志。从这次战争以后，西方资本主义国家对中国发动了一系列侵华战争，通过战争赔款从中国掠夺了大量的白银，重要的有鸦片战争赔款、第二次鸦片战争赔款、甲午中日战争赔款和庚子赔款，这些战争赔款的总数高达 7 亿多两白银。鸦片战争以后，清朝财政日益困难，以关税、盐税乃至厘金、田赋为担保，不断向列强举借外债，据统计，包括战争赔款转化而来的外债在内，清政府共向列强举借了 158 笔外债，外债总额高达18.75 亿两白银。① 中国的海关行政权和五十里内常关管理权为列强所控制，还通过协定关税、子口税等条款控制了中国的关税主权，不断干涉中国的内地关税主权。随着中国经济日益卷入到世界资本主义经济体系之中，清代的财政运行也越来越受到国际资本主义市场环境的制约，在银价暴跌、物价上涨的冲击下，中国的海关税收入和整个财政收入的实际价值大大地跌落了。晚清财政史，同时也是列强对中国的财政掠夺史。

太平天国运动从某种意义上说，是由于鸦片战争以后赋税急剧加重致使社会矛盾白热化而激起的。而在镇压太平天国运动的过程中，清朝的财政体制发生了深刻的变化。财政权逐渐下落到地方督抚的手上，地方财政日益发展，解协饷制度趋于瓦解，高度中央集权的专制财政体系无可挽回地走向了没落。为筹措镇压太平天国而举办的厘金在清朝财政的收入中越来越占有重要地位，严重地束缚了国内市场的开拓，使中国民族资本主义近代工业的产品不仅失去了关税的保护，而且还失去了在国内市场上与外国产品进行公平竞争的可能。沿着这个轨迹，清政府在财政走向近代的过程中，是走着一条与资产阶级利益对立的财政路线。这种由财政利益为根基的利害冲突，对于清政府政治走向的制约是微妙的，但又是确定的。

在清朝财政的肌体上，寄生着各种社会利益集团，有盘根错节

---

① 据宓汝成《近代中国外债》，载孙健编《中国经济史论文集》，中国人民大学出版社1987 年版。

的差役书吏、贪婪的士绅官员，还有进行敲诈的地皮棍徒。他们于正课之外，还把大量的浮费最后加到了无权势的民众头上，在社会经济环境恶化的推动下，社会矛盾急剧恶化。而清王朝由于其财政制度的内在弊病，不仅无力根除这种丑恶现象，而且由于其刻薄寡恩的俸禄制度、无休止的劝捐劝输、卖官鬻爵，对这种腐败推波助澜，最终将侵蚀、冲垮清王朝赖以立国的根基。这些寄生集团，既是这个财政体制的得益者，又是它的破坏者。

庚子以后，清政府由于赔款、练兵和新政宪政的推动，财政处于一种加速扩张的状态，而即使加速扩张也无法应付日益紧迫的政治需要。在加速扩张的过程中，清政府又极力企图规复旧有的财政体制，与代表地方财政利益的督抚发生了尖锐的矛盾，成为造成统治集团内部分裂的一个重要侧面。在 20 世纪初叶风云变幻的政治洪涛中，失去掌舵能力的清王朝终于被颠覆了。

清王朝留下了一笔庞大的财政遗产。它把一个年收入只有四五千万两银子的国家财政在短短的七十年中扩张到了三亿两，并把这种扩张力传到了民国；它在一个一统天下的专制财政体系中孵化出了大大小小的地方财政，留下了一个民国政府既想解决又无法解决的中央与地方财政关系的难题。它也留下了沉重的包袱，这些包袱是帝国主义迫使它背上的，使它失去了关税的自主权、因巨额战争赔款而大举外债，等等。

一个世纪即将过去。包袱已经扔去，遗产却不会消逝。我们曾有过像康雍乾盛世那样"一无外债、二无内债"的庆幸，而一旦我们不得不走出计划经济之门，清末的种种财政梦魇却重新又找上了门来。如何保持财政扩张的适当规模和速度？如何处理中央财政与地方财政的关系？如何解决官员的俸禄和腐败？如何扼制基层政权行政费用的非法摊派？如何通过财政政策协调各社会阶层的利益，以与长治久安的政治目标相一致？一部晚清财政史，无疑包含着丰富的历史教训。我国现行财政体制改革以划分国家税和地方税为中心环节，而这恰恰是在清末提出来的一个基本财政改革方案，从中我们不难听到历史的回声。

对于晚清财政进行深入全面的研究，本书还仅仅是一个起步。

目　录

表格目录

第一章　清朝前期的财政演变

　　1644 年，兴起于白山黑水之间的清王朝入主中原，建立了我国历史上最后一个庞大的帝国。支撑这个帝国，不仅需要骁勇善战的军队，而且需要强有力的财政以供庞大的国家机器的开支。清朝前期的财政，既是我国历代封建国家财政的继续和发展，作为末代封建帝国的财政，又展现了它向半殖民地半封建国家财政转变之前的某些特点。在我们讨论晚清财政与社会变迁这个题目之前，有必要先论述一下清朝前期财政的演变情况。

第一节　清承明制　有因有革

赋税制度的整顿

　　田赋是封建国家财政的基础。清政府在入关不久，即下令"地亩钱粮俱照前朝会计录原额，自顺治元年（1644）五月初一日起按亩征解"①。但由于明清鼎革之际，战乱多年，明代户口、土地册籍大多荡然无存；人口颠沛、土地经界紊乱，使清王朝的征赋毫无依据。因此，到顺治三年四月，清政府不得不重编《赋役全书》，大体按照万历旧例，各省分别每年据以订正，有所损益。顺治十一年复令各省订正，

---

① 《世祖实录》卷 9，顺治元年十月甲子。

汇编颁行。顺治十四年(1657)十月重新订正《赋役全书》,编竣颁行。[①] 但不久,因为三藩之乱,土地、人丁再次发生了重大变动。康熙二十四年(1685)三月,清政府开始重修《赋役全书》,更名为《简明赋役全书》,于二十七年十一月修成,但"廷议旧书遵用已久,遂罢颁行"。摊丁入亩实施以后,因赋役制度发生重要变化,雍正十二年(1734)再修《赋役全书》,规定按奏销册"四柱式"——原额、新增、开除、实在,分析应征、应解、应支数额,并定每十年修订一次。

《赋役全书》的编撰,是清代前期田赋整顿的一项中心工作。首先,《赋役全书》是根据明万历赋役旧额编定,但又增加了"旧书未载"的"九厘银"[②],即所谓"加派辽饷",使清政府得以基本上掌握明王朝的财政收入原额,为稳定全国的统治奠定了财政基础。其次,实施《赋役全书》的过程,同时也是清王朝财政体系建立和运作的过程。州县"赋税册籍有丈量册,又称鱼鳞册,详载上中下田则,有黄册,岁记户口登耗,与《赋役全书》相表里"[③]。因此,在中央政府着手编撰《赋役全书》的同时,州县政府也在着手重建鱼鳞册和黄册的工作。只有鱼鳞册和黄册切实建立,清政府才能真正控制田赋、征调夫役。第三,为了保证《赋役全书》规定的赋税兑现,清政府还建立了一整套

---

① 关于《赋役全书》问题,旧说顺治三年始编,十四年完成。陈锋先生经详细考证,认为顺治三年已有成本,以后不断改订,至十四年汇成。见所著《清代财政政策与货币政策研究》,武汉大学出版社2008年版,第146—152页。此处大抵采陈锋说。需要指出的是,顺治三年清廷取万历旧册损益裁定后,容许各省酌情订正。原则上明末加征者应裁,但实际上各省执行并不一致。顺治十四年《赋役全书》汇编统一颁行,明确天启、崇祯时加增"尽行蠲免",但九厘银不予裁撤。

② 光绪《大清会典事例》卷177《赋役全书》。

③ 《清史稿》卷121《食货二》。实际州县控管赋役簿记种类繁多。据《清朝通典·食货七》:"《赋役全书》外,又有会计册、赤历、丈量册、黄册诸书:会计册备载州县正项、本折钱粮及起解交部日期、解户姓名,以杜侵欺,并清积欠;赤历载户口钱粮数目,每年颁发二扇,一备誊真,一备百姓自登纳数,令布政司岁终磨对;丈量册载天下田土,凡原隰坟壤下湿沃瘠沙卤咸具焉;黄册则准于户口,详其旧管、新收、开除、实数,条为四柱,与《赋役全书》相为表里。"

会计账册制度。顺治六年(1649)九月清政府采纳户科给事中董笃行的建议,颁发易知由单,"将各州县额征、起征、存留、本折分数,漕白二粮及京库本色,俱条悉开载,通行直省,按户分派,以杜滥派"①。此外,清政府还采取串票、印簿循环征收粮册等各种票据、簿记方式以确保田赋交库。然后由省藩司"合通省钱粮完、欠、支、解、存留之款,汇造清册,岁终报部核销",称之为"奏销册"②。

随着各项簿籍制度的健全以及清代赋役制度的进步,脱胎于明代的、由中央政府组织编撰的《赋役全书》到乾隆时代已不适合统治者的需要。乾隆三十年(1765)户部奏道:"《赋役全书》开载额征正杂钱粮及支俸工料价等项,其不经名目,不一而足。最明白简便者,莫如奏销一册。前列山、地、田、荡、版荒、新垦,次列三门九则,额征、本折、地丁、起解、留支,一经开册,了如指掌。此书大指,即其张本。嗣后刊刻全书,均以奏销所开条款为式,每逢应修之年,止将十年内新垦、新坍各总数,添注于下。其余不经名目,一概删除。"③于是,《赋役全书》科目与奏销册一致。

奏销册与《赋役全书》虽然科目趋同,并均用四柱账式,但功能不同。奏销册侧重于实收赋税的收入、支出与结存,有利于控制各省的实际收支;《赋役全书》侧重于应征额的变化,即原额加新增减开除,即为应征额,有利于控制全国的财政收入总量。由于奏销册须每年奏报,记载了每年应征额的变化,而《赋役全书》十年编纂一次,因此乾隆中叶以后,财政收入规模已远超明末水平的情况下,《赋役全书》虽然仍依例编纂,但在财政上的重要性明显下降了。

同明朝一样,清王朝也定都北京。京师庞大的官僚机构以及拱卫京师的八旗、绿营口粮供应也全部由南方运输。清代继承自明代

---

① 《世祖实录》卷 46,顺治六年九月甲戌。
② 《清史稿》卷 121《食货二》。
③ 光绪《大清会典事例》卷 177《赋役全书》。

的漕运制度,成为当时的财政大政之一。明代漕运,"法凡三变,初支运,次兑运,支兑相参,至支兑悉变为长运而制定"。支运之法,江西、湖广、浙江民运粮至淮安仓,然后由官军递运至京。至宣德六年(1431)实行兑运法,即允许民委托附近卫所官军运粮,以远近为差,分别给以耗米;即使民运至淮安,仍须加贴官军路费耗米,把军运部分的费用转嫁到人民头上。至成化七年(1471)定漕运长运之法,命官军至江南水次兑收漕粮,除路费耗米外,再加收渡江费。"自长运法行,粮皆军运",但苏、松、常、嘉、湖五府运输内务府的白粮仍"民运如故"[①]。"清初漕政仍明制,用屯丁长运。长运者,令瓜、淮兑运军船往各州县水次领兑,民加过江脚耗,视远近为差,而淮、徐、临、德四仓仍系民运交仓者,并兑运军船,所谓改兑者也。"[②]江浙白粮至康熙年间也改行长运法。

综观明代和清初漕运制度的演变,民运部分日益减少,而军运漕粮占主导地位,并最终取代了民运。漕运是项旷日持久的繁重徭役,由屯军专职担负。供养屯军的费用由政府分配的屯田支出。明代运军采取卫所制,"屯军专职漕运,无漕之军,受役不得休息"[③]。沉重的徭役征发,使运军"转展称贷不支",造船费用"军卫无从措办,皆军士卖资产、鬻男女以供之","正军逃亡数多,而数额不减,俱以余丁充之"。[④] 军运制度已经岌岌可危。清初为维持军运,"改卫军为屯丁"[⑤],屯田"皆按漕船均分给领运之军,藉以济运。其不能自耕者,或官召民佃,征租赡军;或民赁军田,军自取息"[⑥]。为了控制运军的逃亡,清政府还每五年编审一次军籍,但仍无济于事。至康熙三十五年

---

① 《明史》卷 79《食货三》漕运。

② 《清史稿》卷 122《食货三》漕运。

③ 王庆云:《石渠余纪》卷 4《纪屯田》,北京古籍出版社 1985 年版,第 168 页。

④ 《明史》卷 79《食货三》漕运。

⑤ 《清朝文献通考》卷 10《田赋考》屯田。

⑥ 乾隆《大清会典》卷 13,第 9 页。

(1696)改定每船签运军一名，"余九名选募水手充之"。由运丁控制屯田收入对漕船的津贴和向州县索取兑运费用，雇佣廉价劳动力以维持漕粮运输。雇佣劳动制度取代奴役性的军役制度，虽然极大地提高了劳动效率，解决了困扰明清两代因屯军逃亡而漕运难以为继的问题，但由此又引发了在雇佣漕运水手中形成犬牙交错的庞大的行帮组织。[1]

"清之盐法，大率因明制而损益之。"[2]明代按盐场分区销盐的引商制度为清代所继承。但是明代盛行的"开中法"，清王朝定鼎之初即宣告废除。"顺治二年(1645)户部议：边商纳粟，原为边计。今中外一统，防兵无多，应令运司召商纳银。于是罢边商中盐之法。"[3]清初，"满兵贩私，牛车成群，弓矢入市"，严重破坏盐法。为此，清政府专门制定了法律："凡旗人贩卖私盐，照例治罪外，其主系官罚俸，系平人鞭责，佐领内管领、骁骑校罚俸，领催、屯长鞭责。其马厂牧人有犯私盐者，领去之营总、参领等皆罚俸，领催等各鞭责。"只有"本主自行拿获者免议"[4]。旗人犯盐禁，不仅在刑律上得不到优免减等，而且牵连本主管领，可见清政府对于盐课收入之重视。盐政职官，也在行政机构中地位突出。清初专差巡盐御史，至顺治十年(1653)直省盐政改由都转运使司管辖，但次年即复派御史。因查禁私盐、抑制豪强，经常要向督抚商调兵力，多有不便，且易误事。福建、四川、广东、广西、云南、贵州六省盐务首先改由巡抚兼管，自康熙至道光年间，各省盐务相继改由督抚管理，形成了盐政官与督抚双重管辖的体制，以便互相监督，确保盐课收入。

清朝入关之初，"免各关征税一年，并豁免明季税课亏欠"[5]及"革

[1]　参见拙文《漕运水手行帮兴起的历史考察》，《中国社会经济史研究》2013年第1期。
[2]　《清史稿》卷123《食货四》盐法。
[3]　王庆云：《石渠余纪》卷5《纪盐法》，第231页。
[4]　光绪《大清会典事例》卷231《盐法》。
[5]　《清史稿》卷125《食货六》征榷。

明季加增税额"①,这显然吸取了明季"税使苛敛"②,天下纷扰的教训。顺治二年(1645)开征关税之后,清政府对于官员企图通过多报赢余以邀优叙的现象仍然惶恐,要对"争多斗胜者"予以处分。这种减轻商税的政策有利于商业贸易的恢复和发展,反而导致了清初商税收入的不断增加。清政府统一台湾之后,从康熙二十四年(1685)以后在广东、福建、浙江、江苏又分别设立 4 个海关,主要征收进出口货物的关税。乾隆二十年(1755)对外海上贸易集中在广州进行,粤海关的收入日益增长。

田赋、漕粮、盐课、关税是清政府财政收入最主要的部分。就其与明代赋税制度关系而言,大体上都是沿袭明代而来,并有所发展。控制了这些主要财政收入,并革除了明季一些弊政,使清政府得以支持庞大的国家机器,并能够在清除残明势力和平定三藩之乱的重大斗争中赢得胜利。

雍正朝的财政改革

清初财政整顿的任务,主要是为了恢复到明万历年间财政收入的水平,以满足国家的财政需要。以少数民族入主中原的清王朝,在其统治之初,在财政上缺乏经验,不得不大量借鉴、沿用明代的赋税制度,而且大量地沿用明代原有的征赋系统。但自康熙中叶以后,旧的赋税制度弊端日益严重,统治地位日益稳固的清王朝不仅有了丰富的财政管理经验,而且有了大刀阔斧进行财政改革的政治实力。到了以行政风格清厉肃峻而著称的雍正皇帝统治期间,一系列财政改革措施便纷纷出台了。

摊丁入亩

中国封建社会的田赋,在明代中叶以前,实行两税法,而徭役则

---

① 王庆云:《石渠余纪》卷 6《纪关税》,第 270 页。

② 《明史》卷 81《食货五》商税。

按人丁征发。随着商品经济的发展,以货币代替以实物为主的两税成为历史发展的趋势。自明代中叶以后,各地相继进行了所谓"一条鞭法"的改革。所谓"一条鞭法",据《明史》记载:

> 一条鞭法者,总括一州县之赋役,量地计丁,丁粮毕输于官。一岁之役官为佥募,力差则计其工食之费,量为增减;银差则计其交纳之费,加以赠耗。凡额办、派办、京库岁需与存留、供亿诸费,以及土贡方物,悉并为一条,皆计亩征银,折办于官,故谓之一条鞭。[1]

但明代的"一条鞭法"实际上各地不尽相同,大体上有以下几种情况。一、取消力差与银差的区别,统一征银。二、总括一州县之赋役,折银分摊于丁、粮。三、总括一州县之赋役,量地计丁,折银完全分摊于田亩,赋役合一。这三种情况反映了役法改革的程度在各地相差很大,又体现了力役征银、赋役合一的历史趋势。但是,明代的"一条鞭法"改革,由于官僚豪绅的抵制,大多都以失败告终。

经过明末农民大起义,明代的勋戚、官僚、豪强地主势力遭到了沉重的打击。清朝入关以后,为了铲除残明势力、确立清王朝的统治权威和保证赋税收入,清政府对于缙绅地主的偷漏田赋给予了异乎寻常的打击与镇压。最典型的是江南奏销案。顺治十八年(1661)的"江南奏销案",江宁巡抚朱国治惩处逃避赋税的士绅即达13,517人,处罚包括降革、枷责、鞭扑等。己亥进士叶方蔼仅欠一厘也被黜,时有"探花不值一文钱"之谣。这种残酷的手段虽然出于政治目的,但无疑也为田赋改革扫清了阻力。为了取得民众的支持,清政府在入关之后便宣布了"清地亩,均赋役"[2]的政策,进入河南之后,更"倡为均田均役之说"[3],得到了平民地主和下层群众的拥护。由于明代"一

---

[1]　《明史》卷 78《食货二》。
[2]　康熙《河南通志》卷 24。
[3]　朱之瑜:《阳九述略》,永历十五年。

条鞭法"改革的不彻底,由封建徭役的征发以及转变而来的丁银的征收,仍然以户籍作为依据。丁口户籍的变动直接关系到徭役征发和丁银收入的盈绌。因此,清政府十分重视丁口户籍的编审。但到康熙五十一年(1712)清政府下令"滋生人丁,永不加赋",人口的管理更侧重于行政、治安和军事作用,其财政方面的作用大大缩小了。这一政策的出台,原因有二。一是清朝统治至康熙中叶已渐臻鼎盛,"国帑充裕,屡岁捐免,辄至千万,而国用所需,并无贻误不足之虞"。二是由于丁口户籍的编审与丁银收入挂钩,地方官不愿将新增人丁如实统计奏报,以免拖欠之累,关系官员政绩考核,户口编审便形同虚设了。在这道上谕中,康熙皇帝明确指出:"今海宇承平已久,户口日繁,若按见在人丁加征钱粮,实有不可。人丁虽增,地亩并未加广,应令直省督抚将见今钱粮册内有名丁数,勿增勿减,永为定额。其自后所生人丁,不必征收钱粮,编审时止将增出实数察明,另造清册题报。"①这道上谕中明显蕴含着这样一个前提:即丁银的增加与地亩的加广应互相一致;如地亩未加广,人口虽增也"不必增收钱粮"。"盛世滋丁,永不加赋"命令背后所蕴含的这一理论前提,到雍正朝即演变为"摊丁入地"的实际政策了。

明代以来赋役制度的演变,清代统治阶级的政治、社会经济和财政政策的发展,使雍正朝大规模推行"摊丁入地"改革的社会政治条件成熟了。

雍正元年(1723)九月,户部议准:"直抚李维钧请将丁银摊入田粮之内,应于雍正二年为始,造册征收。"②在雍正皇帝的支持下,各省纷纷相应,"摊丁入地"的改革遂在各地展开起来了。各省"摊丁入地"的情况有如下表(表 1-1)。

---

① 《圣祖实录》卷 249,康熙五十一年二月壬午。
② 蒋良骐:《东华录》卷 25,中华书局 1980 年版,第 412 页。

表 1-1　清代各省"摊丁入地"情况表

省区	实行时间	实行形式	摊入科则	备考
广东	康熙五十五年户部议准摊丁入地。	就各州县地亩分摊。	每地一两摊丁银一钱六厘四毫有奇。	雍正五年潮州府未随粮派州县实行摊丁入地。
四川	康熙	各州县分别匀摊。	每粮五升二合至四石六斗不等。	威州等 11 州县，自雍正五年起摊丁入地。
直隶	雍正二年	全省通筹计摊。	每地赋一两匀丁银二钱七厘有零。遇闰每两加银七厘九毫四丝。	包括班匠银在内。
福建	雍正二年	各州县分别匀摊。	每地银一两摊入丁银五分二厘七毫至三钱一分三厘不等（包括盐钞银在内）。	台湾府自乾隆十二年摊丁入地，本府通匀。
山东	雍正四年	全省通筹均摊。	每银一两摊丁银一钱一分五厘零。	
云南	雍正四年	以全省计摊。	上地每亩摊丁银五厘五毫，中地四厘六毫，下地三厘六毫。上田每亩摊丁银七厘六毫，中田六厘六毫，下田五厘六毫。	
浙江	雍正四年户部议准该省摊丁科则。	按同一则例分别均入各州县田赋。	每田赋银一两，均摊银一钱四厘五毫有奇。	照粮起丁 50 州县，照田起丁 27 州县。
河南	雍正五年	各州县分别均摊。	每地赋银一两，均摊银一钱一分七毫六丝至二钱七厘二丝零。	原派闰银州县，摊丁后仍派闰银。
甘肃	雍正五年	河东丁随粮办，河西照粮摊丁。	河东：每粮银一两，摊丁银一钱五分九厘三毫有奇，闰年每两加一钱七分四厘八毫。河西：每两一石，均载丁银一分六毫有奇。	自雍正六年起按河东、河西匀摊。

续表

省区	实行时间	实行形式	摊入科则	备考
江西	雍正五年	通省匀摊。	每地赋银一两,摊丁口银一钱五厘六毫。	包括盐钞银在内。
安徽	雍正六年	各州县分别匀摊。	每亩摊丁银一厘一毫至六分二厘九毫零不等。	
广西	雍正六年户部议准摊丁科则。	各州县分别匀摊。	每地赋一两摊丁银一钱三分六厘零不等。	全州、罗城、阳朔等以粮额均摊。
江苏	雍正六年	各州县分别匀摊。	每亩摊丁银一厘一毫至六分二厘九毫零不等。	松江、常州2府及海州等州县按亩计摊,余以银或粮计摊。
湖南	雍正七年	各州县分别均摊。	每石派丁银一毫四丝至八钱六分一厘零不等。	
湖北	雍正七年	照通省匀摊丁银。	每钱粮一两,摊丁银一钱二分九厘有零。	
贵州	自康熙年间起至乾隆四十二年完成。	贵阳等29府厅州县按亩计摊,平越等36府厅州县各自分别计摊。	贵阳等29府厅州县每亩摊丁银五厘四毫四丝零。	
山西	雍正九年开始"试办",至光绪五年最后完成。	各州县分别匀摊。	乾隆十年科则:每粮一石摊丁银一分八厘至二钱二分二厘。每地银一两摊丁银一钱四分七厘九毫至三钱三分八厘不等。	
盛京	道光二十一年	全地区通筹匀摊。		"无业穷丁"摊入地丁,其余仍按丁缴纳。
吉林	光绪九年		吉林每地银一两,匀摊丁钱三钱三分八厘六毫。都伯纳每地银一两,匀摊丁银一钱三厘零三毫六丝。	

资料来源:郭松义《论"摊丁入地"》,载《清史论丛》第3辑。

　　由上表可知,在清代实行摊丁入地的 20 个省区中,始于康熙末年的仅 3 个,雍正朝达 15 个(含"试行"的山西省),道光、光绪两朝各 1 个,可见绝大部分省区是在雍正朝开始推行摊丁入地的。摊丁的方式,有全省匀摊的,有按省内习惯地理或人文区域匀摊的,有按州县为单位匀摊的。摊丁标准,或按粮赋,或按田亩面积,因地制宜,各地不尽相同。大多数省份都于雍正朝完成了摊丁入地的改革,但也有少数省区因情况复杂、阻力较多而进展缓慢的。如山西省于雍正九年(1731)"试办",一直拖到光绪五年(1879)才告完成,历时长达一个半世纪之久。贵州早在康熙年间就有一部分州县实行"随田带派丁差银",也一直持续到乾隆四十二年(1777)。

　　与一般民役折银摊入田赋的同时,编入匠籍、灶户和军户等居民需担负的特种徭役摊丁入亩的进程也加快了。

　　匠班银自明成化时征收,清初一度废止匠籍,于顺治十五年(1658)又恢复征收。原在匠籍的民户除缴纳丁银外,又要加缴匠班银,不堪负担,纷纷逃亡。逃户应缴的匠班银,州县在征赋的实践中,往往自发地摊入地丁银带征。康熙中叶以后,浙江、湖北、山东、湖南、江西相继在全省内推广,或摊入丁银、或摊入地亩。到雍正朝,各省纷纷实行。

　　灶户是国家指定进行食盐生产的居民。灶户使用的盐田缴纳盐课,按灶丁人数征收。其所有的耕地或滩地、草荡则征收田赋。灶丁银的摊地,各地实行也不相同,有的仅摊入灶地,有的则一并摊入民赋田地。

　　明代军户采取世袭制,分辖于各地卫所。清代因军制变更,军丁改为屯丁,卫所相继并入州县,但屯户因原有军役较重,屯丁银负担普遍重于民户,加以屯田原系国家所有,租赋合一,故额赋也重于民田。清初以来,在一些因屯田买卖而私有化严重的地区,清政府不得不承认土地所有权变更的现实,改照民田起科。这些地区在实行屯丁银摊地的时候,往往各按归并的州县均摊。有相当部分的屯丁银则仅摊入屯地。少数屯丁银过重的地区在摊入地亩时由政府酌量豁免。这样,除漕运屯田之外,无运屯田也基本上完成了摊丁入地的改革。[①]

清代"摊丁入地"改革是一项具有重大社会经济意义的财政改革措施。首先,它废除了数千年来"有身即有役、有役即有赋"的赋役原则,确立了按照农业生产最主要的生产资料耕地征收单一农业税的赋税体制。税则简化、考核便捷,使国家既能保证其农业税收入,同时也减少了征赋费用和官吏贪污的机会。其次,通过摊丁入地这一财政手段,清政府得以有效地调整了农业收入再分配中的不合理现状,大大减轻了无地或少地农民的赋税负担,缓和了社会矛盾。康、雍、乾盛世之出现,与这一改革不无关系。第三,在农业税中废除了人丁税,使封建国家放松了对于农业人口的控制,使中国农业社会发生了前所未有的变动。其最直接的影响即为人口的激增和流动。

人丁税在农业收入低下的封建社会中,是节制人口增长的重要因素。人丁税的免除,大大刺激了清代人口的增长。乾隆六年(1741)全国第一次人口普查,统计人口数为 143,411,559 人,至乾隆五十五年已突破 3 亿,而到道光十四年(1834)更高达 4 亿,到咸丰元年(1851),达到了清代人口的最高纪录 432,164 ,047 人。[②] 在 110年时间内,人口增加近 3 亿,净增达 2 倍以上。这种超出传统农业所能容纳的巨额人口增长,对于清代社会的发展进程和清王朝统治的影响是极其巨大的。伴随着人口巨大增长,还有大批从农业社会中游离出来的人口在地域、职业等方面的流动,使清代社会出现了生气

---

① 不能认为在"地丁合一"之后,清代就不存在徭役了,"东南赋重而役轻,西北赋轻而役重"直到光绪年间还是一个相当严重的问题。陈守实先生指出,摊丁入地以后,"徭役的实役募役金派,在封建王朝的中枢和各省府州县,一直到里图,属于课税项下的徭役、徭赋和私租附属的工役制,仍旧按不同地区不同时间而或重或轻地存在着"。(陈守实:《中国古代土地关系史稿》,上海人民出版社 1984 年版,第 268 页)

② 孙毓棠、张寄谦:《清代的垦田与丁口记录》,《清史论丛》第 1 辑。

勃勃而又动荡不安的局面。作为一个继承了历代封建王朝统治的丰富遗产的王朝,清王朝正面临着前代王朝从未面临过的加速变迁的中国社会。摊丁入地的改革,顺应了这种变化的需要,但它对于社会发展作用的功过,却是留给后世历史学家必须思索而又难以回答的课题。

耗羡归公

清代财政管理实行高度的中央集权,地方没有独立的财政权。地方政府征收的全部收入须上报中央,征收款项扣除存留部分即全部起运报解。存留部分包括地方官的薪俸以及额定的开支两部分,没有机动的财政款项。官俸的低微和地方财政公费的拮据,难免造成官吏的贪污和地方财政的亏空。明代官俸低于历代,而清代更低于明代,请看下表:

表 1-2 明清两代官俸对照表

官级	明官员月俸 (米石)	清京官年俸银 (两)	清京官年俸禄 (石)	折算为月俸 (米石)	明俸为清俸 的倍数
正一品	87	180	90	22.5	3.87
正二品	61	155	77.5	19.38	3.14
正三品	35	130	65	16.25	2.15
正四品	24	105	52.5	13.13	1.83
正五品	16	80	40	10	1.6
正六品	10	60	30	7.5	1.33
正七品	7.5	45	22.5	5.63	1.33
正八品	6.5	40	20	5	1.3
正九品	5.5	33.111	16.56	4.14	1.3

资料来源:薛瑞录《清代养廉制度简论》,《清史论丛》第 5 辑。[此表中明朝官俸的数额系洪武二十五年(1392)所定,并规定全发禄米。清朝的官俸为顺、康年间所定,京官有俸银、俸米,地方官只有俸银,没有禄米。表中所折成的米石数,是按康熙年间的平均米价每石计银一两左右来推算的。]

　　一品官月俸仅 15 两银子,九品官月俸更不到 3 两,上不足以存体面,下不足以供养家眷。康熙九年(1670)两河工程所给夫役工食每天银四分,远方服役每天银六分[1],由此推算,九品官的月俸还不到简单劳动力的一倍,而且这一夫役工食标准还是低于社会一般出雇劳动力工价的。低微的俸银即使力持操守的官员也难免染指非分之收入,一般贪官污吏更是肆无忌惮地侵吞中饱。朝廷以官俸低微自誉,实则驱官吏渔肉百姓,殊非为政之道。

　　各级政府的办公经费也是少得可怜。中央政府上至大学士、下至库守执事,月给公费五两至一两不等。地方官员薪银等公费则如下表:

表 1-3　清代地方官员每年薪银公费　　　　单位:两

官　职	薪　银	蔬菜炭烛	心红纸张	案衣什物	迎送上司	合　计
总　督	120	180	288	60		648
巡　抚	120	144	216	60		540
布政使	144	80	120	100		444
按察使	120	80	120	100		420
知　府	72	—	50	70		192
知　县	36	—	30	20	10	96

资料来源:光绪《大清会典事例》卷 251,第 1—4 页。

　　总督衙门每月办公经费仅 54 两银子,知县才 8 两,这还是顺治四年(1648)的规定。至顺治九年又裁省级官员的柴薪蔬菜烛炭银,这样,总督衙门每月的办公经费削减至 29 两[2]。到康熙七年,总督、巡抚每月的公费裁至 100 两,知府 25 两,州县 15 两。[3] 也就是说,总

① 彭信威:《中国货币史》,上海人民出版社 1988 年版,第 825 页。
② 光绪《大清会典事例》卷 251,第 5 页。
③ 薛瑞录:《清代养廉制度简论》,《清史论丛》第 5 辑。

督、巡抚每月的办公费仅 8 两,而州县仅 1 两。如此可怜的办公经费根本无法维持地方行政机构的正常运作,地方财政出现巨额的亏空也就在所难免了。

很明显,由于俸银制度和公费制度自身的不合理,顺治、康熙两朝的财政机制运作发生了严重的弊端:一是官吏的贪污,二是地方官员通过私自加派向民间转嫁财政亏空,三是欠解已征的钱粮。前两项关系到吏治,而第三项则危及中央财政。雄才大略的康熙皇帝到其晚年,虽然意识到必须解决这一问题,但终因年事已高,瞻前顾后,无所作为。雍正皇帝早在潜邸已洞悉其弊,至即位之后,便推出了火耗归公的改革方案。

封建赋税制度的一大特点是,赋税本额由国家规定,而其征收费用(包括经征人员的开销、票据规费、款项或米粮的包装、银两的倾铸损耗、钱粮的运输等)由各地自定,均完全由纳税人负担。而这些征收费用没有统一的明文规定,又为官吏的浮收私派大开方便之门。地方财政的亏空、官吏的贪污中饱主要取给于此,是一个公开的秘密。而火耗一项,则是诸种陋规的一大宗。

火耗,又称耗羡,是指民间缴纳制钱、碎银需兑换白银或倾铸成银锭,因兑换比价变动、平色差异和倾铸损耗而发生的亏折。明代中叶赋税征银,便逐渐开始带征耗羡,所以"火耗起于前明"[1]。清初屡禁不止,遂成为地方官的重要收入,"每两有加至二三钱,四五钱者",甚至"税轻耗重,数倍于正额者有之"[2]。

将这宗巨大收入移用于津贴官员、弥补亏空的建议在康熙季年即有人提出。康熙六十一年(1722)九月,陕甘总督年羹尧、陕西巡抚噶什图奏称:"陕西亏空甚多,若止于参革官员名下追补,究竟不能速完。查秦省州县火耗,每两有加至二三钱者,有加四五钱者,臣与督

① 王庆云:《石渠余纪》卷 3《纪耗羡归公》,第 140 页。
② 钱陈群:《条陈耗羡疏》,贺长龄等编《清经世文编》卷 27。

臣商议,量留本官用度外,其余俱补合省亏空,如此则亏空即可全完。"康熙皇帝以"朕在位六十一年,从未加征民间火耗,今安可照伊等所奏加增乎"[1]?但至雍正二年(1724),山西巡抚诺岷首先奏准,将每年存贮耗羡银二十万两,留补无着亏空。山西布政使高成龄又奏请将州县耗羡银两,提解司库,以凭大吏酌量分给,均得养廉;且通省遇有不得已之费,即可支应,而免分派州县,借端科索。当年七月,雍正皇帝明确批示:"朕非不愿天下州县丝毫不取于民,而其势有所不能。且历来火耗皆州县经收,而加派横征,侵蚀国帑,亏空之数,不下数百余万,原其所由,州县征收火耗,分送上司;各上司日用之费,皆取给州县。以至耗羡之外,种种馈送,名色繁多,故州县有所借口而肆其贪婪,上司有所瞻徇而曲为容隐。……与其州县存火耗以养上司,何如上司拨火耗以养州县乎?"[2]"上司拨火耗以养州县",一语中的。火耗归公,关系政体,这是雍正皇帝积极推行这一改革的精义所在。

就乃父留下的财政难题而言,雍正皇帝也没有其他选择的余地。康熙皇帝龙驭上宾之时,户部银库留存的白银仅800万两。中央财政的基础如此薄弱,使他不可能在已有的财政规模范围内调整中央与地方的财政关系,并且大幅度地提高官员的俸银。"火耗归公"是雍正皇帝大胆的也是无可奈何的改革措施。

根据薛瑞录先生的考订,山西首先于雍正元年实施耗羡归公。归公的办法各省执行不尽相同,最初推行时,有的省份仅少量提解;之后,有的省份采取扣除本州县养廉及公费以后提解,但大部分省份完全提解归公,统一核拨养廉与公费。各省实施年代如下表:

---

① 蒋良骐:《东华录》卷24,中华书局1980年版,第399页。
② 《世宗实录》卷23,雍正二年七月丁未。

表 1-4 直省耗羡一览表

型别	省份	年份	额征钱粮（两）	火耗征收率（%）	火耗银额（两）	火耗提解率（%）
全提型	山西	1723	5,865,977	20	495,068	
	河南	1724	3,060,000	13	400,000	
	陕西	1725	1,517,640	20	303,528	
	甘肃	1725	2,600,000	15—20	40,000	
	贵州	1725	66,495	15—20	11,300	
	四川	1727	343,000	30	10,290	
	江苏	1728	3,561,858	10	35,619	
	安徽	1729	1,982,000	10	198,000	
	直隶	1729	2,397,357	13	297,889	
多提型	山东	1724	3,000,000	18	540,000	13—7
	江西	1728	2,015,300	10	201,530	4.5 以上
	云南	1725	190,000	20	38,000	?
	广东	1726	1,284,800	16.9	218,000	7
	福建	1730	1,050,000	14	147,000	8
	奉天	1729	34,500	10	3,450	5
少提型	湖广	1723	1,110,103	10	111,000	3
	直隶	1723	2,196,324	10	230,271	4.8
	浙江	1724	2,600,000	5	130,000	2
	两广	1727	1,284,800	13—14	173,000	4

资料来源：庄吉发《清初火耗归公的探讨》，载《清史论丛》（十九）；[美]曾小萍《州县官的银两——18世纪中国的合理化财政改革》，董建中译，中国人民大学出版社 2005 年版，第 117 页。

实施火耗归公以后,清政府首先将归公收入用于大幅度地提高地方官的收入和公费。雍正恪守祖制,不改官俸,地方官增加的津贴统以"养廉银"名之。综计各省文职养廉银支出共达 280 余万两。

表 1-5　雍正朝若干省份养廉银标准　　　　　单位:两

省份＼官职	河南	直隶	山东	湖南	甘肃	云南	贵州	四川	江苏
总督		20,000				22,000		3,330	
巡抚	28,900		20,000	12,000	14,120	12,000	8,500	6,660	12,000
布政使	24,000	10,000	10,000	9,000	11,728	8,400	4,000	10,024	10,000
按察使	10,000	8,000	10,000	7,000	2,980	4,000	3,000		8,000
道员	3,000—10,000	2,000	6,000	1,700—4,000	1,000	3,000—5,000	1,800—2,000	1,500	2,500
知府	3,000—4,000	2,000	6,000	1,700—2,500	1,000	800	800—1,300	2,400—2,000	2,000—3,000
同知	800—1,000	500			600	400	300—500	400	400—500
通判	600	500			600	400	300—500	600	
知县	600—2,000	800—1,200	1,000	600—1,000	500—800		400—700	600—400	

资料来源:王庆云《石渠余纪》卷 3《纪耗羡归公》。表据薛瑞录、曾小萍。

耗羡归公之后,各省用于养廉和公费的数额可见下表:

表 1-6　雍正年间耗羡归公用途统计表　　　单位:两

省份	征收率（%）	收入总数	养廉支出	公费支出	弥补亏空	其他支出
山西	10－20	500,000	110,513	93,042	200,000	
直隶	13	370,000	179,960	128,227	60,000	
河南	10	400,000	215,200	184,800		17,692
陕西	20	303,528	177,393	126,135		
山东	18	54,000	200,000	140,000	200,000	
湖南	10	117,925	64,874	35,386		11,100
湖北	10	111,839	91,400	20,439		
浙江	2	61,000		61,000		
甘肃	15－20	银 40,000 两 粮 63,000 石	66,000	35,480 石		27,520 石
贵州	15	10,792	44,700	16,194		4,818
四川	30	110,000	99,414	656		
广东	13	130,000	110,000－120,000			10,000－20,000
云南	10	14,756	142,940	68,514		
江西	10	223,368	162,760	60,608		
江苏	10	378,200	184,300	157,600		36,300
广西	2	6,000		6,000		
安徽	10	217,746	108,100	90,173		19,473
福建	14	147,000	133,559	74,732		
奉天	10	3,400		3,400		

资料来源:据薛瑞录前引文(见表 1-2)和曾小萍前引书(见表 1-4)第 120 页表编制。

至雍正六年(1728),雍正皇帝又把中央官员的俸禄增加一倍,以后又酌加了养廉银,但数量远少于同级地方官员。乾隆年间,财政情况大为好转,乾隆皇帝又在综合调整地方官员养廉银悬殊差异的基础上,增发了武官的养廉银。

"火耗归公"是在清政府承认地方官员私派的随赋陋规收入合法性基础上进行的改革。将火耗收入纳入清政府的财政管理范围之内,用以津贴官员的俸禄和办公经费,多少有助于官员俸禄低微和办公经费匮乏的改善,对于吏治的改善、调整中央与地方不正常的财政关系起了一定的积极作用。但是,必须指出,这种改革只是在封建赋税制度之内,将一部分以征赋费用为名义的摊派收入规定其专项用途,并非将所有征收费用纳入单一税则的赋税制度的改革。因此,它与摊丁入地相比较,显然具有更多的局限性,其弊病也是显而易见的。清王朝惩于明朝灭亡之教训,恪守轻徭薄赋的传统财政信条,不愿居"加赋"之名,即使国家财政正常需要的开支也不愿通过正式的加赋予以解决,这既反映了清王朝在赋税问题上的慎重,也限制了其财政改革的深度与广度。"火耗归公"绕过了作为征赋官吏贪污渊薮的征收费用这一关键问题,就不能避免出现朝廷三令五申禁止的"耗外之耗""羡外之羡"的弊端,成为嘉道年间官员陋规之风盛行的源头。而养廉银制度是官俸制度之外的制度,也没有合理地解决好整个官僚集团的俸禄和公费问题,使清政府后来又不得不为后来的"耗外之耗""羡外之羡"开启绿灯。后世对于"火耗归公"褒贬不一,其真正的症结就在于此。

清王朝承袭了明代的财政制度,有所损益,经雍正朝摊丁入地和火耗归公的改革,至乾隆朝基本确定了下来。

第二节 财政收支概况

财政管理体制

财政是国家为实现其职能,凭借政权的力量强制参与社会产品分配与再分配的一种特殊的分配关系。国家财政管理的体制,既是国家政权参与社会产品分配与再分配的保证,同时也是将财政收入在政权内部进行再分配的凭借。作为封建专制政体的有机组成部分,清王朝的财政管理体制是以高度的中央专制集权为特征的。

管理机构

清代管理全国财政的中枢机关是户部。满、汉尚书各一人,左右侍郎满、汉各一人。雍正朝设军机处后,间委军机大臣管理户部,位在尚书之上。

部内行政事务,由南、北档房和司务厅、督催所、当月处、监印处分别掌收外省和在京衙门文书,呈官画阅后分司办理。督催所监督各司按例限处理公务。南档房管理档案兼八旗人丁及本部满洲官员升补之事。北档房责司较繁,拟缮本部所有上、下行公文,会计及核拨饷银,实际上为各司总汇,印信处掌部所有信印之钤盖及保管。

户部事务实行分司管理,最主要的有十四清吏司。其职能分工历朝略小有变化,根据光绪《大清会典》记载,江南司掌江苏、安徽财政及江宁、江苏织造奏销,各省"平余"银两。江西司掌江西财政及各省协饷等。浙江司掌浙江财政及全国民数谷数、杭州织造奏销等。湖广司掌湖北、湖南财政及耗羡银两动支等。福建司掌福建、直隶财政及赈济、官房等事。山东司掌山东、东北三省财政及盐课、参课、八旗官养廉银等。山西司掌本省财政。河南司掌河南财政、察哈尔俸饷及各省动支款项报销未给者等。陕西司掌陕西、甘肃、新疆财政,各省茶课及京中各项支款。四川司掌四川财政及各地麦禾收成分数等。广东司掌广东财政、八旗继嗣之政令及本部所属官差之更代。广西司掌广西财政、全国矿政、钱法及内仓之出纳等。云南司掌云南财政、全国漕政及八旗和内务府官员俸米等。贵州司掌贵州财政及全国关税等。1906 年，户部改为度支部后，改为十司，按收支类别管理。

雍正、乾隆年间，为重八旗财务，又特设井田科、八旗俸饷处和现审处，由福建、陕西等司分出独立。此外还设有饭银处和捐纳房分管各省解交户部饭食收支和捐纳给照事宜。

户部钱法堂为掌管全国钱币铸造、政策的专设机构，由宝泉局具体管理铸造事宜。

户部的实物管理机构有内仓、三库和仓场衙门。内仓掌在京蒙古王公、喇嘛人等、宗学、觉罗学教习、太监口粮，文武会试用米和祭祀造酒用米的储支。三库即银库、缎匹库和颜料库，设三库管理大臣，其银库为中央政府银钱收储出纳的最主要的机构，仓场衙门则是管理漕粮积储和京通粮仓调剂运输的专门机构。

清代中央财政管理机构的设置具有如下特点：1. 重视对地方财政的控制。十四清吏司均以省区命名，按区分司，兼辖其他省份的赋税。2. 全国财政事务分隶于各清吏司，无专司管理。3. 突出满族的财政利益，如井田科、八旗俸饷处、现审处等均为专理满族财政事务的机构；南档房重八旗档案，由满人专管；户部三库除管理大臣设汉员二名外，余均为满员。4. 中央政府其他部门分享部分财政权，如工部自设四关征税，设钱法堂、宝源局铸钱；内务府设办理捐输助赈事宜处收支捐输款项。由上述特点可以看出，清代财政管理机构是高度中央集权的，整个机构设置的重点在于严密监控地方财政和确保满族的财政利益，而中央政府自身的财政管理却因此而相对削弱和紊乱。在中央的严密监控下，无法形成相对独立的地方财政。

清政府为管理全国财政，在各地设立财政机构。省设布政使司，为一省财政总汇。州县府不设专职官员，由知事辖县衙户房书吏管理,主要负责田赋、漕粮、杂税等征收及本县开支。漕运、盐课、关税三项,设专门机构管理。漕运即将州县征收的漕粮由南方运抵北京、通州粮仓的政务,设漕运总督,再于有漕省份设督粮道(储粮道)、库大使。在盐政方面,清初设巡盐御史于各省,自康熙以后,改为盐政,逐步由总督、巡抚兼任。下设盐运使司、盐法道以及基层派出机构。税关分户关、工关。户关征百货税,属户部;工关征竹、木、船料等税,属工部。户关原由户部派员兼管,后大都改差各部保送司员或归地方官兼管,唯崇文门监督各缺由内务府垄断。[①] 上述专司机构,旨在控制在财政收入中占举足轻重地位的若干税收,但在户部内部却无专司管理,而由云南、山东、贵州清吏司兼管。鸦片战争以后,关税之中,由于海关税收入日益重要,首先设总税务司专管,行政权从户部剥离,改隶总理衙门。盐政至清朝灭亡前夕才设盐政院专管。漕政则由于漕运停废、漕粮改折,原设机构日益萎缩,自无须专设中央机构。

管理制度

　　清代财政管理制度,重要的有田赋征收制度、考成制度、解协饷制度、奏销制度、库藏制度、交代制度六类。此外还有漕运、盐法、钱法等专门制度。

　　田赋是国家财政收入中的最大宗,占一半以上,征收工作最为繁重,制度亦较繁琐。

　　自唐代杨炎立两税法以来,我国田赋基本统一采用分两期征收之制。清代田赋分上、下忙两次征收。地丁银春季上忙自农历二月开征,五月截止。秋季下忙,八月接征,十一月截止。但各省气候、地

---

① 根据祁美琴的研究,税关交与地方官管理,主要发生在康熙四年、雍正末年和光绪末年。参见祁美琴《清代榷关制度研究》,内蒙古大学出版社 2004 年版,第 131—132 页。

理情况不同,实际执行时限容有变通。^① 漕粮征收则于农历十月开仓,十一月底必须交运,不得改动。

为了保证田赋收入,清政府实行了严格的考成制度。考成的办法依应征^②与实征的比例确定州县官的升、停、罚、降等奖惩。康熙二年规定:"征收钱粮,本年内全完者,纪录一次;三年相接均全完者,加一级。""未完不及一分,停升,罚俸一年。一分,降职一级。二分至四分,递降至四级,并戴罪催征。五分以上,革职。"有督催之责的巡抚、布政使司、道、府、直隶州等官员,亦按十分考成,至不满六分、七分革职。未完分数转入次年追征,追征额再按完成分数情况考核,未完额达四分以上者即革职。起运之钱粮,也作十分考成。由于对督催的上司官员处分过严,难免捏报、宽纵下属之弊,嗣后考成分数有所放宽。至雍正年间,州县考成由年内完成分数放宽到奏销前,追报全完者原有处分可以取消。至乾隆四十八年(1783),耗羡征收亦照正项钱粮未完之例议处。田赋分上下忙征收,乾隆以前均按上下忙分别考成,至嘉庆二十二年(1817)以后,逐渐改为上、下忙综计完成分数考成。综观清代前期的田赋征收考成制度,大体由严渐宽,这一方面反映了田赋征收的实际,另方面则是因为财政状况的好转。这与清代后期由宽而至于纵,起因于财政权下移,在性质上是不同的。

解协款制度是清代整个财政体系运作的中心环节。征收、考成是解协款制度运作的基础,而只有通过解协款制度的运作,才能实现中央政府对于全国财政资源的控制和分配,保证财政收支的平衡。

所谓解款,是地方政府上行款项,协款则是省际平行款项;解款、协款的流动,都由中央政府指令调拨。在清代官文书中,拨款具有两

---

① 如奉天、直隶、山东、山西、河南、安徽、江西、浙江、湖北、湖南、甘肃、广西等省限二月开征,五月底完半,八月接征,十二月底全完。江苏、陕西、四川限二月开征,七月底完半,八月接征,十二月底全完。广东七月开征,八月完半,十二月接征,次年正月全完。云南、贵州九月开征,年底完半,次年三月全完。见《户部则例》卷9《田赋三》。
② 当年应征额＝原征额－当年蠲、缓、免征数＋新升科额。

重含义,一是指调拨款,包括调解和协拨,一是单纯指由中央拨给地方的下行款项。可见,在解协款制度运作中,中央政府的调拨起了中枢作用。全国的财政调度,由户部北档房负责。调拨的依据是上年冬季各省督抚对本年度应支俸饷的估算,即所谓"冬估"。冬估所列支出通常为常例开支,经户部审核无违例支出后,便由户部分春、秋两次拨款。各省督抚、藩司根据春、秋拨册,调度本省内部财源,扣存批准动支的款项,称为"存留";征存有余的部分,即须报解,称为"起运"。起运款项依户部指令或解交中央,或协济邻省。陈支平先生测算,明代万历年间全国总存留数约占全国米麦收入的42%,而清乾隆年间,全国总存留数仅占全国钱粮总收入的21%,①中央与地方财政的分配很不平衡。清政府根据各省财政状况,分为仅敷、不足、有余三类。"仅敷"指财政收入仅敷本省开支,不协不解;"不足"指财政收入不敷本省开支,须邻省协济;"有余"指本省财政收支有余,或上解户部,或协济邻省。上述留存、起运款项都仅指地丁钱粮而言,其盐课、关税、杂税等项原则上一律报解,但在实际财务运作中,同样存在本司机构按额定经费"留存",其余部分报解和按部令协拨的情况。②

　　奏销制度在性质上是一种财政决算制度。中央各部门、各省、各关和各盐区等财政核算单位照例须将一年度的实在收入、支出和拨出款项开具清册,上报户部核销。其实在收入,作为考成依据;其支出部分,则依有关则例核准支出与否。不准报销的,照例由经管官员赔补;原奏销清册须重写上报。各省为一级奏销单位,地方府州县收

---

① 陈支平:《清代赋役制度演变新探》,厦门大学出版社1988年版,第96—97页。
② 财政史家彭雨新先生谈到清代的协拨饷制度时,不无感叹地说:"协饷制度下极为复杂的春秋拨,有如一盘棋局,任随天才的棋手前后左右移动周围的棋子,无不得心应手,这只能是大一统国家的财政统筹,是起运存留体制的活用。在这一点上,我们将理财看作是一种艺术当是可以的。"(参见彭雨新《清代田赋起运存留制度的演进》,载《中国经济史研究》1992年第4期)然而,当财政大量亏空出现时,任何天才棋手都无法在这个财政棋盘上得心应手的。

入,照则例留存自用外,其余悉数起运,其财务开支,实际上主要靠地方主官自筹包干,不办奏销。[①] 财政开支的报销权几乎完全集中在中央,这是清代财政高度中央集权制的一个重要标志。

清朝财政会计年度一般采用农历历年制,但常关和海关均依设关日期起一年度计,分季奏报收支,满一年办理奏销,各关的会计年度各有不同;盐课则依每年引额核算考成盐课。由于关、盐等收支奏销的会计年度和方式不同,清代实际上不存在统一的财政年度,当时乃至后世有关清代历年财政收支的数据,只能是大体上的估算。

钱粮奏销大体上是该年度结束以后,先由各州县制造草册,按旧管、新收、开除、实在四柱申报布政使司。布政使司核对无误后,发回照造;如有舛误,则分析指出,发回别缮补送。之后,由布政使司汇总。各省奏销册上报户部期限,依路程远近,分四、五、六月不等。户部收到奏销册后,逐一审核收支款项,如有不符,即指驳发回,各省复查登答,限于十月前完成。各省督抚对于奏销册有审查考核之责,原须另造报奏销总册,至乾隆二十三年(1758)改于司总册上加盖印信,声明"并无遗漏滥支"字样。户部于年底总汇,题奏皇帝。整个奏销过程,工作量极为繁巨,体现了中央政府对于各级地方政权财政收支实际过程的高度控制。

清代国库的库藏制度,实行各级分储、统一调度。就现金库藏来说,户部银库为一级国库,分内库和外库,内库银一般永远封储,非遇外库支绌,不得动用。一般现金收支,主要由外库结算。省设藩库,府、直隶州各有库藏。自雍正年间,各省藩库、冲要州县库也采用内库封储制度,以备非常之需,藩库封储者称为留储,府、直隶州封储者称为分储。此外特别财政收入如关、盐、粮等均设专库储运。这种库藏制度是建立在国家尚无统一的金融机构、信用制度还不发达的经

① 关于州县财政的情况,可参看岁有生《清代州县经费研究》(大象出版社 2013 年版)。他认为,州县层级上,实际上存在着一种"隐性的独立财政"(第 232 页)。

济基础之上,在财政正常的情况下,基本上能够适应财政收支单纯依
靠现金储运的需要。

表 1-7　雍正五年至乾隆五年定各省留储、分储额　单位:万两

省别	留储	分储	合计
直隶		26	26
江苏	30	18	48
安徽	30	15	45
江西	30	13	43
浙江	30	10	40
福建	30	20	50
湖北	20	15	35
湖南	30	10	40
河南	20	17	37
山东	10	15	25
山西	20	19	39
陕西	20	40	60
甘肃	30	52	82
四川	30	50.7	80.7
广东	20	10	30
广西	30	21.6	51.6
云南	20.3	21.8	42.1
贵州	30	23.6	53.6
合计	430.3	397.7	828

资料来源:《清朝文献通考》卷 40 考 5227—5228。

　库藏现金的数量,是财政年度运行的起点和归宿。如果说解协

款制度、奏销制度是从账册上控制财政运行过程的话,库藏制度则是从现金流动上控制财政运行的过程。清政府不仅严格规定了现金收发的各种规章,而且还推行了经常查库制度。户部银库由江南道御史常年监督收放款项,定期盘查库存。省库由布政使司负责盘查,州县库则由本官负责。奏销之时,藩库由督抚亲临盘查。

为了防止盘查不实、本官隐匿库亏等弊端,清政府又制订了交代制度以保障库藏。所谓交代,也就是离任官员向接任官员移交账册、现金及其他财物。接任官员一旦发现账实不符、库藏亏损,自然不愿代受前任之过,轻易交盘出结。因此,大量的库亏案件,往往是在交代过程中发现的。但上司"勒接亏空"[①]"阳出无亏文结,阴立有亏约单"[②]之弊也时有发生。一旦查出,往往追查数任,分担追赔。

所有财政的运行,都察院和六科均有监督之责。都察院御史侧重监督官员风纪,六科给事中则负责对各部、各省所有奏销册进行察核,雍正元年(1723),六科始隶都察院。

财政收支

税制与税则

清代前期的税种大体可分为田赋、漕粮、盐课、关税、杂赋、耗羡六类。

田赋亦称地丁或钱粮,是土地收益的直接税。清朝依土地自然性质分田、地、山、荡四类,田是适于耕作的土地。田按其所有权划分,又有民田、官田、官庄(庄田、旗地)、屯田等名目,田赋征收对象以民田为主。民田依土地肥瘠、产物丰歉,分三等九则(上上、上中、上下;中上、中中、中下;下上、下中、下下),田赋按等则制订不同的税率,同一等则的耕田,由于自然和历史的原因,各省税率并不一致,即

---

① 《清宣宗实录》卷 44,道光二年十一月壬午。
② 《清宣宗实录》卷 53,道光三年六月乙巳。

在同省,各县也有差异。地、山、荡(塘)也分等则征税。湖北民赋田亩征银 2.5—2.9 钱,而甘肃则为 0.002—1.504 钱不等。浙江杭嘉湖地区科则更比他省高出 10—20 倍。田赋除征银钱货币外,并征收一部分米、豆、麦、草等实物,作为地方实物储备,乾隆年间各地储藏米谷常年在 4,000 万石左右。田赋是清代最重要的财政收入,历年征收情况可由下表明了大概。

表 1-8 清前期田赋收入统计表

年 份	银数(两)	粮数(石)	备 注
顺治十八年(1661)	21,579,997	6,742,675	含漕粮
康熙二十四年(1685)	24,449,724	4,331,131	
雍正二年(1724)	26,362,541	4,731,400	
乾隆十八年(1753)	29,611,201	8,406,422	含漕粮
乾隆三十一年(1766)	29,917,761	8,317,735	含漕粮
乾隆四十九年(1784)	29,637,014	4,820,067	
嘉庆二十五年(1820)	30,228,897	8,821,183	含漕粮

资料来源:梁方仲《中国历代户口、田地、田赋统计》,上海人民出版社 1980 年版,第 391—401 页。

漕粮依其性质,也属实物田赋的一种,但因其主要供给京城宫廷、各衙门文武官员、旗人和驻军之需,在财政上进行特别管理,称为漕政。漕粮征收省份为山东、河南、江苏、浙江、安徽、江西、湖北、湖南八省,顺治二年定为额征 400 万石,其中交运京仓的正兑米 330 万,交运通州粮仓的改兑米 70 万石。所有漕米运费、包装费、驳运费及运输损耗均由纳漕户缴纳。漕米由南方运京,主要依靠运河水运,漕运船帮的管理、运河的治理也须投入大量的人力、物力和财力。清政府还根据各省粮食收成和京通仓储丰裕等情况,定有改征与折征之例。所谓改征,即改征其他粮食以顶漕粮定额,如山东漕粮部分改征黑豆。所谓折征,即将漕米折价征收银钱。漕粮改折,体现了田赋由货币取代实物的趋势。漕粮征收实物,称为"本色",折征银钱,称为"折色"。本色征收在乾隆以前,占漕粮原额的 80％以上,乾隆以后不到 80％,至光绪年间下降到 70％以下。[①]

盐课是一种间接税。在清代前期财政收入中,其地位仅次于田赋,其管理相当复杂。清朝将产盐地区分为 11 个盐场,沿海地区如两淮、长芦、山东、两浙、福建等盐场,行销区域江西、湖南、湖北、安徽、江苏、河南、直隶、山东、浙江、福建、广东、广西、贵州;河东、甘肃盐场产池盐,行销山西、陕西、甘肃、河南等地;四川、云南盐场产井盐,行销四川、云南、湖北等地。东北、蒙古、新疆也有海盐、池盐、矿盐出产,未设专官管理。食盐销售指定区域,称为"引岸"。引岸依产盐地的产额、交通、民食习惯设置,与行政区划并不完全一致。盐课征收凡官运商销、官运官销者一般寓税于价。采用引票的官督商销办法者,则在盐商领取作为贩运食盐专利凭证之后,按规定税则缴纳。盐引是官府发给盐商的长期专利执照,只要照例纳课,永远有效,可以世袭。盐票则是临时销盐执照,纳课取盐,销后作废。引、票都规定有销盐数量和地点。盐课种类有灶课、引课、杂课、税课、包课等名目。灶课是向煎盐灶户征收的盐税;杂课则是正税之外的如耗羡、平余等规费;税课是按引征收的盐税;包课是在偏僻产盐地区、许民自产自用而采取的一种固定总额盐税。

---

① 董继瑜:《清代漕运之研究》上编,转引自彭泽益《清代财政管理体制与收支结构》,载《中国社会科学院研究生院学报》1990 年第 2 期。

表 1-9　清前期盐课收入统计表

年　　份	银两（万）	年　　份	银两（万）
顺治二年	56	乾隆十八年	625
顺治九年	212	乾隆三十一年	574
康熙二十一年	276	嘉庆五年	608
雍正三年	443	嘉庆十七年	637

资料来源:《清史稿·食货四》、光绪《大清会典事例》、何本方《清代户部诸关初探》(载《南开学报》1984 年第 3 期)。彭泽益《清代财政管理体制与收支结构》一文所列《历年盐课奏销银数》与本表差异较多,可比较参考;并请参见陈锋《清代盐政与盐税》(中州古籍出版社 1988 年版)第 161—162 页列《顺治至雍正朝盐课岁入》,对清代盐课收入数据作了辨析。

　　关税是一种商品通过税。户关设置依沿海、沿江河冲要、陆路冲要设置,时有增减。乾隆年间,户关共 31 处,分设口岸 475 处,[1]主要征收衣服税、食物税、用物税和杂物税四种,部分户关还代工部征收竹木、船料等税。关税大都采取从量征收,税率各关不一,一般不超过 5%,常率在 1%—3%。正税之外,还有耗羡、平余等附加税、规费及船钞。清政府对各关考核以岁征定额为准,超过部分称为关税盈余。关税盈余除过境税盈余外,更多的是来自落地税。落地税不入

---

① 　何本方:《清代户部诸关初探》。清代前期的榷关分户关与工关两种,据邓亦兵先生研究,顺治、康熙 38 处,雍正朝 36 处,乾隆朝 40 处,此后变化不大。见邓亦兵《清代前期关税制度研究》,北京燕山出版社 2008 年版,第 34—35 页。而据廖声丰研究,乾隆朝设关已达 50 处,参见廖声丰《清代常关与区域经济研究》,人民出版社 2010 年版,第 31—32 页。陈锋指出,清代前期设关是个调整、归并、改隶的动态过程,乾隆《大清会典》明确列出的关名有 48 个。参见陈锋《中国财政通史》第 7 卷《清代财政史》,湖南人民出版社 2015 年版,第 267 页。内地榷关,所征关税均属通过税性质,在理论上均属内地榷关;但在财政统计口径上,少数榷关由州县官经管,与地方杂税一起报解藩库,与户部、工部直接经管的榷关关税直接列为关税收入有所不同。嘉庆十七年户部直接统计收支的户关共 29 个,庙湾口、由闸分别由淮安关、扬州关兼管。

国课正额,各地于市镇集贸之处自行征收。榷关所设之处,商贾聚集,落地商税往往由榷关兼收,半入私囊。[1] 雍正十三年(1735)以后,清政府对各关报解盈余也实行定额考核。

表 1-10   清前期关税收入统计表

年　　份	银两（万）	年　　份	银两（万）
顺治九年	100	乾隆十八年	433
康熙二十四年	120	乾隆三十一年	540
雍正三年	135	嘉庆十七年	481

资料来源:何本方,出处见表 1-9。

地丁、漕粮、盐课、关税之外,则有"杂赋"。清代财政学家王庆云说:"凡地丁之外取于民者,皆为杂赋。"[2]此说未必妥当。杂赋或杂税,在清代财政收入分类中,指名目繁多、收入细少的税种。杂税分课、租、税三种。课有渔课、芦课、矿课、茶课诸名目,渔、芦、矿三课系渔场(沿海、江河)、芦荡、矿地收益税,茶课征收仿盐法采用茶引制度,规定生产区域、销运数量和销售引岸。租有旗地租、学田租、公地公田官房租等,属于官有土地房产的出租收入。税有当税、牙税、落地税、牲畜税、铺户税、契税等名目,按其性质,不外乎营业执照税、商业交易税、财产交易税和投资收入税等种类。清代前期杂税的常年收入在 100 万两以上。

耗羡是以正税在经征、解运、仓储过程中产生的所有费用为由征收的一种带有规费性质的附加税。上述田赋、盐课、关税、漕粮、杂税均带征耗羡。据乾隆三十一年(1766)统计,田赋、盐课、关税、杂税四项正赋收入总计为 4,337 万两,而耗羡收入在 300 万两,为正赋收入

---

① 周伯棣:《中国财政史》,上海人民出版社 1981 年版,第 436—437 页。此数皆为定额,如加盈余当远不止,至乾隆六十年正额、盈余合计达 846 万两(昭梿:《啸亭杂录》卷 4)。

② 王庆云:《石渠余纪》卷 6《纪杂税》,第 277 页。

的 7%左右,其在财政收入的地位超过了杂税,嘉庆十七年(1812)田赋、盐课、杂税三项的耗羡收入即达 431 万两,占全部财政收入的百分之十以上。据汤象龙先生估计,鸦片战争前夕,耗羡收入达 550 万两,漕耗收入达 70 万石。

除上述正项收入之外,清政府还通过捐输、报效、盐斤加价等手段作为临时筹款措施。

捐输分常开事例和暂开事例两种。常开事例包括文武生员捐纳贡生、监生职衔,内外官员捐加级纪录,复降格原衔和平民捐请封典等。暂开事例因军务、河工、灾害等特定事项而开的捐例,所得捐款指定专项用途,规定期限,事竣结束。户部捐纳房总司其事。据统计,雍正二年(1724)至道光二十二年(1842)捐纳房收入的银两达 18,259 万两之巨。[1]

报效是清政府因军务、河工、赈灾紧急需要而向商人勒索的捐款。主要的勒索对象是盐商和广东的对外贸易商人——行商。据统计,康熙二年(1663)到道光二十二年,仅盐商的报效银两即达 5,733 万两。[2]

盐斤加价作为财政筹款措施,始于嘉庆十四年(1809)。清代盐价由官定,不轻易调高价格。该年因南河工程经费支绌,奏准每斤加价三厘,收入用于河工。鸦片战争以后,盐斤加价越来越成为清政府倚赖的临时筹款措施了。

此外,土贡作为古老的赋税形态,在清代依然存在,但在财政上已无重要意义。贡品主要是各地的土特产以满足宫廷的需要,或作为少数民族臣服皇帝的象征。

---

[1]　汤象龙:《鸦片战争前夕中国的财政制度》,见汤象龙《中国近代财政经济史论文选》,西南财经大学出版社 1987 年版。

[2]　同上。有关捐纳制度的系统研究,可参见许大龄《清代捐纳制度》(许大龄《明清史研究》,北京大学出版社 2000 年版)和伍跃《中国的捐纳制度与社会》,江苏人民出版社 2013 年版。

财政支出

清朝前期财政支出项目比较紊乱。乾隆中叶支出项目达 18 种，而在嘉庆年间减至 12 种，其名目有祭祀、仪宪、俸食、科场、饷乾、驿站、廪膳、赏恤、修缮、采办、织造、公廉。汤象龙先生将上述 12 种项目重新归纳为 7 项，即皇室经费、宗室世职和官吏俸禄、兵饷、驿站经费、教育经费、河工塘工经费和其他。

皇室经费亦称宫廷经费。广义的皇室经费包括皇室的所有经济支出，但实际上皇室财政是自成系统的。其收入包括皇室庄田的地租、典当（皇当①），贷放商人的生息银两定息②、文武官员和商人的报效以及由国家财政（即所谓"外府"）收入中指拨的经费等。皇室财政和皇帝私人的财务，由内务府管理。从国家财政来看，作为财政支出的皇室经费是指外府拨入内务府的经费。在清代，虽然不乏有以内府接济外府支绌的特别事例，但就整体而言，内务府经费主要靠外府接济，并有不断增长的趋势。根据汤象龙先生的研究，鸦片战争以前，粤海关每年向内务府起解银共 41 万两，江宁苏州杭州三织造额解银 14 万两、米 11089 石，《清史稿·食货六》列采办颜料铜布银 12 万两。两淮、长芦盐政每年解银共 15 万两。崇文门关税也由内务府派官直接经征，年收入在 30 万两以上。因此，估计鸦片战争前，由户部拨入内务府的常年经费约在 110 万两以上。至于皇室重大庆典如皇帝大婚、旬寿等耗费还须外府特别补助。③

宗室世职和官吏俸禄。这项支出自乾隆中叶到嘉庆年间增加较大。乾隆三十一年（1766）总计不过 530 万两④，而到嘉庆十七年

---

① 参见韦庆远《明清史辨析》，中国社会科学出版社 1989 年版，第 70—288 页。

② 同上，第 166—288 页。

③ 赖惠敏《乾隆皇帝的荷包》（中华书局 2016 年版）是一部深入研究乾隆朝皇室财政的专著。根据她的研究，户部各关的关税盈余有相当部分指拨内府，而且承担皇室贡口的采办和变卖。

④ 周伯棣：《中国财政史》，上海人民出版社 1981 年版，第 420 页。

(1812)达到了 616 万余两,内官俸1,914,878两,文职养廉2,841,445两,武职养廉1,405,518两。[1] 其中文武职养廉总额不变,文职养廉减60 余万两转加到武职养廉,俸禄一项净增80 余万两。从养廉银支出未加增推测,俸禄中主要增加的不是官俸,而是禄银。清制,皇子封亲王,除世袭罔替者外,爵位世降一等,至十二世而斩。乾隆三十一年觉罗、宗室子弟享有爵禄者共 164 人,至嘉庆十七年增至 213 人,增 49 人。亲王世子、郡王长子、公主、额驸及其子女亦可享受禄银。至乾隆三十六年以后,此待遇又扩大到宗室公之女、郡主额驸。皇室人口的增加,自然增加了俸禄的开支。[2] 宗室世职和官吏除有俸银、养廉银之外,还领取禄米,总数估计达 96 万石。

兵饷是清朝财政支出的重大项目。清朝制兵分为八旗与绿营。清朝于八旗兵额讳莫如深。王庆云曾详考京营兵数,然于《石渠余纪》刊布时仍删去《京营表》。据汤象龙先生考订,嘉庆年间八旗兵总数约 23 万。绿营兵额自乾隆以后常年在 60 万以上。[3] 因此,清代制兵总额在 80 万以上,嘉庆年间最高时近 90 万。兵饷支出据《清史稿》,乾隆三十一年满汉兵饷共 1,700 万两,但据嘉庆《大清会典》,绿营兵饷为 12,089,150 两,驻防八旗为 5,155,888 两,计1,724余万两,看来均未包括京师八旗兵饷,嘉庆十七年的饷额也不包括京师巡捕营 1 万人的俸饷。据魏源估计,京师八旗与巡捕营,合计兵力约 10万以上,养育兵 2.7 万。可以推测,八旗制兵半驻京师,兵饷也在 500万两,汤象龙估计全国兵饷年在 2,200 万两以上。陈锋根据档案史料,给出了乾嘉时期禁旅八旗、巡捕五营、陵寝围场、察哈尔、盛京、黑

---

① 参前,见第 33 页注①。内武职养廉并未包括在京旗武职养廉数,此数估计在52,000两左右。

② 魏源于道光年间说:"顺治初,宗室从龙入关二千余,近日至三万余,岁禄数百万。"(《圣武记·武事余记》,中华书局 1984 年版,第 474 页)

③ 罗尔纲:《绿营兵志》,中华书局 1984 年版,第 62 页。另,魏源也说过八旗"定兵额约二十万"(同上,第 467 页)。

龙江等地饷额为 916 万余两的确数,[1]加上公费银、兵丁红白事例银等,则全国兵饷在 2,700 万左右。绿营米豆支出每年约 167 万余石。八旗兵以 20 万计(养育兵不给米),每名年支 36 斗,年 72 万石,加之年支 48 斗的兵丁数,汤象龙估计共 250 万石以上,大体上是正确的。要注意的是,这里所谓的"兵饷",并不是军费总额。由于档案文献资料的局限,我们已经无法按照现代财政统计口径来重新整理清朝的数据了。[2]

驿站经费是清政府为维持其内部传递行政、军事命令和文件的邮传体系的开支。在乾嘉时期每年支出约达 200 万两。[3] 这只是中央政府的额定开支,各地方雇用大量铺兵,工食和马乾在地方列支。汤象龙先生所指的"教育经费"实际上仅仅是科场经费,据嘉庆《大清会典》记载每年约 30 万两。但实际上清政府在教育上的开支远不止此。从中央的国子监、省级书院乃至府学、县学,需要大量的常年经费加以维持。其经费包括房屋的修缮、教辅人员的工薪、办公杂费以及列名庠序的生员的生活补助费等。这些费用除了靠财政拨款以外,不少是通过学田的地租收入和生息银两所得到的利息来解决的。太平天国以前,除国子监、省书院外,各类官学总数达 1,741 个,学额为 25,089 个,[4]入学人数则更多。各官学的规模大小不一,人数也不尽相同,很难统一估算经费。这里粗略估计,清政府每年在教育经费上的开支至少在 100 万两左右。

河塘经费指的是清政府在农业水利和河海治理方面的支出。重

① 陈锋:《清代军费研究》,武汉大学出版社 1992 年版,第 200 页。

② 根据张晓堂先生的研究,乾隆时期的官兵俸饷,初期在 2500 万两左右,从乾隆十六年到五十年压缩至 2200 万两,以后回升到 2400 万两。此外兵器、修建炮台、城垣等项经费每年约需 50 万两。参见张晓堂《乾隆年间清政府平衡财政之研究》,载《清史研究集》第 7 辑,光明日报出版社 1990 年版,第 26—60 页。

③ 嘉庆《大清会典》卷 12。

④ 张仲礼:《中国绅士》,上海社会科学院出版社 1991 年版,第 141 页。

要江河的治理,清政府有名为"岁修"的常年经费,如直隶永定、通永、天津、清河岁修费各 15,000 两,运河与黄河南段 7 万两。此外,黄河因频年泛滥,抢修银由 50 万两增至 159 万两。也就是说,河工常年支出在乾隆时期每年约 140 万两,到嘉庆已达 240 万两。[①] 海塘治理和水利建设系非常开支。根据李约瑟先生的研究,清代是中国历代治水活动最为活跃的一个朝代,平均每年完成的水利工程达 12 个,[②]而大量地集中于康、雍、乾三朝。乾隆朝于江浙海塘工程除每年拨款二三十万两以外,巨额拨款就达 4 次,总额近 1 千万两。山东、江南、四川、直隶、浙江、河南的水利投资常年在 30 万两以上。[③] 道光以后,河决频繁,从 1821—1830 年常例河工支出总额即达 4,200 万两。[④]可以估计,到鸦片战争前,清政府在水利工程的每年实际支出已高达 400 多万两。

除了上述几笔重要的财政开支以外,清政府还有若干其他杂项开支。如祭祀、仪宪的常年开支约在 30 万两;屯边开支约 20 万两;赈济开支到乾隆末年平均达 300 万两以上。加上其他无法估计的杂支,综计也在 400 万两左右。

综上所述,我们估计,到鸦片战争前夕,清王朝的财政支出规模约在 4,500 万两以上。

财政收支的平衡

清朝前期的财政收支概况至今众说纷纭,实际上,由于统计上的困难,资料的缺乏,也不可能有一致的结论。陈锋测算乾隆三十一年(1766)财政收入已达 4,929 万余两,[⑤]根据财政正常支出规模在

① 参见汤象龙《鸦片战争前夕中国的财政制度》。

② 转引自冀朝鼎《中国历史上的基本经济区与水利事业的发展》,中国社会科学出版社1987 年版,第 37 页。

③ 参见张晓堂《乾隆年间清政府平衡财政之研究》。

④ 《清史稿》卷 125《食货六》。

⑤ 参见陈锋《中国财政通史》第 7 卷《清代财政史》上册,第 372 页。

4,500万两左右以及乾隆朝库银充裕的情况看,应该是比较接近事实的。这里的叙述主要利用了有关专家的研究成果以及其他文献记载,其中有若干数字与我们前面所叙或有不尽相符之处,并非错误,乃目前的研究水平和文献资料局限使然。当然,读者还是可以从这些数字中,看出清朝前期财政收支不断增长的大致趋势的。

表 1-11　清朝前期财政收支概况表　　　单位:万两

年　份	收　入	支　出	结　余
顺治九年	2 438.3	1,800	638.3①
顺治十三年	2 548.6	2,500	48.6②
康熙二十一年	3,110	—	
康熙二十四年	3,123	—	—③
雍正二年	3 092.6	—	—③
乾隆十八年	3 767.5	—	—③
乾隆三十一年	4,554	3,451	1,103③
乾隆五十六年	4,359	3,177	1,182③
嘉庆十七年	4,013	3,510	503④
道光十九年	4 191.9	3 178.3	1 013.6⑤

资料来源:主要据《清史稿·食货六》、《清实录》。①魏源《圣武记·兵制兵饷》为收 1485 万两,支 1573.4 万两,系据张玉书《纪顺治间钱粮数目》。②魏源前书为收 1960 万两,亦据张玉书。《世祖实录》卷 84 页 26—27:顺治十年额收 34,665,868 两,额支 32,061,282 两,余 2,604,600 两,非实收实支数。③张晓堂《乾隆年间清政府平衡财政之研究》估计雍正年间平均年收 5,130 万两,乾隆元年至十五年年均收 5,389 万两,十六年至五十年年均收 5,719 万两,五十一年至六十年年均收 5,959 万两。许檀、经君健《清代前期商税问题新探》(《中国经济史研究》1990 年第 2 期):雍正二年 3,649 万两、乾隆十八年 4,266 万两、乾隆三十一年 4,254 万两。④据嘉庆十七年《汇核各直省钱粮出入清单》,《清代档案史料汇编》(4)注明比上年少出 897,071 两。⑤据魏源前书;原书未标明年份,根据成书年代将所列数据作为鸦片战争前夕清政府的财政收支数。据汤象龙先生估计,鸦片战争前夕,收入为 4,850 万两,支出为 3,850 万两。

　　清朝入关之前，戎马倥偬，军费浩繁，加以册籍紊乱，无统计数字，但财政支绌，自在意料之中。但到顺治九年（1652），财政收支竟有盈余，不能不说是个奇迹。但三藩之乱，"天下财赋复去三分之一"，加以军费"供亿之浩穰"，"竟不知当日庙堂如何经营，内外如何协济"，[①]可见，二十余年的财政盈余不仅耗尽，而且支绌严重。到康熙二十年（1681）之后，财政恢复元气，虽无支出数字可考，但盈余逐年增多，当无疑义。这从康熙五十年"盛世滋丁，永不加赋"的实施及银库积存至8,000余万两可以看出。至雍正以后，由于一系列财政改革措施出台，至乾隆大臻成效，奠定了清朝财政收支的规模。

　　康、雍、乾三朝盛世的财政状况，集中体现在户部银库的储备不断增加上。自康熙初年，户部银库每年积存2,488,492两，至十二年三藩之乱前夕，已增至2 135.8万两。平定三藩之乱，财政储备锐减，至十七年降至3,339,920两，但二十五年恢复至26,052,735两，三十年达到31,849,719两，三十三年突破四千万两，此后长期在此徘徊，康熙五十八年一度达到47,368,645两的高峰，但六十年又降至32,622,421两。雍正三年（1725）复增至四千万两，五年跃至55,252,931两，八年高达62,183,349两。此后又复递减，至雍正十三年减至34,530,485两。乾隆即位的头近三十年里，户部积存长期徘徊在三四千万两，至乾隆二十八年（1763）开始迅速增长，当年积银47,063,610两，至乾隆三十六年已高达7,894万两，[②]乾隆四十二年达到最高点81,824,044两。[③] 此后基本维持在六七千万两之谱。嘉庆初元，五省教门起义，长达十年之久，镇压费用浩大，户部存银遂急剧下降。嘉庆元年（1796）存5,658.4万两，嘉庆三年锐减至1,918.5

①　魏源：《圣武记》卷11《兵制兵饷》。
②　以上数据均据式善《陶庐杂录》卷1，中华书局1959年版，第22—26页。
③　见彭泽益《咸丰朝银库收支剖析》，《十九世纪后半期的中国财政与经济》，人民出版社1983年版，第84页。

万两。嘉庆十六年(1811)战争虽平复数年,但存银仍仅 2,078.4 万两。从道光元年(1821)至道光十四年,平均每年库存 2,716.3 万两。[①] 如果我们将道光二十三年发现的贪污数字考虑进去,鸦片战争之前的户部账面存银不会超过 2,000 万两。因此,嘉、道时期,财政收支虽仍守乾隆之旧,但实际盈虚,已不可同日而语。

仔细研究上述统计数字,还有许多问题尚待探讨。从康熙中叶以后,每年财政结余约 500 万两,到乾隆中叶以后结余达 1,000 万两,照此推算,到 1839 年,累计结余应达近 10 亿两,如果加上捐纳、报效的收入,结余似应更多。为何在嘉、道以后会出现存银日益减少的现象呢?原因在于清代财政中的临时开支和临时收入是作为另案处理的。

临时收入主要是捐输和报效。据汤象龙先生的统计,从雍正二年(1724)到道光十九年,清政府捐纳总收入为 16,908 万两,从康熙十年(1671)盐商报效总数为 5,678 万两,合计为 22,586 万两。

而临时支出则名目较多,主要有军需、河工海塘以及赈济等项,分别列表统计如下:

表 1-12　乾隆、嘉庆、道光三朝战费概计表

序号	战争名称	用兵时间	军费概数(万两)
1	湖南苗民起义之役	乾隆二年	8
2	贵州苗民起义之役	乾隆六年	2
3	瞻对之役	乾隆十年至十一年	100
4	初次金川之役	乾隆十二年至十四年	1,000
5	准回之役	乾隆十九年至二十六年	3,300
6	缅甸之役	乾隆三十二年至三十四年	1,300

---

① 据彭泽益《清代财政管理体制与收支结构》。

序号	战争名称	用兵时间	军费概数(万两)
7	二次金川之役	乾隆三十六年至四十一年	7,000
8	台湾之役	乾隆五十二年至五十三年	1,000
9	安南之役	乾隆五十三年至五十四年	130
10	初次廓尔喀之役	乾隆五十三年至五十四年	100
11	二次廓尔喀之役	乾隆五十六年至五十七年	1,100
12	湘黔苗民起义之役	乾隆六十年至嘉庆二年	1,500
13	白莲教之役	嘉庆元年至九年	15,000
14	维西之役	嘉庆七年至八年	180
15	靖海之役	嘉庆七年至十五年	700
16	天理教之役	嘉庆十八年	11
17	初次回疆之役	嘉庆二十五年至道光八年	1,200
18	二次回疆之役	道光十年至十一年	900
19	湘粤瑶民起义之役	道光十二年	153
合　　计			34,684

资料来源:陈锋《清代军费研究》,第 275 页。

表 1-13　清前期海塘、河工例外开支表

序号	支　出　项　目	金　额(万两)
1	康熙十六年南河大修	250
2	康熙十六年南河萧家渡	120
3	乾隆七年江南石林口	190
4	乾隆十八年南河高邮邵伯车逻坝	200
5	乾隆十八年江宁张家马路	100
6	乾隆十八年河南河工	100

续表

序号	支　出　项　目	金　额(万两)
7	乾隆二十三年南河工	23
8	乾隆二十六年北河工	50
9	乾隆二十六年河南杨桥	99
10	乾隆四十四年仪封河工	560
11	乾隆四十七年兰阳河工	945.3
12	乾隆四十七年山东运河堤闸	50
13	乾隆四十七年荆州江堤	200
14	乾隆四十七年浙江海塘	600
15	嘉庆初年	730
16	嘉庆十年至十五年南河岁修另案	4,099
17	嘉庆十年至十五年马家港大工	?
18	嘉庆二十年睢工	300
19	道光六年南河王营开坝及堰盱大堤	517
合　　　计		9 133.3

资料来源:《清史稿·食货六》、王庆云《石渠余记》卷3、张晓堂前引文(见第
37页注③)。

仅上述不完全统计,军需、河工两项总计达4.4亿两白银。此外
还有为数颇巨的赈灾、救济费用。如康熙时期三藩初定后,代偿八旗
负债,拨银640余万两,之后又拨655万两。[①] 乾隆朝为八旗兵丁赎
回"典卖"的旗地,畿辅共4次,总数18,976顷;奉天2次,总数9,709
顷,共计28,685顷,[②]拨款不下1,000万两。康熙一朝,用于赏赐八

---

① 魏源:《圣武记》卷14《军储篇四》。
② 《满族简史》,中华书局1979年版,第78页。

旗官兵、为其置办产业的费用,有账可稽的即达 2,000 万两银子。①
这些都是涉及"八旗生计"的特殊开支。至于用于全国的赈灾、救济
费用,数额更巨。兹就其荦荦大者表列如下。

表 1-14　清前期重大救灾支出举例表

序号	支　出　项　目	金额(万两)	米谷(万石)
1	康熙四十九年陕甘赈灾	500 余	
2	乾隆七年江苏安徽赈灾	738	239
3	乾隆十二年山东水灾	170 余	90 余
4	乾隆十八年高邮水灾	400	110
5	乾隆三十五年直隶水灾	220 余	?
6	乾隆三十七年甘肃旱灾	200	
7	乾隆四十三年河南水灾	260	30
8	乾隆四十六年江苏水灾	170	
9	乾隆四十七年三省水灾	280	
10	乾隆五十年各省赈灾	1,000 余	
11	乾隆五十一年安徽水灾	100	
12	乾隆五十五年萧砀水灾	200	
13	嘉庆元年山东水灾	400	
14	嘉庆六年直隶水灾	100	60
15	嘉庆六年苏皖鲁豫赈灾(估计)	300	
16	嘉庆十九年江苏安徽赈灾	300	
17	道光十一年江苏赈灾	100 余	
合　　　计		5,438 余	约 529 余

---

① 《清代全史》第 5 卷,辽宁人民出版社 1991 年版,第 414 页。

　　清政府除了大量拨款用于河塘水利、赈济灾民之外,还通过蠲免赋税负担。在顺治一朝,基本上免去了拖欠的田赋。康熙二十五年(1686)到二十七年三年之内,各地轮流免收当年田赋,"布惠一周",实际上普免了全国一年的钱粮。康熙五十一年始又普免一周。乾隆皇帝即位后,免除雍正十三年(1735)以前的积欠田赋,连同退位普免在内,乾隆一朝实际普免天下钱粮五次,普免漕粮三次,康乾两朝7次普免的钱粮总数近2亿两。① 两帝均好出巡,据张晓堂研究,乾隆帝秋狝、谒祖、庆典、南巡等例外开支达3,174万两。康熙虽无如此铺张,但这项开支不会低于2,000万两。沿途供张,民众负担增加,一般也免除当年十之三、五的钱粮。进出之间,财政开支不下1亿两。至于临时因兵、灾蠲免的赋税也为数不少。

　　上述有案可稽的军需、河工、赈济、普免及行幸等另案开支即近9亿两,如扣除2.2亿两捐纳、报效收入,比较推理应得的近10亿两结余,还有3亿多两白银的支出无法查清。造成误差的原因,一是我们无法穷尽所有的另案支出,二是康熙中叶以后的常规收支的财政结余也不可能均匀地以每年500万两或1,000万两的水平增加。从户部银库积存来看,增幅较大的是雍正三年到五年,四年比上年增6,975,036两,五年比四年增7,843,151两,增幅分别为17.25%和16.45%。至于康熙三十三年比上年增加13,407,127两,增幅达48.58%,是个绝对的例外。根据法式善抄录的康熙六年到乾隆三十九年(1774)户部银库历年积银数来看,在78个记载的数据中,积银

---

① 据吴庆坻统计,康熙五十年(1711)普免钱粮27,854,169两,乾隆朝五次普免钱粮共13,846万余两(《蕉廊脞录》卷1,第7页)。陈登元先生指出,清代"只有蠲赋,未言蠲租。只蠲民田所应纳之地丁,不蠲官田所应交之私租,足征国家之设立官田之制,固将与地主同休戚,而不与佃人重艰难也"(《中国土地制度》,商务印书馆1932年版,第334页)。据何平先生研究,康熙、雍正、乾隆在蠲免钱粮时也要求地主减免佃户之租,或三七分,或四六分,以使佃户"均沾恩泽",但由于缺乏强制性,很难落实。(何平:《清代赋税政策研究:1644—1840年》,中国社会科学出版社1998年版,第61—64页)

比上年相对下降的年份有 31 个，这也说明，即使在康、雍、乾盛世，也时常发生支大于收的情况。这些是我们在阅读现有清朝前期财政收支数据时必须了解的。

第三节 财政问题

清代前期的财政从开国之初到乾隆时期，总的趋势是收支规模逐渐扩大，收入大于支出，国家财政基础日趋雄厚。嘉、道时期，收入规模相对稳定，支出日渐增加，开始走下坡路，财政问题也就日益暴露。时人最瞩目的是所谓盐、漕、河三大政，弊窦丛生。这些当然是当时关于国计民生的重大问题，涉及社会、经济、自然环境和国家政治的方方面面。我们还应该充分注意到，清朝前期是中国财政史上由以实物收支为主体的财政向以货币收支为主体的财政的重要转折期，许多财政问题都与此密切相关。据吴慧研究，明正统年间货币在财政收入中的比重只有 25.87％，万历年间上升到 34.9％，而到清乾隆三十一年(1766)高达 76.14％。[①] 从这个视角分析清朝的财政问题，或许会得到一些有益的启示。有关三大政等问题，我们在其他章节里再进行具体的分析。

货币财政与实物财政的差异

我们在这里使用的"货币财政"与"实物财政"这两个概念，分别是指财政的收支以货币为核算单位或以实物为核算单位的两种不同的财政制度。从历史的角度来看，在高度商品化的社会中，很少有纯粹的货币财政，但即使在自然经济占据统治地位的社会里，也不可能出现纯粹的实物财政，通常所能看到的是以实物为主体的财政。"货币财政""实物财政"在这里只是一种理论抽象。

---

① 吴慧：《明清(前期)财政结构性变化的计量分析》，载《中国经济史研究》1990 年第 3 期。

货币财政的优点

马克思说："赋税是官僚、军队、教士和宫廷的生活来源，一句话，它是行政权的整个机构的生活来源。"[①]只要有国家机器存在，就必然会有赋税，以及与赋税相联系的支出、核算、管理一整套财政体系。赋税采取何种形式获得，并不是取决于帝王的主观意志，而是取决于社会经济的客观条件。在中国财政史上，出现过劳役、实物和货币三种不同形式的赋税形式，这三种形式虽然直到清末依然存在，但在不同时期，不同形式的赋税在财政中的地位显然是不同的。到清代，货币形式的赋税最终取代了劳役和实物形式而占据主导地位，除了由于社会经济条件的成熟之外，货币赋税比较劳役、实物有着明显的优点构成了这一取代进程的内在逻辑。

国家权力是一般社会权力的集中体现，而货币则是社会财富的一般等价物。控制了多少货币赋税，意味着国家掌握了当年全国生产的社会财富中的多大份额，并且通过一般等价物向社会索取各种物资、劳务。这一优点是劳役赋税、实物赋税所没有的。劳役赋税是国家根据自身对于所需的物资和劳务而征发的。劳务的强度、劳役的效果，受到劳役者的个人情况、劳动条件、劳动管理水平以及自然因素影响很大。即使政府严格按照法律征发劳役，也不可能避免劳动力的巨大浪费、劳动效率的低下。采用实物赋税形式，可以保证国家对主要物资如粮食、布匹的需要，但大量零星的物资需要乃至国家的工程、徭役等仍需征发劳役。因此，在实物赋税形式上，不可能彻底废除劳役赋税形式。从分配形式上看，劳役赋税不是一种收入分配，而是一种劳动力资源的分配，国家按其控制的人丁数量，确定每个人丁为国家提供劳动日天数，从而确定国家在劳动力资源分配中的份额。计算虽然便利，但国家无法确定这种劳动力资源物化以后

---

① 马克思：《路易·波拿巴的雾月十八日》，《马克思恩格斯文集》第 2 卷，人民出版社 2009 年版，第 570 页。

的实际收入。实物赋税比较劳役赋税而言,是一种进步。第一,它是物化劳动;第二,它是一种收入分配。但国家虽然掌握了粮食、布匹等大量的物资,却并不是社会财富一般的象征,无法与其他社会财富处于可以直接交换的一般等价物形态上,这是和国家权力的普遍性特征相矛盾的。

其次,货币赋税可以长期储存。在劳役、实物和货币三种赋税形式中,劳役赋税是最不适于储存的。因此,国家必须于当年全部征发法律规定的所有劳役,而不论其事实上是否需要。而在国家特殊需要时,又不能避免过度地征发劳役。实物赋税具有可以储存的优点,但受其自然属性的局限,储存的时间有限。西汉前期"太仓之粟,陈陈相因,充溢露积于外,腐败不可食"①,其浪费是相当巨大的。货币的储存则较少这些风险。

第三,货币赋税的征收是最经济的。劳役赋税的征收成本最高。服役者由家乡到达服役地,在服役地工作,需要军队和监督管理人员,服役者的生活开支一般由服役者自己负责,加上服役者劳动积极性的普遍低下,国家实际所得与服役者的个人支出相距很大。这种浪费即使在实物赋税盛行以后也是无法避免的。就实物赋税本身而言,因为数量大、价值低,征收、运输、仓储,都要动员相当多的人力和物力。这些开支除仓储以外,几乎完全由纳税人负担。所以,纳税人实际的支出与政府规定的标准税收(即政府实际所得)也是不成比例的。从政府方面而言,货币赋税可以统一货币成色、重量,价值高,运输费用和储存费用低,可以节省大量的开支,避免实物赋税在质量、储存方面的风险(如漕米的质量风险有米色、含潮、掺石、霉变等)。

第四,在财政支出方面,更体现了货币赋税的优点,劳役赋税除了用于政府生产事业方面之外,其征发的过程同时也是支出的过程,政府很难进行统筹度支。在实物支出方面,政府也不可能保持收支

---

① 《汉书》卷 24 上《食货志第四上》。

的统一性。在中国财政史上,除货币形式外,财政支出中还有两种重要的形式,一种是直接的实物支出,还有一种是以土地等获得实物赋税的权力的支出。前者收与支分开,便于政府的财政收支核算;后者则是一种财政税源的转让。在分封制下,土地连同行政权、司法权一起转让给封君。废除分封制后,国家土地的赏赐只是让受益人获得租税权力,明代诸王往往拥有数十万亩土地的税赋。国家官吏的俸禄、办公经费,士兵的家庭赡养费用,有时也以职分田、公廨田、屯田等形式分配。这种国有土地、税源的分配一经实行,很难重新再分配,对国家财政的盈缩关系很大,宋、元、明三代均受其弊。推行货币形式的赋税之后,国家可以在统一的价值形式上调度财政支出,也保证了财政支出在价值形式上的公平性。

第五,货币财政的管理远较其他形式的财政管理便利,劳役赋税以国家控制人丁的数量为前提,实物赋税则需按不同的实物形式分别管理。这样,一个国家的财政分化为劳役、实物、货币三种核算管理体系,而实物赋税又分化为多种实物形式的核算管理体系。各种财政管理体系由于没有统一的价值形式,也就不可能形成统一的财政管理体系。一个财政系统的盈绌无法与另一个财政系统调剂,限制了国家统一调度财政的能力。以货币作为统一的财政核算单位,也就为统一的国家财政奠定了基础。

货币财政所具有的上述优点,是通过中国财政史长期发展进程体现出来的,并且成为中国财政演进的历史趋势。在确立货币财政的地位方面,清王朝有其特殊的地位。

由实物财政向货币财政的演变

在一种财政体制向另一种财政体制转变的过程中,社会经济的变化无疑是一个基本因素。这一点,在我们这里的一般分析中依然作为一种前提,不加以展开讨论。那么,封建国家在更替财政制度时,首先考虑的是哪些问题呢?

第一,原有的财政资源不致受到损失。任何一项财政资源的获得,都是国家与社会经过长期矛盾、冲突以后形成的一种既定的契约,在这种契约下,国家有征收这项税收的权力,臣民有缴纳这种税收的义务。国家根据已获得的财政资源安排支出。这种支出一旦确定以后,又成为继续维持这项税源的动因。如果变更财政体制以后国家会丧失某种财源的话,国家会拒绝实行这种变更。当今各国普遍采用的以财政收入总量不受损失为前提,放弃某种税源而代之以其他税源的手段,这只有在货币财政体系下才能想象,在实物财政下,没有统一的财政收入总量,这种财政手段几乎是不可能实行的。在中国财政史上,国家为规避这种损失,在由劳役赋税向实物赋税的转变过程中,普遍采用"折实"的方式,即将劳役折算为实物。根据马克思的价值理论,这种"折实",就是把服役者所提供的劳役先化为一般社会劳动量,然后再根据这一般社会劳动所能生产出的实物(如粮食、布帛)确定折实标准。而在实物赋税向货币赋税转变过程中,则普遍采用"折色"的方式,即将实物赋税量折算成货币赋税量,在这一转变过程中,也会带动劳役赋税向货币赋税的直接转变,即"折役"。"一条鞭法"的改革集中体现了这样一个历史进程。

其次,已有的财政习惯、规费可以继续适用。原有的财政习惯、规费,同样也是一种不成文的契约,变更这种契约也会造成政府与纳税人之间以及其他当事人的利益出入。如明代漕运,在实行支运法时,江西、湖广、浙江民运粮至淮安仓,然后由官军递运至京。交纳漕粮,是一种实物税,而必须运至淮安,则是一种附加的劳役。至宣德六年(1431)采取变通的兑运法,允许纳漕农民将漕粮就近交给附近的卫所,委托兑运。这样,由这些卫所到淮安仓的运输劳务便折成"路费耗米",由纳漕农民负担。至成化七年(1471)又推行长运法,江北卫所的运军干脆到江南各水次收兑漕米,这笔过江代为运输的费用又折成"过江脚耗","视远近为差",向农民征收。[①] 通过这种劳役

---

① 《明史》卷 79《食货三》漕运。

转让,田赋的劳役附加,转变成了实物附加。到清代,即使漕粮折色征收,原有的各种漕粮附加劳役、杂费也一并折色。

在这里,我们用三个不同的财政原理来考察。第一种财政原理,即国家任何一项税收标准,都应该包括经征费用在内。纳税人的负担是应该一致的。这是现代国家通行的财政原则。在中国的封建社会中,不具备实行这种单一税则的条件。第二种原理,实际上是不少经济史家的经验判断,并经常用来批评清代的赋税制度的,那就是赋税附加,应该根据国家正税所得的实际需要。当折色之后,实际的劳役、杂费大大减少,因此附加也应该大大减少。第三种原理是封建国家实际坚持的,即国家在制订正税标准时,除了考虑土地收益之外,同时也兼顾了劳役和杂费。因此,这部分劳役和杂费同样也是国家应得的收益,而不论其采取的是劳役形式、实物形式还是货币形式。只要折色得当,从理论上说,纳税人的负担应该是平均的。第二种原理,从经验上说,可以成立,而且也是封建国家增加附加的理由,如"耗羡"就是如此,当清政府将地粮及其附加折色之后,又以银两的倾铸费用为由,征收附加税。但就整个税制的演进过程看,这个原理并不适用。原有的分化为劳役、实物和货币三种形式的"公平税负"演化为统一的货币赋税之后,彻底打破了原来的"公平",才可能真正出现税则的变革,即由第三种原理过渡到第一种原理。① 由此可见,清代前期所发生的不少财政弊端,是中国财政变迁过程中必然出现的历史现象。

第三,沿用原有的财政习惯的同时,必然要沿用原有的财政管理制度,财政管理制度的变化总是落后于财政的演进。由实物财政向货币财政的转变,是一个漫长的历史过程,而不是一种突发的革命。

---

① 如甲地与乙地每亩同交粮税一担,因距离不同,两地附加的劳役是不同的,在实物税的条件下,这似乎是"公平"的,但转变为货币税后,甲乙两地实物税因附加的劳役不同,折色的结果可能是甲地每担折色为一两,乙地为一两半,这在货币形式上看,原来的"公平"即被打破了。随着历史的进程,国家就必须对税则进行改革,统一税则。这种统一货币税则的目标是在长期的历史发展进程中逐步实现的。

因此,它是在已有的财政管理制度的范围内进行的,只有当货币财政完全成熟以后,才可能带来财政管理制度的变革。沿用原有的财政体制,也就必然出现按照实物财政的模式管理货币财政的过渡性现象。如确定税源的固定用途(指拨),各类税源、各地区税源分头管理等等,在相对统一的货币财政下形成多头财政管理体制,使得几乎整个清代的财政收支数据都零乱不堪,也令专家苦恼不堪。而这种实物财政的管理体制牵涉到方方面面的利益集团,又会反过来束缚货币财政的发展,使得货币财政的演进充满了矛盾和冲突。

清代货币财政的局限性

清代的货币财政不同于我们今天的货币财政。现在国家的货币财政,建立在现代税制的基础之上,并且是以发达的商品经济和现代货币信用制度为基础的。清代缺乏这些条件,这决定了中国在由劳役、实物财政向货币财政过渡时期不同于西方国家财政的特点。

银两制的货币财政

任何货币财政都是建立在一定的货币制度之上的。清代的货币财政,基本上是建立在银两制上的。

中国货币财政萌芽很早,但直到明代,涉及货币财政的部分都是以铜钱为基础的。劳役、实物赋税折色一般都折为铜钱。如汉代田赋征实,口赋、算赋、户赋征钱,力役可以纳钱雇人践更,而为更赋,即后世所谓免役钱。唐代租庸调,几乎全部是粟绢实物和力役地租,但非蚕乡,也可以钱代之。至两税法推行以后,户税并于地税,同时实行"定税计钱,折钱纳物"。这是中国货币财政发展的一个重要阶段,也就是政府在财政收入上以钱作为核算单位,但考虑到财政支出上的大量需要,封建政府也允许折钱交纳实物。宋代以后的财政演变,着重于赋税的征钱和力役的折钱。至明代"一条鞭法"推行,丁、役并于田赋征收,同时由折钱过渡到折银,由此而开始了银两制的货币财政。

实行银两制的货币财政,虽起于明末,但其定型,则在清代。清代财政体制的许多利弊,都与当时货币制度有着密切关系。

清代的货币财政是银钱平行本位制度。在清代前期,政府名义上规定制钱 1,000 文值银 1 两,但实际上银钱比价是不断波动的。大体说来,从顺治元年到嘉庆十二年(1644—1807)的 164 年间,银钱比价基本上在 1,000 文的水平上下波动,最低时达到 700 文,最高时达到 1,400 文。[①] 清政府维持银钱比价的措施主要是调节铸钱的重量和铸发数量。因此,这种比价关系,受制于市场的价值规律,而不是政府的行政法规。银与钱,不是一种主币与辅币的关系。如果银钱比价发生重大的波动,就会对财政的收支发生很大的影响。

其次,清代社会零售商品的价格基础是制钱,而批发商品的价格基础是银两。民间交纳赋税,必须先将产品出卖到零售商品市场,换得制钱。州县在征收时得到的主要也是制钱。因此州县在征收时,必须考虑标准赋税和各种陋规、杂费的官定银价与实际市场银价的比例。银钱比价剧烈波动时,这种比例如相距过远,会起种种社会冲突。在批发市场上活动的商人,主要以银两进行交易,用银纳赋,也不成问题,但当商品由批发市场转入零售市场到消费者手中时,也不得不承担银钱比价波动的风险。在清代,与财政收入有密切关系的商人主要是盐商和行商。盐课在很大程度决定了盐商的食盐成本,而行商交易的货物以国际市场的白银为基础,嘉道后这两类商人的衰落与银钱比价剧烈波动有直接关系,而他们的破败最终使政府大笔税收归于无着。

第三,银两制度本身存在着诸多缺陷。银两不是政府的统一铸币,各地流通的银两成色不一、重量不一。清政府规定的标准成色,根据印度造币厂的分析,为 935.374‰,称为纹银。[②] 也就是说,政府税收的银两都须达到这一成色。而纹银的重量又有不同,有库平、漕

---

① 杨端六:《清代货币金融史稿》,生活·读书·新知三联书店 1962 年版,第 192 页。

② 魏建猷:《中国近代货币史》,黄山书社 1986 年版,第 26 页。

平、关平等名目。库平是清朝户部银库颁发的用于征收地丁钱粮的一种衡量，漕平则用于征收漕粮附加和折色，关平是征收海关税的标准平。由于颁发机构不同以及技术上的原因，各种平码重量也不同。以库平而言，有藩库平、道库平、盐库平，漕平、关平因地区不同，也微有差异，海关平起于鸦片战争之后。民间交易用银的平色差异更是五花八门。直到民国二十年间不完全调查，各省银两的平色仍多达171种，①估计清代的银两平色不下200种。如果考虑到平码技术上的因素，实际流通的状况还要复杂得多。

我们在这里着重讨论一下库平银的应用问题。关于库平的重量、成色，在各地并不统一。甲午战争赔款，日人要求以575.82英厘，即37.31256克作为库平重量，成色照988.89‰支付，②其实际重量和成色都高于户部银库的实际支放。据清末《户部则例》第四条案语说，根据农工商部会同户部奏定划一度量衡章程，库平一两合法国衡数三十七格兰姆又千分之三百零一，即37.301克，③华俄道胜银行职员 Pokotiloff 调查的北京库平一两为37.24克，④可见户部库平两的实际重量在37.2—37.3克之间。这些重量都普遍高于各地市平两1—3克左右。但其成色，在入库与支放上是不同的。

户部银库收银入库，按足色库平，即1,000的成色收入，因此，这种足色库平实际上是一种理论单位，实际铸造的银锭不可能达到如此纯度。⑤

---

① 上海银行周报社：《废两改元问题》，第109页。

② 戚其章：《甲午战争赔款问题考实》，《历史研究》1998年第3期。

③ 彭信威：《中国货币史》，上海人民出版社1965年版，第800页。

④ ［美］耿爱德：《中国货币论》，蔡受百译，商务印书馆1929年版，第83页。

⑤ 清朝对入库银两的补平补色陋规，是逐步合法化的。雍正元年禁止随平陋规，三年，因部库亏空，准每千两收平余25两，"较之从前陋规杂费减省已多"。八年，库平补足，平余减半。乾隆三年，直省停解减半平余，存储本省司库；改为关税、盐课每千两加平15两，漕项加平5两，杂色市平银两每千两加平36两。地丁以元宝兑收，无加平。（乾隆《户部则例》）以后遂为定制。但对足色纹银的要求在晚清越来越强调，实际流通的所谓足色纹银或宝银，成色在970‰—980‰之间。

各地解京的银两,往往需要铸成适应京城流通习惯的银锭交库,有所谓二两平(京平)、市平、三六库平和三四库平等,交库银锭成色提高到987‰,也与京师市面习惯有关。光绪十二年(1886)十月海军衙门奏请将应放南北洋经费及东三省饷项均按二两平核发,这大体上是光绪以后户部银库支放的一种实银,即所谓二两京平,其重量为35.01克,成色与北京库平一致,均为987‰。三六库平(936‰)或三四库平(934‰),是介于纹银标准成色935.374‰之间的实银,[①]也是户部银库支放的实银。所有解库银两,均需按足色库平加平、加色。以二两京平为例,与库平标准重量每两相差0.281克,在理论上每千两即须补平8两;补色13两;如为三六库平或三四库平,每千两补色为64两或66两强。[②] 光绪三十年户部试办银行章程中第一条规定"每股库平足银一百两",就是沿用户部银库习惯,按1,000成色的库平募股。但"官司所发,例为纹银,至民间行使,自十成至九成、八成、七成不等,遇有交易,皆按十成足纹递相核算"[③]。这种按足色库平收入,而以纹银及各地市平支放,既是部库和各地藩库、关库所谓"平余"收入的重要来源,也是经手官吏上下其手,通同舞弊的一大渊薮。

清朝实际运用足色库平和纹银,仅限于银两的收储和支放,因各地银两的平码和成色不同,在征收过程中不起重要作用。州县有利可图的是,第一,按照市平银的银钱比价征收田赋及其附加费用,这样就避开了纹银成色低于市平银的问题;第二,精明的州县还会坚持库平重于市平这一点,征收额外的补差。这种平色差额便成为官员

---

① 这是我对文献的一种解读。戚其章先生的资料三六库平银成色为968.54‰,三四库平银为909‰,不知何据,因为成色相距如此之大,户部如何支放?"三六""三四"的名目已经指明了它们的成色应该分别是936‰和934‰,在纹银的成色波动范围之内,在实际支放过程中,一般官员和官兵是很难区分的。

② 盛宣怀曾建议官铸京平九成一两的银元,即成色为900‰,重京平一两,解交部库时,"仍照库平十成银计算",每百两加平六两,加色十两。(参见《愚斋存稿》卷1,第7页)

③ 《清朝文献通考》卷16考5002。

贪污的一大渊薮,其利益通常是从经征官吏到银库官吏共同瓜分的。

第四,白银作为币材,必须要有充分的供应,才能支持其在市场上的流通,从而支持银两制和货币财政。白银的来源有二。一是国内开矿。明代中叶以后,白银的流通日益广泛,政府征收"金花银",白银普遍感到缺乏。国内银矿资源本不丰富,远不能满足需要。明廷派矿监使四出索银,加剧了社会矛盾,成为一大弊政。另一个来源是通过对外贸易取得白银。国外白银的流入一方面是中国的出超,另方面由于中国白银价格远远高于国际市场,最高时曾经达到5∶1的金银比价。① 根据魏建猷先生搜集到的资料,1571—1821年经由菲律宾流入中国的墨西哥铸造的西班牙银元约达1亿元;1601—1708年由日本长崎输入的白银约1亿元,仅据马士《东印度公司对华贸易编年史》统计英国输入的白银为5,600余万元,由美国输入的白银约达5,000万元以上。这些有案可稽的数字达30,600余万元。② 当然实际流入的白银远不止于此数。一旦白银流向发生逆转,必然会对中国的货币制度产生剧烈的影响。

商品经济的发展、国家财政对于白银的需要,是18世纪以来银价逐渐上涨的重要因素。当鸦片贸易兴起以后,国外流入的白银逐渐减少、停止乃至外流,更导致了银价异乎寻常的激增。③ 因此,到道光朝,银价问题便成为朝野瞩目的重大财政经济问题。有关种种对策,已经有不少论著进行了介绍和研究,王鎏主张发行以制钱作为基

---

① [法]布罗代尔:《15至18世纪的物质文明、经济和资本主义》第1卷,顾良等译,生活·读书·新知三联书店1992年版,第538页。

② 魏建猷:《中国近代货币史》,第8—9页。根据林满红的研究,从1601年到1840年,从日本长崎输入中国50,454,277银元;1700—1751年间,英国、荷兰、法国、丹麦、瑞士和普鲁士总共向中国输出了68,073,182银元,1752—1800年,增加到104,785,273银元;美国独立后到1833年,估计向中国输出了9千万银元,总数也在3亿多元。(林满红:《银线:19世纪的世界与中国》,詹庆华等译,江苏人民出版社2011年版,第52—53,56页)

③ 参见王宏斌《晚清货币比价研究》第1章,河南人民出版社1990年版。

础的钞币取代白银,徐鼐、孙鼎臣等人甚至主张国家恢复实物赋税,不用白银,[①]从这些极端的主张中,我们可以看出,当时货币问题已经严重地威胁到了银两制的货币财政基础。晚清以后,由于国际性银价的下跌,对于清朝财政的危害更大。

实物赋税仍大量存在

清代赋税以货币为主,但实物赋税仍然大量存在。在清代的实物赋税中,除了贡物之外,最主要的是兵米和漕粮。兵米用于各地驻防旗营和绿营,一般由本省征收、本省运解,总数约在 230 万—240 万石。漕粮总数在 400 万石,由南方八省北运至京师、通州,是南粮北调的一项巨大工程。问题最严重的也出在漕粮的征解上。

在明代,江北的漕运任务完全由卫所运军负责,是军籍应服的徭役。"过江脚耗"虽由民户交纳,但为数不多。自摊丁入亩以后,运军的劳役也折入田赋征收。这样就产生了所有折役钱的收入与支出的核算问题,乃至购买这 400 万石的漕粮总价与漕粮折钱收入加上运输费用支出之间的核算问题。这种核算在劳役与实物赋税形态上的财政是不可能发生的,而经过核算,也就暴露了实物赋税的种种不合理性,暴露了实物财政与货币财政的尖锐矛盾。[②]

漕运费用是一笔巨额开支。一是漕船的建造维修、雇佣漕运水手的工资、口粮等等,二是沿途军队的保卫、监督费用,三是运河的治理、启闭闸等费用,四是运输损耗费用,这四笔费用总计有多少,清代还没有人匡算过。但局部的计算也可以说明问题。

魏源谈道:"苏、松、常、镇、太仓四府、一州之漕,赋额几半天下,

---

① 参见叶世昌《鸦片战争前后我国的货币学说》,上海人民出版社 1963 年版;侯厚吉、吴其敬主编《中国近代经济思想史稿》第 1 卷,黑龙江人民出版社 1984 年版。原文见赵靖、易梦虹主编《中国近代经济思想资料选辑》上册,中华书局 1982 年版。

② 英人曾经按每石 2 两测算,1847 年各省漕粮应征 4,719,385 石,合银 9,438,670 两。Henry Charles Sirr: *China and the Chinese: Their Religion, Character, Customs, and Manufactures*, vol. 2, pp. 410-413, London: Wm. S. ORR &. CO., 1849.

而其每岁例给旗丁之运费,则为银 369,900 两,为米 411,893 石,计米折价,直银 936,759 两,共计给丁银米二项,为银 1,295,758 两。上之出于国帑者如此,而下之所以津贴帮船者,殆不啻再倍过之,通计公私所费,几数两而致一石。"[1]魏源所用的数据即为漕运水手的工资、口粮(帮费、行月米),该四府一州额征漕米为 2,029,175 石,平均每石用于水手工资口粮等开支即达 0.638 两多,约占米价一石 2.274 两的 28.1%。此外还有"津贴帮船"的沿途吏弁闸夫和仓场官吏勒索的各种陋规使费,"殆不啻再倍过之"[2]。据嘉庆十四年(1809)太常寺少卿马履泰开单胪陈,巡抚、藩司、粮道、知府各衙门书吏的规费,催运、押运兵弁书吏的年规,河督漕院的委员使费,各闸闸费,仓场派廒、坐粮厅验米、粮船停泊等种种陋规,以一帮五十号船而论,一年索费总计七千四百余两。[3] 根据清末的估计,如果将 100 万石的漕粮全部改折,每年约可节省 200 万—500 万两。坚持漕粮北运的制度,无疑是财政上的一个沉重负担。

更为严重的是,即使这一个得不偿失、耗资巨大的南粮北运制度,到了道光朝也无法维持下去了。由于黄河的河床不断抬高,对运河形成倒灌之势,造成了运河浅阻。北段运河需水则借黄,河水泥沙沉积,又造成运河河床抬高,更加浅阻。虽数万纤夫节节拉搀,漕船搁浅,仍在所不免。道光六年(1826)清政府决定试行海运,将江苏漕米 163 万余石由上海运至天津,获得成功。但清政府立意是借海运漕粮之际抓紧治理运河,所以第二年即恢复河运。南漕北运产生的问题便一直留到了清末。[4]

漕运改革作为一项实物赋税的改革,涉及三个不同层次。海运

---

① 魏源:《海运全案跋》,《魏源集》上册,中华书局 1976 年版,第 413 页。

② 同上。

③ 道光《钦定户部漕运全书》卷 7《违禁杂款》。

④ 有关这一时期漕运问题的详细叙述,参见马伯煌主编《中国近代经济思想史》上册,上海社会科学院出版社 1988 年版,第 67—78 页。

改革只是运输途径的变革。从财政支出上说,海运费用远比河运节省,但是,这意味着十几万漕运水手、两岸纤夫失业,漕河系统的官吏、兵丁无利可图,必然会遇到强大的阻力,清政府也不得不考虑由此而引起的社会政治问题。第二个层次是,南漕全部改折,即由实物赋税转化为货币赋税,在京畿附近另开屯田征收漕粮,元、明、清三朝均有人提出这个建议,这是实物赋税的地域置换,其重点是解决南粮北调问题,除了可能会发生的上述社会政治问题之外,清政府还必须筹划 500 万亩的屯田和招垦等投资。第三个层次,将漕粮完全改折,由政府从市场上购买粮食,这是单纯的货币财政管理办法。在近代漕运改革的演进过程中,清政府绕过了第二个层次,在南粮北调这一基本经济事实的前提下,南漕改折,再根据政府的需要,由南方购买粮食北运至京。这在鸦片战争前是不可做到的。据估计,鸦片战争前国内商品粮总数为 16,333.3 万石,[1]如清政府 400 万石漕粮全部从市场上购买,那将占商品粮的四分之一,会造成很大的经济问题。财政改革受到经济状况的制约,这是我们在探讨清代财政问题时应该注意的。

财政货币化的程度高于经济商品化的程度

财政货币化是商品经济发展到一定阶段的产物。财政货币化的进程,由于国家政权对于货币的需要量增加,往往会快于商品经济的发展速度,这就会强制某些产品进入商品流通领域。在西欧,这一进程是加速封建庄园制解体的一个重要因素。在中国,其社会历史作用则因社会经济结构不同而有所不同。

我们先作一个粗略的数量分析。清朝前期额征的货币赋税总额约 4,500 万两,实物赋税以漕粮和兵米两项为最大,总数约在 630 万石,折合价格约为 1,500 万两。也就是说,货币赋税与实物赋税的比例约为 3:1,货币在财政收入的比重在 75% 左右。但中国当时商品

---

① 许涤新、吴承明主编:《中国资本主义发展史》第 1 卷,人民出版社 1985 年版,第 320 页。

经济发展的水平远远没有达到这样高。据吴承明先生估计,鸦片战争前,商品粮只占粮食产量的 10.5%,棉花占 26.3%,棉布占 52.8%,而棉花、棉布的商品价值总额仅 1 亿两。另外,丝织品、茶、盐的商品比重没有估计,我们暂以 90%估计,可以据此估计主要产品中自然经济与商品经济的比重。

表 1-15 鸦片战争前夕主要农产品的商品化程度估计

产　　品	总产值(万两)	商品值(万两)	商品值比重 %
粮　食	155 555. 24	16 333. 3	10. 5
棉　花	4 857. 41	1 277. 5	26. 3
棉　布	17 907. 77	9 455. 3	52. 8
丝	1 304. 01	1 202. 3	92. 2
丝织品	1 616. 67	1 455. 0	90. 0
茶	3 540. 00	3 186. 1	90. 0
盐	6 503. 22	5 852. 9	90. 0
合　　计	191 284. 32	38 762. 4	20. 26

资料来源:吴承明《中国资本主义与国内市场》,中国社会科学出版社 1985 年版,第 251 页。

从上表中,我们可以得出这样几个初步结论:(1)在鸦片战争前,中国经济的商品化程度约为 20%(实际情况可能较此低得多),而财政货币化的程度已高达 75%。(2)在不到 3.88 亿两的主要商品流通额中,赋税额以 0.45 亿计,占 11.6%。如果我们将各种浮收勒折的因素考虑进去,实际比重还要更高些。(3)分别计算的话,500 万两盐课占食盐商品价格总额的 8.45%,3200 万两田赋占粮食、棉布、棉花商品总额的 11.82%,说明赋税的重点仍在于商品化程度较低的产品。(4)财政收入占七种主要产品产值的 2.35%,加上实物赋税,也不过 3.14%,从表面上看平均税负并不沉重。

上述的数量分析表明,清代的银两制货币财政是建立在自然经济占主导地位的经济基础之上的。在这样一个经济基础上,由于大量的产品仍以自己消费为主,因此,赋税的原始形式仍然只能是从量征收,而不是从价征收。由于国内商品经济的不发达,统一市场尚未形成,商品没有相对统一的价格,也缺乏实行从价征收的客观条件。在这种情况下,政府要取得货币赋税,只能将应征的实物赋税折价征收。折价标准确定以后,长年不动。政府虽然规避了物价下跌的风险,但却不能随着物价的上涨和劳动生产率的提高而增加收入。这种按实物折价的方法,在近代海关税则中仍照样采用,使清政府的应得税收损失极大。货币财政的比例税法是随着近代经济的发展逐渐开始运用的。所以,不少财政史家认为清代财政缺乏扩张力,其基本原因即在于此。

其次,由于征收货币田赋带有强制性,而不是商品经济发展的自然结果,因此,夏、秋二季粮食集中上市,加以政府在征赋之后货币不会一下子投入流通,造成粮食价格的暴跌和周期性的货币紧缺,对于农民、商业都会带来不利的后果。粮价暴跌,造成农民实际税负的加重;货币紧缺又造成银价的偏高,州县要弥补兑银的损失,只有事先抬高征收标准,这又要增加农民负担。所以,从统计数字所表明的平均税负 2.35％或 3.14％,并不能完全符合纳税人的实际税负。这个数据只能用来说明清朝政府实际所得的财政收入(扣除征收费用及官吏贪污等)在国民生产总值中所占的份额。[1]

最后,商品化程度低的产品征税重,反之则低,这是同货币财政的性质相矛盾的。这种矛盾预示着下一期清朝财政发展的主导面将由征农而发展为征商。这一转折在封建财政体制下出现,必然经历一个充满矛盾冲突而艰难痛苦的过程。

总之,由于货币财政较之劳役、实物财政的优越性,中国封建国

---

[1] 参见本书第 7 章。

家政权从自身利益出发,不断地增加货币财政的比重。建立在银两制上的清代货币财政虽然带有相当的实物赋税的残余,但基本上完成了由实物赋税向货币赋税的转折。康雍乾盛世的财政充裕与货币财政的优点不无关系。但是,这一财政体制由于远远超过了国内商品经济的发展水平,货币制度的不完善以及实物赋税残余的严重存在,充满了内在的矛盾和冲突,清朝政府就是带着这种财政体制的矛盾而步入近代的。①

---

① 这里所讲的实物赋税和货币赋税的情况还只是作为国家财政中"正供"的收入,实际上在州县的层次上,还存在着大量的徭役,这些徭役是国家认可的,但不由朝廷征发,而由州县征发。这些徭役在清代也基本上折为货币和实物,成为州县的收入,并不列入国家的正供收入。有关情况见第3章第1节。

第二章　鸦片战争与清朝财政

鸦片战争是中国近代史的开端。我们通常所说的"晚清",也就是鸦片战争到辛亥革命这71年的清统治时期。从鸦片战争开始,清朝财政不仅面临着旧时代留下的种种难题,同时还面临着海禁大开以后的变局。财政如何适应时代的转变,如何支持清政府度过内忧外患,应付各种棘手的社会、政治、经济、军事等等问题,是晚清财政研究所要回答的重大课题。[1]

第一节　入不敷出的财政收支

清朝到了乾隆末年,封建统治已成了强弩之末,政治腐败,危机四伏,连年灾荒、社会动荡不安。嘉道以降,情况更为严重,财政状况日益恶化。"当乾隆之季,天下承平,庶务充阜,部库帑项,积至七千余万。嘉庆中,川楚用兵,黄河泛滥,大役频兴,费用不赀,而逋赋日增月积,仓库所储,亦渐耗矣。"[2]乾隆四十六年(1781)户部存银七千

---

① 我的学士学位论文《1840—1849年的清朝财政》曾对本章所涉及的问题进行了初步探讨,发表在《山西财经学院学报》1982年第2—3期。本章对其部分内容作了较大的修改,并请参考廖文辉《咸丰时期户部银库实银收支问题再研究》(《近代史研究》2017年第1期)和任智勇《1850年前后清政府的财政困局与应对》(《历史研究》2019年第2期)。

② 《清史稿》卷121《食货三》赋役。

余万两,五十四年(1789)存银仍有六千余万两,但至嘉庆十九年(1814)已减至 1,240 余万两。[①] 然而,在嘉庆年间,嘉庆皇帝除了大开捐输事例以外,还惩办了大贪官和珅,"和珅跌倒,嘉庆吃饱"。据籍没其家产的清单所载,这个大贪官拥有赤金 580 万两,生沙金 200 万两,元宝银 940 万两,当铺 75 座,银号 42 座,地产 8 千余顷,另有玉器、绸缎、洋货、皮张等库多间,储藏大批财物。已经估价的二十三号清单合计价银已达 22,389 万多两,还有八十六号清单尚未估价,这实在是惊人的数字![②] 这笔财产名义上"以备川陕楚豫抚恤归农之需",实际上用于镇压民间教门大起义而且绰绰有余。[③] 这使得清朝财政得以勉强维持下来。

但是,随着鸦片战争爆发,清朝财政状况急转直下,出现了入不敷出、库藏急剧减少的严重局面。

财政收支分析

常年亏空

相对地说,鸦片战争前后十年多的时间里,有关财政收支的统计数据比较多一些。一个是中国国家图书馆收藏的翁同龢的家藏抄本《道光十八年至二十八年岁入岁出册》,另一个是王庆云对这一时期户部档案的摘录与研究。两份资料估计都出自户部山西司,可以互相补充。但需要说明的是,这一时期准确的收支数字连在户部任职的王庆云也没有办法弄清楚,我们只能根据已经掌握的资料进行分析,以了解这一时期的收支概貌。

---

① 罗玉东:《中国厘金史》,商务印书馆 2010 年版,第 5 页。
② 薛福成:《庸庵笔记》卷 3《查抄和珅住宅花园清单》,江苏人民出版社 1983 年版,第 61—66 页。
③ 镇压五省教门大起义的军费支出为 2 亿两。

表 2-1　道光十八年至二十九年直省实征地丁盐课关税杂税岁出岁入表

单位:两

年　　份	岁　　入	岁　　出	两　　抵
道光十八年	41,272,732	36,209,382	5,063,350
道光十九年	40,307,370	34,787,509	5,519,861
道光二十年	39,035,230	35,805,162	3,230,068
道光二十一年	38,597,458	37,341,583	1,255,875
道光二十二年	38,715,061	37,149,811	1,565,250
道光二十三年	42,264,529	41,904,904	359,625
道光二十四年	40,163,855	38,651,695	1,512,160
道光二十五年	40,612,281	38,815,891	1,796,390
道光二十六年	39,222,630	36,287,159	2,935,471
道光二十七年	39,387,316	35,584,468	3,802,848
道光二十八年	37,940,094	35,889,872	2,050,222
道光二十九年	37,010,019	36,443,910	566,109
合　　计	474,528,575	444,871,346	29,657,229

资料来源:《中国近代货币史资料》第 1 辑上册,中华书局 1964 年版,第172—173 页。道光十九年、二十九年收支数据廖文辉《咸丰时期户部银库实银收支问题再研究》改订。

上表所列仅直省收支总计,"剩余银两业经解部并充兵饷","而京师内外支销"不在其中。按乾隆三十年(1765)京师例支开销约 830万两计,12 年应支 9,960 万两,较之各省剩余解部银两 2,964 万两,亏空高达 7 千万两。

这个亏空并非实在亏空,而是会计上核算的错误。清代实行解协饷制度,协饷在拨出省份作支出奏销,拨入省份也作支出奏销,这样的重复奏销便使户部山西司的红册"两抵"柱下余数大大缩小了。

比如王庆云统计道光二十二年(1842)协拨款为 560 万两左右,因此,该年的直省岁出数应调整为 3,155 万两左右。我们暂且以这笔协饷作为常数,那么,上表"两抵"柱上的余额如果超过 300 万两,即可就付京师的正常开支,低于此数,即为财政亏空。兹列表计算如下:

表 2-2 道光二十年至二十九年常年财政亏空表　　　　单位:两

年　份	结　余	年　份	结　余
道光二十年	+230,068	道光二十五年	−1,203,610
道光二十一年	−1,744,125	道光二十六年	−64,529
道光二十二年	−1,434,750	道光二十七年	+802,848
道光二十三年	−2,640,375	道光二十八年	−949,778
道光二十四年	−1,487,840	道光二十九年	−2,443,891
		合　计	−10,935,982

由上表推算,鸦片战争爆发以后的十年中,常年经费收支中,盈余年份只有两个,盈余额合计不过 100 万两,其余八年均为入不敷出,亏空额近 1,200 万两。综计十年亏空额将近 1,100 万两。如考虑海关税统计数缺漏(见本章末),这十年的常年经费收支至多勉强平衡。

英人希尔(Henry Charles Sirr)调查了 1847 年清朝财政收支,虽然误漏不少,从中仍可以大致看出道光后期财政支出的总规模约在 4,500 万两。

表 2-3 1847 年中华帝国财政收支统计表　　　　单位:两

收入项目	收入款额	支出项目	支出款额
田赋应征 2,820,896 两	27,546,514	文武官俸	7,087,198
盐课应征 4,704,382 两	3,814,670	水陆兵饷	3,379,134
常关税应征 4,199,335 两	3,722,437	京官俸禄	668,877
洋关税	3,000,000	邮驿	2,014,984

续表

收入项目	收入款额	支出项目	支出款额
矿课贡赋	307,590	堤防	2,860,000
杂税应征 2,729,607 两	2,429,907	杂支	1,317,108
八旗租课	468,043	留支	7,379,742
茶课	108,481	科场	293,806
平余	4,316,684	赈济	333,572
		旌表	401,669
		祭祀	182,182
		满蒙旗饷	5,452,421
		赏恤	401,669
		旗人老幼鳏寡贫寒救济	991,845
		寺庙陵寝	344,574
		宫廷织造	201,800
		十八省及回藏支出	6,607,380
		内务府	1,200,000
		豫省本省赈灾	3,209,708
		京城外省拨补豫省赈济	500,000
合计	45,714,326	合计	44,827,669

资料来源：Henry Charles Sirr：*China and the Chinese*：*Their Religion*，*Character*，*Customs*，*and Manufactures*，vol. 2，pp. 410-413，London：Wm. S. ORR & CO.，1849. 希尔的统计据他说是"一位令人尊敬的朋友"提供的，从某些开支列有确数看，可能是某位户部司官提供的。但毫无疑问，此人并不了解财政收支的全貌，如各省军费开支 1,700 万两，而此表只有 330 万余万两（"满蒙旗饷"只是京城兵饷）；内务府开支高达 1,200 万两，也是凭空揣测；豫省全部开支均列为赈灾支出，更不合情理。原表将应征数和实征数的差额作为赤字，不合会计学原理，本表已作调整；原表将漕粮折算银两列支，水陆兵饷中列入兵米合银数，本表均予删去。上述漏项与误计对冲，相去不远，因此仍可作为道光后期财政规模的参考。

例外支出和亏空

常年财政收支的紧张情况不足以展示鸦片战争后十年间清王朝
财政问题的严重性。除正常支出外,清政府还有大量的例外开支以
及库存银两的亏损。

在这十年间,清政府的例外开支如"海疆、回疆及各处军务,东、
南两河工用,南北各省灾务,统计例外用款,多至七千余万两"①。其
主要支出项目如下:

表 2-4 1840—1850 年清政府例外支出表

类别	项　　目	款额(万两)	资料来源
河　工	1841 年祥工	550	《清史稿》卷 125《食货六》
	1842 年扬工	574	《宣宗实录》卷 384 页 16—17
	1843 年牟工	518	《清史稿》卷 125《食货六》
	1845 年东河另案	205.8	王庆云《石渠余纪》卷 3
	1845 年南河另案	330.48	同上
	1846 年东河另案	194.71	同上
	1846 年南河另案	295.35	同上
	1847 年东河另案	179.89	同上
	1847 年南河另案	278.5	同上
赈　灾	1844 年豫皖	300	《宣宗实录》卷 407 页 30
	1847 年河南	100 余	《清史稿》卷 125《食货六》
	1848 年河北	138	同上
	1849 年四省	400 余	同上
战　争	鸦片战争	4,500 余	以下专门说明
	二次回疆之役	900	陈锋《清代军费研究》第 275 页
合　计		9 464.73 余	

① 管理户部卓秉恬等道光三十年四月十一日奏,《中国近代货币史资料》第 1 辑上册,第
170 页。

关于省库等亏空的数字,根据已经查到的资料,总数高达16,067,465两。最为严重的是道光二十三年(1843)户部银库亏空案。

> 户部库银,自乾隆时和珅当国后,即未清理。库内侵蚀,子而孙,孙而子,据为家资六十余年矣。嘉庆间,虽经盘查,然皆受库吏贿嘱,模糊复奏,未能彻底澄清。自是逢皇上命御史查库,必进规银三千两,仆从门包三百两,日积月久,习以为常……二十三年,库吏分银不均,内自攻讦,其事不能复蔽,达于天庭。[1]

道光皇帝命刑部尚书惟勤等亲往逐袋查验,逐平较兑,结果发现账面应存银共12,182,116两,实存银仅2,929,354两,亏空额高达9,252,762两。[2] 道光皇帝阅报之后,"愧恨忿急",竟一时不知如何措置。原来一千多万两的家底,现在不到300万两,连京师半年的开支也无法维持了。

综上所述,清政府在鸦片战争后十年中,常年经常费用亏空不计外,例外支出达9,465万两,盘查省库等亏空达1,606万两,总计达11,071万两以上,平均每年为1,000万两以上,[3]占清政府当时一年收入四分之一左右。

库存银两的急剧减少

由于银库案的发生,以及档案资料的破损、散失,这一时期户部银库的数字扑朔迷离,令人费解。但是,库存银两的大幅度下降是可以肯定的。

我们根据残存的户部银库黄册以及王庆云抄录下来的若干数字,将户部银库的收支情况列表分析。支出数不详的年份以900万

---

① 欧阳昱:《见闻琐录》,岳麓书社1986年版,第81页。

② 《中国近代货币史资料》第1辑上册,第166页。

③ 何烈根据他粗略观察,也得出了这个结论。见《清咸、同时期的财政》,第53页。

两为常数代人，推算数加括弧，误差估计在 100 万两左右。

表 2-5 道光二十一年至三十年户部银库收支表　　　　单位:两

年　份	收　入	支　出	结　存
道光二十年	10,349,975	10,312,241	33,808,859
道光二十一年	6,796,038	15,733,178	24,865,050(24,871,719)
道光二十二年	10,914,111	13,519,847	22,259,314(13,006,553)
道光二十三年	7,919,693	10,992,455	9,933,791
道光二十四年	(7,713,228)	9,018,625	(8,628,394)
道光二十五年	9,069,654	8,737,519	(8,960,529)
道光二十六年	9,044,024	8,840,313	(9,164,240)
道光二十七年	(9,000,000)	8,479,905	(9,684,335)
道光二十八年	8,872,940	(9,000,000)	(9,557,275)
道光二十九年	8,507,408	9,340,395	(8,724,288)
道光三十年	9,248,585※	9,531,910	8,440,963

资料来源:廖文辉《咸丰时期户部银库实银收支问题再研究》,《近代史研究》2017 年第 1 期;史志宏《清代户部银库收支和库存统计》,福建人民出版社2009 年版,第 198—228 页。※道光三十年(1850)黄册残缺当年十二月收入数,估作 150 万两补入,当年结存数据孙鼎臣《畚塘刍论》为 800 余万两。括号内数字:道光二十一年为核算数额;道光二十二年剔除了次年户部查库亏空数额;其余数额据道光三十年实存数额倒轧。

　　根据上述估算表可知,1850 年户部银库库存比 1840 年下降了75%,比 1841 年下降了 66%。

　　上述统计还仅仅是账面数。在户部银库亏空案发生之后,925万余两的亏空数并没有在账面上销去。道光帝下令所有有关人员必须赔补,当然不能销账。但如此巨款不可能一下子补齐,因此,只有弄清楚实际存银数量,才可以看出库存银两减少的真实情况。亏空案发生时,道光二十八年(1848)二月户部密奏实存银为 123.9 万两,道光三十年十月,实存银 187 万余两。[1] 这样严重的国库空虚,不仅不能与乾隆盛世七八千万两的积存相比拟,甚至不能与鸦片战争前的道光时代相比拟。道光元年至道光十四年,平均库存银为27,862,032两,[2]扣除实际亏空数,也将近有二千万两的存银。总而言之,鸦片战争以后清朝国库的实际存银只有战前的十分之一。

财政补救措施

巨额的财政亏空、国库的严重空虚,反映了鸦片战争以后清王朝统治的虚弱。那么清王朝采取哪些措施来维持其财政开支,以支撑庞大的国家机器的开销呢? 概括起来,主要有以下几项:

(1)大开捐输事例。鸦片战争以后,清朝政府除现行捐例以外,特开的暂行捐例有:豫工事例(1841)、海疆捐输议叙事例(1841—1842)、豫东工事例(1842)、再开豫工事例(1843)、筹赈事例(1850),捐纳收入除各地截留之外,解交户部的数额有如下表。

表 2-6　道光二十年至三十年户部银库捐纳收入表

年　份	捐纳银数	户部银两收入 (两)	户部制钱收入 (千文)	捐纳银 所占比重(%)
道光二十年	2,492,011	10,349,975	1,137,631	24.08
道光二十一年	2,069,284	6,796,038	1,233,614	30.45
道光二十二年	8,945,393	10,914,111	1,144,433	81.96
道光二十三年	3,815,342	7,919,693	1,222,831	48.18
道光二十四年	530,992(1)	(7,713,228)	(1,200,000)	(6.88)
道光二十五年	1,493,922	9,069,654	1,160,832	16.47

① 《中国近代货币史资料》第 1 辑上册,第 168—171 页。
② 道光元年、二年、七年、八年、十年、十三年和十四年库存平均数,据史志宏《清代户部银库收支和库存统计》,第 262—263 页。

续表

年　份	捐纳银数	户部银两收入 （两）	户部制钱收入 （千文）	捐纳银 所占比重（%）
道光二十六年	1,738,571	9,044,024	1,209,094	19.22
道光二十七年	343,401(1)	(9,000,000)	(1,200,000)	(3.82)
道光二十八年	349,104(1)	8,872,940	1,165,946	(3.93)
道光二十九年	1,072,944	8,507,408	1,238,528	12.61
道光三十年	298,717(1)	9,248,585	1,176,127(2)	(3.23)
合计	23,149,681	97,435,656	13,089,036	23.76

说明：户部银库收入银两据表 2—4；捐纳银数、户部收入制钱数据罗玉东《中国厘金史》第 9 页。(1)据汤象龙《道光朝捐监之统计》按解部比例 52% 计入。(2)缺一月收数照 10 万千文计入。

上表中道光二十四年（1844）、二十七年、二十八年和三十年只有捐监收入统计数参考，其他捐例收入加上去，当在这些数字的一倍到两倍。因此，我们可以估计，捐纳收入占 1840—1850 年户部银库收入的实际比重约为 25%，即占四分之一。可见，捐纳在这一时期对于中央财政的重要补助作用。

其次，上述捐纳收入仅为户部银库的收入，全国究竟收入多少，不得而知。根据汤象龙先生对于道光朝捐监银用途分配的研究成果，可知解部占 52%，封储占 24%，修缮占 9%，解甘占 5%，军需占 4%，赈恤占 3%，其他占 3%。也就是说，有 48% 未入银库。根据这一比例推算，1840—1850 年全国捐纳收入约 44,518,617 两。以财政亏空总额 9,818 万两计算，仅捐纳一项即弥补了 42.11%。捐纳之外，还有商人的报效和捐款。其中，盐商的报效即达 285 万两。[1] 鸦片战争第一期赔款，盐商捐约为 35.5 万两。[2] 以上两项综计弥补例

---

[1]　民国盐务署编：《清盐法志》卷 3，捐输门。

[2]　《筹办夷务始末（道光朝）》第 5 册，中华书局 1964 年版，第 2406 页。

外支出和亏空总额的 2.89％。

（2）弥补库亏。道光后期查实的库亏总额高达 1,500 多万两,整个弥补情况已无法搞清楚了。我们只能就户部银库的弥补情况进行分析。当时清政府采取的主要措施就是：一、罚赔,即所有有关官吏,按官职大小、责任轻重摊赔。二、减平放银,即所有王公、满汉大臣、文武职官、世职官员的俸银养廉并一切由部库领项,均改用二两平支放。二两平比库平轻六分,户部银库大约有一半款项采用二两平支放,地方也一律执行,合共约六七十万两。[①] 三、没收库吏规费收入。各省关解部银两,均委员押运交收,领有规费向管库官吏行贿,以免因挑剔银色、文书和数目而误事。这次没收的规费不包括直隶旗租及地丁银两,而主要是关税银以及少数杂项收入,计每千两收平余银25 两,山海关、归化城、杀虎口等每年交平余分别 400 两、300 两或600 两不等。其他零星税收每千两加平 20 至 30 两不等。[②] 估计这笔收入为数不多,且弊端不少,到1845 年便取消了。以上三项总计数多少,只能进行推算：库存实银 187 万两 ＋ 亏空数 925 万两 ─ 账面余额 896 万两＝216 万两。也就是说,实际弥补亏空数至少达 216万两。[③] 如按道光三十年(1850)户部银库账面余额为 844 万两计算,实际弥补数至少为 350 万两。不管如何,三项措施实际弥补的库亏额不会超过 400 万两[④],占财政例外支出和亏空总额的 3.61％。

---

① 《光绪朝东华录》(一),中华书局 1958 年版,总 866—867 页。减平办法系在镇压五省教门起义后办军需报销时,为弥补亏空,由陕西巡抚毕沅想出来的(见户部《开源节流事宜二十四条》,葛士浚《皇朝经世文续编》卷 26)。

② 光绪《大清会典事例》卷 182,第 17 页。

③ 据不完全统计,实收历任官员及子孙罚赔银 150 万余两,追缴书吏库丁 38 万余两,估计减平约 30 万两。参见韩祥《1843 年户部银库亏空案及其影响》,《史学月刊》2012 年第 6 期。

④ 但据咸丰二年(1852)十一月户部尚书文庆称："部库自［道光］二十二年亏后,以六分平等项弥补,至廿九年已填满矣。廿三年起,每岁以弥补之百余万充入,故尚堪敷衍。其实岁出九百余万,入只八百余万。"(王庆云《荆花馆日记》上册,商务印书馆 2015 年版,第 444 页)这与会计"倒轧账"测算的结果相差较大,录此备考。

（3）以内库接济外库。清代乾隆朝因户部银库积藏太多，于宫内另设内库分储，[1]内库储银最高时达四千万两之多。即使嘉道时期，内库储银也常在千万两以上，作为国家财政储备资金封储，以备不时之需，非经皇帝同意，户部官员不得谋动内库储银。道光皇帝不得不动用内库银接济外库，综计拨出总数达 1,000 余万两，占全部例外支出和亏空总额的 9.03％。

（4）催缴积欠、压缩开支。截至道光三十年（1850）三月，催完积欠数达 1,700 万余两，裁减京外各营马乾、红白赏需、杂项、减平等款，共 500 余万两。两项占例外支出和亏空总额的 19.87％。

上述四项措施合计，实际弥补例外开支和亏空总额不到五分之四。在没有财政信用贷款的情况下，这笔亏空只有靠动用库存补上。鸦片战争前，清朝户部银库的存银约在 2,400 万两，地方留储、分储银约 800 多万两，本来大都虚悬。而到 1850 年末，户部存银 187 万两，地方封储仅 130 万两。[2] 战后短短十年，清王朝的老本几乎全部花完了。

第二节　财政困难的原因

鸦片战争后清王朝财政上出现的困难，并不是一个孤立的现象，既有财政方面自身的原因，也有社会、经济、政治等方面的原因，它是战后清代社会的旧病新疾在财政上的综合体现。

收入减少　支出增加

在财政收入方面，这一时期造成收入减少的主要原因是地丁杂

---

① 户部内库，位于内阁之东，东华门南。参见吴长元《宸垣识略》卷 2，北京古籍出版社 1982 年版，第 27 页。感谢廖文辉先生赐正。

② 《中国近代货币史资料》第 1 辑上册，第 171—172 页。

税、盐课的严重征不足额。情况有如下表：

表 2-7　1841—1849 年直省岁入表

单位：两

税种	地丁杂税		盐课		关税		总计	
项目	实征数	亏额比重	实征数	亏额比重	实征数	亏额比重	实征数	亏额比重
定额	33,349,218	—	7,475,852	—	4,373,208	—	45,198,278	—
1840 年前	30,759,100	7.76	5,745,000	23.15	5,415,000	+23.82	41,919,100	7.26
1841 年	30,431,744	8.75	4,958,083	33.68	4,227,699	3.33	39,617,526	12.35
1842 年	29,593,435	11.27	4,981,839	33.36	4,136,744	5.41	38,712,018	14.35
1845 年	30,213,900	9.40	5,074,161	32.13	5,516,464	+26.14	40,804,525	9.72
1849 年	26,322,672	21.07	4,955,871	33.71	4,724,963	+8.04	36,003,506	20.34

　　资料说明：1.据王庆云《石渠余纪》、魏源《圣武记》卷 11。2.地丁杂税、额征、实征数均据梁方仲《中国历代户口、田地、田赋统计》第 415 页对王庆云《直省地丁表》重新计算后的数据。3.盐课税、关税据王庆云《直省盐课表》《直省关税表》重新计算的结果。因此与本章其他表格数据有所出入。

　　由于上表中地丁与杂税一并统计，田赋的实际短征数额不能反映出来。根据汤象龙先生对军机处档案的研究，道光二十七年（1847）、二十九年十八省实征钱粮分别为 20,284,866 两和 19,469,325 两。[①] 比 2,500 万两的应征额短征达 22% 左右，估计比额征数短征达 30% 以上。

　　从上表中反映出来的更为严重的问题是清政府控制的税源大幅度下降。一般说来，额征数是清政府控制的实际税源。据徐鼒《务本论·条法篇第八》和姚莹《赠汪孟慈序》，清朝额定岁入为 54,457,595 两，[②] 其根据当为嘉庆《大清会典》，剔除其中 300 万两的常捐收入，总税源应

---

①　汤象龙：《咸丰朝的货币》，《中国近代经济史研究集刊》第 1 卷第 1 期（1933）。汤先生将应征额误为额征数了，应征额是额征数减去减免、蠲缓后的数额。
②　盛康编《皇朝经世文续编》卷 29。

在 5,145 万两。但是,鸦片战后清政府实际控制的税源锐减到4,520万两,减少的幅度达 12.15%。其他大臣的奏报也与王庆云掌握的数据相符。如当时管理户部的军机大臣卓秉恬奏"岁入之数,应有四千四五百万两"[1],王东槐也说:"臣查户部岁入之款,四千四百余万。"[2]

税源的流失、田赋和盐课的严重短征,构成了鸦片战争以后财政收入减少的基本面貌。

关于财政支出方面的异常情况,如本章第一节所分析的,主要是例外支出的大幅度增加。曾国藩哀叹道:"至于财用不足,内外臣工,人人忧虑。自庚子(1840)以至甲辰(1844)五年之间,一耗于夷务,再耗于库案,三耗于河决,固已不胜其浩繁矣。乙巳(1845)以后,秦豫两年之旱、东南六省之水,计每年歉收恒在千万以外,又发帑银数百万以赈济之,天下财产,安得不绌。"[3]

财政收支出现的这些异常情况,一方面是清代财政制度的种种积弊在鸦片战争以后的进一步加剧。另一方面,则是战后社会经济等总的形势造成的。

鸦片战后社会经济状况的恶化

鸦片战争对于清财政的直接影响

道光二十年至二十二年(1840—1842),英国侵略者为了打开中国的大门,扩大鸦片贸易,对中国发动了罪恶的鸦片战争。对于清王朝而言,这场战争不仅暴露了传统的封建政治、军事制度的种种弊端,而且也表明了封建国家的财政很难支持一场近代型的战争。

有关鸦片战争的财政支出,大致上包括三笔,战争开支、赔款以及英军掠夺和勒索的钱款。

---

① 《中国近代货币史资料》第 1 辑上册,第 170 页。
② 王东槐:《戒患贫言利疏》,盛康编《皇朝经世文续编》卷 30。
③ 曾国藩:《议汰兵疏》,《曾国藩全集》奏稿一,岳麓书社 1987 年版,第 19 页。

战争开支。《清史稿·食货六》记鸦片战费为"一千数百万两"，是战时直接报部协拨的款项，不包括战事停止后追报的款项。这些款项见于《宣宗实录》的有：

单位：万两

省份	款额	载《宣宗实录》
福建	134	卷 339 页 26；卷 354 页 9；卷 356 页 24；卷 357 页 4。
直隶	89.5	卷 392 页 15。
浙江	701	卷 342 页 19；卷 349 页 11；卷 356 页 17、24；卷 357 页 4；卷 360 页 6；卷 367 页 17、23；卷 380 页 16。
山东	15	卷 350 页 33。
广东	420	卷 362 页 39。
江苏	100	卷 372 页 39。
合计	1 459.5	

但战事结束，各地又陆续补报，使战费上升到 2000 多万两。据道光二十三年（1843）四月上谕："此次各海疆动拨银两，报部者已不下二千万两，现在截销，尚有陆续补报等项。"①如江西即补报近 20 万两，②不过一般数目不大。因此，有确数可查的鸦片战争军费开支当在二千多万两。③

---

① 《宣宗实录》卷 391，道光二十三年四月戊寅。
② 《宣宗实录》卷 400，道光二十三年十二月己未。
③ 魏源《道光洋艘征抚记》载："夷寇之役，首尾三载，縻帑七千万。"一般认为此数包括赔款，但也有的学者认为不包括赔款，仅指战费（见吴杰《中国近代国民经济史》，人民出版社 1958 年版，第 183 页；《中国近代史稿》上册，人民出版社 1976 年版，第 90 页）。但实际上魏源的估计并无多少根据。据茅海建估计，鸦片战争的财政军费支出约在 2,500 万两，这个估计是比较准确的（见《天朝的崩溃》，生活·读书·新知三联书店 2014 年版，第 411 页）。

　　战争赔款[①]。道光二十二年七月二十四日(1842 年 8 月 29 日)，钦差大臣耆英、伊里布与英国公使璞鼎查在南京签订了结束鸦片战争的停战和约。有关赔款规定，由清政府向英方赔偿鸦片烟价 600 万元，代偿行商欠款 300 万元，英军军费 1,200 万元，总计共 2,100 万元，分四年偿清，如未能如期付款，每年付 5％利息。[②] 有关这笔赔款的具体情况，见下表。

表 2-8　鸦片战争赔款分析表　　　　　　单位:元

项目	英方估计价值	索赔价值	差额	说明
烟价	6,189,616[①]	6,000,000	189,616	按 600 万元摊给鸦片商人。
行欠	3,063,149	3,000,000	63,149	按 300 万元摊给英方债主。
军费	11,915,000[②]	12,000,000	−8,500	
合计	21,167,765	21,000,000	167,765	

　　资料来源:据[美]马士《中华帝国对外关系史》第 1 卷第 343—346 页。①彭泽益估计为 6,451,406 元，中方估计为 500 万—600 万元。②彭泽益根据 1841 年巴麦尊训令，估计英方军费为 100 万镑，折合银元 4,137,931 元。马士根据英国国会报告，总数为 2,879,373 镑，以马士为准。

　　从上表可以看出，军费赔款额"是想要用抵付因强迫中国接受英国的各项要求而必须进行的历次远征的全部费用的"。至于鸦片烟价偿不足额。一方面是因为贩卖鸦片本身违反了中国的禁令，另方面也是因为国会内部反对党的谴责，执政党"不能要求或认许一种高于他们的反对者所能要求可认许的赔偿价格"。有关商欠，英国政府实际支付了 2,543,226 元，其余抵偿其他债务。表面上看来，英国政

---

① 有关鸦片战争赔款研究的论文有:汤象龙《民国以前的赔款是如何偿付的?》[《中国近代经济史研究集刊》2 卷 2 期(1934)]、彭泽益《论鸦片战争赔款》(《经济研究》1962 年第 12 期)。这里的叙述主要根据彭泽益的研究成果，并参考了[美]马士《中华帝国对外关系史》第 1 卷(张汇文等译，商务印书馆 1957 年版)的有关论述。

② 王铁崖编:《中外旧约章汇编》第 1 册，三联书店 1957 年版，第 31—32 页。

府从赔款中并没有捞到多大好处,实际不然,正如马士所指出的,英印政府从被焚烧的 2 万多箱鸦片中收税约 100 万英镑,已经拨付军费支出的"广州赎城费"600 万元也未在军费赔款中扣除,因此"变成了英国国库的一笔意外收入了"①。当然,英国的"意外收入"还不止这些。

中国的赔款支付按银 7 钱合 1 银元计算,共 1,470 万元,自 1842 年到 1845 年分七期偿还。1842 年年底户部银库结存账面余额不过 1,300 万两,次年仅 993 万两,如扣除银库亏空的 925 万两,几乎是一贫如洗了。所有赔款只能由地方分摊。在 1,470 万两赔款中,由广东支付的占 69.95％,江苏占 19.31％,浙江占 6.61％,安徽占 4.13％。除由国库支出之外,商捐 3,995,000 两,占赔款总额的 27.07％。②

英军掠夺和勒索的钱款。英军于战区"奸淫妇女,掳掠资财……且令伪官出示,谕民纳粮"③,所获颇巨,兹作不完全统计如下:

表 2-9　鸦片战争时期英军掠夺、勒索统计　　　　单位:元

时间	地点	掠夺、勒索对象	款　额
1840. 7. 5	定海	官库	3
1841. 5	广州	赎城银	6,000,000
		赔偿英人所受损伤	669,615
1841. 8. 26	厦门	官库	20,000
		变卖其他财物	4,094※
1841. 10. 1	舟山	变卖其他财物	35,738※
1841. 10. 10	镇海	变卖其他财物	65,534※
1841. 10. 13	宁波	官库等	1,200,000
		变卖财物值银	157,860※
		掠走铜值	160,000

① [美]马士:《中华帝国对外关系史》第 1 卷,张汇文等译,第 346 页。
② 彭泽益:《论鸦片战争赔款》,《经济研究》1962 年第 12 期。
③ 《筹办夷务始末(道光朝)》第 2 册,中华书局 1964 年版,第 712 页。

续表

时间	地点	掠夺、勒索对象	款　额
1842. 7. 21	扬州	赎城银	500,000
	镇江	官库	70,000
1842. 8. 1	上海	赎城银	1,000,000
1842. 8	南京	犒师费	1,000,000
合　计			10,882,844

资料来源：据彭泽益《论鸦片战争赔款》、梁章钜《浪迹丛谈》卷2、《近代上海大事记》（上海辞书出版社 1989 年版）第 12 页。加※号者系彭泽益先生估计数。南京犒师费据《鸦片战争》资料丛刊（五）第 478 页估算。

　　后来，英国公使璞鼎查为迫使清政府尽快答应包括赔款、割让香港、降低关税等一系列侵略要求，以"入大江以来，未定和好以先，凡有讨取为赎救城邑免战之数，俱可垫入将来议和须要之总项"作为诱饵。① 因此，归入赔款的数额为 250 万元，未归入赔款的数额为 8,382,844元。

　　英军所获战利品、抢劫的数额已无法计算，值得注意的是，英军在军事侵略的同时，也对中国的财政主权进行公然的侵犯。如英军在占领舟山期间，下令"限百姓十日内完粮纳税，如有不从，即行编号剪辫，改换服色"②。占领吴淞后，每只商船勒银 50 元。③

　　综上所述，清政府在鸦片战争中支出的军费 2,500 多万两，赔款折合 1,470 万两，加上 8,382,844 元被英军掠夺的银钱财物（折合近 600 万两），三项合计达 4,500 多万两。这笔巨款相当于清朝政府一年的全部财政收入，占鸦片战后十年间清朝财政亏空总额近 40%。

---

① 1842 年 8 月 11 日《璞鼎查致牛鉴照会》，《鸦片战争》资料丛刊（五），神州国光社 1954 年版，第 481 页。

② 《定海难袊金士奎等公启》，《鸦片战争》资料丛刊（三），第 341 页。

③ 袁陶愚：《壬寅闻见纪略》，《鸦片战争》资料丛刊（三），第 107 页。

由于战争造成的各地兵差支出、赋税短征还未计入。由此可见,鸦片战争是造成清朝财政困难最主要的原因。

银贵钱贱的冲击

前面我们已经指出,建立在银两制度基础上的清朝财政极容易受到银钱比价波动的影响。鸦片战后十年,是银钱比价波动最为剧烈的时期。造成这一时期银价大幅度上涨的主要原因,仍然是鸦片贸易在战后的进一步扩大引起的白银的加速外流。[①]

表 2-10   1840—1850 年银钱比价 　　　　　指数:1821=100

年　份	银 1 两合制钱	指数	年份	银 1 两合制钱	指数
1821	1 266.5	100.0	1845	2 024.7	159.9
1840	1 643.8	129.8	1846	2 208.8	174.4
1841	1 546.6	122.1	1847	2 167.4	171.1
1842	1 572.2	124.1	1848	2 299.3	181.5
1843	1 656.2	130.8	1849	2 355.0	185.9
1844	1 724.1	136.1	1850	2 230.3	176.1

资料来源:严中平等编《中国近代经济史统计资料选辑》(中国社会科学出版社 2012 年版)第 3 页,据河北宁津县大柳镇统泰升记商店出入银两流水账、买货总账编制。

[①] 王宏斌在《晚清货币比价研究》(河南大学出版社 1990 年版)一书中认为,这一时期银价上涨的基本原因是商品经济发展对白银的需要,白银外流和铜价跌落是重要的因素。这个看法有一定的道理。但是,他过高地估计了当时白银排斥制钱的程度,以致认为"铜制钱在许多地方既然已经丧失了价值尺度和流通手段的基本职能,因此也就在这些地方失去了货币的资格"。其次,决定银钱比价的基础当然是双方内在的"一般社会劳动量",但是,在自然经济占统治地位的情况下,这种"一般社会劳动量"是带有极大的地域、历史局限性的。第三,作为价值标度的货币与价值尺度的货币也存在内在的矛盾。这些问题由于与本书所探讨的问题关系不大,不在此展开讨论。我认为,白银的供需无疑是影响银钱比价的一个重要因素。在鸦片战后,银钱比价扩大至一倍以上,与白银外流相比,任何其他的因素,如需银增加、钱质降低等,都是次要因素。

但在同一时期,各地的银钱比价有相当的差异。

表 2-11　道光二十六年各地银钱比价

省　份	银 1 两合制钱	省　份	银 1 两合制钱	省　份	银 1 两合制钱
山　西	1,700－2,000	河　南	2,200－2,300	江　苏	1,800－2,000
安　徽	2,000	江　西	1,900	福　建	1,900
湖　北	1,800－1,900	湖　南	1,800－1,900	陕　西	1,800
甘　肃	2,000	广　东	1,500	广　西	1,600
云　南	1,580－1,640	贵　州	1,600		

资料丛刊:《中国近代货币史资料》第 1 辑上册第 118—120 页。

道光二十六年(1846)银价,大体上是北方略高于南方,但到道光末年,连银价最低的广东也达到了二千二三百文,[1]与北方接近了。

银价高涨,对清朝财政收入产生了严重影响。"十余年来,奏销日形短绌,度支有告匮之虞……则皆银价昂贵为之矣。"[2]概括地说,银价高涨对于财政的负面影响主要表现在以下几个方面。

第一,加重了人民的赋税负担。

农民为了完纳钱粮,"以谷易钱,以钱易银,赴官交纳"[3],银钱比价扩大一倍,田赋无形中也增加了一倍,即所谓"朝廷自守岁取之常,而小民暗加一倍之赋"[4]。因而,历年积欠的钱粮随着银钱比价的扩大而增加。道光二十八年十月户部奏报:"查明各省未完地丁正税,自普免道光二十年前逋赋(930 余万两)之后,至今又积欠正征、缓征银二千三百九十万余两。"[5]到道光三十年,更增加到三千万两之巨。[6]

---

① 缪梓:《拟改银币折钱疏稿一》,《缪武烈公遗集》卷 1。
② 同上。
③ 《刘坤一遗集》第 1 册,中华书局 1959 年版,第 282 页。
④ 曾国藩:《备陈民间疾苦疏》,《曾文正公全集》奏稿一,岳麓社 1987 年版,第 30 页。
⑤ 《宣宗实录》卷 460,道光二十八年十月丁巳。
⑥ 曾国藩:《催完钱粮告示》,《曾文正公全集》杂著。普免积欠钱粮三千万,是曾国藩的估计数,实际积欠情况恐怕还要严重。

"查江南额征共五百二十九万,道光十六年(1836)查豁前欠五百六十三万,约计十年蠲免一年之额,二十六年查豁二十年以前民欠一千一十万,约计十年已豁两年。及本年查豁该省三十年以前未完一千三百八十六万,是十年租赋几至蠲免三年。"①当然,造成积欠严重除了银贵钱贱以外,还有其他多种原因。

第二,促使盐商亏本,无法完纳盐课。

盐课额征747万两,在财政收入中仅次于地丁。盐商售盐得钱,纳课以银,随着银钱比价扩大,盐商往往亏本、破产,使数百万盐课收入归于无着。道光四年长芦盐商积欠盐课990余万两,②到道光二十八年增至2,343万两之多。③ 两淮盐场因为每引"需成本五两有奇,所卖岸价不过制钱八九千文,以钱易银,约每引亏银七、八钱不等,商何以堪"④,以致"商疲引积",到道光二十七年十一月仅楚岸额销淮盐一项,即堆积45万余引,有近1.3亿公斤的盐无商认售。⑤ 河东盐商也"节次告退",新商接办,应者寥寥,缺额达三百八九十名之多。⑥ 道光皇帝也不得不承认,银贵钱贱是各省盐务的"通病"⑦。

第三,造成了地方财政与中央财政的脱节。

各省州县征收赋税,一般按银钱时价(当然总是远远高于时价)征收制钱,到办奏销时,再兑成银两倾铸后解往藩库转送京师。由于奏销时集中兑银,往往银价上涨,钱价下跌,⑧于是发生折耗,无法赔垫。结果,不论地丁、漕粮乃至盐课,都发生拖欠,不得不以卯年补寅年,以下忙赶上忙,以杂款凑正款,提地丁以办漕,复提漕以办地丁,

① 《清史列传》卷46《王庆云》,中华书局1987年版,第3674页。
② 《清朝续文献通考》卷35考7880。
③ 《东华续录》咸丰卷12。
④ 《清朝续文献通考》卷37考7906。
⑤ 《宣宗实录》卷450,道光二十七年十二月丙辰。
⑥ 《宣宗实录》卷404,道光二十四年四月甲寅。
⑦ 《清朝续文献通考》卷35考7890。
⑧ 包世臣:《银荒小补说》,《齐民四术》卷2,中华书局2001年版,第68—69页。

辗转相挪,积挪成亏。[1] 甚至"上忙而预征下忙之税,今年而预截明年之串,小民不应,则稍减其价,招之使来"[2]。地方财政的窘迫,表现在与中央财政的关系上,就是拖欠解款。道光二十三年(1823),各省拖欠未解的部银达 10,748,370 两,[3]到二十四年,更增加到13,413,600两。[4] 仅江南自道光二十三年至咸丰元年(1851)延未造报之款达926万余两。[5] 这些款项当然不可能存在藩库拒不报解,大都是挪垫亏空了。亏空的银两只能是向纳税人加强榨取,藩司不足,"筹补于正耗之外","官垫民欠,统总捐摊。州县不得不解,不加之民,则赋于何出"? 地方官只能"惟知腴民以充库"。[6]

第四,改变了田赋中货币成分与实物成分的比例。

银价的高涨,刺激了封建政府对白银的需要,地方官吏往往擅自将漕粮等改征银两,以弥补库亏,进行贪污。当时有人记载:"尝见州县开仓收米,民囊米仓外,坐卧守之,米入仓则欣欣然有喜色。官唱筹稽册,借故延宕,惟恐米之来。不数日,亟闭仓,勒民输银。民囊米归,举家愁叹。催租吏至其家,持串怒吼,输银倍其米价之二三。"[7]江苏上米一石,"价银七八钱,而民户折漕,重者至银六两"[8],相差更达七八倍。这又造成了清王朝实物财政收支的困难。道光二十六年年十一月上谕说"近年漕粮运京,多有短少,本年尤甚,较之全漕短至一百万石"[9],致使京仓发放俸米甲米也发生了困难。

---

① 缪梓:《缪武烈公遗集》卷 1。

② 曾国藩:《备陈民间疾苦疏》,《曾文正公全集》奏稿一,第 30 页。

③ 《宣宗实录》卷 400,道光二十三年十二月庚申。

④ 《宣宗实录》卷 453,道光二十八年三月癸卯。

⑤ 《文宗实录》卷 44,咸丰元年九月己卯。

⑥ 汤成烈:《治赋篇四》,《皇朝经世文续编》卷 34。

⑦ 徐鼒:《务本论罄辨篇第一》,《未灰斋诗文集》,巴蜀书社 2009 年版,第 76 页。

⑧ 包世臣:《致前大司马许太常书》,《齐民四术》卷 2,第 88 页。

⑨ 《嘉庆道光朝上谕档》第 51 册,广西师范大学出版社 2008 年版,第 412 页,道光二十六年十一月二十五日。

河患和自然灾害

黄河自宋代改道、夺淮出口以后,形成倒灌淮河之势。淮水受阻,逐渐在运河周围形成洪泽、高邮、宝应等湖。每当黄河泛滥,淮水不出,涌入高、宝等湖,威胁运河。嘉、道以来,清王朝抱着"治河所以利漕"①的宗旨,自然不可能根治黄河。道光一朝,与河患相始终。在鸦片战争爆发以后,黄河连续三次大决口。道光二十一年六月十六日(1841 年 8 月 2 日),黄河决于河南祥符,水围开封,附近 13 州县顿成泽国,直到次年 4 月决口堵合,为时 8 个月,祸水横行河南、安徽 23 州县,"被水淹毙者不知凡几"②,"大溜经过村庄人烟断绝,有全村数百家不存一家者,有一家数十口不存一人者。即间有逃出性命,而无家可归,颠沛流离,莫可名状"③。二十二年七月二十二日(1842 年 8 月 22 日),黄河再决于江苏桃园,漫及沭阳、清河、安东、海城诸县。二十三年六月二十六日(1843 年 7 月 23 日),河水又冲决于河南中牟,大溜冲向东南,夺淮而入洪泽湖,淹没豫、皖、苏三省数十州县。七月十四日(8 月 9 日),河水涌涨,又于上游溢出,冲没了沿河房民田禾。中牟决口直到二十五年正月(1845 年 2 月)才告合龙,"生灵百万其鱼矣,河上官僚笑相视"④。黄河的连年溃决,是与清朝河务机构的贪污腐败密切相关的。

继河患之后,接踵而来的是连年自然灾害。据统计,道光二十六年至三十年五年间,黄河流域的直隶、山东、河南、山西、陕西、甘肃六省受灾达 500 多个县,长江流域的江苏、浙江、安徽、江西、湖南、湖北六省受灾达 600 多个州县。二十九年,长江下游又发生百年未遇的大水灾。⑤ 水旱大灾之后,往往是疫病的流行。道光二十年至二十九

---

① 《仁宗实录》卷 226,嘉庆二十年二月壬子。
② 赵钧《过来语》辑录,《近代史资料》总 41 号,第 133 页。
③ 武举同等编:《再续行水金鉴》卷 153,湖北人民出版社 2004 年版,第 4028 页。
④ 林从龙等编:《近代黄河诗词选》,河南人民出版社 1984 年版,第 94 页。
⑤ 戴逸:《中国近代史稿》第 1 卷,人民出版社 1958 年版,第 140 页。

年,因各种自然灾害,清政府缓征、蠲缓、减免田赋和给口粮、贷口粮籽种等赈济的厅、州、县(不包括盐场、卫)数目共达 6,378 县次。[①] 根据这些数字,被灾县份高达 1,100 多个,占清代州县总数的四分之三,而被灾县次则是清代州县总数的四倍以上。

严重的河患和自然灾害,一方面破坏了农业经济,给人民的生命财产造成了重大损失,限制了人民的贡赋能力,另方面又增加了清政府防河、赈济的巨额开支。

官吏的贪污

清代官吏的贪污是骇人听闻的。鸦片战争以后,这种情况更加严重。

京官俸饷微薄,偶遇外差,便拼命搜刮。外官为升迁,也要将部分聚敛之财孝敬京官,"大小京官,莫不仰给于外官之别敬、炭敬、冰敬"[②]。靠捐纳获得官职的,更是如狼似虎地向人民敲诈勒索,"朝廷无加赋之条,而民被加赋之实也"[③]。以漕粮而论,除正项外,州县私征的名色有所谓看米、样米、茶米、烛米、桶户米、差仓米、门丁米等等,量斗不用制档而淋尖。[④] 种种讹索,无所不用其极。在海关的官吏则公然勾结外商,接受贿赂,纵容走私,"凡是人类才智所及的每一种偷税漏税的诡计,都公开地天天行使着,商人和官吏一齐上下其手……""走私贸易,特别是鸦片走私,却像一颗绿色月桂树般地欣欣向荣起来"[⑤]。盐课的征收也是如此,仅淮南一地,因官吏勒索而增加

---

① 根据《宣宗实录》《清史稿·宣宗本纪》等资料统计。汤象龙先生根据道光《东华录》统计,1846—1850 年被灾县次为 3,092 个,见汤象龙《咸丰朝的货币》。

② 冯桂芬:《校邠庐抗议·厚养廉议》,上海书店出版社 2002 年版,第 8 页。

③ 孙鼎臣:《畚塘刍论》卷 1。

④ 平步青:《霞外捃屑》卷 2 引刘庸夫《安定策》。所谓"淋尖",是一种多收漕米的伎俩,按规定,漕米灌入量斗,用制档刮平上口即为一斗。采取"淋尖"后,漕米不仅高出量斗,而且形成尖峰,至少比原斗多出三分之一。

⑤ [英]莱特:《中国关税沿革史》,姚曾廙译,三联书店 1958 年版,第 35 页、第 86 页。

的浮费即达一百四五十万两。① 钱粮入库后,又要受到各级官吏的侵蚀。户部银库亏短 925 万多两就是一个著名的例子。库吏们还以低潮假银入库,私动库银,侵盗私分。在财政支出方面,军饷、河工是两大项。军饷每年例支 2,000 余万,军官虚报饷额,"或是悬缺不补,侵饷入己,或将亲丁捏名入伍,影射钱粮"②,应操之兵,率皆兼趁庸贩,可见武备松弛。河工方面,弊端更大。办料则"工友、门丁、巡兵、差役处处分肥、层层剥蚀"③,支出则浮支冒销。更恶劣的是河工大员借故制造抢险事故,"盖一经抢险,则事在仓皇之间,尤易侵蚀"④,"以冲决为可乘之机缘,以修筑为众人之利薮,此河工之钱粮所以日费日甚也"⑤。

总之,贪污渗透各个角落,清政府整个财政机构已经腐烂,不能发挥它应有职能了。本来依靠地主阶级国家政权的力量压榨人民群众的官吏们,现在不仅压榨人民,而且严重侵蚀这个政权本身,威胁着它的存在了。

国内经济状况的恶化

鸦片贸易以及伴之而来的白银外流、银价高涨,鸦片战费和赔款支出向人民的转嫁,严重的自然灾害,官吏的贪污腐化,这一切都促使了国内经济状况的恶化,加剧了社会矛盾的激化。

鸦片战争以后,英美等资本主义国家的大宗商品涌进了中国市场,开始瓦解沿海地区的自然经济,造成了当地农民纷纷破产,这等于摧毁了清政府的税源。"木棉梭布,东南杼轴之利甲天下,松(江)、太(仓)钱漕不误,全仗棉布。今则洋布盛行,价当梭布而宽则三倍,

---

① 户部:《酌改盐务章程裕课便民疏》,《清朝道咸同光奏议》卷 35 上。
② 《宣宗实录》卷 353,道光二十一年六月壬寅。
③ 贺熙龄:《请禁盐务河工侈靡锢习疏》,《清朝道咸同光奏议》卷 26 上。
④ 同上。
⑤ 那斯洪阿:《修陈国用事宜疏》,《清朝道咸同光奏议》卷 26 上。

是以布市销减……钱漕两奏,势必贻误。"①

　　道光二十三年(1843)上海开埠,内地丝茶由上海出口,比广州路近,经过关卡减少,造成了内地常关税收入的减少。对于湖丝,清政府竟无理规定:"查明赴粤路程,少一关即补纳一关收入。"②每担湖丝因此要补交赣关、太平关、北新关的常关税总计 3.2896 两[至咸丰十一年(1861)实行子口半税后改征子口税每担 5 两]。同时,由于对外贸易重心由广州逐渐向上海转移,以致原来内地对外贸易的两条交通运输线——广州经大庾岭沿赣江北上至九江,一路经南风岭至湖南湘潭——很快衰落下去,沿着这两条交通线的水陆运输工人和其他劳动者因失业而被驱向饥寒交迫的境地。③

　　清朝田赋摊丁入地,一切赋役均出于土地占有者,从形式上看是公平的。但实际上并非如此。"各省地丁钱粮出于富户者,不过十之二三"④,而"以小户之浮收抵大户之不足"⑤。在银贵钱贱的冲击下,这种不合理的征赋状况使原有的社会矛盾更加尖锐化了,造成了"弱者倾产以输赋,强者聚众以抗官"⑥的局面。据不完全统计,道光二十一年至二十九年间,各地群众的暴动和起义大小不下一百余次,不仅打击了清王朝的统治,也大大缩小了清政府的税源,增加了清王朝镇压起义的军费开支,加剧了财政困难。

　　在上述各种造成清政府财政困难的基本原因中,鸦片战争是关键因素。第一,鸦片贸易所引起的白银外流、银价高涨,导致了清朝财政的匮乏。道光皇帝下决心禁烟,从解决财政困难方面看,不失为一项重大措施。然而,正是罪恶的鸦片战争,打破了中国政府的禁烟

①　包世臣:《致前大司马许太常书》,《齐民四术》,第 88—89 页。

②　《宣宗实录》卷 399,道光二十三年十一月丁丑。

③　林增平:《中国近代史》上册,湖南人民出版社 1979 年版,第 68—69 页。

④　邹树荣:《蔼青诗草·南昌仓》,载《太平天国资料》,科学出版社 1959 年版,第 76 页。

⑤　《清朝续文献通考》卷 3 考 7522。

⑥　徐鼐:《务本论罄辨篇第一》,《未灰斋诗文集》,第 76 页。

政策。随着清政府在战争中的失败,《南京条约》的签订,鸦片继续大量流入中国,必然要加深清朝的财源枯竭。第二,清政府在战争中支出了巨额的军费,又遭到英国侵略者的赔款勒索和财政掠夺,使清朝财政处于左支右绌、捉襟见肘的困窘境地。第三,官吏的贪污腐化当然是封建制度的固有弊病,但鸦片贸易更加剧了这种腐化。正如马克思所说:"和私贩鸦片有关的行贿受贿完全腐蚀了中国南方各省的国家官吏。"①最后,鸦片战争以后,外国商品和鸦片大量运入中国,促使了中国自然经济的分解,也使中国的经济状况恶化起来。

不难看出,清朝政府此时所面临的财政困难,不仅由于传统封建社会经济和财政体制的旧有矛盾和弊端,还由于鸦片战争及以后国内社会经济结构的新变动和国际国内民族矛盾与阶级矛盾的新发展。清朝统治集团面对这个现实,是如何应付以图摆脱困境、维护自己的统治的呢?

第三节　夭折的财政整顿

鸦片战争以后清朝财政出现的严重情况,作为清王朝的最高统治者道光皇帝是很清楚的。可以毫不夸张地说,战后近十年间,道光皇帝和清朝最高统治集团最为关注的是财政问题,为庞大的国家机器得不到足够的经费维持而困扰。这一方面反映了这一时期财政问题的严重性,另一方面也反映了清朝统治集团在中外格局正在发生重大转变时的短视。对国家的前途不作长远的规划,对国家机器的职能如何适应鸦片战争以后的新形势不作通盘的考虑,就财政困难解决财政困难,这是清朝战后财政措施的基本特点,也决定了它们的失败命运。

自 1843 年户部银库案揭发以后,清政府便开始了局部的财政清

① 　马克思:《中国革命和欧洲革命》,《马克思恩格斯文集》第 2 卷,第 608 页。

理,但是收效甚微,各种弊端反而愈演愈烈。到 1848 年,道光皇帝终于下决心在全国进行一番财政整顿。对于这场整顿,他寄予了很大希望,事先在清廷高级官员中进行了较长时间的酝酿,由户部、军机大臣和王大臣会议拟定了整顿章程。12 月 10 日,正式发布上谕,命令在地丁钱粮、盐务、漕粮、河工和矿务五个方面展开整顿。道光皇帝认为:"国家承平日久,涵濡德泽,务为宽厚,渐至废弛,历久相沿,已非一日。若不大加整顿,兴利除弊,则官玩法而民受害,政事何由得举?"[①]在他看来,只要纲纪恢复,稍作兴利除弊的改革,不难摆脱财政困难,国家机器便可照旧运转下去。最高统治者的见识仅止于此,清王朝的历史命运也就不难预卜了。

我们将这次财政整顿的情况分述如下。

票盐制度的改革

纲盐制度的危机

纲盐制度创行于明代万历年间,袁世振以淮南盐场积引日多,师刘晏纲运之意,创行"纲运",编设纲册,分为十纲,每年以一纲行积引,九纲行现引,依照册上窝数,按引派行。凡册上有名者,据为窝本,纲册无名者不得加入。[②] 淮北则编为十四纲。[③] 清代盐法各地不尽相同,而以纲盐制度最为普遍,即所谓"官督商销,行之为广且久"[④]。两淮盐场产盐的运销,"归商人十数家承办,中盐有期,销盐有地,谓之纲盐"[⑤]。

清初,包办纲盐的盐商出资二三千两获得官方的特殊销盐凭证"窝根",世代垄断销盐,故称窝商、长商。各窝商根据政府指定的区

① 《宣宗实录》卷 461,道光二十八年十一月乙酉。
② 曾仰丰:《中国盐政史》,商务印书馆 1936 年版,第 21—22 页。
③ 《明史》卷 80《食货四》。
④ 《清史稿》卷 123《食货四》。
⑤ 黄钧宰:《金壶浪墨》卷 1。

域销盐,称为"引岸"。以窝商为中心,形成了一个庞大的盐商集团。

　　一个盐商集团的总头目称为"总商",通常由控制引岸最多的窝商担任,运司请于督抚而任命之,具有半官半商的身份,负有责成盐商交课、协调官商纠纷之责。在广东,总商以公所形式长期由六家大盐商长期把持。一个窝商所控制的盐引往往有几十万道乃至上百万道,可以销盐千万斤,一般无此巨资独立承销,便分给其他商人运销。一个窝根再分成若干窝单租给分销商人,称为租商,租商按期向窝商交纳租金。每个租商又有自己的代销网络,代租商销盐的称为"代商",也要定期向租商交费后才能取得代销权。由引而形成了一个以分割垄断销盐权的盐商等级体系和销售网络。通过这个等级体系与销售网络,高额的盐利源源不断地输送到集中于盐场中心地区窝商手中,同时也造成了这些城市的畸形繁荣。在清代前期,盐商是中国社会中最富有的商人集团,广东的从事对外贸易的公行商人也望尘莫及。

　　但到乾隆末年以后,这些凭借食盐垄断运销制度而发家的盐商急速地衰落下去了。究其原因,主要有三。

　　第一,官府的浮费太重。按照清代盐法,窝商必须于完课之后方得继续领盐办运,否则革退引窝,追赔盐课;无力办运,照例革退,窝单不得转租。因此,窝商要世代专擅盐利,分租代销,必须不断地向盐官行贿。大大小小的盐官与盐商共同瓜分盐利,结下不解之缘。这是私费。其次是各种办公规费。以淮南盐场为例,窝单、清单、照票、引目、护照及院司监掣批验子盐等公文均有规费。商盐到达引岸,又有各衙投文之费、委员盘包较砠之费、查河烙印编号之费,委员截票放行之费等等,名目繁多。再有就是捐输和报销。如淮南盐场每年捐摊织造、河工、铜脚三项共 32 万两,历年军需、河工、庆典报效累计达 2300 余万两。由食盐垄断销售制度带来的巨额的行政管理费用以及官府的勒索一旦超过了其垄断利润,盐商的破败也就不可避免了。[①]

第二,走私的猖獗。垄断利润的取得与瓜分必须以垄断为前提。纲盐法是以行政手段划分食盐的销售市场,同时确定每个销场的数量、配额。为避免产生私盐,食盐的生产数量也有严格限制。但是,要从食盐的生产、运输、销售各个环节全面地加以控制,在缺乏社会化大生产的条件下是极其困难的。于是,私盐的泛滥也就不可避免了。盐场灶丁超过政府规定限额生产的食盐称为"灶私",场商超过限额收购的食盐称为"场私",运商加重每包的盐斤贩运销售,又有"运私",超越引岸销售的又有"岸私"。这些私盐的运销还只是依附于纲盐法本身的生产、运销系统的。但从乾隆末年以后,在各大盐区先后出现了庞大的、有组织的私贩集团。一年一度的漕运船帮夹带淮盐北上,回空时又贩运长芦私盐南下,扰乱了淮盐与芦盐的销场。盘踞于盐场的青皮枭徒与各地民间的会党、土匪互相勾结,也形成了与盐商相抗衡的走私网络。道光九年(1829)御史王赠芳奏报:

> 淮盐引地最广,盐价最贵,而侵灌者亦最多。潞、芦、浙、川、粤之私,皆越境以充之,枭徒亦夹杂其中。而淮南北之枭,又私贩于场灶以灌腹内。其为首者,有大仗头、副仗头之目,赍本多至数十万,大伙以数千计,小者二三百为群,炮位枪矛刀戟鞭槌之器毕具。所过关隘,辄鸣钲施枪,衔尾飞渡。凡安徽之颍、亳、庐、凤,江苏之徐、邳,河南之南、充,山东之曹州,湖北之襄阳,江西之南、赣、吉,红须、教匪、捻匪、会匪以及粮船水手,皆其党类,处处充斥,阴坏盐法,扰害地方……而兵役缉私者,于枭徒大伙,即有惧心,兼且利其规贿,私行卖放。[②]

---

① 据汪士信《乾隆时期徽商在两淮盐业经营中应得、实得利润与流向试析》(载《中国经济史研究》1989 年第 3 期),在乾隆一朝中,两淮盐商应得盐利 22,821 万两中(不计吏胥所得和正附国课),朝廷所得占 18.68%,盐政官员所得占 41.84%,盐商实得占 39.49%。

② 王赠芳:《请更定盐法疏》,盛康编《皇朝经世文续编》卷 50。

大批的失业游民加入贩私队伍,成为嘉、道以来引人瞩目的社会现象。在他们的冲击下,纲盐法已是千疮百孔,难以为继了。

第三,盐商的奢侈挥霍。世代贩盐的窝商、租商,积累了巨额的资财,"富至千万"[①],生活穷奢极侈,"日用则僭逾无度,酬应则糜烂无节"[②],终于导致了资金匮乏,无力承办。内务府往往拨借内帑银贷给盐商,以资周转,定期取利,"年或百数十万、数十万、十数万不等,商力因之疲乏,两淮、河东尤甚"[③]。山东盐场还动用财政资金贷给盐商生息,如道光二十年(1840)出贷 3 万,名为三万生息银,二十三年出贷 14 万,名为海防生息银。[④] 清政府贷出巨额帑银,意在分润盐利,而对于盐商来说,无异于饮鸩止渴。随着盐商的破产,不仅帑利无着,帑本也化为乌有。鸦片战争之前,阮元曾这样描述扬州盐商的破败情景:"扬州以盐为业,而造园旧商家为歇业贫散","楼台倾毁,花木凋零"(1814),"商之旧家或易姓,或贫无以应文"(1819)。[⑤]

纲盐制度陷入了深刻的危机。

乾隆末到道光初的局部改革

纲盐制度的严重危机,迫使清政府不得不摸索盐法改革的出路。摸索的步子是小心翼翼的。

首先进行改革的是河东盐场。乾隆五十六年(1791)河东长商力竭告退,无法维持。乾隆皇帝采纳了山西巡抚冯光熊的建议,"惟有课归地丁,听民自运,既无官课杂费,又无兵役盘洁及关津阻留,未有不前者"[⑥]。于是潞盐引课山西摊征 281,102 两,陕西摊征 146,037 两,河南摊征 86,633 两。盐政运使以下各官俱裁撤。这一废除潞盐

① 李斗:《扬州画舫录》卷 15,山东友谊出版社 2001 年版,第 401 页。

② 《清朝续文献通考》卷 37 考 7906。

③ 《清史稿》卷 123《食货四》。

④ 林振翰:《盐政辞典》卯,中州古籍出版社 1988 年版,第 87 页。

⑤ 《阮元二跋》,李斗《扬州画舫录》,第 4—5 页。

⑥ 《清史稿》卷 123《食货四》。

销场制度的改革获得了局部的成功。

次年，摊课入地的改革又推行到甘肃。甘肃早在雍正元年(1723)摊丁入地的高潮时实行过摊课入地，嗣于九年恢复旧制。乾隆五十八年(1793)，甘肃全省及花马池盐行销的陕西汉中、延安二府及鄜州的盐课实行摊课入地。

摊课入地有助于废除食盐的专商垄断，推行自由买卖，裁撤大批盐务官僚机构，有利于国计民生。因此，山西、甘肃实行之后，不仅盐课收入得到了保证，而且收到了"盐充价减"的实效。但从税收性质上却不无问题。学者一般认为，盐课是一种消费税，这是不错的。在封建税制中没有营业税、利得税以及消费税区别的情况下，我们也不能把营业税、利得税排除在盐课之外。摊课入地之后，地主不仅全部承担了居民的食盐消费税，而且负担了盐商的应缴税课，可以说是选错了对象。向全国推行，必然会引起土地所有者的强烈抵制。但当时最主要的阻力还是来自分润盐利的官僚集团。乾隆皇帝在河东改革之初，即"虑及地方官曾受盐规，必持异议"，明令"倘从中阻挠，从重治罪"[1]。看来是准备推广下去的。三年以后，嘉庆皇帝即位，即面临五省教门大起义，摊课入地的改革便中止了。

嘉庆年间的盐务改革，朝廷并无定见。因此，各地的措施并不一样。改革最成功的是云南。嘉庆五年(1800)，云南巡抚初彭龄奏准，改云南盐法为灶煎灶卖，民运民销，无论商民皆许领票运盐。由井员就场征课，手续简便。商民领盐之后可以自由贩运，"听其所之"。云南井盐产量有限，加以山路崎岖，交通不便，运费昂贵，对于内省的食盐销场没有多大冲击，所以阻力较少。相反，河东盐场自摊课入地之后，潞盐自由贩运，同时侵灌了长芦、两淮的食盐引岸，引起了芦、淮盐区官商的强烈反对。嘉庆皇帝无乃父之魄力，非但没有就势推行这两大盐区的改革，反而于嘉庆十一年下令取消河东的摊课入地，恢

---

① 《清史稿》卷123《食货四》。

复招商运销。

广东的食盐运销,由政府拨帑银贷给商人,商人领盐贩运,按引纳课,按期付利。日久课、利俱亏,至乾隆五十三年(1788)积欠至69.8万余两。次年清政府决定停发帑本,将广东省河150埠总而为一,凑集商本140万两,选出10人总司经理,设纲局于省城,下设东西南北中平六柜分隶各埠,埠商就近赴局、柜领盐贩运。名曰"改埠归纲"。总商自己不参与运销,办理不力,加以埠商亏欠,辄以盐本垫解。办理十余年,不仅旧欠69.8万余两无力偿清,商本也亏至60余万。10个总商已半物故、家产荡然。嘉庆十七年(1812)清政府不得不裁撤纲局,另设公所,六柜选埠商一人,自己出资经理,以免滥用;柜商三年更换一次,以免把持。名曰"改纲归所"。广东的改革实质上是围绕经营资本由谁出这个问题而展开的,改埠归纲是将官本改为商本,改纲归所则将合资改为独资,目的都是为了保证食盐有人承销,并不涉及食盐的销岸问题。同样,在山东因部分引岸食盐滞销,无商承运,不得不改为官运。

在河东盐法改革受挫、云南改革成功之间,道光初的票法改革走的是折衷路线,即既保证原有的食盐销场制度不致破坏,同时又废除窝商的垄断。缺乏全国性的盐政改革的通盘规划,则与嘉庆时期没有区别。这反映了嘉庆、道光两帝疲沓因循的行政风格。道光十二年(1832),两江总督陶澍在淮北盐场推行票法改革,即废引改票。无论何人,只须照章交纳盐课,即可领票贩盐,每票一张,运盐十引,在规定的引岸销售。这项改革取消了大量的浮费,降低了成本,驱走了私盐,盐课收入不仅年清年款,而且每年还协贴淮南课银67万两。但是,这项利国利民的改革损害了窝商和一大批贪官污吏的既得利益,遭到了他们的顽固抵制,陶澍个人也蒙受了十分难堪的人身攻击。

> 陶文毅改两淮(应为淮北)盐法,裁根窝,一时富商大贾顿时变为贫人,而倚盐务为衣食者亦皆失业无归,谤议大作。扬(州)

人好作叶子戏，乃增牌二张，一绘桃树，得此者虽全胜亦全负，故人拈此牌者无不痛诟之。一绘美女曰陶小姐，得之者虽全负亦全胜，故人拈此牌辄喜，而加以谑词，其亵已甚。文毅闻之大恚，乃具折请另简盐政，辞两江兼管，上意不允……怨毒之于人如此，亦可惧矣！[①]

自淮北改票之后十余年，清政府在盐务方面再也没有什么值得称许的动作，其中原因，可见一斑。

道光末年的改革

鸦片战后，随着纲盐法的崩坏，改革已势在必行。道光二十三年（1843）七月，两广总督祁𡎴奏请在广东潮桥"仿照淮纲，票引兼行"。户部借词搪塞，要求保证课饷不致拖延、票岸不得侵越。[②] 次年御史刘良驹奏请推广票法至淮南，户部仍以"淮南淮北情形悬殊，未便轻为试行"驳回。[③] 即使到了道光皇帝煞有其事地打出财政"大加整顿"的旗号时，整个盐政的改革仍无通盘筹划，置最大的淮南盐场于不顾，而把整顿的重点放在"疲累已极"的长芦、山东盐场。

长芦产盐区环绕直隶海湾，北起山海关，南至老黄河口，界连山东，蔓延千余里。销盐区域与山东、河东、两淮盐区接壤，以直隶为中心，北至内蒙古，西入山西，南入河南。与两淮盐场一样，长芦盐场盘踞着实力雄厚的盐枭集团。"直隶河间、冀州及顺天之霸州、文安一带，盐枭结伙百数十人或二三百人不等，用驴驮载私盐，执持枪炮器械，强行售卖。经地方官差拿，辄敢拒捕，施放枪炮……此等匪徒，大半籍隶沧州，以驴驮为记，以枪炮为号。一闻枪炮之声，则各处枭匪，闻风往助。"[④]而芦商则"历受银盘昂贵之累，成本亏耗，兼之近年迭被

---

① 金安清：《水窗春呓》卷下，中华书局 1984 年版，第 32 页。
② 《宣宗实录》卷 394，道光二十三年七月己酉。
③ 《宣宗实录》卷 405，道光二十四年五月乙酉。
④ 《宣宗实录》卷 447，道光二十七年九月甲申。

水灾,通纲销滞运停"①。"至道光二十八年(1848),商倒引悬,河南则二十州县、直隶二十四州县,未运积引至一百万余道,未完积欠至二千余万两。若不改弦更张,立见全纲倾败矣。"②道光皇帝特派定郡王载铨和季芝昌会同直隶总督讷尔经额前往查办,清查结果,商欠、库垫总计积欠达 23,431,402 两。而所谓"整顿",几乎完全是虚应故事,毫不解决实际问题。

以课租利的整顿为例,整顿后的情况如下:

单位:两

项　　目	原额	现额	差额
盐　　课	468,170	468,170	—
帑　　利	288,685	288,685	—
解　　费	18,453	12,784	−5,669
杂　　款	549,374	428,807	−120,567
摊征积欠	—	170,000	170,000
合　　计	1,324,682	1,368,446	43,764

解费、杂款减去 12.6 万,而摊偿积欠增加 17 万两,盐商负担反增加了 4 万余两。直隶 24 州县悬岸仍另招长商,但大多观望不前。河南 20 州县悬岸改行票盐,也不能畅销。不久,即因捻军起义、太平军北伐,"长芦局面为之一变矣"③。

山东产盐区北接长芦,南连淮海,沿海岸线二千余里,盐滩林立。东盐行销山东及连界的河南、江苏、安徽部分地区。盐务情形十分复杂。沿海近滩地带,共 18 州县,实行摊课入地,为民运票盐之地。其余地区,引盐、票盐行销,犬牙交错。引商分 6 纲,由纲首经理。票商

① 《宣宗实录》卷 408,道光二十四年八月戊午。
② 王守基:《长芦盐法议略》,盛康编《皇朝经世文续编》卷 53。
③ 同上。

情况与其他地区不同,也可作为世业。山东产盐区包围销盐区,除西南易受淮盐侵灌外,导致盐法破坏的主要原因是杂费繁重,不断加价,大致罗列如下:

盐课	189,880 两	
加平解费	8,100 两	
摊征	93,700 两	
灶课	15,439 两	
帑利	210,000 两	(现年 17 万余两)
嘉庆十四年南河加价	290,000 两	(道光元年停,积欠 535 万两)
道光五年高堰加价	230,000 两	
合 计	1,037,119 两	

捐款、杂费几乎达正课的五倍,其中还不包括道光十八年(1838)和二十七年的引地和票地的加价。到道光二十八年,盐岸倒悬二十余处,积欠至 800 余万。[1] 这次整顿,主要采取的措施有:(1)所有无商承办的悬岸改由官运;(2)裁汰浮费 25,000 两,高堰加价每引减 1 钱(约共 6.9 万两);(3)所有积欠分 25 年摊完。[2] 长芦的情形无甚改观,山东的整顿未见明效,而太平天国运动即已爆发了。此外,浙江、四川盐场也进行了整顿。

两淮盐场是全国最大的盐场,额征盐课几乎占盐课总收入的一半,而尤以淮南盐场为多。虽然积弊丛生,拖欠累累,但清政府不敢轻议改革。道光二十七年竟发生通州运判贩运 115.9 万斤私盐的大案。[3] 道光三十年十一月(1851 年 1 月),一个偶然的事件突然减少了淮南盐法改革的阻力:"十一月十九夜,楚北停盐忽被天灾,焚去四百余艘,逃存不过三分之一。淮商课本一炬而去四百余万。众商闻

---

① 王守基:《山东盐法议略》,盛康编《皇朝经世文续编》卷 53。

② 钦差大臣:《遵筹山东盐务酌议先课后盐章程疏》(道光二十九年),盛康编《皇朝经世文续编》卷 53。

③ 《宣宗实录》卷 448,道光二十七年十月丁未。

之,魂魄俱丧,同声一哭,相与金呈告退。通计淮商资本不及千万,今一炬而失其大半。"①又值咸丰皇帝新立,有意整刷吏治,两江总督陆建瀛乘机进行了票盐改革,虽"中饱之人,借词摇惑",但皇帝与督抚没有动摇决心,终于获得成功。

淮南盐法改革,主要有两项措施。第一是轻盐本。陆建瀛认为:"淮南盐务疲敝,实由口岸之不销;不销之故,则在官价昂于私价,官本重于私本;而成本过重,又在银价日贵,浮费日增。""欲轻本必先大裁浮费,摊轻科则。"通过停缓带完欠课 41.5 万两,删减外省杂费 28.7 万两,增复额引 20 万道以及核实岸费、分岸运销、简化手续等等措施,裁减浮费至一百四五十万两,每引成本减轻四两多。第二是采用淮北成法,废除窝商制度,一律改票。"嗣后各商请运,所有正杂钱粮盐价,同时并纳……立即给予库照,注明准其赴坝重盐。迨解捆见斤之后,缴呈库收,换给引目盐照船照,准其开江运岸。"②

措施出台以后,"票贩踊跃争先,己酉(1850)一纲上课至五百余万两,去岁(1850)部库支绌,赖以接济"③。"楚西各岸,盐价骤贱,农民欢声雷动。"④票法改革在国内最大的淮南盐场获得成功,使清政府大为鼓舞,1851 年,户部准备在各省仿照两淮办法全面推广票法制度,"尽行改票",无奈太平天国运动和各地人民起义已风起云涌,盐务整顿和改革就此中断。

地丁钱粮的清理

自道光二十二年(1842)年底起,江苏、浙江、河南、山东、福建、四

---

① 姚莹:《变盐法议》,《中复堂遗稿》卷 1。
② 陆建瀛:《酌议淮南改票章程疏》,盛康编《皇朝经世文续编》卷 51。淮南改票的措施,大体上依魏源《筹鹾篇》的建议而有所变通。据魏源说,《筹鹾篇》于"道光中陶云汀(澍)宫保弃世时所草也,呈之后任李公星沅,未行。至陆公当汉岸火灾之后,始力主行之"。(《魏源集》下册第 438 页)
③ 户部:《酌改盐务章程裕课便民疏》(咸丰元年),盛康编《皇朝经世文续编》卷 50。
④ 《清史稿》卷 123《食货四》。

川等省先后遵旨清理地丁钱粮。二十八年（1848）财政整顿诏令中，又"著各省督抚赶紧先造四柱清册一份，各省各以一府为一册，统以文到之日限八个月办齐。其短少之项，已有数目，从何支饰，各该督抚惟应迅速弥补章程，不得缪辀耽延……若续经钦差查出亏短，立即讯明，执法从事，决不宽贷"。可见，这次清理，着重在于已经征存在册的地丁钱粮的账实相符，目的要追回亏欠。清查的结果表明，各省的藩库、运库、关库及粮仓亏短惊人的严重，从下表可见一斑。

表 2-12　道光末若干省份库存亏空情况

顺序	亏空单位	亏空金额（两）	亏空内容
1	湖北	468,000	正项杂捐及米谷折价
2	浙江各属库	3,652,545	正款银
3	长芦运库	2,400,000	库项银
4	粤海关库	2,200,000	库项银（洋商欠款）
5	山东藩库	6,000,000	？
6	江宁藩库	226,000	？
7	苏州藩库	485,000	？
8	甘肃藩库	635,920	生息、捐廉等银
合计		16,067,465	

资料来源：1.《东华续录》咸丰七。2.5.徐泽醇：《请每年清查以杜弊源疏》，《清道咸同光四朝奏议》卷 26 上。另据王东槐《戒患贫言利疏》，道光三十年山东库亏为 140 余万两，"江浙更有甚焉"。3.《宣宗实录》卷 441。6.7.《东华续录》咸丰七。各省上报亏空的款额与实际亏空未必相符，如甘肃省道光三十年重新清查后发现，"除陆续完交司库并府库以及实存无亏外，实应著追银、粮、草束合价共银十九万一百余两。计此次复办清查所造生息、摊销、实亏、著赔四项，与上年之案皆不符合"。（张集馨：《道咸宦海见闻录》，中华书局 1981 年版，第 124—125 页）

造成严重亏空的原因主要是由于地方财政入不敷出而大量挪垫款项。以浙江省藩库为例,道光二年至二十八年(1822—1848)挪垫钱粮并漕米等共银 2,846,800 余两,仓谷 1,199,500 余石。"道光二十年以前,虽有挪移,尚不甚巨,二十一、二年间,兵差络绎,支应纷繁,各属挪缺有因,即上司处分,亦宜量加宽免。"但先例一开,以后挪用款项越来越多,"自三四十万两至六七十万两不等"。[1] 还有的垫款是州县为应付考成,先行代交民欠钱粮而事后无法弥补的。如"广西临桂等十四州县,自嘉庆二十三年起至道光二十年止,将征收税契、谷价等项垫完民欠丁耗米折,共银 105,116 两零"。[2] 更有将私收陋规先动用库项挪垫的,如长芦运司陈鉴一人即垫发 198,000 余两之多。[3] "借口因公侵吞入己者,亦恐不少。"[4]

清查钱粮牵涉到历任和现任官员之间纠缠不清的矛盾和利害冲突,互相推诿,在有些省份甚至演出了互相告讦之风。例如甘肃办理清查,"劣幕孙洁清高下其手,一事两歧者甚多"[5]。已革岷州知州陈昌言控告陕甘总督布彦泰"赃私"吞银 10 万两,安定县知县胡荐夔告道员杨能格,道光帝派祁寯藻与琦善前往查办,虽然对布彦泰、杨能格等极力维护,但也不得不承认留省办理清查的几位州县,"随同藩司劣幕,草率了事",将布彦泰革职,藩司张祥河及有关人员一并交部议处。[6]

清查之后,各亏空款项主要通过追补、赔补、摊补以及捐补等方式进行弥补。追补大抵属有名挪垫之款,如长芦运库 240 万两动垫

---

① 《宣宗实录》卷 469,道光二十九年六月戊子。

② 《宣宗实录》卷 453,道光二十八年三月乙亥。

③ 《宣宗实录》卷 439,道光二十七年二月乙亥。

④ 《宣宗实录》卷 468,道光二十九年五月丙午。

⑤ 张集馨:《道咸宦海见闻录》,第 123 页。

⑥ 《清史列传》卷 46《祁寯藻》,第 3609—3610 页;《宣宗实录》卷 476,道光三十年正月丙申。

之款,在各盐商名下追赔,广东洋商 220 万两欠款,每年分扣 15 万两。赔补系根据各官员在任期实亏无著之银勒令赔偿,在无法弄清亏短责任的情况下,则分别采取摊补、捐补等方式。赔补限期通常为一年,数量多的还采取革职拿问、监追查抄等强制手段,官员已故则勒令家属赔补。有的省份赔补较快,如山西省"于一年限内完缴过半"①,但像浙江亏空牵涉官员达 1,178 任,数额巨大,就不那么顺利了。广东的亏空要到同治十二年(1873)才能补足。甘肃省生息弥补银 111,600 两,银 75,400 串;摊捐销 36,340 两,钱 700 余串,粮 2,100 石,捐廉 128,800 余两,钱 4,230 余串,已征米折银 175,900 余两,粮 38,100 余石,草 198,100 余束,总计亏空 635,920 余两,到道光三十年(1850)只弥补 4,458 余两。② 山东则"所有无着亏案,酌提通省俸廉坐支,代人弥补"③。

漕政整顿

漕政整顿,原定计划为改征粮为征银,改河运为海运,"着各该督抚体察各属情形,酌量应折几成,即以此银循照成案,分于北省各处丰收地方购买米麦,或招商由海运抵津"。可见改折漕粮是关键。这项计划定于道光二十六年(1846),至二十八年正式推行。原议南漕全折,部臣担心京师米价上涨,折色之银不敷采买,因此改为分成折色。分成折色又会引起交米、交银的争执。"州县每年只开仓三日,或继日为止,花户之强而有力者争先交米,往往拥挤践踏伤人,过此即行封仓,概收折色。"④两江总督李星沅、江苏巡抚陆建瀛担心旧弊之外更添新弊,极力反对,因此,分成折色计划宣告流产。⑤

---

① 《文宗实录》卷 30,咸丰元年三月丙辰。
② 张集馨:《道咸宦海见闻录》,第 124—125 页。
③ 《清史列传》卷 57《阎敬铭》,第 4467 页。
④ 李星沅:《南漕分成折色易滋流弊疏》,《皇朝道咸同光奏议》卷 37 上。
⑤ 《宣宗实录》卷 465,道光二十九年三月戊子。

海运漕粮之议重起于道光二十五年（1845）冬。该年十月，户部因漕运抵通额数短少，除请旨追完道光二十一年以来民欠漕粮 230 余万石之外，还采纳了御史朱琦商船海运漕粮的建议。朱琦认为，海船商运较之漕粮北自为便捷，有款项不至繁多、粮价不至腾贵、重洋往返无流弊三大好处。但闽浙总督刘韵珂、两广总督耆英以闽广每石米价分别为 1.6—1.9 两、2 两，高于朱琦估计的 1—1.5 两，认为"窒碍难行"①，嗣改为由江苏招商海运。江苏巡抚李星沅以江苏"现值银贵钱贱、粮价平减之时"，动员上海沙船商人"备价收买米五万石，运往天津售卖……如一时不能销售，由地方官按数收买"②。当时北方因旱情严重、京师粮储不足，米价高昂，商船抵津之后，"白米销售甚形踊跃"，清政府决定将所运粳米全部由政府出资按市价购买，"以重储备"③。这本来不过是封建政府借用商力平籴米价的尝试，可是，因为与漕粮海运、南漕改折之议发生在同时，引起了有关漕政的利益集团的极大恐慌，"乐败此事者多……闻经纪花户声势之大，前年几败惠邸（惠亲王绵愉）。子畏久任京职，一蹶之后，尤震慑不敢出言"④。但是，"京仓不敷支放……且经费支绌之时，又增买米一款"，户部不堪负担，又奏准推广捐输米石章程，劝各省官民前往江苏捐办米石。⑤ 捐输由捐银增加至捐米，可见京仓空乏之严重。道光二十七年由江苏运至天津的捐米不下 30 万石。在捐米海运成功的鼓舞下，二十八年清政府又决定所征二十七年的苏州、松江、太仓三属的漕粮改由海运。当年三月，851 只沙船满载 1,083,115 石漕米陆续放洋，

① 《宣宗实录》卷 422，道光二十五年十月癸巳。
② 李星沅：《筹议上海招商买米由海运津折子》，《李文恭公奏议》卷 9。
③ 《宣宗实录》卷 428，道光二十六年四月丁亥。
④ 包世臣：《与桂苏州第七书》，盛康编《皇朝经世文续编》卷 48。此函未注年份。桂超万于 1845 年调苏州府，1848 年署苏松常镇太粮储道。1848 年定漕粮海运，此函当作于此时。"前年"指 1846 年海运之事。
⑤ 陆建瀛：《酌议推广捐输米石章程折》，《陆文节公奏议》卷 2。

浩浩荡荡开往天津,到五月初,到天津的沙船达 818 只,载米共 103.9
万余石,还有沙船陆续到达,仅给丁余耗米等项即节省 10 万余石粮
食。[①] 海运又一次获得成功。

但是,道光二十九年(1849)海运漕粮却没有继续下去,原因何在
呢?除了漕运官吏的反对以外,更重要的是由漕运水手的滋事和中
英间的紧张关系。漕粮海运,意味着大批漕运水手的失业。还在二
十七年江苏漕粮议定明年部分改由海运之时,漕运水手们便群情激
愤。"丁未(1847),大府奏行海运,粮艘水手恨失利,回空渡江,歃血
镇江都天庙,议到苏执香者拥大府求食,不允则掷香焚署。"直到苏州
知府桂超万出示劝解,事情才平息下来。[②]

道光二十八年二月发生的青浦事件,更直接威胁到了海运。二
月初四日(3 月 8 日),英国传教士麦都思、雒维林和慕维廉违犯有关
条约规定,到青浦游历传教,散发"善书"。有几名正在看守停运漕船
的山东籍水手上前争讨"善书",雒维林借口秩序太乱,拒不发给,并
打伤了一名水手。于是,愤怒的漕船水手聚众前来报复,将这三名传
教士击伤,直到青浦县令金镕闻讯差役制止。英国领事阿利国十分
清楚水手失业后的愤怒情绪,曾事先警告英国人说"没有一个具有通
常智慧的人在目前去接近漕运水手的"。但在青浦事件发生以后,他
却没有谴责三位传教士失去了"通常智慧",而对清政府采取了强硬
的胁迫手段,下令停止缴纳关税,并派兵舰封锁黄浦江,不惜用炮火
阻止 851 只海运沙船的前进。[③] 事关漕运大局,清政府不得不完全屈
服,逮捕了 10 名水手,并加之以"抢劫"的罪名从重处罚,青浦县令被
革职。英国兵舰以封江阻止漕粮海运的事件给清政府以强烈的刺
激。包世臣写道:"若近日夷踞上海,为海运咽喉,倘有得失,梗塞堪

---

① 陆建瀛:《苏松太三属漕米全由海运酌定办理章程折》,《陆文节公奏议》卷 3。
② 桂超万:《宦游纪略》卷 5。
③ [美]马士:《中华帝国对外关系史》第 1 卷,张汇文等译,第 442—443 页。

虞……即世臣亦不敢主持此说矣。"①包世臣是竭力主张漕粮海运的，他在这时的动摇可以反映清朝士大夫的担忧。道光二十九年（1849），广州的反英人入城斗争进入高潮，英人是否会采取更激烈的侵略手段，这是清政府不能不考虑的。道光末年的漕运改革因此夭折。

<h2 style="text-align:center">河工与开矿</h2>

道光一朝糜费最多的是河工，效果最差的是河工，这次整顿最不得力的也是河工，采取的措施仅仅是"酌添该河督养廉以资办公，江南河道总督共发给银一万二千两，河东河道总督共发给银一万两"，希望"优与正所以杜其滥取"，②简直令人莫名其妙。江南河道总督杨以增上任伊始，一面请免加廉，一面又请求将裁撤厅员和浮费之事暂缓一年。河东河道总督也不过象征性地裁撤了两个通判缺。整个河政的弊窦并没有进行像样的整顿。因此，到咸丰初年，河政便一败涂地了。咸丰元年（1851），河工官吏为了乘决渔利，竟然借口节省一千串制钱而改变合龙旧制，造成了黄河在丰县北堤再一次决口，泛滥成灾，山东、江苏首当其冲。当时人愤怒控诉："御黄不闭惜工材，骤值狂飙降此灾。省却金钱四百万，忍教民命换将来！"③咸丰元年到三年，黄河连续在丰县决口，给人民带来了深重的灾难，沿岸出现了"河渠何忍视，白骨乱如麻"的凄惨景象。

战后银价高涨、钱价下跌，给清政府的财政收入带来了困难。为了发掘国内银源，道光二十四年，道光帝数次密谕云南、贵州、广西、四川等省督抚招商开矿。然而各督抚"畏难苟安，托词观望"，"游移不办"④。原来因为开矿要聚集大量人员，清政府惟恐"聚众滋事"，严

---

① 包世臣：《复桂苏州第二书》，盛康编《皇朝经世文续编》卷48。
② 《宣宗实录》卷461，道光二十八年十一月乙酉。
③ 朱偰：《中国运河史料选辑》，中华书局1962年版，第17页。
④ 《宣宗实录》卷461，道光二十八年十一月乙酉。

禁民间自由开矿。二十三年(1843)清政府就曾下令驱逐在喜峰口外私开银矿的人们。现在清政府终于认识到官办银矿的弊病,认为"官为经理,不如任民自为开采"①,采取了鼓励政策,但朝廷上下分歧仍然不小,如管理户部的军机大臣卓秉恬认为开矿"利少弊多,无济实用"②。到道光二十八年,全国银厂增至 36 个,虽达鸦片战后新的高峰,但用以缓解全国性银荒,显然是杯水车薪,无济于事。

　　清政府的这次财政整顿,旨在改行票法以裕盐课,清查钱粮以增收入,改革漕政以杜弊端,增加俸廉以绝贪污,鼓励开矿以平银价。但施行的结果,有的是因为太平天国运动的爆发而夭折了,如票盐改革;有的则因内外的阻力而停顿了,如漕政改革;有的则毫无效果可言,如河工整顿。通过财政整顿以摆脱窘迫的困境这一目的根本没有达到。到道光三十年,整个收支仍然是"入不敷出,为数尚巨"。

第四节　半殖民地半封建国家财政史的开端

　　鸦片战争是中国社会进入半殖民地半封建社会的开始,同时也是半殖民地半封建国家财政史的开端。对英国侵略者的战争赔款、关税主权的丧失,是近代中国财政史开端的主要标志。在鸦片战争期间,英国侵略者勒索赎城费、抢劫清朝国库以及在军事占领地区征收赋役等情况,我们已经作了阐述。在这一节中,我们将着重分析一下中国近代史上第一个协定关税税则,即道光二十三年八月十五日(1843 年 10 月 8 日)在虎门签订的中英《五口通商章程:海关税则》③及其实施情况。

---

① 《宣宗实录》卷 404,道光二十四年四月乙巳。
② 《中国近代货币史资料》第 1 辑上册第 171 页。
③ 见王铁崖编《中外旧约章汇编》第 1 册,第 40—50 页。

道光二十三年海关税则的分析

协定关税的条约依据

论者一般认为,有关协定关税的不平等条约起源于《南京条约》第十款:"英国商民居住通商之广州等五处应纳进口出口货税饷费均宜秉公议定则例,由部颁发晓示。""秉公议定则例"六字即是协定关税的条约依据。其实,无论在中文本或英文本中均无中国关税税则必须与英国协商订立的意思。英文本中,该条款为:

His Majesty the Emperor of China agrees to establish at all the Ports which are by the 2nd Article of this Treaty to be thrown open for the resort of British Merchants,a fair and regular Tariff of Export and Import Customs and other Dues,which Tariff shall be publicly notified and promulgated for general information……①

重新翻译如下:"依本约第二款,中国皇帝陛下准予设立向英国商人往来开放之所有口岸,均宜颁布一公平、规范的出口和进口税则及饷费,俾所周知……"可见,"秉公议定"四字是对"fair and regular"(公平、规范的)的另一种不尽妥当的译法,即使如此,也没有必须由英方参与制订税则的意思。因此,英方参与道光二十三年(1843)海关税则的制订,并不是《南京条约》所给予的不平等条约特权,但确实是开了"协定关税"的先例。次年签订的中美《望厦条约》正式将协定关税的条款订入了不平等条约:"倘中国日后欲将税则变更,须与合

---

① The Maritime Customs of China:*Treaties,conventions,etc.,between China and Foreign States.* vol. I,second edition,p355. 武堉干先生在《中国关税问题》(商务印书馆 1930 年版,第 17—18 页)已经对此有所论析。

众国领事官议允。"①中国从此被套上了协定关税的枷锁。②

值百抽五的由来

就道光二十三年（1843）海关税则本身而言，通常认为"值百抽五"是由这个税则定下来的，其实并非如此。③ 首先，这个税则主要采用的是从量征税的原则，确定主要进出口货物的税率。这些税率虽然比较原来的粤海关税则有了大幅度的下降，但在订立过程中，没有以"值百抽五"作为前提。据分析，在折成从价征税的出口货物中，税率超过10％的有澄茄、桂皮、桂子、云石、茶叶、玳瑁器等，而出口大宗商品的生丝则大部分不到5％。进口货物中，税率超过10％的有阿魏、上等丁香、玛瑙、手帕、象牙、洋参、金银线、乳香、洋铁、木香、洋青、檀香木、乌木等。④ 其次，非主要进出口货物采用从价征税的办法，税率分5％和10％两档。出口货物凡未载明者，"即论价值若干，每百两抽银五两"。进口货物凡未载明者，香料类、木料类、金属类值百抽十；钟表玩类、布匹绸缎类以及未载之新货，值百抽五。正如莱特所指出的那样，"……并没有任何事物，表示出这些新税率是依据值百抽五的从价标准拟订的……这一件事实明显地表示出，一体通用的固定不变的值百抽五的从价税率，在当时并不是像后来那样当做金科玉律的事物"⑤。但到咸丰八年（1858）的中英《天津条约》中，英国侵略者为了在当年的协定税则中再一次大幅度地降低中国的关

---

① 王铁崖编：《中外旧约章汇编》第 1 册，第 51 页。英文本为："If the Chinese Government desire to modify in any respect the said Tariff, such modifications shall be made only in consultation with Consuls or other functionaries thereto duly authorised in behalf of the United States, and with consent thereof."（前注引书第 678 页，见第 106 页注①。）

② 参见茅海建《鸦片战争与不平等条约》，载冯林主编《重新认识百年中国》，改革出版社 1998 年版。

③ 中国学者也注意到了这个问题，参见叶松年著《中国近代海关税则史》，上海三联书店 1991 年版，第 28—30 页。

④ 姚贤镐编：《中国近代对外贸易史资料》第 1 册，中华书局 1962 年版，第 388—395 页。

⑤ ［英］莱特：《中国关税沿革史》，姚曾廙译，三联书店 1958 年版，第 11 页。

税税率,无中生有地编造出了这样一个条款:"前在江宁立约第十款内定进、出口各货税,彼时欲综算税饷多寡,均以价值为率,每价百两,征税五两。"[1]于是便有了所谓《南京条约》定值百抽五税率之说。[2]

税率的下降

虽然道光二十三年(1843)海关税则并没有明确规定值百抽五的原则,但是,经过"协定"以后的关税税率,"无论是就出口货或进口货来说,在大多数情况下,都比以往施行的要低得多"[3]。情况有如下表:

表 2-13 新进出口税率下降分数表

出口货税目	新税率比旧税率 (实征)下降分数 (%)	进口货税目	新税率比旧税率 (实征)下降分数 (%)
矾石	76.19	洋腊	53.27
茶叶	58.33	苏合油	83.05
八角	27.54	安息香	61.83
土茯苓	53.49	胡椒	55.55
良姜	76.74	阿魏	70.67
纸类	7.41	上等丁香	82.95
银朱	18.03	下等丁香	75.25
夏布	3.85	牛黄	48.19
湖丝、土丝	57.86	儿茶	67.74
天蚕丝	39.61	乳香	55.75
湖丝经及各等丝经	21.75	没药	76.30

① 王铁崖编:《中外旧约章汇编》第 1 册,第 99 页。

② 例如马士就认为,1843 年海关税则"是以进出口货同样地大约值百抽五的一种适度(!)而划一的税率为根据"的,而茶叶一项却是例外。(《中华帝国对外关系史》第 1 卷,张汇文等译,第 347 页。)

③ [英]莱特:《中国关税沿革史》,姚曾廙译,第 10 页。

出口货税目	新税率比旧税率 （实征）下降分数 （％）	进口货税目	新税率比旧税率 （实征）下降分数 （％）
白糖、黄糖各样	47.92	苏木	85.07
冰糖	33.96	沙藤	44.44
茶叶*	58.33	棉花	77.01
		白洋布	77.61
		原色斜纹布	65.51
		大呢（多罗呢）	87.90
		小呢（哔叽）	81.08
		羽缎	88.37
		羽纱	91.13
		洋白毡	56.52
		上等象牙	29.58
		下等象牙	48.72

资料来源：据叶松年《中国近代海关税则史》第 26—27 页。加 * 号者，据马士《中华帝国对外关系史》中译本第 1 卷第 348 页。

税率的大幅度下降，固然是由于侵略者的压迫，但这也由于清政府长期囿于闭关自守的封建自然经济，对于海关税的重要性缺乏认识，认为"税银何足计较"[1]。因此，这是中国近代第一个半殖民地半封建性质的海关税则。

在道光二十三年税则谈判过程中，耆英确定的方针是"增大宗、减冷货"，"所争者茶叶、棉花耳，余不必较也"[2]。但是他所定的增减

---

[1] 范文澜：《中国近代史》上册，人民出版社 1962 年版，第 59 页。

[2] 黄恩彤：《抚远纪略》卷 4，《鸦片战争》资料丛刊（五），第 421 页。

参照标准是粤海关原来的正税税则以及粤海关的公费,而不包括属于经征人员的其他各种杂费。以茶叶税为例,原来每担茶叶征收各种费用如下:[1]

向粤海关缴纳(无法查明何者为正规课征,何者为非正规
课征) …………………………………………………… 1.96 两
斤两差额付费 12%(不知正规到何种程度)………… 0.23 两
公所基金 …………………………………………………… 1.86 两
外商和茶商所用秤码间的差额 …………………………… 1.00 两
修理茶叶箱、雇工及其他费用 …………………………… 0.30 两
作为行商利润的余款 ……………………………………… 0.65 两
每担付银 …………………………………………………… 6.00 两

本来,这每担茶叶征收 6 两银子不论其内部如何分配,都是中国政府的税源。但是,在英国方面来看,既然行商制度已经废除,有关行商方面的收入都应该从中扣除。这样,公所基金、平余和行商余利三项就失去了征收和依据,其总数为 3.51 两,粤海关只能征收 2.49 两。果然,谈判的结果,新税率定为每担征银 2.5 两。如果我们计算耆英所争到的成果的话,那么,在每担的茶叶税上,他争回了 0.01 两,而失掉的却是 3.51 两。依此类推,我们不难看出造成 1843 年海关税率比粤海关原来的实征税率大幅度下降的根本原因在于,新的海关税则在将封建税制转变为近代统一税制时,只是片面地从减轻纳税人(在这里主要就是外国贸易商人)负担入手,而不是在充分继承国家原有税源基础上进行的合理改革。

建立包括各种征收费用在内的统一税则的要求,不是由于中国自身财政经济发展的要求,而是由侵略者首先提出来的。在这种背景下产生的统一的海关税则必然导致中国财政资源的巨大流失。

---

[1] [美]马士:《中华帝国对外关系史》第 1 卷,张汇文等译,第 348 页。

道光二十三年海关税则与清朝财政收入

海关税收入的重新分配

中国海关税率的下降,对于外国商人以及英国政府来说自然大大获利。但对于清政府内部的财政分配却产生了截然不同的影响。

在清朝财政收入中,实际存在着一种不成文的习惯规则,即正式的税则收入归朝廷,而不在税则之内的各种带征的规费则归地方政府和征收者支配。在道光二十三年(1843)海关税则中,既然将粤海关的规费并入正课征收,列为科则,那么实际上也就取消了粤海关对这些规费的直接支配权。因此,朝廷因为一部分规费并入正课征收而增加了海关税的收入,而真正遭受损失的则是粤海关。因此,统一税则的实行,又包含着近代中央财政与地方财政关系的巨大变化。实行统一税则,按照传统的财政习惯,意味着中央财政收入的增加,地方财政收入的减少。近代统一税则的演进过程,自然也就充满着中央与地方的矛盾和冲突。

当粤海关的各种规费并入到统一税则之中后,原来的征税人员失去了生活的来源。"粤海关差役并无工食,向在进出口货物内由洋商按货抽给",这些被杜赞奇称为"国家经纪"[1]的差役,完全依赖"陋规"生存。新的海关税则施行以后,清政府不得不同时承担和规范这部分差役的收入。耆英奏道:"现在浮费裁撤,未便令各差役枵腹从事,转启借口勒索之弊。应请查照海关书吏之例,核给工食。"[2]这样,在推行统一税则的同时,也意味着一批征税差役转变为国家的正式雇员。差役这一阶层由此开始发生了分化,虽然这一阶层一直到清末仍然存在着。这种转变是社会进步的一个方面。因此,由 1843 年

---

① [美]杜赞奇:《文化、权力与国家:1900—1942 年的华北农村》,王福明译,江苏人民出版社 1994 年版,第 40—41 页。有关差役问题我们在下面还要谈到。

② 《筹办夷务始末(道光朝)》第 5 册,中华书局 1964 年版,第 2647 页。

协定关税所造成的关税税率大幅度下降,是中国财政利益的巨大损失,但它又是中国历史上第一个近代意义上的统一税则,在实施之后,就消除了依附于海关税收之上的差役。这种统一税则所带来的相应的社会影响,是我们必须注意到的。

关税收入的增长

这里所讨论的关税收入增长,主要是指统计表上所反映出来的朝廷收入的增长。五个通商口岸的收入情况如下表:

表 2-14　道光二十一年至二十九年海关关税收入表　　单位:两

海　关	定额	道光二十一年	道光二十二年	道光二十五年	道光二十九年
粤海关	899,064	864,232	1,128,240	2,362,164	1,429,766
江海关	65,980	57,046	73,685	79,821	72,997
浙海关	99,908	99,908	18,839	78,018	99,908
闽海关	186,549	199,465	127,479	185,955	193,012
合　计	1,251,501	1,220,651	1,348,243	2,705,958	1,795,683

资料来源:王庆云《石渠余纪》表 6《直省关税表》。

从这个统计表中,我们可以看到,与定额相比较,四个海关总收入道光二十五年(1845)增长 140 多万两,二十九年有所下降,也增加了 54 万多两。但这个统计表实际上并不能反映这一时期关税收入的真实增长情况。

首先,所谓"定额",是清政府用以考核关税收入盈绌而定的标准,不是常年正课收入,更不包括各种杂项费用的收入。例如,粤海关从 19 世纪开始,常年的正课收入就在 110 万两以上,到 30 年代,最高达到 185 万两。[①] 如果我们将不需要例入正课部分的各种陋规、行用、平耗和杂费收入考虑进去的话,至少可以翻一倍,即 370 万两。

其次,江海、浙海和闽海三关因乾隆年间改由广州一口贸易以

---

① 姚贤镐编:《中国近代对外贸易史》第 1 卷,第 309—310 页。

后,海关税收入几乎没有了,其定额只是海口常关税收入。这三关的关税收入也包括了常关税收入。新税则实行以后,并没有明显的增加,闽海、浙海关还有亏绌的情况。这是需要进一步探讨的问题。

最后,也是最令人费解的是江海关的收入。江海关定额为65,980两,本来为数不多,道光二十二年(1842)新税则未实行,收入为73,685两,二十五年为19世纪40年代进出口贸易的高峰年,关税收入只有79,821两,二十九年还达不到二十二年的水平。但是根据我们已经知道的材料,江海关的收入远远不止此数。如道光二十五年征关税银480,240两,代征内常关银(丝税)32,096两,加一耗银3,210两。[①]道光二十七年江海关收关税银628,274两,代征内地常关银47,292两,加一耗银4,729两。[②]也就是说,从二十五年到二十七年,江海关的关税收入不计原来的常关税,由51万多两增加至68万多两。

根据当时的外文报道,"上海海关从中国船只征收和关税共100,000元有零,其中解交国库的仅80,000元"[③]。因此我们可以推断,上表所列的江海关关税收入实际上仅仅是常关税收入,而没有包括海关税。由此我们还可以进一步推断,浙海、闽海两关的税收也没有包括海关税。也就是说,从五口通商以后,清朝政府就已经开始实行海关税与常关税分别统计的制度。"洋关之设自五口通商始,前此虽有洋商来粤贸易,惟遵章向常关纳税而已。"[④]江海关新关设立后,

---

① 李星沅:《江海关征收西洋各国并内地丝商各税银数目折子》,《李文恭公奏议》卷10。
② 陆建瀛:《奏报海关夷税期届满折》,《陆文节公奏议》卷3。
③ *Chinese Repository*, Vol. XV, September,1946,pp.467-471. 转引自姚贤镐编:《中国近代对外贸易史资料》第1卷,第556页。
④ 《清史稿》卷125《食货六》。黄国盛《鸦片战争前的东南四省海关》(福建人民出版社2000年版)第482页关于江海关的税收统计,道光二十三年,洋税41,933两,补纳内地湖丝税及加一耗银683.6两;道光二十四年洋税172,922.6两,补纳内地湖丝税及加一耗银15,038两。而道光二十四年十月至二十五年九月报该关税银收入为79,838两,与王庆云的统计数相近。同书第470—471页关于浙海关的统计,宁波开埠后,道光二十三年洋税6,264两,次年24,735两,也未与常税一起奏报。这说明当时除粤海关外,其他海关的洋税与常税的确是分别统计奏报的。

近代意义上的海关税被称为"夷税"或"洋税"。据吴煦报告,"道光二十六、七、八、九等年,每年征收洋税四五十万两至六七十万两不等"[①],另据马士的记载,在咸丰元年至二年(1851—1852),江海关的海关税收入分别为 137 万元和 141 万元,[②]这个数字仅是英美两国船只所交纳的关税和船钞,它与 40 年代这两个国家对华贸易的数额没有多大的出入。据此,我们可以说,在上海开埠以后十年间,其海关税的收入是已经逐渐接近了粤海关的收入。换言之,在 19 世纪 40 年代,清政府的海关税收入已经在 200 万两以上,到 50 年代初已超过 300 万两了。协定关税的危害性,在关税收入有了较大增长的情况下,清政府是感觉不出来的。

① 《吴煦档案选编》第 6 辑,江苏人民出版社 1983 年版,第 403 页。
② [美]马士:《中华帝国对外关系史》第 1 卷,张汇文等译,第 402 页。有关江海关情况,参见拙文《从江海关到江海新关(1685—1858)》,载《清史研究》2016 年第 2 期。

第三章 太平天国与清朝财政

鸦片战争以后已经捉襟见肘的清朝财政，到太平天国运动爆发，终于陷入了深刻的危机。

乾隆中叶以来，由于土地兼并的发展，封建社会内部矛盾日益尖锐，鸦片战争以后进一步造成了社会矛盾的激化，太平天国运动就是在这样一个背景下发生的。但是，各种社会矛盾如何造成了中国社会长达二十多年的战乱，是一个极为复杂的历史现象。就本书来说，我们最关心的问题仍然是清朝财政与这场运动的关系。这一章，我们首先讨论一下清朝财政对于太平天国运动的影响，然后再看一看太平天国对于清朝财政的深刻影响。

第一节 封建社会矛盾运动中的晚清财政

清代的田赋是封建国家财政中最重要的收入，要弄清楚田赋征收与太平天国运动发生的关系，我们还需要先了解一下清代州县政府是如何征赋的。

正赋与浮收

州县征收的赋税主要是田赋。田赋的形式分为货币和实物两种。清代将大量的实物田赋折征为货币，仅保留了漕粮及兵用米、麦、豆、草等实物赋税。清政府入关之初，即许诺"均徭役"，因此，自顺治以来,清政府不断地将各种徭役折征为货币征收,并归于田赋或从田赋带征。[①] 这是清代前期财政收入得以不断增长的重要原因。

在第一章中我们已经谈过,徭役折征为货币,可以将"一般社会劳动"储存起来,这在财政上是一个进步。但是,当徭役折征为货币以后,也会引起经征官吏的极大贪欲。折役的数量最保守的估计也与田赋正额不相伯仲。以陕西华阴县为例,该县田赋正额不过8,196两,而摊派的差徭费用名目繁多,每月流差车马酒席钱340千文,里局局绅夫役每年薪工475.2千文,局养车马每月费用432千文,其他每年杂支128千文,额支共9 867.2千文,收入11 654.4千文,余1 787.2千文积谷备荒。[②] 这还仅仅是"流差"一项。光绪年间有关河南新安县历年相沿的差徭材料,更加清楚地表明了清代差徭的沉重。为了说明问题,我们不妨较详细地摘录这份材料的内容。[③]

作者熊祖诒首先论述了该县的自然经济状况及其差徭繁重的原因:

> 查新邑僻处深山,所有著籍地亩,大率从丛岩绝壑中摭石劚榛,开辟而出。其田之等,有以一亩为一亩者,有以五六亩为一亩者,[④]幅员悬殊,生息略同。岁收所入,不足给居民一岁之食,常恃他项贸易,藉博微利,以资其生。地瘠民贫,亦云已甚,而地当古汉函谷之首,为秦晋豫三省要冲,徭役浩繁,倍于他邑。

---

① 对于清代徭役折征,实行"一条鞭"的研究,袁良义先生的《清一条鞭法》(北京大学出版社1995年版)是迄今为止最为丰富和深入的学术著作。我在撰写本书的过程中也得益于此书不少,也因为有了这本书,在叙述清代前期的赋役改革以及有关的背景情况可以省去不少笔墨。

② 民国《华阴县志》卷3。

③ 熊祖诒:《上豫省当事论差徭书》,盛康编《皇朝经世文续编》卷38。

④ 这是清代田赋中的一种所谓折亩现象,即将一些特别贫瘠的土地用较多的亩数来折算成标准亩,然后根据这个标准亩开征田赋。这样,在清代田亩统计中,含有不少这类折算的标准亩。

我们把他所揭露的各种差徭折钱情况列表分析如下：

表 3-1　清代河南新安县差徭负担表

差类	内　容	数　量	备　注
兵差	兵车一辆至洛阳 3,500 文，至渑池 4,500 文；马一匹分别为 2,000 文、2,500 文。另有差勇、解马、解差等费。	总额不详。	在地丁项下摊派，同治时每两摊至 10 千以上。
流差	52 牌轮流值差，乡民出钱，衙门代雇。	总额不详。	
杂差	(1)驿站养马费	约 8,000 千文	大牌 200 千，小牌 90 千。
	(2)碗	1,000 只	碗窑交纳。
	(3)官买肉（每天 100 斤，40 斤为官价，每斤 40 文，余 60 斤为民价。）	1,825 千	肉肆交纳。
	(4)代雇煤炭车共 840 辆	约 2,100 千文	52 牌摊派，每辆折钱 2,000—3,000 文。
	(5)官骡	240 两	牙行交纳，新令到任另加。
	(6)夏季支凉棚杆	数百根	
	(7)冬季木炭	万余斤	
	(8)旬炭、摊炭、年炭	无定数	
	(9)鸡 1460 只，鸭 292 只	约 1,228 千文	每只折钱 700 余文。
	(10)煤窑每口纳 400 余千，一年两次。	总额不详。	新令到任另加一次。
	(11)粮行交驿站养马料	300 石	
	(12)油坊每月交油	400 斤	
过差	出木槽、铡子、床、椅、器皿	各数十	

续表

差类	内　　容	数　　量	备　　注
公费	(1)办公费	83 千	同治十二年定
	(2)执帖	18 千	同治十二年定
	(3)跟班	48 千	同治十二年定
合计	(仅列有数可计算者)	钱 13,302 千文 银 240 两 粮 300 石 碗 1,000 只	

熊祖诒在列举了上述足以令人惊心动魄的巨额役费摊派之后，进一步指出：

> 要之，衙署内外，起居日用，无一非取之于民，而又实用一分，出票多至四五分。差役下乡，又多逾分诛求。

也就是说，由于差役的娄索，农民的实际差徭负担还远不止此，"虽永州捕蛇之说，石壕老吏之诗，无以过之"。这些差徭的摊派当然不能仅仅认为是光绪年间的情况。

州县的各项政务如办理刑案、征收赋税，知县除聘用幕僚以外，主要依靠书吏差役。幕僚为县官私聘，书吏差役在国家财政中也没有专门的经费开支。因此，书吏差役的生存所依赖的也只能是非法的收入了。胡林翼说："州县为亲民之官，所用吏胥本有定额，乃或贴写，或挂名，大邑每至二三千人，次者六七百人，至少亦不下三四百人。夫此数千百人者，政之蠹、民之蟊贼也。"[1]清政府的文献中对于它所不得不依赖的差役充斥了辱骂之词，民间也有"署中多一差，乡里多一虎"的说法。[2] 但数百上千的差役没有正当的工资收入，即使

---

[1]　游百川:《请惩治贪残吏胥说》，葛士浚编《皇朝经世文续编》卷22。

[2]　刚毅:《牧令须知》卷1，书役。

有也极为微薄，这是清代财政制度的重大缺陷，必然导致他们大量侵渔乡民和国课，这不是道德所能规范的。[①] 这是"实用一分，出票多至四五分"的原因之一。

我手头有一份关于清末丹徒县漕书的案件报告，比较系统地暴露了州县书吏在经征钱粮中所得的若干额外收入。案件虽然发生在光绪三十二年（1906），但反映的情况却有典型意义。

> 缘石富年、石宝山籍隶丹徒县，系同胞兄弟。其故父石潮先曾帮办清粮公事，嗣充漕总书，于光绪十四年身故除卯，归昔存今故之陈文炡、刘致祥接办。迨光绪二十一年，经县谕令石富年接充漕总书，二十六年又谕石宝山帮办。每漕米一石，给该书等辛工钱五十六文；忙银一两，给辛工钱二十三文。其余柜书、册书、纸张、辛工各归各书承领。又经征钱粮，向有串票费，每串一张，收钱八文，以五文归学堂，三文归柜书津贴。若遇荒年，由各乡里运、管年入城具报，或邀图董与偕，每图约三四人不等，各有工食钱文，报票归官，代书缮写，每票给钱五六百文。经官勘灾，由粮差传知里运、管年，领勘粮差、里运，管年各给饭食。勘后，由里运造呈荒册，归总书汇造总册。因册籍繁多，须添雇清书帮缮，每图向送总书名下核册费钱五百文，津贴清书饭食。各册书承造易知由单，每张工钱四五文。此外，每年尚有乡饮并里运、管年交接酒及演戏酬神各费，均归里运按亩摊派，由来已久，各业户按亩出钱，习以为常。[②]

---

① 赵世瑜《吏与中国传统社会》（浙江人民出版社 1994 年版）第 179—181 页根据唐县、新乐、内丘等县志的记载，吏员在清初尚有少量薪俸，屡经裁减，至康熙元年裁完。后来又有所恢复，这只是游百川所谓之"定额"之员才能从州县的留支部开支的。所谓"贴写""挂名"等，都是州县编外的冗吏白役。关于吏员的薪俸，据傅维麟说："一役之工食，每年多不过十二两，或七两二钱，每日仅三二分，仅供夫妇一餐之用。"（《亟更役法疏》，贺长龄编《清经世文编》卷 24）

② 陈夔龙：《讯明漕书敛费分别拟办片》（光绪三十二年五月十八日），《庸庵尚书奏议》卷 7。

石潮先原非漕总书,获得此位后一直到死。随后丹徒漕总书一职旁落陈文烂、刘致祥。陈、刘死后,又归石家。光绪三十年(1904)丹徒县有 124 图报灾,石家兄弟按例可得 72,000 文造册费,当年实收 40,500 文,但此项收入并无明例,虽然"由来已久","习已为常",仍被举报,最后,石富年依吏因公擅自科敛财物入己律判杖一百、刑三年,石宝山判杖九十、徒二年。明眼人不难看出,这显然是有人已经盯上了这个漕总书的位置。

官员的贪污又是浮征的一个重要因素。洪亮吉曾以亲身经历谈到清代吏治的败坏情况:

> 往吾未成童……见里中有为守令者,咸友慰勉之,必代为之虑曰:此缺繁,此缺简,此缺号不易治,未闻及其他也。及弱冠之后,未入仕之前,二三十年之中,风俗趋向顿改。见里中有为守令者,咸友慰勉之,亦必代为虑曰:此缺出息若干,此缺应酬若干,此缺一岁之可入己者若干。而所谓民生吏治者,不复挂之齿颊矣……守令之心思不在民也,必先问一岁之陋规若何,属员之馈遗若何,钱粮税务之盈余若何……三十年以前,守令之拙者,满任而归,或罢任而反,其盈余虽不多,然恒足以温饱数世。今则不然,连十舸,盈百车,所得未尝不十倍于前也。[1]

这种还未上任即计算搜刮数量的"父母官",在清代比比皆是。

更为严重的是,无论官僚、幕僚,还是书吏、衙役,都是在一整套复杂的分赃贪污所得的网络中活动的。这种网络的形成,与清代的官制有着密切的关系。以书吏论,有部院之书吏、有督抚司道之书吏、有州县之书吏。书吏不仅薪俸微薄,而且地位极低,"在该衙门当差,十数年后而始得充经承。经承役满后,其能干者,仅得从九未入职衔,而亦不能即选"[2]。但书吏又是一项专业性很强的工作。清代

---

① 洪亮吉:《守令篇第十六》,《卷施阁文甲集》卷 1。

② 于凌辰:《请禁书吏捐保知县疏》,盛康编《皇朝经世文续编》卷 21。

行政规程除律以外,还有大量的例,要熟悉这些律例,灵活运用,没有相当的年资是不可能的。书吏有自己的师承关系,"长子孙于其中"①,形成一个复杂的人际关系网。

役的情况也差不多。方浚颐写道:

> 至于吏役,则京师及各行省,无不父以传子,子以传孙,一若官俸之世业者。襄为庶吉士,见庶常馆役,视新翰林俨生徒。谒阁师日,教之立,教之拜,教之起,教之迎送,咸帖然受其指挥。闻诸前辈曰:是役也,为前明世家,至今未易他姓。心窃讶其术能以久居于斯也。居京师久,六部之人有识者,其人率居广厦华堂,出则鲜车怒马,趾高而气扬。凡官之入觐者、谒选者,自监司以至守令,罔不折节交,分庭抗礼,与之深相结纳……官为吏蒙,吏以稿进,官但唯唯画诺而已。及转外台,乃知院之吏、司道之吏、郡县之吏与六部之吏等,而役则更甚于庶常馆役。院吏能虐司道,司道吏能虐郡县,郡县之吏与役,则更能虐民。②

差役内部也有比较严密的组织。莫友芝叙述贵州遵义差役情况时写道:

> 贵州役隶之盛冠天下,而遵义隶役之盛冠贵州。其级有乡总、里总、小总、散五。县乡四、里十三,总各一或二乡,视之皆大总也。里常小总十,各属散常百人,以递禀令于总、上总。如是者,乡一班,各半月值于县。复有四乡总,尤异数,不可必得。其进之途,非世即效。世取子弟族人,效若城乡游手无赖敢死者,率易官时审散籍。洊升至总,极不易。县人称散视父,总视祖,大总视曾祖。其类相引进,称师徒,徒视子,徒之徒视孙,徒孙之

---

① 丁日昌:《力戒因循敬陈管见疏》,《丁中丞政书·抚吴奏稿五》。
② 方浚颐:《世吏世役说》,盛康编《皇朝经世文续编》卷28。

徒视曾孙。号总者,莫不拥腴田华屋,鲜衣大马……里畏总甚于长官,官易则一年不知,总死则十甲俱诧。其自赞曰:"举人进士,一差不易。"①

衙门往往为吏役所把持,有所谓"官去衙门在"之民谣。清朝的官员主要由通过科举考试的士人所担任,但科举考试的内容却与行政律例毫无关系,一旦上任,无不茫然。所以,必须延聘熟悉律例的幕僚,以免为书吏所控制。但幕僚也有自身的人际关系网络,②上司幕友推荐之人,下属不敢不延聘,否则公文经常被驳,徒劳往返,甚或官位不保。

对于州县官来说,最重要的还要满足上司的需索。一般说来,对于各上司官员的贿赂都有一定成规,这些成规各县不一,为经手的书吏所熟悉,在上任之初必须打听清楚。我还没有找到州县陋规的系统而典型的材料,但数量必定相当巨大。据四川学政何绍基说,四川"各州县每年致送总督、藩、臬及本管道府三节两生日并到任规礼,缺分优者约一万数千两,中下者以次递减",他估计,"上司各项陋规等于正供,不能短少,其司、道、府、州又以所得于属吏者,各效纳于上官"。③ 也就是说,州县向上司行贿的数额大体上等于向国家交纳的正赋的数额,正赋可以短少,而陋规是不能短少的。道光帝即位之初,就曾询问有关陋规的情况,英和奏道:"各省府州县

---

① 莫友芝:《送潘稚青明府归桐城序》,《郘亭遗文》卷4。有的地方差总是由地方官贿卖的,如道光二年御史余文桂奏称:"州县官初到省垣,所属粮房库房,辄预行贿赂,求派粮总、库总。既派之后,不得不以钱漕事务专交承办……由是扒夫、斗级、银匠、柜役,通同一气,因缘为奸,勒折浮收,弊端层出。"(《宣宗实录》卷46,道光二年十二月壬子。)

② 如清末四川省"刑钱幕友,十九皆为浙籍。浙籍中又分绍兴、湖州两帮。两帮中颇各树党援,互相汲引,大致督署及布、按两司之刑钱,系何帮之人,则何帮人中得馆较易也"。(周询:《蜀海丛谈》卷2《幕友》,巴蜀书社1986年版,第170页。)

③ 何绍基:《东洲草堂文钞》卷2,第4—6页,转引自鲁子健编《清代四川财政史料》上册,四川社会科学出版社1984年版,第531页。

养廉，不敷办公，莫不取给陋规，日益加增，不若通谕督抚藩司，逐一查明，分别应存应革，定以限制。"经道光帝同意后下旨，这实际上又是一次"耗羡归公"，把非法的收入合法化。结果遭到了许多人的反对，认为"清查陋规，后来之获益未睹，而目前之纷扰已甚"，"有伤于国体"。道光帝也是"虚心纳谏"，收回成命，并向臣下交出了一份"检讨书"。[1] 这实际上默认了陋规收入的合法性，不过是碍于"国体"，装聋作哑罢了。[2]

如果我们把吏胥差役的浮收、州县官自己的贪污数额、上司的各种陋规以及所谓"刁生劣监"参与分赃的数额综合起来，州县的浮收大体上相当于正额的四倍到五倍，而且还有不断增加的趋势。在有漕省份还不止于此数。如冯桂芬估计，苏、松地区办漕，各县粮书二三百人，约计可得三四万金；粮差三五十人，合共伙分一二万金；门丁、漕书各得万金；书伙十数人，伙分二三万金。官吏贪污的数量还不算在内。[3] 这种浮收不计算在国家的财政收入统计之内，但却是晚清财政收入得以扩充的一个重要因素。

要把这些赋税和各种浮收的钱财征收上来，在各种利益集团内部进行分配，自然是一个复杂的、充满着社会矛盾和冲突的过程。1845 年春天，张集馨补授陕西督粮道，为官一年，迎来送往，"大宴会则无月无之，小应酬则无日无之"，"通计每年用度，连京城炭敬，总在五万金上下，而告帮告助者不在其内"。据他说每年入项在六万余，扣除私人用度外，所余无多，然而一年后离任赴京，在京城送给军机大臣、两班章京、六部尚书侍郎、九卿以及同乡、同年的"别敬"，就达一万五千两。[4] 他如推迟十余天离任，还可以拿到二万两。接任官员

---

① 《宣宗实录》卷 10，嘉庆二十五年十二月乙未。
② 关于道光帝即位初革除陋规的失败，参见周健《陋规与清嘉道之际的地方财政》，载《"中央研究院"近代史研究所集刊》第 75 期（2013 年 3 月）。
③ 冯桂芬：《与许抚部书》，《显志堂稿》卷 5。
④ 张集馨：《道咸宦海见闻录》，第 79—80、85、89—90 页。

自然是"虎视眈眈"。张集馨还是林则徐密考优等而举荐升任四川按察使的官员,其他官员的情况就可想而知了。州县浮收的绝大部分要上缴上司,而上司则将大部分通过应酬、节礼、别敬等形式在官僚集团中进行分配。可见浮收和陋规的存在,是维系整个官僚集团灰色收入来源和分配体系的基础,并不是道光皇帝的一纸诏书即可废除的。

包税人

明代征赋派役主要依靠里甲组织。一百十户为一里,以丁粮多者十人为里长,其余百户分为十甲,每甲设一甲首,共十人。每年推一里长、甲首,称为"见(现)年",轮值赋役事宜。每里设里书一人,掌册籍书算,实际控制着里甲的赋役征收乃至里长、甲首的任职。由于赋役的繁重,值见年的里长、甲首往往不堪承受;里书串通衙役,营私舞弊。清朝定鼎中原之初,十分重视里甲制的建设,同时积极推行保甲制,使得保甲也具有了户籍编制的职能。除按户籍编里甲、保甲以外,在东南部分地区,清政府还实行了按田亩编里甲的办法,以便按田亩派役。但是,明代里甲制的弊端很快也在清代重演了,清政府为了保证赋税收入,在一些地方废除了里甲轮值制度,乃至于取消里长、甲首,由民户自封投柜缴纳赋税。然而民户的纳税数额,实际上仍然由里书掌握,州县并不清楚原来各里甲的实际分担情况。雍正五年(1727),浙江巡抚李卫奏准推行"顺庄法",禁革里书,由县书接收里书的册籍,到乾隆年间在各地推行。这一改革,使得自然村庄在清代赋役征发中的作用大大提高了。

但是,里甲制的废除、里书的禁革,[1]并没能完全克服农村赋役征

---

[1] 这种禁革虽然明定于法令,但实际上终清世里甲制的残余仍大量存在。如到光绪时期,陕西仍由里书控制钱粮的征收:"陕西无鱼鳞册簿,在户房者为红册,在里书者为黑册……一户之粮,由户首承交,一里之粮,由里差总报。故户房红册,但注升合斗石,不书顷亩分厘。"(《樊山集·樊山公牍》卷1,第20页。)

收中的各种弊端。由于农村社会的闭塞、寄生在封建赋役制度上的利益集团的阻挠以及技术上的困难,要所有农户直接赴县自封投柜并不易办到。在封建时代,"农民居于乡里,足迹所到不出数十里外,其日常生活,对于政治从无密切之关系,终身或未一见州县官"①。一般农民很少进县城,有的农民甚至一辈子都没上过县城。根据施坚雅的调查,解放前四川地区的小农的社会活动范围基本上是基层集市所涵盖的地域。② 而根据黄宗智的研究,商品经济更为落后的华北地区的小农的社会活动范围主要局限于自然村内。③ 这些研究所反映的基本上还是民国时代的情况,在清代,这种闭塞的程度还要更加严重一些。交通的闭塞以及农民怕官的心理,使他们往往选择委托投柜的方式,一般农民即使愿意自封投柜,也因为难免受到吏胥的刁难而却步。这就为绅士以及原来的里书、里长等人包揽钱粮提供了机会。

其次,清代虽然实现了将徭役和丁银摊入田赋,但是土地的登记本身也是一项极为繁琐的工作。土地所有者有的是按人登记,有的是按户登记。田赋也就依此征收。如果地权变动,需要到县登记,交纳契税,然后田赋也可随地权一并转移。但在实际生活中,一般村民为了逃避契税,卖得高价,往往私下买卖田地,仅以白契作为地权转移凭证,田赋仍由原主缴纳。于是出现了有田无赋、有赋无田的情况。州县政府无法及时了解基层村社的地权变动情况,一旦原主逃

---

① 陈恭禄:《中国近代史》,商务印书馆 1936 年 12 月版,第 702 页。
② 施坚雅:《中国农村的市场和社会结构》,史建云、徐秀丽译,中国社会科学出版社 1998 年版,第 40 页。施坚雅说:"农民的实际社会区域的边界不是由他所住村庄的狭窄的范围决定,而是由他的基层市场区域的边界决定。"
③ 黄宗智:《华北的小农经济与社会变迁》,中华书局 2000 年版,第 229 页。黄宗智说:"在二十世纪加速商品化和政治现代化之前,冀—鲁西北平原上大部分村庄都极其有限地被纳入村外的市场和政治体系。"

亡,田赋即归于无著。① 这使得州县也不得不依靠原来的里书或绅士。如江西"完纳丁漕,民间向有义图之法,按乡按图各自设立首事,皆地方公正绅耆公举轮充,且有总催、滚催、户头,各县名目不同,完纳期限不一"②。

按户登记田地的情况更为复杂。一个户籍之内可以是一个家庭,可以是由几个家庭构成的家族。片山刚在对明清时代珠江三角洲地区的赋税征集过程的研究中发现,清代在许多地方废除的里甲制在那里依然存在。在那里的户籍册上立有"总户"之名,数百年不变,由总户负责催征,履行里长的职能。总户之下分有子户,这些子户有的是从属于总户的宗族,有的则是只有子户的小宗族,这些子户的赋税都要通过总户来缴纳,实际上是一种宗族包税制。③

在清代,里甲制废除以后,士绅、保长、宗族以及原来的里书包揽钱粮的情况十分普遍。清政府曾三令五申禁止包揽钱粮,顺治年间,

---

① 如吴树敏在谈到泰和县的土地买卖情况时说:"民间风俗,买田者多不收粮,卖田者多不过户。买主贪图便宜,每年贴卖主费若干,谓之协纳钱,较自完之数差减。卖主利岁收协纳钱,随即花用,钱粮竟至不同。甚有田易数主,粮仍原户,岁月久远,子孙不知田亩坐落何处,此过割不清、产去粮存之病也。"(《上严少韩邑宰书》,盛康编《皇朝经世文续编》卷26)张集馨任汀漳龙道时,发现漳州"民间买卖田土,向不过拨,衙门粮册,皆是诡名,多系前明人名字,如令税契,则民间转以为奇……惟凭书吏草簿,某处田亩,现归何人执业,持串往索,有交有不交者"。(张集馨:《道咸宦海见闻录》1842年,第62—63页)

② 江西巡抚德馨奏,《光绪朝东华录》(二)总1996页。

③ 片山刚:《清末广东省珠江三角洲地区图甲制的矛盾及其改革(南海县)——税粮、户籍、宗族》,载《明清广东社会经济研究》,广东人民出版社1987年版。徐庚陞谈道:"在他省则分图设甲,平日过户催收,尚不难于清理,而粤则户立一名,历数百年而不易。一姓之内,互相买卖,则从不过割。即田入异姓,而买主既不愿立户,卖主亦不愿割户,辄以甲私收乙田之粮,代为缴纳。又有贪增田价,田卖而粮不卖者。又有两姓互有买卖,各不割户,届纳粮之期,则互相抵除,而找清尾数者。又有祭产尝租、儒租、学租等项名目,分谷则举族齐来,纳粮则互相诿卸者……"(《复本府条陈积弊禀》,盛康编《皇朝经世文续编》卷26)

清政府就下令"严查惩治""绅士包揽"①,雍正朝明令"身为衿监,包揽钱粮,即干法纪,亦应黜革"②,但收效甚微。陶澍指出:

> 惟有一种病官病民、大为漕害、革除不可不亟者,则包漕横索陋规之生监是已。大约富豪之家与稍有势力者,皆为大户,亦有本非大户而诡寄户下者;至刁生劣监,平日健讼者,则为讼米。其完纳各有成规,而讼米尤甚。每于开征之始,兜收花户由单,以同姓为一家,集零户为总户,一经揽收入手,或丑米捱交,或挂筹短数,或任意迁延,捱至漕船紧迫时,勾通胥吏,不呈由单,硬开户名包交。呼朋引类,昼夜喧哄,稍不遂意,非逞凶哄仓,即联名捏控不休。竟有田无一亩,而包揽至数百石者。③

在广西邕宁县,还有一种叫做"卯铺"的包税机构:道光初年,"县征收田赋,名目繁伙。每届上下忙,悉由各卯铺包揽征收。小民输纳时,恣其鱼肉,吆喝恐吓,无所不用其极,大为地方之害"。这些卯铺"苛收横索数十倍于正供","世袭相承,视同己业",已达二百多年。④包税人还常常与高利贷结合起来,"湘乡地广数百里,民尤苦两税。土豪吏胥则代贫民输租,其取偿责息至数千百倍,良懦往往破产,官利其便"。知县黄淳熙于咸丰八年(1858)"令民自纳税",群吏竟至"叩头争之"。⑤

包揽钱粮的各色人员,可以获取很多的利益。他们可以向民户收取一定的代纳赋税的费用,可以与县里的册书们上下其手,向纳税户浮收赋税及其他带征费用,串通分肥,甚至将已征的赋税隐匿不交,吞为己有。村庄中新辟的耕地、遇灾免征的荒地也可以串通县

---

① 《圣祖实录》卷3,顺治十八年七月丁巳。

② 《世宗实录》卷51,雍正四年十二月丁丑。

③ 江苏巡抚陶澍:《严禁衿棍包漕横索陋规附片》,《陶文毅公全集》卷7。

④ 民国《邕宁县志》卷4、14,转引自《太平天国革命时期广西农民起义资料》上册,中华书局1978年版,第9—10页。

⑤ 黄淳熙传,《续碑传集》卷60。

书,设法自行起科,而不必上交。①

但是,包税人也要承担一定的风险。清代诡寄、飞洒赋税的情况十分普遍,而本村或本乡被他人诡寄、飞洒,就要包税人承担这部分多出来的税额。为了阻止包税人查阅州县的册籍,州县往往规定,赋税不全部交清者不得查阅县册。因此,在向纳税人征收各种税费时,包税人需要借助州县吏胥等征税人的势力;而当包税人受到州县胥吏的敲诈时,他们又会借助纳税人的力量加以抵制,装扮成纳税人利益的代言人。当州县的加派、诡寄和飞洒超出了包税人的所能承受的限度的时候,同样也会激起他们的反抗,而其力量的来源正是纳税人。最典型的事例是道光二十二年(1842)崇阳的钟人杰起事。魏源曾谈到事情的起因:

> 崇阳圜万山中,胥役故虎而冠,凡下乡催征钱粮漕米,久鱼肉其民。生员钟人杰、金太和者,亦虎而冠,与其党陈宝铭、汪敦起而包揽输纳,不数年皆骤富,与县胥分党角立。前知县折锦元愤不治事,一惟胥役所为,致两次哄漕。据巡抚伍长华所批漕石加收一斗之数,造扁送县,毁差房;武昌知府明竣惟以调停姑息,于是奸民日肆。

魏源进一步指出鸦片战争以后许多地方的抗漕、抗粮斗争都有相同的情况:

> 国家转漕七省,二百载来,帮费日重,银价日昂,本色折色日浮以困。于是把持之生监与侵渔之书役,交相为难,各执一词,弱肉强食,如圜无端。及其痈溃,俱伤两败……近年若浙之归安、仁和,苏之丹阳、震泽,江西之新喻,屡以漕事兴大狱,皆小用兵,而崇阳则大用兵。不宁惟是,距崇阳事未二载,而湖南耒阳

---

① 如咸丰年间,书吏出身的长洲知县王如林"匿荒私敛,每米一石,折制钱八九千文"。(《文宗实录》卷227,咸丰七年闰五月丁亥。)

复以钱漕浮勒激众围城,大吏至调两省兵攻捕于瓦子山、曾波洲,弥月始解散,俘生员欧阳大鹏等于京师,论功行赏,与湖北崇阳一辙。[①]

鸦片战争以后,由于银贵钱贱的刺激、州县财政的困难和官吏的贪污腐败,大大激化了包税人与州县胥吏、册书等征税人之间的矛盾。

在有些地区,绅士并不参与包揽赋税的活动,但是由于他们熟悉政府的征赋条例,对于州县官的浮收深知底里,往往进行干预,久之便与地方官达成默契,按一定数额瓜分浮收所得。"官吏既视钱漕为利薮,刁衿劣监即从而挟持之,每人索费数十两百两。人数多者,一县或至数十人,名曰'漕口'。少不遂意,则阻挠乡户完纳,或赴上司衙门砌词控告,甚至纠聚多人,闯署殴吏,酿成事端。"[②]这类"漕口"在江苏同样存在,称为"白颈"。如陶澍所谓:"亦有米无升合,而白食漕规自数十两至数百两者。人数最多之处,生监或至三四百名,漕规竟有二三万两,实骇听闻。"[③]这实际上是另一种包揽的形式。在这种形式下,只要士人与地方官达成分赃的协议,州县官和差役就可以放手进行浮收,当然,其实际情形要比我们想象的复杂得多。[④]

大户与小户

在中国封建财政管理的实践中,早已有了赋税平均的思想。但是,如何实现这种均平,因财政制度和思想的演变而有不同。有身即

---

① 《湖北崇阳县知县师君墓志铭》,《魏源集》上册,中华书局1976年版,第338—340页。
② 骆秉章:《沥陈湖南筹饷情形折》,《骆文忠公奏议》卷12。
③ 江苏巡抚陶澍:《严禁衿棍包漕横索陋规附片》,《陶文毅公全集》卷7。
④ 因为如果士人同时也是纳赋人的话,那么他参与分赃可能对他毫无利益可言。所以陶澍认为这些勒索漕规的士人大多并非纳赋人,"米无升合,白食漕规"。在这种情况下,绅士内部也会产生尖锐的矛盾。钟人杰认为他之受到檄捕,可能就是"其仇生员蔡绍勋所主使也",因向蔡报复而引发攻城戕官之事。

有役、有田即有赋,这是先秦至唐宋时代基本的财政观念和原则。这种表面上看来"均平"的原则,一旦投射到不平等的封建等级社会中,就形成了士绅免役、免赋的特权。这种赋役不均并不是中国封建财政的要求,而是等级社会的要求。在财政和社会演进的过程中,赋役均平作为一种客观经济规律将日益发挥其作用,在明清时代由"一条鞭法"到"摊丁入亩"的改革中得到了比较充分的体现。

从理论上说,实行摊丁入地以后,绅士免纳丁税的特权也因此消失,[①]因此,摊丁入地改革在进行过程中,就遭到了地主士绅的顽强抵制,在有些地区,丁银依然和田赋分别征收,如山西省一直持续到 19 世纪。[②] 但摊丁入地本身,对于地主绅士经济利益实际的打击并不太

---

① 清初规定,不同等级的绅士及其家庭成员有不同的赋役优免权,表列如下:

官　秩	免粮(石)	免丁税(丁)	京官/外官(%)
一　品	30	30	100/50
二　品	24	24	100/50
三　品	20	20	100/50
四　品	16	16	100/50
五　品	14	14	100/50
六　品	12	12	100/50
七　品	10	10	100/50
八　品	8	8	100/50
九　品	6	6	100/50
教官以下至生员	2	2	—
杂职	1	1	—

(见《世祖实录》卷 37,顺治五年三月壬戌。此外,以礼致仕者免十分之七,闲住者免一半,犯赃革职者不在优免例。)后虽然取消了田赋的优免权,但丁税的优免权依然保留了下来。参见张仲礼《中国绅士——关于其在 19 世纪中国社会中作用的研究》,上海社会科学出版社 1991 年版,第 38—40 页。

② 王庆云:《石渠余纪》卷 3《纪丁随地起》,第 115 页。

大。根据直隶获鹿县的编审册,1706 年到 1736 年,100 亩以上的绅衿户平均增加的丁税仅 0.78 两,而庶民地主,占地 100 亩以上的平均每户仅增加丁税 0.07 两。[1] 这样微少的增量,对于富有的地主士绅来说并不是什么了不起的负担。对于地主绅士来说,他们特权之真正所在,不是清政府是否免除了他们的丁银,而是差徭的优免权。[2]当差役也全部摊入田赋以后,绅士的这种特权实际上也失去了意义。在国家赋税方面,社会等级特权似乎正在消失。均赋,作为明末农民起义的一种理想,在清代的康雍乾盛世似乎正在得到逐步的实现。但是,在实际生活中,情况要复杂曲折得多。

徭役、丁银都归入田赋以后,使得田赋的负担大大加重了。这对于土地所有者是不利的。如果再加上浮收四五倍于田赋,地主阶级的实际负担就更加严重了。于是,逃避或转嫁赋税还是均平赋税,又成为地主阶级内部以及其他有地阶层如自耕农之间激烈斗争的一个重要焦点。绅粮大户作为清代征赋中的一个严重问题也就由此而形成了。

前面我们已经指出,绅士在参与瓜分州县赋税浮收中具有特殊地位。但如果他们是主要的纳赋人的话,那么这种瓜分对他们来说是件得不偿失的事情。因此,参与瓜分,必须以能够逃避赋税为前提。从理论上分析,绅士阶层逃避赋税大体上可以分为三个层次:一、最低层次,逃避浮收。只能逃避浮收的绅士是在绅士阶层中势力最弱的一部分人。在他们当中,有的甚至只能逃避很少一部分浮收。二、中间层次,不仅力能逃避浮收,而且能够逃避差徭折银。在他们当中,也各依势力的强弱逃避全部或部分的差徭银。三、上等层次,不仅逃避了浮收、差徭银,而且还能逃避田赋正课,其中可分全部逃

---

[1]　参见李文治《明清时代封建土地关系的松解》,中国社会科学出版社 1993 年版,第 79 页。

[2]　"绅衿除优免本身丁银外……[免派]充保长、甲长,并轮直、支更、看栅等役。"(乾隆《大清律例》卷 8《户律》)

避和部分逃避的。逃赋的途径也可以分为几种：一种是行贿，如江苏松江田赋，由"图蠹把持，图书掌握，田多者受贿免脱"①，当然通过这种方式逃赋的不仅是绅户。一种是要挟，"州县既有浮收，势不能不受刁民挟制"②。一些强有力的绅户可以直接连通京官大员上奏揭发，州县只能听任其逃赋。还有一种情况是由于法理问题造成的，因为绅士在法律上享有免役的特权，但在折银的过程中，并没有同时废除这种免役特权，因此，一些绅户可以引用这种特权而拒绝缴纳差徭银。需要指出的是，在清代，有能力逃避赋税的人不仅是绅士，一些强宗大族也可以凭借人多势众，抗缴赋税的。

在这种社会背景下，毫无平均赋役可言。据冯桂芬说：

> 今苏属完漕之法，以贵贱强弱为多寡。不惟绅民不一律，即绅与绅亦不一律，民与民亦不一律。绅户多折银，最少者一石二三斗当一石，多者递增，最多者倍之。民户最弱者，折银约三四石当一石，强者完米二石有余当一石，尤强者亦完米不足二石当一石。③

纳税数量已不是根据田产多少，而是根据势力的强弱。在这种情况下，绅粮大户所逃避的大量赋税转嫁到了小户身上。道光二十六年（1846）柏葰奏道：

> ……江苏向来完漕，绅富谓之大户，庶民谓之小户。以大户之短交，取偿于小户。因而刁劣绅衿，挟制官吏，索取白规。大户包揽小户，小户附托大户，又有包户之名。以致畸轻畸重，众

---

① 李复兴：《均田均赋议》，贺长龄等编《清经世文编》卷30。
② 胡林翼：《革除漕务积弊并减定漕章密疏》（咸丰七年十月十四日），《胡林翼集》第1册，第365页。这种所谓"刁民挟制"的情况在江苏也有，如道光元年，江苏太仓州因收漕斗斛过大，被王荣芳等28人揭露，知州命漕书王步亭与这些"土棍"谈妥，每人各分给50两银子。王荣芳后来干脆组织了"八卦青龙会"，人数多达290余人，专门闹漕。（《宣宗实录》卷18，道光元年五月己巳）可见挟制者不仅是绅士。
③ 冯桂芬：《均赋议》，《显志堂稿》卷5。

怨沸腾,纷纷滋事。①

最严重的情况自然是"同一百亩之家,有不完一文者,有完至数十百千者,不均孰甚焉……各县绅衿,有连阡累陌从不知完粮为何事者"②。

这种大户短交、不交赋税,转嫁到小户的情况各省都有。如湖北"大户折色之价日减,小户折色之价日增"③。浙江"完纳钱粮,向有绅户、民户之分,每正耗一两,绅户仅完一两六分至一两三四钱而止,而民户则有完至二千八九百文或三四千文者"④,同样也是"各视花户贵贱强弱,以定收数多寡"。在广西隆安县,越是小户,浮收的数量就越多。⑤

大户、小户之间赋役负担的严重不均,到鸦片战争以后更加剧了。其中最主要的因素是银钱比价的激增。曾国藩所谓"朝廷自守岁取之常,而小民暗加一倍之赋",只是指由于银价上涨一倍所造成的一般情况,如果我们把赋税转嫁的因素考虑进去,那么,真正的"小民"所增加的就不只是一倍之赋,而是几倍、十几倍之赋了! 大户成为农村社会中唯一有力量兼并土地的阶层。小户当中,无论是一般地主还是自耕农,都成为赋税的主要负担者,他们失去了扩大再生产的能力,生活资料也可能受到日益沉重的赋税的侵蚀。对于他们来说,这时的"田",真正成了"累"字的头。

我们的这些逻辑推论是否能够成立呢? 这还需要作进一步的论证。在清代,由于人多地少的矛盾,在一般情况下土地价格与人口的

---

① 《清朝续文献通考》卷 2 考 7513—7514。
② 冯桂芬:《均赋议》,《显志堂稿》卷 5。
③ 胡林翼:《革除漕务积弊并减定漕章密疏》(咸丰七年十月十四日),《胡林翼集》第 1 册,第 365 页。
④ 左宗棠:《核减绍兴府属浮收钱粮折》(同治三年三月二十七日),《左宗棠全集》奏稿一,岳麓书社 1987 年版,第 407 页。
⑤ 民国《隆安县志》卷 5,见《太平天国时期广西农民起义资料》上册,第 10 页。

增长成正比例,这是由生活资料的价格不断上涨而推动的。[①] 但是,对于任何土地持有者来说,他必须从土地上获得收益如地租或通过自己的劳动获得生活资料等。所以对于地主来说,决定土地是否有价值,是地租的收入;对于自耕农来说,土地的价值在于他能通过耕作从中获得生活资料。如果由于赋税不均,使土地收益大幅度下降甚至毫无收益,那么即使人多地少的矛盾依然存在,也会出现小户大量抛售土地,而出现地价下跌的现象。我们知道,鸦片战争以后的咸丰元年(1851),中国人口出现了4.3亿的空前的纪录,但正是在人口持续上升的时候,土地价格却出现了异乎寻常的下跌。如四川地区在道光末年已是"田价日贱,鲜有人买"[②]。我们将四川新都县保存的嘉庆到道光年间的耕地买卖文契资料作一分析,列表如下:

表 3-2　嘉道年间四川新都县的田价变动情况

年份	价格(两)	面积(亩)	每亩单价(两)	田地种类	钱粮(两)
1805	1 151.07	28.075	41	水	0.56
1806	150.42	3.25589	46.2	水	0.07
1811	165.79	4.14489	40	水	0.074
1821	217.74	7.9467	27.4	水、旱	0.11
1821	36.08	1.3455	26.82	水	0.0223
1821	309.15	21.43735	14.42	水、旱	0.18
1821	195.027 千文	5.54623	35.164 千文	水	0.146
1823	207.1	5.55346	37.3	水	0.062
1823	710	28	25.36	水	0.57

① 胡如雷先生认为,土地价格的上落除了与地租率有关外,还受到土地丰度、人口密度、谷价涨落和赋税增减的影响。见胡如雷:《中国封建社会形态研究》,三联书店 1979 年版,第 88—97 页。

② 军机处录副:许乃普、何彤云咸丰三年十一月初十日奏。

续表

年份	价格(两)	面积(亩)	每亩单价(两)	田地种类	钱粮(两)
1829	262.51	8.07639	32.5	水	
1829	1 176.76	36.2	32.5	水	0.35
1829	145	5	29	水	0.04
1838	56.812千文	1.05208	54千文	水	0.03
1840	20.13	0.45754	44①	水	
1841	165.44	4.1358	40②	水	0.1
1845	78.7	2.7909	28.2	水	0.041
1847	46.67	2.18072	21.4	水	0.05
1848	79.8	3	26.6	水、旱、沟边	0.07
1848	31.16	1.63164	19.1	水	0.02
1949	62	3	20.7	水	0.075
1850	65.22	2.17425	30	水	0.05

资料来源:四川新都县档案史料组:《清代地契史料》第3—17页,1995年印。①内含已种水稻价。②准许卖主日后原价赎回。

从上表可以看出,在19世纪初,上等水田的价格每亩可以达到40两以上,而到40年代不超过30两;一般水田的价格也由每亩30多两下降到20多两,甚至不到20两。40年代初的两例亩价超过40两的土地买卖均不典型,一个地块很小,且含已种水稻价。另一笔是高祖庙内首事、掌管银钱的张登礼自己将自己的田产卖作庙产,并声明将来"任凭登礼原价赎回,会内人等不得异言",其中情弊,明眼人不难看出。

在有漕粮的省份,地价下跌的情况更加严重。湖南善化(今长沙)"田主以办饷折漕为苦"①,"售田之户,百租得银五六百两,无受主,中下户苦之"②。也就是说,百亩之地价银只有五六百两,亩价只有五六两还没人买。

"当卖地的人很多,土地在市场上供过于求时,由于竞争的加剧,地价就会大幅度下落……地价的下落同样意味着土地兼并的加速进行和封建社会基本矛盾的激化。"③在鸦片战争以后,大批的"小户"不堪沉重的赋税,被迫出卖土地。"小户之脂膏已竭,苟有些恒产,悉售于大户。""……小户之田,或契卖,或寄粮,犹水之就下,急不可遏者。"④小户"以田易命,安问贵贱? 而有力殷户,往往以此大富"⑤。地产迅速地向大户集中,道光二十六年(1846),有人记载当时的土地占有情况,以常熟一县而论,"现在大户已将十分之九,小户不过十分之一"⑥。

赋由租出,在赋税不均严重加剧的时候,当然也会刺激地主阶级对于佃农的地租剥削。如"江苏田亩,业户收租以供赋,佃户耕种以还租,业佃所余,本属仅敷糊口。所谓富户者,商贾居多,不在田业之辈。近年以来,银价日昂,浮费日增,地方官无非取盈于业户,业户又势不能不责偿于佃户。业佃皆不聊生,以致官民交怨,业佃相仇,抗粮抗租、拒捕殴差之案,层见叠出"⑦。在这种情况下,当中小地主不堪负担,起来抗粮抗赋的时候,甚至也会得到佃农的支持,因为减少了地主的赋税负担,他们的地租负担也可以相应地得到减轻。如嘉

---

① 左宗棠:《上贺蔗农先生》(道光二十五年),《左宗棠全集》书信一,岳麓书社 1996 年版,第 48 页。
② 光绪《善化县志》卷 33,参见彭泽益《鸦片战后十年间银贵钱贱波动下的中国经济与阶级关系》,载《历史研究》1961 年第 6 期。
③ 胡如雷:《中国封建社会形态研究》,第 94 页。
④ 柯悟迟:《漏网喁鱼集》,中华书局 1959 年版,第 4、6 页。
⑤ 周天爵:《与刘次白书》,卷上,第 22 页。
⑥ 李概等:《李文恭公行述》,第 38—39 页。
⑦ 怡良、许乃钊奏(1854 年 8 月 20 日),《吴煦档案选编》第 6 辑,第 12—13 页。

定县的抗漕斗争就有不少佃农参加。吴煦分析道:"此辈并无田产,何有钱粮……近来抗粮恶习比比皆是,粮户固图拖欠,尚有顾身家而不敢妄为者;佃户尤所乐从,欲以抗粮为抗租之计。"[①]

总之,由于赋役的严重不均,加速了自耕农和中、小地主的破产,使得土地分配进一步向绅富豪强集中,也刺激了地主阶级对于农民的地租榨取,封建社会内部的矛盾日趋激化。在鸦片战争以后,加上银贵钱贱的推动,整个社会矛盾白热化了,终于导致了太平天国运动的爆发。

第二节　空前严重的财政危机

道光三十年十二月(1851 年 1 月),轰轰烈烈的太平天国运动终于爆发了。在汹涌而来的农民起义面前,清政府不仅需要动员大量的兵力,而且需要有大量的金钱。平时已经是捉襟见肘的清朝财政,自然无法应付浩大的镇压农民起义的开支,很快就陷入了空前严重的财政危机。

最初的三年

道光三十年十月,户部银库的储银只有 187 万两,也就是说,在农民起义风暴袭来的前夜,户部储银降到了鸦片战后的最低点。太平军自金田起义后,经过两年多的浴血奋战,发展成为拥有数十万人的大军,横扫广西、湖南、湖北、安徽、江苏六省,定都南京。起义军所过之处,民众纷起响应,反抗烈火遍燃各省。清王朝调动大军拼命镇压、围堵,但无济于事。在清王朝统治陷入危机之时,其财政也呈崩溃之势。仅道光三十年到咸丰二年(1852),广西、湖南、湖北、贵州和

---

① 《吴煦呈嘉定匪徒滋事节略》(1853 年 8 月),《吴煦档案选编》第 4 辑,江苏人民出版社 1983 年版,第 32 页。

江西就例外拨款达 1800 多万两,[1]到咸丰三年(1853)六月,根据户部奏报,"自广西用兵以来,奏拨军饷及各省截留筹解,已至二千九百六十三万余两,各省地丁、盐课以及关税、捐输,无不日形支绌。现在银库正项待支银,仅存二十二万七千余两"[2]。

在军费开支激增的同时,咸丰元年黄河在江苏丰县北岸大决口,加以运河溃决、地震冰雹,使江苏 55 厅州县和 6 个卫、山东 63 州县和 4 个卫受灾,[3]更使清朝的财政雪上加霜。丰北堤防工程的修建,仅户部例外拨款就达 450 万两。[4]

除了军费、河工等例外开支大量增加以外,由于战区和灾区的扩大,使得清政府的税源也大量地减少了。咸丰三年,户部在奏报三大财政收入田赋、盐课和关税的情况时说:"被兵省份,既已无可催征,而素称完善之区,如江苏则已请缓征,山东则早请留用,山陕、浙江皆办防堵,是地丁所入万难足额矣。扬州久被贼占,汉口疮痍未复,淮南全纲不可收拾,是盐课所入去其大椿矣。芜湖、九江、江宁、凤阳先后被扰,夔关、苏关商贩亦多裹足,甚至崇文门亦请尽收尽解,是关税所入仅存虚名矣。"[5]

出款日增、进款日少,使户部银库的存银也进一步减少了。咸丰二年,户部银库收入为 836.1 万两,支出为 1,026.8 万两;咸丰三年,收入仅 444.3 万两,支出却达 847.1 万两。仅两年时间,银库实际库存减少了 590 万多两。[6] 到咸丰三年六月间,户部存银仅 22.7 万两,连下个月的兵饷也发不出来了。[7]

---

① 见王庆云《石渠余纪》卷 3《直省出入岁余表》,第 148 页。

② 《文宗实录》卷 97,咸丰三年六月己丑。

③ 李文海等编:《近代中国灾荒纪年》,湖南教育出版社 1990 年版,第 112—116 页。

④ 王庆云:《石渠余纪》卷 3《直省出入岁余表》,第 148 页。

⑤ 祁寯藻等咸丰三年六月十六日奏,《中国近代货币史资料》第 1 辑上,第 175 页。

⑥ 彭泽益:《咸丰朝银库收支剖析》,载《十九世纪后半期的中国财政与经济》,第 72—84 页。

⑦ 《文宗实录》卷 97,咸丰三年六月己丑。

　　各省的情况也差不多。广西自不必说,邻近的湖南在战争第一年,财政即已无法支持,咸丰元年(1851)九月,仅存银 3 万余两,只够发放一个月的兵饷,要求户部紧急接济 30 万两。[①] 广东的情况也是如此,在大量拨款广西之后,"则广东目前军需毫无所出"。[②] 到咸丰二年,情况更加严重,广西前线的存银也岌岌可危,三月间仅存 20 余万两,而户部指拨的款饷却无法如数拨到广西,江苏"筹办正项经费,已属力尽筋疲",甘肃军需剩余银因"该省著名支绌,必已因公动用"。[③] 户部无以应付,干脆命令各省"不拘于何款内先行挪凑,飞速解往"[④]。但到六月份,据报大约总计奉拨的一千多万两中,约有 10% 未能运到,广西已是"罗掘殆尽","垫无可垫,支绌万分"。[⑤] 战争进入第三年以后,太平军席卷两湖、江西、安徽、江苏,占领南京,清政府不仅军费开支进一步增加,而且大量饷银被太平军截获和夺取,财政状况恶化至于极点。原拨湖广 100 万两,有 70 多万两为太平军夺取,续拨的 200 万两除户部所拨 100 万两以外,余 70 万两"系属虚悬"。"未到之饷,多为寇资;续拨之饷,半归无著",以致湖南藩库"已支用无存",湖北"有停兵待饷之患"。[⑥] 安徽省城安庆失守,"所有帑项、存款、军装、器械、火药、铅弹被抢一空"[⑦],

①　湖广总督程矞采等咸丰元年九月二十五日奏。中国第一历史档案馆编:《清政府镇压太平天国档案史料》第 2 册,光明日报出版社 1990 年版,第 428 页。

②　两广总督徐广缙等咸丰元年十一月初九日奏,同上,第 500—501 页。

③　广西巡抚邹鸣鹤咸丰二年三月初七日奏,中国第一历史档案馆编:《清政府镇压太平天国档案史料》第 3 册,社会科学文献出版社 1992 年版,第 75 页(以下各册同此版期者,不另注)。

④　户部咸丰二年三月十九日奏,同上,第 108 页。

⑤　广西巡抚劳崇光咸丰二年六月初八日奏片,同上,第 383 页。

⑥　湖广总督张亮基咸丰三年正月初六日奏,《清政府镇压太平天国档案史料》第 4 册,第 357—358 页。太平军攻克湖北武昌所获,据简又文考订,藩库 70 余万,粮储道 10 余万,合盐道、府、县总计约百万(《太平天国全史》上册,第 455 页)。另据黄辅臣记载,1852 年冬间,户部起解的一百六七十万两被劫去一百二三十万两(近代史资料增刊《太平天国资料》,第 54 页)。

⑦　安徽巡抚周天爵咸丰三年二月初七日奏,《清政府镇压太平天国档案史料》第 5 册,第 105 页。

合计共"藩库饷银三十余万两,总局饷银四万余两,制钱四万余千,府仓米一万余石,太湖仓米二万余石及常平仓谷"①。

经过太平军的沉重打击,清王朝的财政收支严重入不敷出,解协饷制度陷于瓦解,整个财政陷于崩溃的境地。

咸丰三年至八年

在太平军起义最初的三年中,清政府最主要的财政补救措施是开捐输报效事例、向绅民贷款等,自咸丰三年(1853)以后,清政府又采取了征收厘金、铸发大钱钞票以及就地筹饷等措施,虽然使财政得以勉强维持下来,但是并没有摆脱危机的窘境。

从户部银库收支来看,仍未改变支大于收的局面。咸丰六年太平军连破江南、江北大营,继而发生"天京事变",清朝中央与地方财政收支格局相应变化,②军事开支压力略有减轻,加以厘金推广初见成效,户部储银才有所回升。③ 三年至八年,户部银库所存实银数如下表:

表 3-3　咸丰三年至八年户部银库结存实银数　　　单位:两

年度	旧管	新收	开除	实在
咸丰三年	5,415,246	4,753,397	8,471,746	1,696,897
咸丰四年	1,696,897	4,996,127	8,031,109	1,662,006

---

① 《向荣奏稿》卷2,《太平天国》资料丛刊(七),第59页。

② 清朝实行高度的财政中央集权,在理论上不允许有地方财政的存在,因为所有地方经收的款项都必须上报户部,地方政府只能根据有关的则例动用经常经费,非经中央同意,不得额外支出;存留款项由中央直接拨用。但太平天国以后,情况有了变化。所以我在此用了"中央财政"一词,以与地方督抚控制的收入相区别。这个问题我们在下面还要详细讨论。

③ 本书此目原引彭泽益《咸丰朝银库收支分析》引用的户部左侍郎卓保同治四年三月十三日奏折清单,邵义《咸丰朝户部银库实银收支数质疑》(《历史研究》2012年第4期)对卓保清单提出一系列疑问,可以说明该清单并不是报告户部银库的情况。

续表

年度	旧管	新收	开除	实在
咸丰五年	1,662,006	3,067,774	3,233,178	1,496,602
咸丰六年	1,496,602	2,669,663	2,704,989	1,461,276
咸丰七年	1,461,275	(3,338,027)	(2,883,447)	(1,915,855)
咸丰八年	(1,915,855)	(3,516,483)	3,061,904	2,370,434

资料来源:据廖文辉《咸丰时期户部银库实银收支问题再研究》(《近代史研究》2017 年第 1 期)。咸丰七、八年户部银库新收和开除数据缺漏,根据六、八两年开除与库存平均数测算。

各省的财政情况也有所变化。从咸丰三年(1853)以后,太平军北伐、西征,山东、河北被扰,长江中下游一带战事不断,广东、福建相继发生天地会起义,安徽、河南捻军起义,这些地区的财政收入都受到了严重的影响。在内地,山西、陕西和四川省受战争波及较小,成为清政府首先加税搜刮的对象。如四川"自粤楚军兴以来,外省协济分厘未到,而迭奉部拨……不但库储空虚,即民力亦难为继"[1]。其次,在咸丰三年以前,清政府是倾举国财力注于广西一省,而到咸丰三年以后,随着战区的扩大,各省自顾不暇,在财政上已不可能相互支持了。最后,军费开支虽然成为各省财政最主要的支出,但仍然无法应付,积欠军饷相当严重。咸丰七年胡林翼奏报,湖北仅都兴阿、李续宾、杨载福三部积欠兵饷达五六个月,总额达 80 余万两,诸军"糜粥度日",桐城之兵竟至"因饥而溃"。[2]

---

[1]　四川总督裕瑞咸丰四年三月二十七日奏,《清政府镇压太平天国档案史料》第 13 册,第 442 页。

[2]　胡林翼:《请饬催各省应解湖北月饷片》(咸丰七年三月十三日),《胡林翼集》(一)奏疏,第 244 页。

咸丰八年至同治三年

咸丰八年(1858)以后的两年,清政府的财政危机又进入了一个新的阶段。咸丰七年四月石达开率部 10 万出走,进入湖南以后,东奔西突,牵制了大批清军,大大增加了清政府的防堵开支。接着是第二次鸦片战争的战火烧到了京畿地区,京师沦陷,咸丰皇帝逃往热河,军费陡增而外,还增加了一大笔战争赔款。在这期间,太平军在南方的军事形势也逐渐好转,到同治九年(1860)第二次大破江南大营,随后进军江浙财赋之区,对于清王朝的财政危机更是雪上加霜。几乎是内地唯一偏安地区的四川也由于李蓝起义的爆发而处于风雨飘摇之中,原来是清朝财政的收入大户,现在也成了支出乃至各省协济的大户。欠饷严重的地方,"兵勇求一饱而不得,夏摘南瓜,冬挖野菜,形同乞丐"[①],进攻天京的主力曾国荃的老营三万人,欠饷竟高达200 万。[②] 清军因欠饷哄闹乃至兵变的事情屡屡发生。饥兵哗变又与地方积谷严重不足有着密切关系。太平军起义的第一年,各地上报清政府的积谷还有 2,700 多万石,到咸丰八年,锐减到 1,100 万石,而到同治年间,上报的积谷只有 300 万石左右了。[③]

就财政收入而言,在咸丰八年以后,铸发大钱、钞票的收入基本上丧失殆尽。大钱除当十铜钱以外全部停铸,钞票也由于户部钞票案的发生而停止发行。至于江浙、四川等财赋之区的丧失,自然更不在话下。在这一时期,能使清朝财政得以维持下来的重要因素主要有三个:一是厘金关卡的大量增加;二是鸦片税的征收;三是通商口岸的增辟和海关税务司制度的推广,海关税收入大幅提高。

---

① 席裕福、沈师徐辑:《皇朝政典类纂》卷 19,第 4 页。

② 曾国荃函,太平天国历史博物馆编《清咸同年间名人函札》,档案出版社 1992 年版,第42 页。

③ [日]百濑弘著,郑永昌译:《清朝的财政经济政策》,载《财政与近代历史》下册,中研院近代史研究所 1999 年印。

到同治三年(1864)清军攻克天京以后,虽然战事还在继续,但是整个说来,清政府终于渡过了长达十余年的财政危机,逐渐稳定下来。

内府的财政危机情况

太平天国时期清政府的财政危机还明显地反映在皇室宫廷财政上面。在太平军兴起之初,内务府还曾拨出数百万两支持外府,但到咸丰二年(1852),内务府的财政情况已窘迫不堪,遂订出捐纳四项条款,出卖内务府的官职。到咸丰三年九月间,又订出加捐职衔章程十一条。[①] 十一月间,内务府再熔化大金钟三口,制成五两、十两、十五两重金条共 8,503 块,共重 27,030 两。[②] 咸丰四年十月,广储司银库只存现银 1,300 余两,"折放一年有余,欠发各款日见积压"[③]。截止咸丰五年六月,仅各省应解参斤变价银一项,拖欠即达 803,894 两。[④]粤海关每年应解内府的 30 万两白银因为第二次鸦片战争爆发,从咸丰六年九月间粤海关停征,一年有余分文未解,致内府每年进账仅七八万两,而每年的实际开支应在 40 余万两。因此,到咸丰七年,内务府不得不上奏,请户部先拨十万两以解燃眉。[⑤] 咸丰八年七月间,内务府以"外解之项日少一日",又不得不要求户部,"如论何项,设法腾挪",每年拨给三十万两。[⑥] 粤海关复关以后,因贸易清淡,征收无起色,每年也不过报解几万两银,向户部借款应急的事情仍时有发生。这表明清政府至太平天国时期,内府与外府已经同样地深深地卷入了危机之中了。

---

① 《清代档案史料丛编》第 1 辑,中华书局 1978 年版,第 22 页。
② 同上,第 26—27 页。
③ 同上,第 36 页。
④ 同上,第 40—46 页。
⑤ 同上,第 59—60 页。
⑥ 同上,第 65—66 页。

战 时 军 费 支 出 的 总 估 计

从道光三十年(1850)底太平军在金田起义开始,到同治十二年(1873)西北回民起义最后被镇压,中国经历了长达近 24 年的内战。在这期间,清政府究竟支出了多少镇压军费,这恐怕已经永远弄不清楚了。在这里,我们只能作一个大概估计。

刘锦藻曾估计,"发捻之役,耗至二万余百万"[①]。20 世纪 30 年代,日人松井义夫在《清朝经费的研究》[②]中估计为 20,630 万两。这些估计显然偏低。近年,彭泽益先生通过对清代咸同年间有关军需奏销案材料进行了整理研究,按照实际奏销军费数,编成《清军镇压农民大起义军费奏销数总计表》如下:

表 3-4 清政府镇压农民大起义军费奏销数总计表

项　　目	银　　两	百分比(%)
镇压太平军部分	170,604,104	40.4
镇压捻军部分	31,730,767	7.5
镇压西北回民起义部分	118,887,653	28.2
镇压西南各族人民起义部分	78,736,500	18.6
镇压两粤闽台各族人民部分	22,336,935	5.3
合　　计	422,295,959	100.0

资料来源:《中国社会科学院经济研究所集刊》第 3 集。

彭先生指出,"上表所列四亿二千二百多万两军费支出,远不是完备的,但却是可信的,因为它是现在有案可稽的奏销数字"。同时,彭先生又考虑到奏销的缺漏部分和不入奏销的各种支出,"最低估计

---

① 《清朝续文献通考》卷 74 考 8309。
② 载《满铁调查月报》卷 15 第 1 期。

当不会少于现有军费数的一倍,约在八亿五千万两"。

这个估计大大超过了松井义夫的数字,从战争结束后清朝财政收入的规模来看彭先生的估计大体上是可信的。问题在于上面的统计表。因为早在光绪年间,《湘军志》的作者王闿运就对清朝政府镇压太平军和捻军的军费进行了研究。根据他的统计,清政府镇压太平军共支出银 2.8 亿余万两,票 760 余万两,钱 818 万贯;镇压捻军支出银 10,790 余万两,钱 900 万贯,票 700 万两。[1] 显然,王闿运在研究这个问题时,比彭先生看到了更多的档案材料,他的统计数字也自然更为可靠。宓汝成先生简单地根据彭泽益先生的统计,把镇压太平军的军费翻一番,估计为 34,000 余万两,[2]则更为不妥,因为如依同样的办法来推算镇压捻军的军费,只有 6,346 万两,而王闿运统计的镇压捻军的开支是彭先生的数字的三倍多。王闿运的这个统计数字包括了银票和铜钱的支出数,这也为研究清政府实行通货膨胀政策对镇压太平天国运动的直接作用提供了参考数据。将王闿运的统计数与彭泽益先生的总计表取长补短,清军镇压太平天国运动的军费支出大致如下(银票按面值计,钱按 2000 文合银 1 两计):

表 3-5　清政府镇压农民起义奏销数总计修正表

项　　目	银　　两	百分比(%)
镇压太平军部分	291,690,000	46.3
镇压捻军部分	119,250,000	18.9
镇压西北回民起义部分	118,887,653	18.8

[1] 王闿运:《湘绮楼日记》光绪四年十月二十四日,岳麓书社 1997 年版,第 2 册,第 698 页;参见邓之诚《中华二千年史》卷五,第 578 页。1983 年作者拜访彭泽益先生时,曾与他谈及王的这个统计,彭先生十分坦率地说,他没有看到王的这个统计数字。但他说,王当时直接接触了湘军的档案,看到的材料肯定要比中国社会科学院经济所的钞档要多得多,应该是可信的。

[2] 宓汝成:《清政府筹措镇压太平天国的军费及其后果》,载《太平天国学刊》第 1 辑,中华书局 1983 年版。

续表

项　　目	银　　两	百分比(%)
镇压西南各族人民部分	78,736,500	12.5
镇压两粤闽台各族人民部分	22,336,935	3.5
合　　计	630,901,088	100.0

这个数字虽然仍不完善,但仍是可信的。因为它不仅依据了有案可稽的奏销数字,而且吸收了前人研究的比较可靠的成果,它更为接近彭先生所估计的8.5亿两的数字。

第三节　财政搜刮措施的出台及其恶果

当太平天国运动风暴袭来之时,清王朝的财政已经不支。因此,不到一年时间,清王朝就出台了一系列搜刮措施。大体说来,在最初,清政府还想恪守祖制,不敢轻易更张。因此,前三年间出台的搜刮措施大都琐细不堪,而到咸丰三年(1853)以后,便出台了如厘金、铸发大钱钞票、开征鸦片税等等,对于以后的财政经济产生了极为严重的影响。

捐　　借

捐　输

在清代前期,遇有军国大事,财政不足的弥补办法主要是捐输。捐输分常例捐输和暂例捐输两种。常例捐输按"现行事例"办理,随时都可报捐。暂例捐输按"暂行事例"办理,因国家财政的紧急需要临时开捐,条件要比"现行事例"优厚,但规定时限,可以在较短时间内吸引大量捐输款项。因此,当南天烽火燃起之后,户部首先想到的是开捐输,也就是开暂例捐输,俗称"大捐"。道光三十年十一月

（1850 年 12 月），户部奏请开捐输事例，咸丰帝允准后，又觉不妥，请户部暂缓行文。[①] 但广东、广西和湖南前线财政早已不支，分别开捐。次年九月，咸丰帝不得不同意户部的奏请，行文各省开新定筹饷事例，由户部统一经收，停止三省已办捐输。广东自道光三十年十二月（1851 年 1 月）开捐，次年十月停止，已收银 41 万余两。[②] 到咸丰二年（1852）二月，又以"停捐有碍军饷"为由，奏准仍照原议捐输章程"妥为办理"[③]。但广东及广西、湖南捐例均系援照道光二十八年顺天捐输章程办理，条件远不如新定筹饷事例，因此捐款实际上主要仍集中在户部。到十月间，户部进而推出筹款二十三条，给予官员捐输以特别优惠的条件，如准许宗室捐输，翰詹科道准捐外任，捐封品级可以不限服制，准捐品秩也可以相应提高等等。[④] 咸丰元年户部的捐纳收入为 1,110,385 两，二年猛增到 3,135,861 两，占当年户部银库收入的 37.5%。而到咸丰三年三月，为刺激绅民捐输，清政府又将山西、陕西采用的加中学额的劝捐办法，推行各省，规定凡绅士商民捐资备饷一省至 10 万两者，准广该省文武乡试中额 1 名；一厅州县捐至 2,000 两者，准广该处文武试学额各 1 名。如应广之额浮于原额，即递行推展。倘捐数较多，展至数次犹有赢余者，准其于奏请时，声明分别酌加永远定额。[⑤] 同时，因部拨款项缓不济急，户部同意"此后各处官生有愿报捐官职者，无论银两、钱文、米石，均准赴粮台交纳，照筹饷及常例银数酌减十分之二，以抵其运解之费"[⑥]。但这个被认为是"最为核实"的财源也已经是强弩之末，这些刺激并未收到实效，

---

① 管理户部卓秉恬密折，《中国近代货币史资料》第 1 辑上册，第 171 页。
② 徐广缙等咸丰元年十一月初九日奏，《清政府镇压太平天国档案史料》第 2 册，第 500 页。
③ 咸丰二年二月十九日寄谕，《清政府镇压太平天国档案史料》第 3 册，第 49 页。
④ 参见《清政府镇压太平天国档案史料》第 4 册，第 62—70 页。
⑤ 裕诚等咸丰三年三月二十三日奏，《清政府镇压太平天国档案史料》第 6 册，第 122 页。
⑥ 大学士[裕诚]等咸丰三年三月二十三日奏，同上，第 125 页。

咸丰三年户部的捐纳收入锐减到672,611两。[①]

捐输名义上为自愿,实际也往往充满了勒派等弊端。"有中人之产,因恐捏捐勒出重赀者;有素封之家,因私贿贪,脱身事外者;有捐数应得优叙,而掯索多费始行详报者;有棍徒不名一钱,而勾串官吏,假托滥竽者。"[②]

报效本来也是清代弥补财政亏空的一个重要手段,其本意是臣民自愿向国家无偿地提供财物。因此,它不像捐输那样,国家要封赠职衔等名器,捐输人可以由这些职衔享受相应的特权。报效名义上是自愿,通常是勒索而来的,而勒索的对象主要是国家的特许商人如盐商、行商等。鸦片战争以后,行商制度废除,盐商衰落,尤其是太平军的起义扰乱了食盐销场,使得食盐大量积压,盐商大批破产。所以,过去主要是来自行商和盐商的报效,到太平天国时期寥寥无几了。

举借内外债

借债,是一种民事经济契约行为,是债权人与债务人之间权利与义务的一种交换。这种交换关系的发展,既取决于社会经济关系的状况,也受到各种社会关系的制约。国主向臣民举借内债,是一种富有社会政治意义的经济行为,同时也反映了社会关系的巨大变迁。

中国封建政府举借内债,可以追溯到周代。相传周赧王"债台高筑",就是为了逃避对臣民的债务。但综观中国古代历史,封建政府向臣民举债是极少数的例外情况。让臣民取得对君主的债权人地

---

① 罗玉东:《中国厘金史》,第9页。罗玉东的数据只是户部的收入数,而不是全国实际报捐的数目。如咸丰二年二月至咸丰三年正月止,"官捐备饷银两,除在京王公大小官员节次捐输数目……外,统计各省督抚将军以及所属文武官员,先后共捐银1,290,553两,并陆续报收绅商士民捐银4,247,916两,钱43,000串"(管理户部祁寯藻咸丰三年正月二十六日奏,《清政府镇压太平天国档案史料》第4册,第580—581页)。而在他的统计表中,咸丰二年的捐输收入仅为300多万两。

② 军机处录副:御史张炜咸丰元年十月二十八日奏。

位,是与封建专制的等级社会格格不入的。周赧王向臣民举债时,他的天子地位已名存实亡,与诸侯家人无异。[①] 汉朝和宋朝时有向王公百官假租、假职田等事例,但没有偿还的记载。141 年汉顺帝"诏假民有赀者户钱一千"[②],1071 年宋王朝"以军兴贷河东民钱"[③],是极其偶然的情况。为了维持帝王的尊严,避免对臣民处于债务人的尴尬地位,历代王朝宁愿采用卖官鬻爵、增加捐税和勒索报效等办法来应付财政上的紧急需要和弥补亏空。国家公债发行在社会关系上的这种桎梏在清末是逐渐被突破的。

　　近代的内债还有赖于社会经济组织的成熟。明清时代,民间专业货币金融机构开始发展起来。钱庄出现于明代,繁荣于清代,从事兑换银钱、存放款项和本埠结算业务。专业经营埠际汇兑业务的票号直到道光初年才出现,之后由山西发展到全国各大城市。鸦片战争以后,就出现了清朝地方政府向民间金融机构借款的现象。

　　早在鸦片战争以前,即有广东地方政府举借内债的记录:"在公行时代,广州当地官员向公行商人借款已是司空见惯之事。"[④]但多为官员的私人借款。在内地,官员上京、上任筹措旅资,向钱商典商借款也是常有的事情。到鸦片战争以后,广东财政更加困难,更是屡向商人借款。"自道光二十二年(1842)办理夷务以后……藩库度支每绌……向西商(山西票商)贷用,旋借旋还……无案可稽。"[⑤]自咸丰四年(1854)以后,"广东拨解京饷,多由藩、运二库出具借帖,由各银号汇兑,各库收有饷课,陆续给还"[⑥]。因此我们可以推

①　《通志》卷 3 下,周。

②　《后汉书》卷 6《顺帝纪》。

③　李焘:《续资治通鉴长编》卷 219,神宗。

④　[英]魏尔特:《赫德与中国海关》第 363 页,转引自《中国清代外债史资料》,中国金融出版社 1991 年版,第 32 页。

⑤　《东粤藩储考》卷 12 页 55,转引自张国辉《晚清钱庄和票号研究》,中华书局 1989 年版,第 93 页。

⑥　郭嵩焘:《奉拨京饷酌筹解部情形片》,《郭侍郎奏疏》卷 9。

断,近代内债当起源于广东。

咸丰三年(1853),清政府在财政极度困难的情况下,再一次下令向山西票商借款。咸丰三年六月初五日左副都御史周祖培奏道:"臣闻山西富商在京师开设账行,数十年于兹,乃于本年春间,因湖北、江南贼匪不靖,忽尔歇业西去,收回现银不下数千万两,逆匪闻知,未必不垂涎于此。启戎心而资盗粮,此商人等之蠢愚无知也。若蒙皇上明颁谕旨……暂时与之挪借,以助国用……俟军务既毕,仍分年按数赏还……在该商既可仰沐恩施,而又赀本并无亏损,且可免盗贼蹂躏之虞,未必不乐于从事也。"既想借用西商的钱用,又以代保赀本,让西商"仰沐恩施"的幌子作为遮羞布,大臣要皇上向臣民借钱用,总是羞羞答答的。周祖培还建议向"山西富商,并陕西、四川、广东等省富厚之家,一体设法挪借"。咸丰帝当日即寄谕上述各省督抚,向士绅商民等募借,"给予藩司印照,填写借用银数,俟军务告竣,即行如数发还"。① 到月底,御史宋延春进一步提出:"令其自行呈明成本多寡,每家认借若干,无论数万两以至数十万两,均由户部发给堂印官票,并准酌量加给息银。一俟军务完竣,即行照数发还。"②这样,清政府终于承认要按照商人规矩,借钱付息,写下债据,但又没有放下官家的派头,还要贷款人自呈本钱,依本钱多寡强行摊派借款数额自然是题中应有之义了。由国家政权向金融机构借款,付给利息,并发行正式的债票,似乎已具有近代国家公债的形式。但是,强行摊派、所募集的钱财都用于镇压民众起义,在性质上仍属于封建性的财政搜刮措施。何况,笔者还没有发现这些借款成立的确切记载,更没有找到后来偿还借款的记录。③

① 《清政府镇压太平天国档案史料》第 7 册,第 483—484 页。
② 引自《山西票号史料》,山西经济出版社 1990 年版,第 57 页。
③ 黄鉴晖先生说:"这次借款进展如何,现在还不清楚。如果实际有借款,那也怕是不久就还了,因为事后没有见到票号账局商人追述这次借款的事。"[《山西票号史》(修订本),山西经济出版社 2002 年版,第 192 页]

在咸丰四年(1854),清政府还推出了一种与捐输相结合的借款办法,称为"捐借"。初由王庆云行于陕西,据说"颇著成效",自咸丰七年谕令江苏、浙江仿行,捐数多至"一万、数万以至十万两者,自应分别等差,逾格施恩,或赏给盐运使衔,或赏给副将衔,或加衔之外,另赏花翎,或赏给举人,一体会试,均准该督抚等酌量请旨"。不愿请奖者,即发给印照(借据),自第二年起分年给还。[1] 当年上海官府就向绅商举借饷银 20 万两,发给"印帖为凭"。此外,据彭泽益先生研究,江西、山东、甘肃、山西等省都曾进行过捐借。战后大都援筹饷例处理,由绅民奏请给奖,或照章加广本省学额。[2]

中国近代的外债始于太平天国时期。第一笔外债是由苏松太道吴健彰举借的。咸丰三年,清政府为了扑灭上海小刀会起义,雇用洋船由黄浦江面进攻上海县城,价款由洋商垫借,数目不详,仅咸丰五、六两年由江海关洋税中扣还的银数即达 127,628 两。[3] 另据统计,咸丰十一年到同治四年(1865)间,江苏、福建、广东等省先后举借外债 12 笔,共 1,878,620 两,利息率低者年息八厘,高者达一分五厘,用于镇压太平天国运动。[4]

预征钱粮和钱粮津贴

咸丰三年十月,清政府在财政万分危急的情况下,又下令山西、陕西、四川三省预先借征咸丰四年钱粮,定于咸丰四年春间全部征完;秋季借征咸丰五年钱粮,以后照此递年预征,直到军务完毕为

---

[1] 《文宗实录》卷 222,咸丰七年三月癸酉。

[2] 彭泽益:《十九世纪五十至七十年代清朝财政危机和财政搜刮的加剧》,《十九世纪后半期的中国财政与经济》,第 151 页。

[3] 中国人民银行参事室:《中国清代外债史资料》,第 3 页。咸丰五年扣还 71,342.532两,咸丰六年扣还 56,385.878 两。彭泽益记为 127,788 两,彭泽益前书第 152 页。

[4] 徐义生:《中国近代外债史统计资料》,中华书局 1962 年版,第 2 页。

止。① 次年正月,四川省以举办钱粮津贴,停办借征。

四川的钱粮津贴,始自嘉庆五年(1760),"白莲教起,饷糈无出,部议由川省按地丁照一倍完纳,以供支用",名曰"津贴"。② 咸丰二年,四川开始重新举办,咸丰四年正月,川督裕瑞上奏,"体察川省民情,惟有仿照成案,劝谕绅民按粮津贴,请免借征",得到批准。

四川省的钱粮津贴情况据同治二年骆秉章奏,情况如下:

> 查川省自咸丰二年起,③陆续举办按粮津贴、各项捐输,至今已逾十载。津贴每有带征、缓征、免征之分,捐输亦有按粮、普律、官民之别,案牍丛杂,头绪纷繁,非若额征钱粮年清年款可以按册而稽。④

津贴的数额"按条银一两,征津贴库平库色银一两,于开征时,随粮交纳"⑤。所谓库色,是一种理论上的百分之百纯银成色,如九七色每百两要加银三两,九八色每百两加银二两,依此类推。与正供钱粮不同的是,按粮津贴的征收费用不另行摊征,而在所收津贴中按百分之一留支,距省遥远的地方酌留百分之二。按粮津贴本为战时临时的筹款措施,但终清一代未能废止,且弊端日滋。咸丰五年(1855),时任四川总督的黄宗汉写道:

> 川省吏治,坏不可言,百姓不见天日矣。津贴则县县发财,全省成书差鱼肉百姓世界,耳不忍闻,目不忍见之事,至今开眼。⑥

---

① 《文宗实录》卷110,咸丰三年十月戊戌,据该旨称:"比年内外筹拨军需不下四千余万两,内府所积,随请随发,不惜巨款。"
② 《四川款目说明书·地丁说明书附火耗》。
③ 按粮津贴的重新施行的年代,佚名《四川财政考·津贴考》称"始自咸丰四年",骆秉章到任四川,离举办年代较近,所讲的年代应有所据。
④ 《清代四川财政史料》上册,四川省社会科学院出版社1984年版,第307页。
⑤ 同上,第308页。
⑥ 《何桂清等书札》,江苏人民出版社1981年版,第144页。

光绪元年(1875)薛福成曾抨击道：

> 若夫厘金之外，又有厉民之政，则莫如四川"津贴"一项……其公私杂费与一切陋规，莫不按亩加派，名曰"津贴"。迁流日久，变本加厉，取之无艺，用之愈奢。凡州县供应上司之差，小者千金，大者逾万。综计民力所出，逾于正赋之额，几有十倍不止。①

在太平天国时期，四川还推行按粮捐输。四川布政使祥奎"因军饷支绌，又于津贴之外，每两加派银五两，名为按亩捐输"②。同治初因亩捐而被参撤。但因财政支绌，于同治二年改换名目为"按粮捐输"，"计粮额之多寡，定捐数之等差"③，一直延续到清末。具体征解方法如下：

> 其征解之法，量民力，较岁丰欠，预算一定之总额，分配于各属，区别等级，定期纳付。其边瘠之峨边、城口、松潘、理番、越西、茂州、天全、会理、石泉、大宁、高县、筠连、珙县、兴文、荥经、芦山、清溪、冕宁、盐源、汶川、马边、雷波、巫山二十三厅、州、县不认捐。余悉按粮征之，为数一百八十余万，视地丁过二倍以上。先一年，由藩司参照前二年之定额，详请制府援案奏明，照所定额摊分于属邑，檄饬地方官征解。各属奉文后，集绅议以摊数，分配粮户，视捐额之多寡，定税率之轻重。初非齐一，有每粮一两收捐二三两者，亦有仅收八九钱者。皆自载粮八分以上起摊。其有业当粮存，明佃暗当，利归管业者，由新管之人认捐。遇有水旱偏灾，量予减免，仍核计其数，转摊于丰裕之州县。又以需用孔亟，定章于年前预解半数，即年征齐解司。其预解之

---

① 薛福成：《谨上治平六策疏》，《皇朝道咸同光奏议》卷 1，第 26 页。
② 骆秉章：《择尤参劾以图整顿川省吏治营务片》，葛士浚编《皇朝经世文续编》卷 19。
③ 《清代四川财政史料》上册，第 314 页。

款,绅富垫出之,于收入时归完。有解迟者,则委员守提。有征无道,亦可谓严矣。[①]

四川的按粮津贴、按粮捐输"其法殆近于压制之国债,惟不偿还耳"[②]。这些捐款,都是摊征于农业税,使四川省成为近代农业负担增加最快的一个省份。清末筹办川汉铁路的租股,也是采用类似的摊派方法。这说明在太平天国时期的筹款方式已经形成为当地的一种财政习惯。这种筹款方式对于地主经济来说,当然不利。"川省富民,无不广置田产",拥有大量土地的地主总是交纳津贴、捐输的大户。虽然清政府声称按粮捐输是"停亩捐而办绅捐","中下小户深以未经摊派皆大欢喜"。[③] 但对于大批的占有 4 亩以上耕地的佃农和自耕农来说,实际上也无法避免这种摊捐。根据四川新都县档案史料组编的《清代地契史料》中同治年间 16 件载有粮额的地契来看,只有四分之一的地契粮额在 8 分以下,土地面积在 4 亩以下,这样狭小的耕地面积显然是无法赖以维持生存的,[④]情况有如下表:

表 3-6　同治时期四川新都县的若干地契史料

序	姓　名	面积(亩)	土地性质	粮额(两)	亩价(两)	年代	总价(两)
1	冉王氏	2	水	0.01		1869	87
2	温曾氏	0.99	水	0.02	44	1869	43.6
3	胡尚书	1.4	水	0.03		1870	59.4
4	温永春	3.65	水	0.06	50	1871	180.73
5	黄张氏	4.12	水	0.08	52.53	1873	216.87

① 佚名:《四川财政考·捐输考》,转引自《清代四川财政史料》上册,第 320 页。
② 同上,第 312 页。
③ 《清代四川财政史料》上册,第 313 页。
④ 根据珀金斯估计,咸丰年间四川的平均亩产量仅为 265—320 斤(见珀金斯《中国农业的发展(1368—1968)》,上海译文出版社 1984 年版,第 20 页)。4 亩耕地年产 1,000—1,200 斤,以五口之家计算,人均口粮只有 200—240 斤左右。

续表

序	姓　名	面积(亩)	土地性质	粮额(两)	亩价(两)	年代	总价(两)
6	庄炳南	4	水	0.09		1871	171.8
7	吕凤安	8	水、旱、房	0.12		1863	164
8	韦星发	10	水、旱、沟	0.14		1869	418
9	赖庆佑	7.16	水	0.15	42.6	1869	305.15
10	黄益贞	8.91	水、沟	0.18	41.98	1874	374.23
11	温袁氏	7.16	水、房	0.21	47	1863	336.7
12	黄赖氏	15	水、房	0.28		1874	828.4
13	温兴隆	1.62	水	0.32		1868	78.04
14	黄廷万	18	水、房、园	0.38		1864	882
15	郭寿廷	28	水、房、园	0.64		1870	154
16	黎书简	40	水、房、园	0.84		1870	2180

资料来源:《清代地契史料》,第23—37页。

按粮捐输与一般由捐输人本人及其亲属得到封典、功名和官职的情况不同,而是清政府通过增广全省学额的办法给予回报。[①] 这种办法自然使四川人增加了取得功名、进入仕途的机会。根据张仲礼先生的研究,四川省在太平天国后的永广学额数达544人,仅次于江西省。[②]

---

① 《泸县志》卷3《食货志·赋税》、《续修涪州志》记载:"一应州县捐至二千两者,准广文武试学额一名。"(转引自胡汉生《四川近代史事三考》,重庆出版社1988年版,第86页)依此推算,如果足额征收粮捐180万两的话,四川省的试学额每届可增900人。但清政府规定的章程是"凡一厅一州一县捐银四千两者,准加一次学额一名;二万两者,准加永远学额一名"。上述两个地方志所记载的可能是太平天国战争期间四川当局的临时筹款措施。各省绅民对于加广学额一般来说是比较重视的,湖南省因地方官疲惫,没有按捐款数及时奏请加广学额,"民间几疑捐输奖叙之典为虚文",在咸丰七年引起了抗议。(参见《文宗实录》卷223,咸丰七年四月壬辰)

② 张仲礼:《中国绅士》,上海社会科学出版社1991年版,第86页。

此外，雷以諴在江北也办过亩捐，截至咸丰六年，共收解钱达30.2万串，①按土地肥瘠，每亩抽捐 20 文至 80 文不等。② 同治二年(1863)，苏州亩捐 4 斗，三年又实行租捐，收租 1 石，捐钱 800 余文。③广东也是"按亩派捐，事同加赋"④。安徽、湖南也有按亩起捐的记载。云南、贵州两省举办的厘谷，实际上也是按亩派捐的一种形式。⑤

创办厘金

咸丰三年(1853)八月，江南大营帮办军务雷以諴军饷告竭，与已革扬州知府张廷瑞合计，在扬州开征厘金。⑥ 其开征情况于咸丰四年三月十八日奏报如下：

> 臣昼夜思维，求其无损于民，有益于饷，并可经久而便民者，则莫若各行商贾捐厘一法。因里下河为产米之区，米多价贱，曾饬委员于附近扬城之仙女庙、邵伯、宜陵、张网沟各镇，略仿前总督林则徐一文愿之法，劝谕米行捐厘助饷。每米一石捐钱五十文，计一升仅捐半文，于民生毫无关碍，而聚之则多。计自去岁九月至今，只此数镇米行，几捐至二万贯，既不扰民，又不累商，数月以来，商民相安，如同无事……况名为行铺捐厘，其实仍出自买客，断不因一二文之细，争价值之低昂……

① 《文宗实录》卷 224，咸丰七年四月癸卯。

② 乔松年：《遵旨查办亩捐片》，《乔勤恪公奏议》卷 1，第 14 页。

③ 席裕福、沈师徐辑：《皇朝政典类纂》卷 29，第 8 页。

④ 郭嵩焘：《郭侍郎奏疏》卷 4 页 57—58；卷 5，第 61 页。

⑤ 参见彭泽益《十九世纪五十至七十年代清朝财政危机和财政搜刮的加剧》，《十九世纪后半期的中国财政与经济》，第 161—162 页。

⑥ 雷以諴在同治年间致函曾国藩说："侧念金陵军需浩大，支度维艰，若非取用厘金，更不知作何罗掘。始创厘议，曾与江北之故员张守廷瑞同筹，实出于不得已之公衷。"(陶湘编：《昭代名人尺牍续集》卷 9，第 7—10 页)有关雷以諴采纳幕僚钱江建议创办厘金的说法，根据笔者考订，并无根据，参见拙文《关于清代厘金创始的考订》(《清史研究》2006 年第 3 期)。

……现在复将此法推之里下河各州县米行并各大行铺户，一律照捐。大约每百分仅捐一分，甚有不及一分者，令各州县会同委员斟酌妥议，禀明出示起捐。其小铺户及手艺人等概行免捐，以示体恤。现在仙女庙各行铺户均已议妥，业于三月初十日起捐，并将该镇所立章程刊刻刷印，发交各州县照办。俟里下河各处劝齐起捐后究竟可以收捐若干，自应随时据实奏闻……

……其实臣捐厘之处，仅止扬通两属，其余大江南北各府州县未经劝办者尚多。如果江苏督抚及河臣各就防堵地方，分委廉明公正之员，会同各该府州县，于城市镇集之各大行铺户照臣所拟捐厘章程，一律劝办，以于江南北军需可期大有接济。统俟军务告竣，再行停止。[①]

雷氏的这份奏折报告了危害经济发展达近八十年的厘金制度创始的经过。值得注意的有如下几点：一、创办的时间是在咸丰三年（1853）九月。二、厘金的性质与税率。三、建议推广至江南各省。

厘金的税率"大约每百分仅捐一分，甚有不及一分者"。据雷氏说系"略仿前总督林则徐一文愿之法"。此法林则徐本人未曾奏报，据说"扬州各属逢灾赈之年，本有一文愿之法。无论绅民商贾均行出捐，以救暂时之急"。与一文愿不同的是，厘金"视买卖所入为断"，而且"小铺户及手艺人等概行免捐"。可见这时的厘金还仅仅是所谓"坐厘"，具有商品交易税性质。[②] 但清政府一直没有把厘金当作正式的税收，称为厘捐和厘金，许诺以"统俟军告竣，再行停止"，因此裁厘问题在厘金创行之初即已蕴含其中了。对于国计民生破坏性很大的

---

① 雷以諴：《请推广捐厘助饷疏》（咸丰四年三月十八日），盛康编《皇朝经世文续编》卷56。引文据《清政府镇压太平天国档案史料》第 13 册，第 305—306 页。

② 罗玉东说雷氏"分厘金为二种，即活厘与板厘是也。活厘亦名行厘，板厘亦名坐厘，前者为通过税，抽之于行商，后者为交易税，抽之于坐贾"。（《中国厘金史》，第 18 页）但咸丰四年三月雷以諴的奏折中，并没有谈到行厘、坐厘的区别，而反复强调的都是"大行铺户"。

主要是后来推行的具有通过税性质的"活厘",这是在推广厘金后发生的。在仅实行坐厘的一段时期内,雷氏所说"数月以来,商民相安,如同无事",估计不会离事实太远。

那么"行厘"是于何时推行的呢?根据上引雷氏的奏折,扬州抽厘之初,课税对象仅为米行粮食。但咸丰四年十一月十九日(1854年12月27日)胜保奏报的雷以諴《劝谕捐厘助饷章程》称:"各卡口往来客载货物,久经出示捐厘,并派员查收在案。"这个章程是因为"货之高下不等,价值之贵贱悬殊"需要逐一开列,这个章程也就是征收行厘的章程。[①] "久经出示捐厘"六字说明,征收过境税不是在胜保奏报这个章程之时实行。同奏的另份附件是咸丰四年泰州捐厘局的章程。这份章程关于粮食及应抽厘的物件时,两次提到"查照仙女庙定数",并且讲明咸丰四年五月初一日(6月14日)起施行。据此推测,仙女庙地方推行行厘,大约在这年三四月间。

抽厘的税率定为值百抽一,除了仿行"一文愿"之外,雷氏还提到一个依据,那就是"各行铺平常多有抽厘办公之举,相沿已久,于商民两无妨碍"。可见所谓"抽厘办公",实际上本来就是州县违制征商的一种方法。[②] 而与"抽厘办公"不同的是,一、州县的"抽厘办公"变成了军队的"抽厘办公",也就是说厘金的使用权归军队;二、抽厘的章程作了改变,如"江、甘二县米行,每石捐厘五十文。原因其逼近大营,自应以助饷为保卫身家之计。现在推广各州县,每石酌定为三十文"。可见江、甘二县的税率显然高于原定章程,后来军营驻扎之地,厘金重于其他地方,滥觞于此。三、抽厘的经办人原为各行头,雷氏以"各行头均系同业,难保不徇私容隐,应由该地方官慎选本地公正绅董专司稽查。即由该绅董经收,或迳解营,或交捐输局",形成了一

---

① 李文治编:《中国近代农业史资料》第1辑,三联书店1957年版,第364页。

② 我一直持有这样一种观点,近代财政急剧膨胀的许多秘密在于州县的财政,但州县究竟向民间摊征了多少费用,各县不一,一般县志也隐匿不载。而有时会在一些财政奏疏中露出蛛丝马迹。雷以諴的这份奏报就是一个例子。

套由州县任命经征人员,商人组织与征收人员互相牵制以确保军队厘捐收入的机制。

接到雷氏在江北大营附近州县创设厘金成功的奏报,正为财政问题困扰的咸丰皇帝大喜,于收到奏折的当天,三月二十四日即寄谕两江总督、江苏巡抚和江南河道总督,"各就江南北地方情形,妥速商酌","劝谕绅董筹办"①,厘金由此推广开来。各省厘金创办情况有如下表:

表3-7 各省厘金创办年月及人名表

省别	创办年月	创办人名	
江苏	咸丰三年八月	刑部侍郎帮办军务	雷以諴
安徽	咸丰四年七月	南河总督	杨以增
浙江	咸丰四年	浙江巡抚	黄宗汉
湖南	咸丰四年冬	绅士候选同知直隶州	黄冕
湖北	咸丰五年正月	兵部侍郎帮办军务	曾国藩
吉林	咸丰五年七月初三日	吉林将军	景淳
江西	咸丰五年八月初三日	兵部侍郎帮办军务	曾国藩
四川	咸丰五年十二月	四川总督	黄宗汉
奉天	咸丰六年十一月十六日	盛京将军	庆祺
福建	咸丰七年五月十六日	福州知府	叶永元
河南	咸丰八年二月	河南巡抚	英桂
陕西	咸丰八年二月	陕西巡抚	曾望颜
甘肃	咸丰八年三月中旬	陕甘总督	乐斌
广东	咸丰八年四月二十日	两广总督	黄宗汉

---

① 《清政府镇压太平天国档案史料》第13册,第393页。

续表

省别	创办年月	创办人名	
直隶	咸丰八年八月	署直隶总督	瑞　麟
广西	咸丰四年十一月	广西巡抚	劳崇光
山西	咸丰九年正月	山西巡抚	英　桂
山东	咸丰九年十月十五日	翰林院编修	郭嵩焘
新疆	咸丰九年十一月	乌鲁木齐都统	法福礼
贵州	咸丰十年六月	帮办军务贵东道	何冠英
云南	咸丰年间	?	
黑龙江	光绪十一年正月	黑龙江将军	文　绪
台湾	光绪十二年六月	台湾知府洪毓琛咸丰十一年创设,至此改为省报	
乌里雅苏台(外蒙古)	光绪三十年三月	库伦办事大臣	德　麟

资料来源:据拙文《关于清代厘金创始的考订》(《清史研究》2006 年第 3 期),《清末〈各省厘金创办年月及人名表〉的订正与评议》(《上海师范大学学报》2008 年第 2 期),《晚清厘金历年全国总收入的再估计》(《清史研究》2011 年第 3 期);罗玉东《中国厘金史》第 25 页。

由上表可知,各省厘金的创办大都在咸丰年间,其中尤以咸丰五年(1855)、七年和八年为多。有关厘金的情况,罗玉东先生已有十分详细的研究,这里不再冗述。[①]

铸发大钱

有清一代之铸造大钱凡两次,一次是在入关之前的天聪年间,一

---

① 本人在罗玉东研究基础上的进一步研究成果,将在国家清史工程《清史·典志·财政金融志·厘金篇》刊布。

次在咸丰年间。天聪通宝的大钱铸数不多,史载不详,看来影响不大。[①] 而咸丰朝之铸大钱,无论对于中国币制,还是对于中国近代的经济,均产生了很大的震动。我们在此集中探讨一下大钱及其相关的铸币问题,乃至其在清末的最后停铸。

财政危机和制钱制度危机的产物

咸丰朝之铸造大钱,既是财政危机的产物,同时也是鸦片战争以后制钱制度发生危机的产物。进入 19 世纪以后,长期低于制钱一千文的银价逐渐趋昂,到鸦片战争前夕,各省银价已达一千五六百文。鸦片战后,银价更是扶摇直上。银贵钱贱的恶性发展,直接打击了制钱制度,造成了铸钱的严重亏本。就铸造制钱而言,因政府方面系以白银计算成本,因此,铸钱成本与银价波动成正比例,而与钱价波动成反比例。清代前期铸钱的长期稳定,是以银价低落为条件的,但即使那样,也无法改变亏本铸钱的局面。不过那时财政充裕,尚可补贴。如雍正年间,宝泉、宝源二局每年约亏折银三十万两,自雍正十二年(1734)将铸钱减为一钱二分,每年仍亏本达 17 万两。[②] 各省铸局亏本自然也为数不少。因此,到嘉庆朝以后,各省铸局相继停铸。道光二十一年(1841)八月,户部查明"停铸省份至十一省之多,且停铸多年","恐钱法渐至废弛,不足以资民用",乃下令直隶、山西、陕西、江苏、江西、浙江、福建、湖南、湖北、广西、贵州各督抚迅速开铸。[③] 各省督抚应命者寥寥,实际开铸的省份仅宝晋、宝昌、宝苏、宝陕、宝黔五局,其中宝昌局至道光二十五年停铸,其余四局大多减卯开铸。其他户部未说明开铸与否的省份,实际上也是停铸的。如山东、河南、安徽、甘肃四省就"久已停炉"[④]。长期的停铸与减铸,造成了制钱

---

① 魏建猷:《中国近代货币史》,黄山书社 1986 年版,第 71 页。

② 《清朝文献通考》卷 15 考 4990。

③ 《宣宗实录》卷 355,道光二十一年八月丙申。

④ 王庆云:《石渠余纪》卷 5《纪户部局铸》,第 208 页。

"流通日少"的局面。

其次,铜价的上涨,也使制钱制度难以维持下去。康熙九年(1670),京局收购铜价每斤银六分五厘,至雍正六年(1728)已达一钱四分五厘。这个价格水平虽然到道光、咸丰仍基本维持,[①]但考虑到银钱比价已翻了一番以上,铜的制钱价格的上涨是很明显的。制钱内含铜量的价格与制钱面值的背离幅度,是私销发生的晴雨表。当制钱内含铜量价格大于制钱面值与熔化费用之和时,私销便发生了。而当制钱面值大于制钱内含材料价格与倾铸费用之和时,私铸便发生了。因此,当铜价大幅度上涨时,往往会伴随大规模的私销。梁章钜写道:"由今追溯四五十年以前,铜器之为用尚少,比年则铜器充斥,而东南数省为尤甚……于是省会之铜器店以百计,郡城以数十计,县亦不下数家……其铜何自而得乎?则皆销毁制钱而为之也。"[②]一方面政府因铜价上涨、铸钱亏本而难以为继,另方面已铸制钱又大量被私销,迅速退出流通领域,这本身就孕育着"钱荒"的危机。

由上述分析,我们不难得出结论,咸丰朝大钱的出笼,既是清政府为筹措镇压太平天国运动而采取的通货膨胀措施,同时也是制钱制度遭到银贵钱贱冲击而陷入危机的产物。

铸造大钱的酝酿和出台

早在嘉庆年间,清王朝财政因五省教门大起义而左支右绌,就有人献策铸造大钱。其法为铸当千、当五百、当三百、当二百、当百四种,以铸好之大钱收购铜斤,"此所谓藏富于民者也",而以铸大钱之赢利归诸朝廷,"是又所谓藏富于君者也"。[③] 道光十七年(1837)王鎏也提出"更铸当百、当十大钱以便民用"[④]。

---

① 光绪《大清会典事例》卷218,第22页载:"咸丰三年奏准,江西省采买料铜,每百斤脚耗,需银十三两五钱九分。"

② 梁章钜:《归田琐记》卷2,中华书局1981年版,第30页。

③ 许画山:《青阳堂文集》,转引自梁章钜《归田琐记》卷2,中华书局1981年版,第26—27页。

④ 王鎏:《钞币刍言》,转引自《中国近代币制问题汇编》纸币篇,第11页。

　　鸦片战争前后，铸大钱之议公然见诸奏章。道光十八年（1838）八月，广西巡抚梁章钜认为，"今日银价之贵……由于私铸之钱充斥"，建议铸造当十、当五十及当百、当五百、当千五等大钱，钱质精好，以杜私铸。户部以为"私铸之难禁，由于各直省奉行不善，并非钱法本有不善也"①。道光二十二年十一月，御史雷以諴又上奏请铸一两重当百钱，"庶几轻重适中，大小相辅，铸造无繁难之苦，行用有简便之宜，核算无难，即防弊亦易矣"。户部认为，"增铸重钱适以开私铸之弊，而无裨财用"②。次年十二月，御史张修育又建议仿照回疆普尔钱铸造当十大钱，首先在陕西、甘肃试行，同时定以制钱1500文作银1两，并禁用铜器以杜私销制钱之弊。对于这项建议，清廷态度颇有松动，命令陕甘总督富尼扬阿和陕西巡抚李星沅考虑推行，"毋以事属创始，稍存畏难之见，率以格碍难行，一奏了事"③。但陕甘督抚担心此举于财政、币制牵动太大，便奏复仿铸不易，如果必须推行，也应在新疆首先普及，然后"由外而内，渐次推行"，把皮球踢给了新疆，自然没有结果。道光二十六年八月安徽巡抚王植奏请铸当三至当五十五等大钱，道光二十八年十一月给事中江鸿升又奏请铸当五十、当百大钱，都未能说动清廷。

　　综观道光朝铸大钱的议论，其重点在币制本身，即如何通过铸发大钱以摆脱因银价高涨、钱本过重而产生的制钱制度危机。这种方案与当时其他的改革方案如铸发银币、行用黄金和发行纸币等相比较，还是十分保守的。清政府之所以未予采纳，固然与道光皇帝因循守旧、恪守祖制的行政风格有关，但更重要的是，铸发大钱的弊害有史可鉴，在财政尚未陷入绝境的情况下，清政府是不愿饮鸩止渴的。

　　太平军起义之后，清政府军费支出浩繁，铸造大钱之议复起，并

---

① 《中国近代货币史资料》第 1 辑上册，第 143—144 页。
② 《中国近代货币史资料》第 1 辑上册，第 147—150 页。
③ 《中国近代货币史资料》第 1 辑上册，第 153 页。

终于付诸实施。咸丰二年(1852)十月四川学政何绍基"顾救时之法，仍不外乎复古"，奏请铸当百、当五百、当千大钱。咸丰皇帝虽未批准，但将该折"著户部存记，若有可行时，不妨采择入奏"[①]。至"咸丰三年，军旅数起，饷需支绌。东南道路梗阻，滇铜不至。刑部尚书周祖培、大理寺卿恒春、御史蔡绍洛先后请改铸大钱，以充度支。下其议于户部"[②]。蔡绍洛奏于咸丰三年正月十七日，原因是左都御史花沙纳、御史王茂荫、福建巡抚王懿荣奏请推行钞法，户部以民间恐钞本不敷、不便推行奏驳。蔡认为铸造大钱正可以解决钞本问题。将铸造大钱与发行钞票结合起来，这深深打动了亟图摆脱财政困境的咸丰皇帝，他明确批示"户部议奏"[③]，但户部拖延不办。二月初六日，刑部尚书周祖培上奏请拆铜房铜器以铸造大钱。他地位虽高，但于币政一窍不通，户部也未予理睬。二月十二日，恒春又上奏，建议制钱减重、铸造大钱和严禁铜器，朱批"户部议奏"[④]。这时，南京陷落的消息传到京师，户部不敢再拖延下去，请旨派员会同熟商。二十二日，上谕派恒春会同户部妥议章程。至三月十八日，由户部尚书孙瑞珍奏准开铸当十大钱。清廷内部酝酿长达十余年的铸造大钱由此出台。

铸造大钱的决策人并非上奏的户部尚书孙瑞珍。此人庸愚不堪，在大学士、军机大臣、九卿会同商议筹款会议上，竟"述其家赀若干，出语粗俗，形同市井无赖"[⑤]。故一般记载均认为是管理户部的大学士祁寯藻定策。如震钧《天咫偶闻》记载："时祁文端为权尚书，力赞成之。"[⑥]鲍康《大钱图录》记载："咸丰三年，军务日滋，滇铜不能继。

① 《中国近代货币史资料》第1辑上册，第197—198页。
② 震钧：《天咫偶闻》卷3，北京古籍出版社1982年版，第67页。
③ 《中国近代货币史资料》第1辑上册，第200页。
④ 《中国近代货币史资料》第1辑上册，第203页。
⑤ 《文宗实录》卷85，咸丰三年二月辛卯；《清史稿》卷422《文瑞传》。
⑥ 震钧：《天咫偶闻》卷3，第67页。

寿阳相国权户部，议请铸当十大钱，兼增铁冶，以供度支。"祁是山西寿阳人，"寿阳相国"即祁寯藻。但实际上祁是反对铸造大钱的。秦缃业撰《祁文端公神道碑铭》记载："定邸主议铸大钱，公谓无裨国用，徒扰闾阎，疏争甚力。"[①]"定邸"即定郡王载铨，"素结主知，顾枢密事，虽诸王弗与闻之"。日本学者加藤繁据此认为："主张发行大钱的人，是当时掌握枢机的定郡王等诸王。"[②]从当年载铨即加亲王衔，次年死后又追封为定敏亲王来看，咸丰皇帝对他的确恩宠有加。而奉旨直接参与户部讨论大钱章程的恒春，与载铨私交密切，[③]道光九年至十四年(1829—1834)曾任宝泉局监督。由他出面奏请开铸大钱到最后参与决策定议，幕后主持人为载铨，这个结论看来是可信的。

但咸丰三年(1853)三月会议只同意开铸当十、当五十两种大钱。至九月间给事中吴若准请铸当百、当千大钱，户部仍持反对意见。至十一月，又由惠亲王绵愉等出面奏请铸当百以上大钱，祁寯藻等人才不得不同意推广大钱。[④]

综观咸丰朝定议决策铸发大钱的全过程，有两点值得注意，一是重点由解决币制本身的问题转向了弥补财政的亏空；一是满族亲贵在决策上负有主要的责任。

当户部议准推广大钱之后，户部侍郎王茂荫上奏坚决反对。他广征历代铸发大钱失败的历史教训，指出"种类过繁，市肆必扰；折当过重，废罢尤速"。但咸丰皇帝认为："现今大钱初行，即过虑后时，虽为谋国久裕之计，独不计及朝堂聚议，小民更增疑也。"[⑤]户部推广大钱的奏折与王茂荫的反对奏折是于十一月二十一日同时递上的，当

---

① 《续碑传集》卷4。
② 加藤繁:《咸丰朝的货币》,《中国经济史考证》第3卷,吴杰译,商务印书馆1973年版,第7页。
③ 参见《清史列传》卷42《恒春传》,第3311—3312页。
④ 《中国近代货币史资料》第1辑上册,第206页。
⑤ 《中国近代货币史资料》第1辑上册,第210页。

天咸丰皇帝即批准了户部的奏折,明发上谕,推广大钱。王茂荫可以
说是中国当时最精通货币知识的官员,他在关于铸造大钱和发行钞
票上的许多意见都被刚愎自用的咸丰皇帝给否定了。怀才不遇,这
对于王茂荫个人是场悲剧,对于遭罹大钱之祸的中华民族也是一场
悲剧。

大钱的铸造及推行

(一)大钱的种类

咸丰朝之铸造大钱,意在摆脱财政危机,因此并无严密的计划。
首先铸造的是当十大钱和当五十大钱,分别于咸丰三年(1853)五月
和八月开铸。对当百以上大钱之铸造,户部仍持慎重态度。但到十
一月间,太平军北伐军已逼近京师,清政府"筹饷情形万分支绌",便
不计成败,决然推广,并下令添铸当五大钱。①

除铜大钱外,清政府还铸发了铁大钱、铁制钱和铅制钱。铁钱系
由山西巡抚哈芬先于咸丰三年七月在山西铸造,四年三月京师亦行
开铸,并在山西设分局铸造,分当一、当五、当十3种。② 铸造铁钱的
原因主要是铜斤缺乏,山西铁产丰富,地近京师,取材较易。咸丰四
年六月,京局又因铜斤不敷,开铸了铅制钱。

克勤郡王庆惠于咸丰四年三月曾设立捐铜局,所铸大钱最为杂
乱。六月初七日奏准鼓铸当二百、三百、四百大钱,同月二十四日即
奉旨停铸。此外还铸有当五十、当百、当五百、当千铜大钱,当五、当
五十、当百、当五百、当千铁大钱和当五十、当百、当五百、当千铅大
钱。所铸大钱用宝泉局字样,幕有星月标记,以示区别。八月十六日
该局停止,移交户部。

除上述大钱之外,各地还铸有其他种类的大钱,情况如下:

① 《文宗实录》卷113,咸丰三年十一月壬戌。
② 光绪《大清会典事例》卷214,第8—9页。当五铁钱于咸丰七年停铸。

表 3-8　清咸同年间各地铸造大钱情况表(1)

大钱种类	铸造情况和地点
当 四	红铜,宝伊局铸。(《咸丰泉汇》列有宝源局铸当四大钱,仅为试铸样钱。)
当 八	铜色不一,宝迪局铸。
当二十	(1)紫铜,重一两,面文有"重宝""通宝"两种,宝昌局铸,未见实物。(2)青铜,宝浙局试铸。(3)宝福局铸,面文、铜色不一。(4)黄铜,宝苏局铸。
当三十	青铜、黄铜,仅宝浙、宝苏两局铸造。
当四十	黄铜,仅宝浙局有试铸。
当八十	黄铜,宝迪局铸造。

由上综计,咸丰朝所铸之大钱,就面值而言,有当四、当五、当八、当十、当二十、当三十、当四十、当五十、当八十、当百、当二百、当三百、当四百、当五百、当千共 15 种。按币材分,铜大钱共 15 种,铁大钱(包括铁制钱)共 7 种,铅大钱(包括铅制钱)共 5 种,总数达 26 种。如果加上各地重量、成色的差别,大钱的种数将更多。

(二)大钱的重量、成色

大钱于咸丰三年(1853)五月始铸时,重量定为当十大钱每枚重六钱,成色为铜七铅三。八月增铸的当五十大钱重一两八钱,成色为铜七锡铅三。这两种大钱均镌"咸丰重宝"四字。

至同年十一月,巡防王大臣绵愉等奏请添铸当百、当五百、当千各大钱之后,清政府重定大钱名称,统一规定重量、成色如下:

表 3-9　咸丰大钱重量、成色表

名称	种类	重量	成色
咸丰重宝	当 五	二钱二分	铜六铅四
	当 十	四钱四分	滇铜七成锡铅三成
	当五十	一两二钱	滇铜七成锡铅三成

续表

名称	种类	重量	成色
咸丰 元宝	当 百	一两四钱	滇铜七成锡铅三成,黄色
	当五百	一两六钱	十成净铜,紫色
	当 千	二 两	十成净铜,紫色

资料来源:《中国近代货币史资料》第1辑上册,第206—207页。

铁钱重量,制钱每文重一钱二分,当五铁钱重二钱四分,余如制。铅制钱重一钱二分,成色为白铅八成黑铅二成。

上述重量、成色,均系部定,但各地所铸多有不同。以铜大钱为例,当十大钱重量,宝福、宝蓟两局均重五钱,当五十大钱宝福局重一两五钱,宝蓟局则重一两;当百大钱宝福局重二两,宝蓟局则重一两五钱。以成色论,宝昌所铸的当十、当五十大钱均为铜九铅一。宝直局所铸的当十铁钱每枚重达六钱。这些零星的记载远远不足以反映当时各地铸造大钱在重量、成色方面的混乱情况。

(三)铸造成本

铸大钱的成本,《中国近代手工业史资料》根据光绪《大清会典》的材料,制表如下:

大钱	重量(两)	工本(文)		
		工 银	料 银	共 计
当 千	2.00	76	38	114
当五百	1.60	60	30	90
当 百	1.40	30	20	50
当五十	1.20	16	16	32
当 十	0.44	7	7	14

资料来源:彭泽益编:《中国近代手工业史资料》第1卷,中华书局1962年版,第570页。该算法系汤象龙在《咸丰朝的货币》一文中首先提出。

但这个计算表格是错误的。据户部咸丰四年（1854）奏准："应领工料，当千大钱，每文按铸制钱七十六文工银核给，当五百大钱，每文按铸制钱六十文工银核给，料钱减半；当百大钱，每文按铸制钱三十文工银、二十文料钱之数核给；当五十大钱，每文按铸制钱十六文工料之数核给；当十大钱，每文按铸制钱七文工料之数核给。"[1]这段原文的基本意思是，参照原来铸造制钱核给工料办法，核给铸造各种大钱的工料。当十、当五十大钱的铸造工料不须分析，按铸造制钱 7、16文标准核给，也就是说，每枚当十大钱核给的工料相当于原来铸造七文制钱所给工料，每枚当五十大钱相当于原来铸造 16 文制钱所给工料。当百以上大钱工费料省，故须分析核给，当百、当五百、当千大钱工银分别按铸造制钱 30 文、60 文和 76 文核给，料银则减折按铸造制钱 20 文、30 文和 38 文核给。因此，决不能用工银和料银简单相加的办法计算铜大钱的成本。实际上，"工"是给"价"的，可以用货币核给，但铸 76 文制钱，不会支付 76 文工银，这是很简单的道理。"料"是核给实物，料价多少，受市场影响，户部也无法预定。所以，目前尚无系统的大钱铸造成本资料。

上述材料所反映的大钱与铸造制钱法定工料之间的比例关系，以及铸钱成本在当时高于制钱面值的事实，却为我们推测大钱的铸造成本提供了某些依据。咸丰四年十一月初七日庆锡奏片称，铸当百大钱"一本二利"，当五十大钱"一本一利"，而铸当十文者"得不偿失"。[2]据此，当五十大钱的成本约为 25 文，当百大钱的成本约为 33 文。

（四）各省的推行

咸丰三年三月清政府决定试铸大钱后，即奏明一旦"实有明效，

---

[1]　光绪《大清会典事例》卷 214，第 8 页。
[2]　转引自彭泽益：《一八五三年——一八六六年的中国通货膨胀》，载《十九世纪后半期的中国财政与经济》，第 88—89 页。

再令各省一体鼓铸"。当年六月十六日,咸丰皇帝颁发上谕,认为铸
造大钱,"京师试行,颇有实际,已饬户部妥议章程,迅速通行各省办
理"①。但福建因会党起事,财政支绌,未待部章颁行,已于当月铸造大
钱,以救燃眉。以后各省相继推行,情况如下(铁制钱、铅制钱不列):

表 3-10　清咸同年间各地铸造大钱情况表(2)

省份	铸局	铸材	开铸日期	所 铸 大 钱 种 类
福建	宝福	铜铁铅	咸丰三年六月	当五、当十、当二十、当五十、当百
	宝台	铜	咸丰四年三月	当五
江西	宝昌	铜铅	咸丰三年七月	当十、当二十、当五十
山西	宝晋	铜铁	咸丰三年七月	当十、当五十
云南	宝云	铜铁铅	咸丰三年九月	当十、当五十
	宝东	铜铁	咸丰三年九月	当十
新疆	宝伊	铜铁	咸丰三年十一月	当四、当十、当五十、当百、当五百、当千
	阿克苏	铜	咸丰三年十一月	当五、当十、当五十、当百
广西	宝桂	铜	咸丰三年十一月	当十、当五十
贵州	宝黔	铜	咸丰三年十一月	当十、当五十
甘肃	宝巩	铜铁	咸丰四年二月	当二、当五、当十、当五十、当百、当五百、当千
江苏	宝苏	铜银铁铅	咸丰四年二月	当五、当十、当二十、当三十、当五十、当百、当五百。当千
陕西	宝陕	铜铁铅	咸丰四年五月	当十、当五十、当百、当五百、当千
湖北	宝武	铜铁	咸丰四年五月	当五、当十、当五十、当百

---

① 《文宗实录》卷 97,咸丰三年六月己丑。

续表

省份	铸局	铸材	开铸日期	所　铸　大　钱　种　类
直隶	宝直	铜铁铅	咸丰四年六月	当五、当十、当五十、当百
湖南	宝南	铜铁	咸丰四年七月	当十、当五十、当百
直隶	宝蓟	铜铁	咸丰四年七月	当五、当十、当五十、当百
河南	宝河	铜铁铅	咸丰四年七月	当十、当五十、当百、当五百、当千
热河	宝德	铜铁	咸丰四年八月	当五、当十、当五十、当百
四川	宝川	铜铁铅	咸丰四年十一月	当十、当五十、当百
山东	宝济	铜	咸丰四年十一月	当十、当五十、当百
新疆	叶尔羌	铜	咸丰四年十一月	当十、当五十、当百
	宝迪	铜铅	咸丰四年十二月	当八、当十、当八十
	喀什噶尔	铜	咸丰五年十一月	当五、当十、当五十、当百
	库车	铜	咸丰六年	当五、当十、当五十、当百
浙江	宝浙	铜铁	咸丰四年十二月	当五、当十、当二十、当三十、当四十、当五十、当百

由上表可知，除西藏、蒙古外，从咸丰三年(1853)到四年，有 18 个省区开铸了大钱。截止咸丰六年，各省区铸造大钱的铸局多达 26 个。唯安徽、广东两省现仅发现部颁样钱，未见铸发，此外，盛京还曾试铸过当千大钱。[①]

大钱的急剧贬值及破产

按照清政府法令规定，铜大钱、铁钱、铅钱一律照制钱计算，并与官票宝钞相辅而行，凡民间完纳地丁钱粮、关税、盐课及捐输等交官款项，均准按成数搭交大钱。文武官俸、官匠工薪及兵饷、旗饷等官

---

① 参见马传德、徐渊编《咸丰泉汇》，上海人民出版社 1994 年版。

放之款均按成数搭放大钱。此外,发行官票宝钞的官银钱号也领取大钱作为钞本。因此,大钱几乎完全是通过财政支出的渠道进入流通领域的。

在咸丰三年(1853)铸造当十、当五十大钱之初,"为质尚重,为数无多,数月以来,民间通行"①。但到咸丰四年初,当百至当千大钱铸造之后,"折当太重",导致大钱急剧贬值,迅速走向崩溃。京城内,"当千者折算七八百文,当五百者折算三四百文"②,并且牵动当百以下大钱。到当年七月间,"当百大钱又有奸商折算等弊"③,经清政府严令禁止,仍无实效,"城乡交易,或任意折算,或径行不用"④。接着,当五十大钱也形壅滞,"不得流通"⑤。至咸丰五年春天,商贩对当十大钱也"百端挑剔,不肯一律行使"了。⑥ 经清政府强制流通,当十铜大钱勉强维持下来。但到咸丰七年,当五、当十铁大钱又遭到了商民的抵制。九年,铁制钱也成了无用之物。在大钱急剧贬值的过程中,清政府不得不于咸丰四年六月首先停铸当千至当二百大钱,到次年六月,又停铸当百、当五十大钱。咸丰九年,铁钱也停止铸造了。到咸丰九年以后,只有当十铜钱一种仍在行使,但市价"仅抵铜制钱二文"⑦。

外省情况也大同小异。河南"当千、当五百大钱,难以行用"⑧,到咸丰六年即首先停铸各种大钱。云南至咸丰七年当十大钱"每文犹可当三四文用,继不过当一二文用",到咸丰八年竟"不值一文用"⑨,不得不停铸大钱。江浙大钱价值情况,据李慈铭记载:"乙卯(咸丰五

① 《中国近代货币史资料》第 1 辑上册,第 213 页。

② 《中国近代货币史资料》第 1 辑上册,第 263 页。

③ 《文宗实录》卷 135,咸丰四年七月癸卯。

④ 《中国近代货币史资料》第 1 辑上册,第 267 页。

⑤ 《文宗实录》卷 139,咸丰四年闰七月丁亥。

⑥ 《中国近代货币史资料》第 1 辑上册,第 275 页。

⑦ 光绪《顺天府志》卷 59,第 4 页。

⑧ 《中国近代货币史资料》第 1 辑上册,第 239 页。

⑨ 军机处录副:云贵总督吴振械等咸丰八年十月初六日奏,03－4300－036。

年)、丙辰(咸丰六年)间,江浙间有用当十钱者,未几复停。次年吾越以一当五用,旋至当三而罢。"①而清江一带,"当十只值一二"②。新疆伊犁在咸丰五年(1855)不得不将当十大钱改为当四行使,当五十大钱改为当八行使,当百大钱改为当十六钱行使。③ 福建情形更糟,咸丰八年,"铁制钱贱,每百文只当十文"④,几乎激起民变。咸丰九年,热河地方"欲将鼓铸大钱行使,则民皆罢市"⑤。江西到咸丰十年也停铸了当十大钱。⑥

咸丰朝铸发大钱的失败,原因很多。日本学者加藤繁概括为六点:(1)中国人民素来重视货币的实在价值,不欢迎大钱和纸币。(2)造币技术幼稚,容易伪造。(3)发行计划粗杂轻率,急功好利,不计后果。(4)官民之间的金融联系,缺乏完备的金融机构作为媒介。(5)官吏的腐败和差役的横暴。(6)监督防范不够。⑦ 汤象龙先生进而指出三点:(1)币制过于复杂。(2)造币过于节省工本。(3)法令屡更,制度常改。⑧ 我们在此着重谈一下与此相关的私铸和大钱的搭收、搭放问题。

大钱铸发之后,"未及一年,盗铸蜂起,虽以弃市之律,不能止"⑨。引起大钱私铸风行的主要原因是技术落后、成本太低而获利丰厚。促使盗铸之风炽烈的首先是由于咸丰元宝的铸造。"自当千、当五百大钱一出,渔利之徒,用数百制钱购买旧铜一二斤,便可铸造当千大

---

① 李慈铭:《越缦堂日记》咸丰十一年六月初八日,广陵书社 2004 年版,第 3 册,第 1813 页。

② 黄钧宰:《金壶遁墨》卷 2《大钱》。

③ 《中国近代货币史资料》第 1 辑上册,第 246—247 页。

④ 《何桂清等书札》,第 152 页。

⑤ 《文宗实录》卷 173,咸丰五年七月丙戌。

⑥ 光绪《大清会典事例》卷 219,第 26 页。

⑦ 加藤繁:《咸丰朝的货币》,《中国经济史考证》第 3 卷,第 6—19 页。

⑧ 汤象龙:《咸丰朝的货币》,载《中国近代经济史研究集刊》第 1 卷第 1 期(1932)。

⑨ 震钧:《天咫偶闻》卷 3,第 67 页。

钱十余个,其利不止十倍,此所以易于犯上也。"私铸大钱往往减折行使,"此端一开,到处纷纷效尤,而官铸与私铸混淆莫辨,不免同受亏折"①。自咸丰四年(1854)六月当千、当五百等大钱停铸,由宝钞收回后,私铸又转向当百、当五十大钱。正如左都御史周祖培所奏,"当百大钱既经畅行于前,何以壅塞于后,推其原故,固由私铸之未能禁绝,私贩之随处充斥"②。清政府也承认,"现在大钱壅滞,皆由私铸日多"③。咸丰四年七月初十日清政府下令:"私铸当百以下大钱案内,为首及匠人,如数在十千以上,及虽不及十千而私铸不止一次者,应于斩候罪上从重,请旨即行正法。其私铸仅止一次,而为数又在十千以下者,例系由轻加重,仍遵前旨问拟斩候,入于秋审情实。"④令颁之后,"乃旬月以来,立法愈严,犯者愈多,奏报拿获之案,当已不下数百人"⑤。"利之所在,人尽趋之"⑥,加以"衙门差役难保必无徇私营私之弊"⑦,清政府的严刑峻法,无济于事。"通州河西务一带,奸民聚众私铸,竟敢于白昼闹市之中,公然设炉制造。地方官畏其人众,不敢查问。"⑧甚至京局炉匠也夹带私铸。这种肆无忌惮的大量私铸,必然导致大钱信用的崩溃。

大钱币值的信用,还要靠清政府自身来维持。对于大钱的搭收搭放,虽有明文规定,但在实施过程中形同具文。地方官吏在征收赋税时,往往故意贬低大钱价值,拒绝收受,自坏信用。如长芦盐课,"所有铁制钱及铜铁大钱,一概不收,以致京外大钱,不能通行"⑨。

---

① 《中国近代货币史资料》第1辑上册,第265页。
② 《中国近代货币史资料》第1辑上册,第269—270页。
③ 《文宗实录》卷134,咸丰四年六月癸巳。
④ 光绪《大清会典事例》卷220,第41页。
⑤ 军机处录副:御史薛鸣皋咸丰四年闰七月初七日奏。
⑥ 《清朝续文献通考》卷20考7699。
⑦ 《中国近代货币史资料》第1辑上册,第315页。
⑧ 《文宗实录》卷136,咸丰四年七月庚戌。
⑨ 军机处录副:御史萧浚兰咸丰七年正月二十六日奏。

"顺天、直隶、山东、山西等省征收地丁钱粮,俱准呈交铜铁当十大钱并铅铁制钱"……但"官吏书差,勒索挑剔,不肯收纳"。[①]　就大钱的搭放而言,主要由发放官俸兵饷进入流通。大钱的贬值和壅滞,使官兵的抗议不断增强,"兵役不愿承领","兵饷纷纷退回"。[②]　扬州江北大营自咸丰五年五月搭放大钱后,因兵民抵制,"概行存留",清政府害怕"激而生变",于当年八月奏准,嗣后兵饷,"毋庸搭放大钱;其练勇口粮,即照兵丁口粮一体办理"。[③]　官府自身对大钱的搭放与搭收都不能按规定执行,如何能在民间行使呢!

严重的社会经济后果

咸丰朝大钱的铸造,总数多达二十余种,如再加上官票宝钞,可以说,这是我国在统一时代封建王朝铸发钱币种类最多的一个时期,其规模、数量也远远超过了新莽时期。数量种类繁多的大钱充斥流通领域,迅速贬值,给社会经济带来了灾难性后果。

就清代币制而言,由于大钱的铸发,到处都出现了劣币驱逐良币的现象,"大钱出而旧钱稀,铁钱出而铜钱隐"[④]。咸丰一朝,对于旧制钱的销毁是惊人的。黄钧宰于咸丰五年(1855)秋路过清江,只见装载制钱之车辚辚而来,都是"毁制钱而为当十大钱"的。[⑤]　官铸铜大钱出来后,质量更次的私铸大钱又大量涌入市场。大钱壅滞,"而私造小钱,俗名'水上飘'者,今反通行"[⑥]。官铸制钱的重量也不得不随之减轻。咸丰二年制钱重量改为一钱,到大钱铸发后便不能维持,咸丰五年陕甘总督便奏请"每钱一文减为八分,每千以重五斤为率"[⑦]。但

---

① 《文宗实录》卷 163,咸丰五年三月癸未。

② 《中国近代货币史资料》第 1 辑上册,第 242—243 页。

③ 《文宗实录》卷 175,咸丰五年八月戊申。

④ 宗稷辰:《请重祖钱以正钱法疏》(咸丰五年),《道咸同光四朝奏议》卷 38。

⑤ 黄钧宰:《金壶遯墨》卷 2《大钱》。

⑥ 《中国近代货币史资料》第 1 辑上册,第 271 页。

⑦ 《文宗实录》卷 157,咸丰五年正月壬辰。

这时宝泉局所铸制钱实际每文仅重六七分。[①] 制钱制度经此打击之后,加速了其灭亡的进程。

杂乱的大钱充斥市面,还造成了银钱比价的空前混乱。道光朝银钱比价呈不断上升趋势,到道光末年每两白银兑换制钱已高达2,300文以上。至 19 世纪 50 年代中期,由于中国对外贸易出超、白银回流,加以国内贸易因战争而萎缩,银钱比价逐渐跌落。但在铸发大钱严重的地区,银钱比价却呈相反趋势。根据彭泽益先生的研究,在京城内,咸丰三年(1853)前,白银每两换京钱 4,000 文(京钱 2 文合制钱 1 文),五年至七年间已高达京钱 7,000—7,700 文,八年秋至九年初,涨至京钱 11,000—12,000 文,九年春夏间乃至 15,000—17,000文,到十一年夏间竟达京钱 30,000 文。到同治元年(1862),京城每银一两换京钱 20 串至 30 串之多![②] 而当时其他各省银价普遍都在每两换制钱 2,000 文以下。

在财政总汇之地的京师出现银价奇昂的现象,与大钱铸发究竟存在什么关系呢?

诚然,京师持久不衰的银价上涨,由多种因素促成。户部银库的白银收入大大减少,从咸丰二年到同治二年户部银库每年的平均收入只及道光朝的 60%。第二次鸦片战争的战火烧到京畿地区以后,京城内官宦人家、富商巨贾纷纷迁出避祸,也急需白银等贵金属。但在同一时期,福州的银价也是扶摇直上,咸丰八年每银一两换钱 9 千余文,到咸丰十年正月间竟达 28 千文,比京城还严重。这说明,造成这种情况的根本原因还在于大钱本身日益丧失其作为货币的职能。大钱"止行于京城内外,出京城数十里或百余里,民间即不行使"[③]。

① 杨端六:《清代货币金融史稿》,三联书店 1962 年版,第 13—14 页。
② 彭泽益:《十九世纪后半期的中国财政与经济》,第 107 页。需要指出的是,这种银价与物价的翔贵,只是以大钱作价格标准的结果。"如以铜制钱交易,与未行使大钱时物价无殊。"(《中国近代货币史资料》第 1 辑上册,第 283 页。)
③ 军机处录副:御史陈鹤年咸丰八年正月二十五日奏。

作为一个消费性大城市,京师的粮食、蔬果及百货均靠城外供应,"各庄户持麦入城换归大钱不便使用,因即裹足不前","大钱折耗太甚,故运货入京者愈希(稀)"①,致使商贾贩物,不得不"以银出入"②。于是,白银成为京师取得城外供给的唯一硬通货。清政府于咸丰四年(1854)即规定,"钱市经纪牙行人等,于大钱交易之时,照钱面数目字样行使,不准折减"③。银价奇昂便成为市场排斥大钱作为货币的一种表现形式。

作为一般等价物,大钱价格的暴跌,也导致了物价的普遍上涨。正如王茂荫所指出的,"官能定钱之值,而不能限物之值。钱当千,民不敢以为百;物值百,民不难以为千"④。大钱铸发之后,京城内"百物腾贵"⑤。"市中买卖,价值百文之物,因行使大钱二成,即索价百二十文,行使大钱三成,即索价加三成,暗中折算,除去大钱三成不计。"⑥当制钱等被挤出流通后,物价便狂涨不可收拾了。咸丰七年春到八年春,京师米价上涨了一倍。此后"杂粮、杂货、零星食物以及一切日用之类,无一不腾贵异常"⑦。

通货膨胀,物价飞涨,是下层人民的灾难。在京师,"小民佣趁所得,每日仅京钱三五百文不等,当此粮价增昂……竟不能供一日之饱"⑧,"竟有情急自尽者"⑨。咸丰四年,长沙大钱壅滞,"雇工之人支得一半大钱回家,亦不能用"⑩。咸丰八年,福州铁制钱价格暴跌,"穷

---

① 《中国近代货币史资料》第 1 辑上册,第 265、295 页。
② 《皇朝政典类纂》钱币二,第 11—12 页。
③ 光绪《大清会典事例》卷 220,第 14 页。
④ 王茂荫:《论行大钱折》,《王侍郎奏议》卷 6,黄山书社 1991 年版,第 92 页。
⑤ 军机处录副:御史承继咸丰十一年六月十九日奏。
⑥ 《皇朝政典类纂》钱币二,第 9 页。
⑦ 《中国近代货币史资料》第 1 辑上册,第 298 页。
⑧ 《中国近代货币史资料》第 1 辑上册,第 282 页。
⑨ 《中国近代货币史资料》第 1 辑上册,第 280 页。
⑩ 《骆文忠公年谱》,咸丰四年,卷上,第 8 页。

人所得工食,每日即进三四百文,只当三四十文之用,一口不能饱,欲养全家乎?此境已历时过久,百姓真熬不过矣"①。八旗兵丁也困苦不堪。咸丰八年(1858),兵丁每月领取钱粮中,铁制钱占二成,其余领钱票换取铜大钱,而"街市物价,铜大钱较制钱多至三倍",因此,"八旗地面因饥寒而不能遂其生者,不可胜数"。② 不断有旗人到紫禁城请愿,要求"把大钱停止了"。当时就有人公开谴责:"自行使大钱,而贫民之流为乞丐者不少,乞丐之至于倒毙者益多。"③"街市上鸠形鹄面之人沿门求乞,每铺止给水上漂一文,而乞者积至十文,始能易一当十大钱,而当十大钱又止值一制钱。似此艰难,何以为生?……至于强者,公然白昼抢夺,肆行无忌。""宗室亦有散而为盗者,纠众横行,劫夺仓米,犯案累累,藉非饥寒所迫,断不至此。"④

通货膨胀也使小贩和一般商人受到严重打击。京师"城中行使当百、当五十大钱,畿辅州县尚未通行。各庄户持麦入城,换归大钱不能使用,因即裹足不前,城中铺户遂多歇业"⑤。"至于肩挑背负之徒,情尤可悯。不受,则货滞无以为生;受之,则钱入而不能复出。"⑥"大钱置货于近地,不能汇银于远方;今日之收,虑有他日之阻,此商贾实受其累也。"⑦商业贸易遭到了严重破坏。

当商、钱商和征税官吏则利用通货膨胀,上下其手,牟取暴利。典当商人以贬值的大钱、钞票接受当物,而对"当物者以大钱赎当时不收大钱"⑧。由于大钱不行于京外,"百货之肩挑背负来京者,所得

---

① 黄宗汉致自娱主人等书札,咸丰八年,《何桂清等书札》,第 152 页。

② 《中国近代货币史资料》第 1 辑上册,第 294—295 页。

③ 《中国近代货币史资料》第 1 辑上册,第 296 页。

④ 《中国近代货币史资料》第 1 辑上册,第 301—302 页。

⑤ 《中国近代货币史资料》第 1 辑上册,第 265 页。

⑥ 沈葆桢:《请变通钱法疏》(咸丰四年),《道咸同光四朝奏议》卷 38。

⑦ 宫中档:刘长佑奏(同治三年六月初九日奉批)。

⑧ 军机处录副:御史英喜咸丰六年十月二十五日奏片。

之钱必须向钱铺钱摊抵换制钱，方可携带出京，于是奸商得以居奇"[1]。钱商还利用民间对大钱和官票宝钞的疑惧心理，大量发行私钱票，"钱铺遂得以数寸之纸易百千万之银，显已专行票之利，隐以占宝钞之权"[2]。一时在京城内出现了投机银钱业的狂潮，"钱铺添设日多"。等到出票既多，便以倒账为名，纷纷关闭，将现银席卷而去，这些在市面上流通的私票遂成为废票。故而"自钞票大钱之兴，京城商贾其获利不啻加倍也，而钱店为甚"[3]。征税官吏的贪污手段更是层出不穷，最突出的是所谓"拒收买抵"。"拒收"，即拒绝收取税课允许搭交的大钱和官票，全部收取实银或制钱。"买抵"，就是用征收税课所得的一部分实银和制钱，到市场上收购贬值的大钱和官票，搭解上缴藩库和部库。这样，实银、制钱与官票、大钱的悬殊价差完全落入了官吏的私囊。

外国商人也利用通货膨胀兴风作浪。他们乘制钱内在价值高于其面值之机，由江浙一带收购制钱出口，导致了南方制钱价格高于北方的形势，促成了制钱由北而南、由南而出口的流动趋势。而当国内制钱价格回升，"彼夷人乃从容而以钱易银，贱入而贵出，即此一端，利权已全为所操"[4]。

大钱的尾声

到咸丰九年（1859），市面上流通的大钱仅当十一种，且局限于京师，实际市价只值制钱二文。但它却被清政府继续推行了四十余年。

咸丰朝当十大钱初重六钱一枚，嗣减为四钱四分。同治重宝，先减为三钱二分，如同治五年（1866）工部侍郎毓禄奏称："宝源局铸当十钱，向系滇省解铜，以铜七铅三配铸。近因滇铜久未解局，市铜低

---

①　光绪《顺天府志》卷 59，第 5—6 页。
②　《中国近代货币史资料》第 1 辑上册，第 291 页。
③　军机处录副：御史陈庆松咸丰八年正月二十七日奏片。
④　王茂荫：《请酌量变通钱法片》，《王侍郎奏议》卷 9，第 145 页。

杂,致钱文轻小。例定每钱应重三钱二分,请每届收钱,以三钱为率,不及者即饬改铸。"①至次年定为三钱六分重。② 光绪元年(1875)又改名"光绪重宝",次年改成色为铜六铅四,到光绪九年再减为二钱六分重,③此后又减为二钱重一枚。

停铸当十大钱之议,早在咸丰九年其他大钱相继停铸时就已经出现了。该年内阁学士袁希祖上奏认为:"向日制钱重一钱二分,大钱重四钱八分,以之当十,赢五钱四分。今以十当一,是反以四钱八分铜作一钱二分用也,民间私熔改铸,百弊丛生。今天下皆用制钱,独京师一隅用大钱,事不划一,请悉复旧规,俾小民易于得食,盗源亦以稍弭。"④

但是,京城内制钱已经绝迹,唯藉大钱流通,因此欲罢不能。如何在京师规复制钱流通,成为清政府头痛的一大难题。

直到光绪十二年,醇亲王奕譞等才抛出了一个三年为期在京师规复制钱的计划,即至十四年钱局停铸当十大钱,所有交官之项,以制钱出以大钱入,限三年收尽。"及此令下,市肆大扰,贫人买物钱稍小,商贾辄不收,以钱局不收私铸也,因遂有自戕于市者。"⑤这个计划完全落了空。到光绪十五年,"街市交易,仍行使当十大钱,并不见制钱一文"⑥。此后,当十大钱时铸时停,结果又使京师市面当十铜钱也感到缺乏。其中原因,正如翰林院编修彭述之所说:"当十钱之日见稀少,其弊在于私毁,制钱之不通行,则由制钱之价较昂于当十钱。"⑦

光绪二十六年广东铸造铜元,各省推广鼓铸,户部开始搭收铜

① 《清史稿》卷 422《毓禄传》。
② 光绪《大清会典事例》卷 214,第 10 页。
③ 光绪《大清会典事例》卷 214,第 11 页。
④ 《清史稿》卷 422《袁希祖传》。
⑤ 震钧:《天咫偶闻》卷 3,第 67 页。
⑥ 《中国近代货币史资料》第 1 辑上册,第 540 页。
⑦ 《中国近代货币史资料》第 1 辑上册,第 556 页。

元,但在京师,大钱之祸反有愈演愈烈之势。"京城市面,行用私钱,匪伊朝夕。从前不过于官铸大钱之中,搀用十之三四,今则几不见官板,银价潮涌,人情岌岌。"①投放流通的大量铜元又因天津等处价格高于京城而大量流出。光绪三十一年(1905)二月,清政府乃采取断然措施,下令五个月之内禁绝此类私铸大钱。同年八月二十五日(9月23日),户部奏准"永远停铸当十大钱"②。

大钱停铸之后,"旧有当十钱文民间均不乐行用","不过以为找零之用"。至光绪三十三年六月,清政府决定收回全部官板当十大钱。据度支部银行监督张允言估计,京师城乡大钱积数约值价银300余万两。度支部乃拨银100万两,在六个月内收回官板大钱,改铸成制钱,限期满后,当十大钱"即不准通用"③。这样,到光绪三十三年底,大钱才告寿终正寝。

印发官票宝钞

在铸发大钱的同时,清政府还印发了官票宝钞。钞是以钱文作为货币单位的纸币,票则是以银两作为货币单位的纸币。

顺治八年(1651),清政府曾因"经费未定,用度浩繁",遂"仿明旧制,造为钞贯,与钱兼行",当年造钞128,172贯有奇。自后以为定额,每年制造,至顺治十八年停止。④

至嘉庆年间,制钞之议重起。嘉庆十九年(1814),侍讲学士蔡之定奏请采用楮币,但遭到嘉庆帝的训斥,认为"前代行用钞法,其弊百端,小民趋利若鹜,楮币较之金银尤易作伪,必致讼狱繁兴,丽法者众,殊非利用便民之道"。命"交部议处,以为妄言乱政者戒"。⑤ 但至

---

① 《中国近代货币史资料》第1辑上册,第864页。
② 《光绪朝东华录》(五)总5399页。
③ 《中国近代货币史资料》第1辑上册,第869页。
④ 参见《清朝文献通考》卷13考4967;《清史稿》卷124《食货五》。
⑤ 《清朝续文献通考》卷19考7691。

鸦片战争前夕,由于白银外流、银贵钱贱引起了一系列的货币、财政和物价问题,倡言以纸币抵制白银流通的言论又起。如王鎏认为:"自古无不弊之法,要恃有随时救弊之人,而欲图天下之大功,必先破众人之论。人徒见宋、金、元时之行钞不能无弊,遂以为钞不可行,岂知其利甚大,一去其弊,即为理财之上策哉?"[①]许楣针锋相对地指出,"钞者,纸而已矣,以纸取钱,非以纸代钱也。以纸代钱,此宋、金、元沿流之弊,而非钞法之初意也"。他批评王鎏"以纸代钱"主张的实质是"欲尽易天下百姓之财"。[②] 这实际上是可兑现纸币与不可兑现纸币的争论。在国家及社会经济尚未达到发行不可兑现纸币的历史条件下,主张发行不可兑现纸币,其后果只能是"尽易天下百姓之财"于封建政府,许楣的这个批评是一针见血的。

当太平天国运动兴起以后,清王朝财政陷入困境,王鎏的主张就成了清政府发行不兑现纸币的理论根据。这时,首先提出发行纸币的是御史王茂荫,但他主张发行可兑现纸币。咸丰元年(1851)九月,王茂荫奏道:"臣观自汉以来,不得已而为经国之计者有二:一曰铸大钱,一曰行钞币……往年议平银价,内外臣工多为铸大钱之说,因私拟为钞法,以为两利取重,两害取轻计。钞之利不啻十倍于大钱,而其弊则亦不过造伪不行而止。"他认识到行钞的危害,但主张通过精印制以防伪,准兑现、纳捐税以畅流通,这是一个比较可行的纸币流通方案,[③]但为部驳。[④] 到咸丰三年五月,福建巡抚王懿德上奏请发行不兑现纸币时,户部给予了驳斥,指出:"民间行用铺户银钱各票,因实有现银,实有现钱,持票即可支取,故其周转而无滞。是票乃取银取钱之据,并非票即为银、票即为钱也……现当库藏支绌之时,银

① 王鎏:《钱钞议·钱钞议一》(1837),赵靖、易梦虹主编《中国近代经济思想资料选辑》,中华书局 1982 年版,上册,第 211 页。

② 许楣:《钞币论·通论一》(1846),同上,第 234—235 页。

③ 《中国近代货币史资料》第 1 辑上册,第 317—322 页。

④ 王茂荫:《请将钞法前奏再行详议片》,《王侍郎奏议》卷 3,第 40—41 页。

与钱既患其未充,徒恃此空虚之钞,为酌盈剂虚之术,欲使家喻户晓,咸以钞为可贵而可通,诚恐小民之耳目不能欺,即朝廷之法制亦难强。收发皆用空票,官民均无现银,是欲便民而适以病民,欲裕国而适以病国也。"①也就是说,户部已经充分认识到了发现不可兑现纸币的危害,也已经看出连发行可兑现纸币的条件也不具备了。九月间左都御史花沙纳又奏请行楮币,复遭户部议驳。但因"度支告匮,筹划维艰",户部于会筹军饷折中,请行用银票期票,但措施是相当谨慎的。1.发行机关"仿内务府官钱铺之法,开设官银钱号";2.发行准备金来源为"于各省当杂各商生息帑本内,每省酌提十分之三";3.发行银票面值为 100 两、80 两、50 两。4.发行额和用途也十分有限:发行额在 200 万两左右,②用于抵补所提原贷各商帑本。5.银票的收回主要通过捐纳的途径。所谓"期票",是一种可兑现的证券,用于发放官俸:"在京王公百官俸银,向分二八月两次支领,今拟请世职自亲郡王以下侯以上,文职四品以上,武职自二品以上,均给与期票五成,统限于八月初一日持票赴库关支。其秋季俸银准此递推。"③十一月江苏巡抚杨文定奏请在江苏试行钞法时,户部仍然想试行一下发行可兑现纸币的方案,试行地方局限在江苏一地,试行的方案基本上是王茂荫的,即可以缴纳捐税、设立官会局以便民间汇兑。④ 但到十二月,户部又奏请"于京城内外招商设立官银钱号三所,每所由库发给成本银两。再将户、工[宝源、宝泉]两局每月交库卯钱,由银库均匀分给官号,令其与民间铺户银钱互相交易。即将户部每月应放现钱款项,

---

① 《中国近代货币史资料》第 1 辑上册,第 323 页。

② 根据《咸丰上谕条例》卷 1 咸丰元年十一月二十五日户部议复宗稷辰折,所存生息帑本共银 611.4 万余两,钱 710,110 串。以提取三成计算,提银 183.3 万两,钱 213,033 串。参见《中国近代货币史资料》第 1 辑上册 328 页脚注。

③ 《中国近代货币史资料》第 1 辑上册,第 328—329 页。该书编者认为:"户部拟议的银票、期票,都是票据性质而非货币性质。"

④ 《中国近代货币史资料》第 1 辑上册,第 324—327 页。

一概放给钱票,在官号支取,俾现钱与钱票相辅而行,辗转流通,兵民两有裨益"①,把推行钱钞的地区扩大到了京师。

户部发行银票钱钞的方案,立即遭到了户部侍郎王茂荫的批驳。他认为这些措施都严重地侵害了商人的利益。提取生息帑本改发银票过程中,难免官吏的勒索,而且时间"至速亦须一年",却要商人仍照旧缴纳息银;捐纳人已有现银现钱,何必再向各商买票缴捐,商人领票无处兑现,息银照旧,"亏更无期"。对于设官银钱局一事,王茂荫更认为是国家与商争利。"在部臣之意,以为有钱乃始给票,则票实而人可取信;给票不尽取钱,则钱存而利有可余。不知在商贾可行,而国家则不能行也。"国家不应该"下同商贾,其体为至亵,其利为至微"。他担心,官银钱局归国有,招商经营,恐难得其人,善于经营的商人"自谋之不暇,何暇为官谋?"而官吏难免贪污作假,即使亏损治罪,也于事无补。②他要求朝廷重新考虑他在咸丰元年提出的钞法方案。署闽浙总督王懿德也认为户部的银票期票办法不可行,并且认为钞法也应统筹,不宜试行于一省。

但是,在各种钞法方案尚未经过充分论证之时,咸丰三年(1853)二月,一个不兑现纸币的钞法便匆匆出台了。匆匆出台的原因是军事形势和财政状况的极度恶化以及京师市面的混乱。咸丰三年初,太平军顺长江而下,势如破竹,直捣南京。京师富商大贾纷纷挟资出京。加以清廷停发官俸,议加铺税、丁口税等,人心惶惶。商税之令二月十三日下,十六日即收回成命,但仍无济于事。还在清廷内部争论钞法问题时,京师即已"讹言不一",市民恐慌,"各商多有装载银两盈千累万纷纷出都之事","三五日间,银价骤贵",到二月间,竟至发生大规模的挤兑,"昼夜填街塞巷,拥挤争先。钱铺一时措办不及,遂至关闭。而从旁即有游手,藉端抢夺斗殴,甚至有伤官情事","一日

---

① 《中国近代货币史资料》第 1 辑上册,第 329 页。
② 王茂荫:《条奏部议银票银号难行折》,《王侍郎奏议》卷 3,第 37—38 页。

之间，钱铺关闭者几二百余家"，"即素日资本富厚，最著名之铺，亦皆关闭。粮店亦间有已闭者，街市扰攘，人人惊危"。[①]

　　制定钞票政策的决策机构于咸丰三年（1853）一月十九日设立，由左都御史花沙纳、陕西道御史王茂荫会同户部堂官组成，于二月十七日拟出《试行官票章程十八条》。章程要点如下：一、试行银票自京师开始，行有成效后再推行各省；二、部库放款除兵饷外，按银八票二搭放，在京收项亦按银八票二搭收；三、官票赴银钱号兑现，应按票面所开平色照数付银，或按当日市价换给钱文钱票；四、官票发行额定为 12 万两，面值分 1 两、5 两、10 两、50 两，均系二两京平。五、设立官票所填制官票。至七月初三日，经户部奏准《推行官票章程》，将官票推行各省，官票搭放范围扩大到兵饷，搭收搭放比例改为五成，添造三两票，增加发行额 200 万两（颁发各路粮台 25 万两，加盖"粮台"红戳，颁发各省藩库 175 万两，加盖省名）[②]。

　　官票推广发行以后，清政府又于当年九月决定发行宝钞。十一月制定宝钞章程。要点如下：一、宝钞按五成搭收搭放；二、宝钞二千抵银一两，与现行大钱、制钱相辅而行；四、宝钞面值分五百文、一千文、一千五百文、二千文四种，以天字为五百文号头，地字为一千文号头，字字为一千五百文号头，宙字为二千文号头，每字自一号至一万号止，接用日月星辰，以次递推[③]（咸丰五年又添制五千文、十千文、五十千文、一百千文四种，其号数系画码横写，称为短号钞，前四种号数系画码竖写，称为长号钞）；三、专设宝钞局发行。十一月二十四日由内阁明发上谕发行宝钞。[④] 十二月初二日，户部将制成的宝钞样式呈进，同时发商承领。

　　这样，到咸丰四年（1854）初，清政府的官票宝钞全面推出了。

---

①　《中国近代货币史资料》第 1 辑上册，第 340—341 页。
②　《中国近代货币史资料》第 1 辑上册，第 356—357 页。
③　按《千字文》顺序。
④　《中国近代货币史资料》第 1 辑上册，第 367—378 页。

但是,官票宝钞很快就遭到了官吏和商民抵制。官票发行和收兑弊端丛丛。"京内所领官票之家,有力者已将官票搭交捐输;无力者握票在手无处可以易钱,反被奸商以贱价货去,包办捐输,搭解上兑。"①宝钞发行仅十天,就在顺天府受到了军营官兵的抵制。②

问题的关键在于官票宝钞的兑现。一般货币史家都认为,咸丰朝的官票宝钞是一种不兑现纸币。但由于有关章程的含混,这个问题并没有得到解决。咸丰三年二月在京师试行的官票实际上是一种有条件的可兑现纸币,根据《试行官票章程》规定:"凡各衙门领到官票,赴银钱号兑换银钱者,或换现银,或换现钱,或换钱票,均按照票上所开平色照数付银,暨按本日市价换给钱文钱票,毋许克扣。"但一般商民持票则不可兑现。这种兑现的义务不是由发行机关,而主要是由私人的银钱号来履行,这样,官票就成了赤裸裸地夺取商民经营资本的一种手段。到七月间,户部进一步将京师试行官票推行到各省,但"不准以银票搭解户部",其意图是"准其当银搭放,并不责令将搭放所扣现银解部,所期周转民间,票存日巨,以便民生而佐度支"③。不准备收回已经呼之欲出了。但户部仍同意官票准按价支取现钱及钱票。同月,户部还将一部分试行官票发到各路粮台,作为军饷支出,并特别声明:"此项银票固为节省饷需以免运解,亦为体恤将士以利轻赍,与地方别项搭放银票专令换钱者不同,应令按照票载数目平色,以实银给发,不准私毫克扣,其各省藩库及道府县库遇将此项银票支银者,毋论正杂各款,均许随时借动,另册核实报。"④而到《推广官票章程》和《宝钞章程》颁行以后,不再有任何兑现的条款,这时的官票宝钞就成为不可兑现纸币了。

---

①　《中国近代货币史资料》第1辑上册,第370页。

②　《宣宗实录》卷115,咸丰三年十二月癸未;魏建猷:《中国近代货币史》,第88页。

③　《中国近代货币史资料》第1辑上册,第354页。

④　《中国近代货币史资料》第1辑上册,第355页。

给事中英绶在九月初二日的一份奏折,就说明了官票的变质过程:

> 夫官铺者,朝廷便民之举,非商贾居奇之地也。倘发票一两必先发一两之本,则部库何不发银;倘票藏于民,银存于铺,则部库何不可以存银! 且持票不能取银,则民已疑;持票并不能取钱,则民愈疑。与其使民疑铺,又何妨使民疑库。此理甚明,较然易见。乃近日部发俸银官票约六七万两,初出之时商民争购。旋因官铺倡言户部无本不肯收换,于是市廛观望,收者渐稀。间有持票向官铺理论者,该商伙声言任人告发,自有大部作主。不数日,而户部有不必专归官铺收买之印示张贴铺门,众目咸观,相顾骇愕。因而相约不收,官票几成废纸。①

因为在试行章程中有有条件的兑现条款,所以顺天府军营的官兵便以军营所在之王庆坨地方无银钱大铺为由,拒绝收取官票宝钞,在他们看来,宝钞和可兑现的钱票是一样的东西。但清政府本来就意图推行不兑现纸币,因而坚持搭放官票宝钞。

不过,除广西于当年十一月即行推行宝钞外,其他各省均未执行,原因还在于它们的不可兑现。如江南河道总督杨以增就认为:"今日之票,明日即可得银,此省之票,彼省亦可支银,方能上下流通。"②就是京师地面,"内外城兵民及大小铺面,均视钞法为畏途,未见行钞之利,但见行钞之害"③。到咸丰四年(1854)三月,户部侍郎王茂荫上奏,要求更定钞法:

> 上年议行钞法以来,初用银票,虽未畅行,亦未滋累。至腊月行钱钞,至今已发百数十万。于是兵丁之领钞者,难于易钱市

---

① 《中国近代货币史资料》第 1 辑上册,第 364 页。
② 《中国近代货币史资料》第 1 辑上册,第 378 页。
③ 《中国近代货币史资料》第 1 辑上册,第 383 页。

物;商贾之用钞者,难于易银置货。费力周折,为累颇多。臣察知其情,夙夜焦急,刻思有以补救之。惟臣既在户部,凡有所见,必取决于总理祁寯藻、尚书文庆。乃所商多未取决,而设想更已无方,有不得不上陈于圣主之前者。

……

现行官票、宝钞,虽非臣原拟之法,而言钞实由臣始。今兵丁之领钞而难行使者多怨臣,商民之因钞而致受累者多恨臣,凡论钞之弊而视为患害者,莫不归咎于臣;凡论钞之利而迫欲畅行者,又莫不责望于臣。

他的建议有四条:"拟令钱钞可取钱也","拟令银票并可取银也","拟令各项店铺用钞可以易银也","拟令典铺出入均准搭钞也"。[1] 马克思在《资本论》第一卷中提到了这件事:"清朝户部右侍郎王茂荫向天子[咸丰]上了一个奏折,主张暗将官票宝钞改为可兑现的钞票。在 1854 年 4 月的大臣审议报告中,他受到严厉申斥。他是否因此受到笞刑,不得而知。审议报告最后说:'臣等详阅所奏……所论专利商而不便于国。'"[2]王茂荫的被申斥,表明了清政府的愚顽态度,各省督抚也不得不行动起来,推广宝钞,其祸遂延及全国。

各省推行钱票的日期如下[3]:

广西	咸丰三年十一月	湖北	咸丰四年闰七月
甘肃	咸丰四年四月	吉林	咸丰五年一月
直隶	咸丰四年五月	河南	咸丰六年一月
福建	咸丰四年六月	江苏	咸丰六年六月
云南	咸丰四年六月	其他	未详

---

[1] 王茂荫:《再议钞法折》,《王侍郎奏议》卷 6,第 101—105 页。

[2] 马克思:《资本论》第 1 册,《马克思恩格斯文集》第 5 卷,人民出版社 2009 年版,第149—150 页。户部的审议折见《中国近代货币史资料》第 1 辑上册,第 394—395 页。

[3] 据汤象龙:《咸丰朝的货币》,载所著《中国近代财政经济史论文选》,西南财经大学出版社 1987 年版,第 60 页。

山东　　　咸丰四年六月

不兑现官票宝钞的发行和推广,本来就是作为清政府的战时筹措军饷的通货膨胀措施,它们的发行数量也就不可能根据流通所需要的实际货币量;作为政府发行的纸币,章程也规定可以用来纳捐和缴纳赋税,但是在实际执行过程中,经手官吏往往拒收官票宝钞,自坏成法;有势力的官僚、商人可以贱价收购纸币,然后通过各种方式向官府原额兑现,官票宝钞成为了他们的牟利工具。不兑现纸币本身就是一种信用货币,一旦信用货币丧失了信用,就必然成为一张废纸。咸丰四年(1854)以后,官票宝钞的流通就日见堵塞,京师内外,"以钞买货者,或过昂其值,或以货尽为词……内外兵民及大小铺面,均视钞为畏途"①。到咸丰十一年,宝钞百文只抵制钱三文,值当十钱不过百余文。清朝留下的档案中至今还保留着一份咸丰四年八旗下级军官吉年因抗议宝钞而被处以绞监候的材料,吉年的抗议反映了一般军人在通货膨胀政策下的生活状况和对清廷发行不兑现纸币的态度:

> 已革武备院副司幄吉年,系内务府镶黄旗吉兴佐领下人……本年二月间,吉年关领俸银钞票四十五千,陆续花用后,因借贷无门,不能当差,时常愁急;至五月间,复染伤寒病,痊愈后,一时情急,因思祁寯藻系军机大臣又管理户部,事事想是祁寯藻议奏,其所议行使钞票及抽取房租、铸造大钱等项,都与国家无益。并听闻军营行钞比城内更难,致令兵民俱怨,遂心怀不平,即捏写祁寯藻系军营头名大奸贼,在朝内隐存,并添砌祁寯藻欺君太甚等词。于六月初一日至惇亲王奕誴府内欲行呈告,因探闻惇亲王在内该班,未经呈递。至初七日吉年复由东华门进内,找至惇亲王该班处所将呈子投递。经惇亲王将吉年拿获,交地

---

① 崇实:《钞法宜取信兵民疏》,《清朝道咸同光奏议》卷38。

面官看守……①

在各地方,户部官票宝钞也受到了抵制。除了上述因素之外,还有地方督抚的竞争。各地推行的官票宝钞有的是户部颁发的,有的则是自己发行的。地方自行发行的银票宝钞往往设官钱局作为发行机关,定章与户部官票宝钞不尽相同,以与户部竞争发行纸币之利。1854年御史沈葆桢奏称:

> 至于外省,各有官票,足资流转,即与钞法一律,毋庸更发官钞。盖远则号数合同,无可核对,易启猜疑;不如本省官票之足以取信也……现在福建停止大钱,畅行官票,兵民称便,其明验也。②

其实各地的官钱局所发行的钱票往往以大钱作为准备,可以兑现,较户部的不兑现纸币较易取信,并不在号数核对之难易。

太平天国时期清政府在各地为发行官钱票而设立的官钱局,主要有以下几个:

表3-11　咸丰朝设立的地方官钱局统计表

官号名称	成立日期	总号	停止日期
永丰官钱局	咸丰三年七月二十四日	福州	咸丰九年一月
陕西官银钱铺	咸丰四年初	西安	咸丰十年
恒通字号官钱铺	同治元年	西安	光绪十二年
大美字号官钱总局	咸丰四年十二月	杭州	
中和官钱局	咸丰四年	清江	
四川官钱局	咸丰四年	成都	

---

① 《中国近代货币史资料》第1辑上册,第405—406页。
② 沈葆桢:《请变通钱法疏》,《清朝道咸同光奏议》卷38。

续表

官号名称	成立日期	总号	停止日期
豫丰字号官钱店	咸丰五年	开封	
浙海新关官银号	咸丰十一年	宁波	宣统二年
吉林通济官钱局	咸丰六年三月十一日	吉林	咸丰十年
甘肃官钱铺	咸丰四年	兰州	
宝丰官钱总局	咸丰四年	南昌	

此外，各地还有各种名目的钞局。这些官钱号由于主要是为了筹措军费、经费而开设的，加以经营管理不善，大都无法维持长久。如福建永丰官钱局开始时资本尚为充足，官票较有信誉，并设南台、厦门、建宁、福宁、汀州、台湾6个分支机构加以推广。后因官票愈发愈多，经营人员营私舞弊，致使官票价格日趋跌落。咸丰八年（1858）清查时，发现官票散在民间的达1,000万贯，而局内积存铜钱仅10余万贯。陕西官钱局发行的官票宝钞，情况也差不多，官票几乎无人过问，宝钞不值面值的十分之一。咸丰八年发现舞弊大案，处斩4人、绞监候1人、流放3人。继而设立的恒通字号官钱局也因发行钱票逾百万之多，无法兑现，引起风波。吉林通济官钱局发行的官票最初可以全额兑现，后因滥发，于咸丰八年改为二成兑换，十年停止发行。[①]

在京城，除内务府于道光二十五年（1845）设立的"五天"官号（即天元、天亨、天利、天贞、西天元）外，户部又在咸丰三年四月奏准设立了"四乾"官银钱号（即乾豫、乾恒、乾丰、乾益），以宝泉、宝源二局所铸钱文为"票本"，发行京钱票，用以搭放八旗兵饷。咸丰四年十月，

---

① 　上述有关地方官银钱号的叙述，均据姜宏业主编的《中国地方银行史》（湖南出版社1991年版）。其中《吉林永衡官银钱号》一篇的作者刘万山、王晓娟说，通济官钱局初发行的官票以银元为本位。如果属实的话，那么这可能是最早发行银元票的官银钱号了。

又由商人白亮、刘宏振等呈准筹本垫发宝钞,设立"五宇"官银钱号(即宇升、宇恒、宇谦、宇泰、宇丰)。白亮不过一当铺伙计,而刘宏振则是开饭店的,运用其与清廷的关系,邀集了京城当行、钱行及粮食等行数百家,承揽户部钞票的发行。他们大量发行,大肆囤积粮食,使京城粮价不断攀升,从中牟利,遂使宇字号官票信誉扫地,遭到挤兑,并波及其他官票宝钞的流通。咸丰八年(1856)初,户部不得不清查五宇官号,接管发行业务,改设官钞局;同时,派令五十家民铺领本发钞。咸丰十年二月,清政府以官票宝钞弊端太多,明令停止发行。

咸丰年间清政府和各地方发行的官票宝钞数量,已经很难统计。据彭泽益先生统计,仅就京城而言,户部宝钞发行总数 27,113,038 串,银票历年发行总数 9,781,200 两,乾、天九号历年交库京钱票折合制钱 49,447,910 串,"五宇"清查时京钱票发行余额 15,707,814 吊,折合银两近 5,200 万两。[1] 咸丰十一年,停收宇号钞票。同治元年(1862)停止收放钞票,收回银票。至同治七年,停收银票。至此,未收回的银票达 650 万余两,都成了废纸。

鸦片税

鸦片战争以后,清政府名义仍然实行禁烟政策,但是,对于鸦片的走私问题与英方已经达成了默契,使得鸦片走私不断增加。在太平天国时期,财政陷入严重危机的清政府为了筹措军饷,也开始考虑对于明禁实弛的鸦片征税的问题。

关于鸦片厘金开征的经过,李圭的记载是这样的:

> 咸丰五、六年间,东南各省奏请[鸦片]抽厘充饷,始自江苏之上海,定以每箱二十四两,以二十两归入军需支拨,四两为办公经费。其后粤匪窜入闽界,闽督奏请援照江苏从权办理,复以

---

① 彭泽益:《十九世纪后半期的中国财政与经济》,第 115 页;参见张国辉《晚清财政与咸丰朝通货膨胀》,载《近代史研究》1999 年第 3 期。

军饷紧迫，向洋商贷银五十万，约以扣税归款（见外国新闻纸领事官告示）。旋经兴泉永道出示，定以每箱洋银四十圆，外加费八圆。浙之宁波有本地行栈与洋商往来，议定箱价，愿赴官包缴月厘。其他若江西之河口、安徽之屯溪，皆以此为厘金大宗。[1]

其实，清政府开征鸦片捐，最初是由江南大营发端。咸丰四年（1854）年底，王茂荫奏称：“扬州府属泰州等处为出米之区，商民装载至苏出粜，置货而归，往来不空，稍获微息。兹以各局报捐，计米一石成本制钱二千，历十余局，捐厘便加至千文，价不偿本，渐成裹足。苏、杭储积不充，势必采买维艰，商力因此而疲，民食由此而匮。他如杂货有税，银钱有税，空船有税。至于烟土、私盐，久干例禁，今则公然贩运，止须照数捐厘，便可包送出境。伤国体而厉商民，莫甚于此。”[2]而地方政府举办厘金，则以上海和福州为先。

早在咸丰五年秋，上海道台吴健彰为了筹措镇压太平军的军费，就曾企图对进口鸦片“征收一笔每箱二十五元的税”，但没有成功。[3]六年六月，宗人府丞宋晋向咸丰帝奏称，实行鸦片抽厘，以所得经费雇轮船入江助剿。奏片称：

> 上海为夷商总汇，每年销售鸦片烟一项，银两动以千万计。现虽例干禁止，而地方官假立名目抽厘，半归私橐。若能官为箝制，不必明定章程，而按数收厘，百万之数，不难凑集。[4]

宋晋推荐浙江道员金安清办理此事。咸丰帝指示江浙督抚购买轮船，对于所需经费，只讲“妥为筹画”。[5]浙江方面认为“钦奉谕旨，

---

① 李圭：《鸦片事略》，《鸦片战争》资料丛刊第 6 册，第 219—220 页。
② 《清政府镇压太平天国档案史料》第 16 册，第 584 页。
③ ［英］莱特：《中国关税沿革史》，姚曾廙译，第 59 页。
④ 宋晋：《保奏道员雇船抽厘片》，《水流云在馆奏议》卷下。
⑤ 《文宗实录》卷 200，咸丰六年六月戊子。

准予筹费办船,并未驳饬,可见圣意似已许可"[1],于是浙江方面派金安清、江苏方面由护理上海道蓝蔚文、候补知府吴煦等出面招集上海的鸦片商人,募集鸦片捐,每箱交库平银二十两,并建议将绕道至苏州销售的鸦片"即照湖丝补交三关税之例,补完吴淞每箱二十两捐项",[2]定于九月初七日开征。但后接到军机大臣彭蕴章的私信,风示"不准举办,遂即停止"[3]。

宋晋奏片中所言地方官假立名目抽收烟厘,已见王茂荫前奏。但由于江南大营军费不支,于咸丰七年(1857)二月径自派员到上海办捐,鸦片捐也在其中,每箱鸦片捐豆规银 10 两,另收局费 2 两。这引起江苏当局的强烈不满,经咸丰帝从中调解,江南大营于五月末撤局。自二月十七日(3 月 12 日)起到五月二十九日(7 月 20 日)结束,共捐得鸦片捐豆规银 134,990 两。接着由江苏巡抚何桂清派王有龄、吴煦接办,每箱鸦片征库平银 20 两(合豆规银 22 两)、局费 2 两照旧,合共 24 两豆规银,改名"广潮义捐",含混奏报。[4]

咸丰七年春天,福建方面根据升任知府叶永元的建议,"开禁抽厘,改鸦片之名为洋药,于南台中洲设厘金总局,每箱装烟土四十颗,每颗抽洋银一圆,其零碎烟土,每十斤抽银四圆,均由总局发给照引为凭,准其随处行销。并遍贴告示,称系奏明办理。以致兴贩之徒,敢于通衢开设烟馆,悬挂招牌,诱人吸食。所抽厘金,大半官役分肥"[5]。到九月间有人弹劾,咸丰帝不能再置若罔闻,便故作姿态地斥责叶永元"擅行抽税","妄称奏明",要闽浙总督王懿德据实参奏,同时却说"即或因防剿需费,姑为一时权宜之计,亦不宜张贴告示,骇人

① 《吴煦档案选编》第 6 辑,第 190 页。

② 《吴煦档案选编》第 6 辑,第 187—189 页。

③ 《吴煦档案选编》第 6 辑,第 254 页。夏笠《关于鸦片贸易合法化的几个问题》(载《上海师范大学学报》1990 年第 4 期)于此事考订甚详。

④ 参见夏笠前文。

⑤ 《文宗实录》卷 236,咸丰七年九月己亥。

听闻"。也就是说,南台抽收洋药厘金的做法不当之处止在于"张贴告示"。此谕一出,在实际上批准了征收鸦片税,也标志着清王朝对鸦片的正式解禁。

咸丰八年(1858)十月第二次鸦片战争期间,清政府与英国订立的《通商章程善后条约》正式规定:"洋药准其进口,议定每百斤纳税银三十两,惟该商止准在口销卖,一经离口,即属中国货物;祇准华商运入内地,外国商人不得护送……其如何征税,听凭中国办理,嗣后遇修改税则,仍不得按照别定货税。"①鸦片贸易由此而正式合法化了。对于清政府来说,重要的是它不仅可以对大量进口的"洋药"征取数百万两的海关税,而且对于离开通商口岸以后的洋药可以征收内地税,即所谓的"洋药厘金"。

洋药税开征以后,土药税厘也一并在全国开征,清政府美其名曰"寓禁于征"。鸦片贩子以前从未想到清政府会如此做,在土烟泛滥的云南、四川地区开征时,竟然引发了李永和、蓝大顺的暴动,进而发展成为持续数年的民众起义。②

第四节　变动中的战时财政

太平天国时期清朝政府的财政危机同时也是财政制度的危机。这种危机表现在两个方面。一方面,已经千疮百孔的旧财政体制由于战争等因素的打击,陷于崩溃的境地;另一方面,新的财政收入和新的财政体制也在旧体制的崩溃过程中孕育出来。作为国家政权经济基础的财政体制的变化,对于社会和清王朝的前途命运的影响是极为深刻的。

---

① 王铁崖编:《中外旧约章汇编》第 1 册,第 117 页。
② 参见周育民、邵雍《中国帮会史》,武汉大学出版社 2012 年版,第 212 页。

漕粮的海运与改折

前面我们已经谈到，自嘉道以来，运河浅阻的情况已经日趋严重。自咸丰二年（1852）十一月太平军进入长江流域、三年二月占领南京以后，切断了清朝漕运的水路运输的咽喉。咸丰五年黄河在铜瓦厢决口，大规模改道，运河水系受到了严重的破坏。这迫使清政府不得不改弦更张，继续推广在道光时期已经开始试行的漕粮海运政策。

最为积极的是漕粮负担最重的江浙两省。早在道光三十年（1850），江苏巡抚傅绳勋奏请将苏松太三属漕粮改征折色，以免运输之劳费。咸丰元年九月，江南御史张祥晋即奏陈将各省漕粮改行海运，[①]十月，他又上奏请将江苏的一部分漕粮改征折色。[②] 两江总督陆建瀛、江苏巡抚杨文定联衔上奏请继续试办海运。在这种情况下，户部同意了江苏方面的要求，自咸丰二年起，苏松常镇太四府一州应征咸丰元年漕粮共 104.62 万石全由海运。[③] 咸丰三年，太平军占领南京、上海小刀会起义，江苏地区的抗粮抗租斗争掀起了高潮。"苏常各属佃户，虽经业户禀官，大张晓谕，愿将租米照额减收十之三四，仍复鸣锣聚众，抗不还租"，而"苏省粮价自庐州失守以后，数月之内，每石骤增大钱三四百文"。在业户因佃户抗租无力纳赋、粮价暴涨情况下，江苏苏常地区的咸丰三年应征漕粮只能奏请改征折色，以减轻业户的负担，并保证财政的收入。[④] 与江苏同时在咸丰二年实行海运的还有浙江省。但由于战火烧至，漕粮海运的数量不定。湖北、湖

---

① 军机处录副：御史张祥晋咸丰元年九月二十五日奏。

② 《吴煦档案选编》第 6 辑，第 1—2 页。

③ 陆建瀛奏（1852 年 2 月 13 日），同上，第 2—3 页。

④ 怡良、许乃钊奏（1854 年 3 月 20 日），同上，第 12—15 页。据该折称，"向来江、浙食米仰给于川、楚，川、楚不至，犹可仰给于庐州一带"。也就是说，漕粮负担最重的江浙地区，也是粮食供应不足的地区。清王朝的实物财政的需要，造成了巨大的经济浪费。

南、江西、安徽四省的漕粮于咸丰三年(1853)按"每石折银一两三钱"①实行改折,"由官折价解京"②。河南漕粮也于咸丰七年按每石折银一两二钱五分改折,③后又一度曾恢复本色,就近截拨至军营。④在太平天国时期,继续维持河运的仅山东和江北地区。

江浙漕粮改由海运,是一项社会影响深远的重大措施。首先,大量的漕运水手失去了生计,投入了失业大军,加剧了社会的矛盾和冲突。在太平天国起义之前,清政府的漕粮海运改革限于局部,对于失业水手的安置办法主要是"给资回籍"。当太平军进入长江流域后,清政府决定大批招募粮船水手为水勇。1853 年 2 月,安徽团练大臣吕贤基提出:

> 现在江广粮船本月计可全行出江,而来年江广无粮可运。目下贼匪(指太平军)滋扰,其船恐不能归次,漂荡江边,必滋事端。莫如令其船泊安庆以下,每船留二三人看守,而招其舵工水手入伍。其人武健,不畏死,较之营兵,以一抵五,若用武弁管带,不但无益,且恐激成事端。窃思每帮有一老官,又有一老老官,平日在船,令行禁止,舵工水手人等悦服已久,若招之为勇,而延其老官,待以礼貌,与之商明,即加以顶带,札饬管带。始则以客礼延之,发札后则以军礼待之,庶几老官水手无不愿从者。

---

① 《中兴别记》卷 52,《太平天国史料汇编》第 2 册下,中华书局 1979 年版,第 832 页。

② 《文宗实录》卷 100,咸丰三年七月丁巳。

③ 据咸丰八年三月英桂奏,"每石折银一两二钱五分,系援照上届成案"(《文宗实录》卷 248 咸丰八年三月庚寅)。李文治、江太新《清代漕运》(修订版)只记河南于咸丰年间改折(社会科学文献出版社 2008 年版,第 327 页)。咸丰七年以前未见有河南漕粮改折记载,英桂奏折中的"上届成案"四字,说明咸丰七年已实行改折。

④ 如咸丰七年十一月,清政府又命令,密云兵丁"所有应支一半本色粟米二万三千二百石,著自咸丰八年起,仍由豫、东二省运津漕粮内截拨给放"(《文宗实录》卷 240,咸丰七年十一月癸巳);咸丰十年,户部奏称,"现在南漕阻滞,惟赖豫、东二省河运漕粮接济,即全数起运,尚不敷支放",因此咸丰帝命令"所有彰、卫、怀三府漕粮,毋庸折价解银"。(张寿镛等编《皇朝掌故汇编》内编卷 17,第 44 页)

如是则可胜兵五六千人,似于江防不无裨益。①

也就是利用水手帮会来招募和组织镇压太平军的军队。在这种政策下,有不少原来的粮船水手加入了清军。另一方面,也有一些粮船水手加入了太平军,有的清朝官吏也承认,"沿江减歇之粮艘,更番勾结,为贼向导,其患不小"②。但仍有相当一部分水手,仍然依托原来的漕运水手行帮组织,积极开辟"旱码头",形成作为秘密结社组织的青帮。

其次,漕运的改道,还导致了运河沿岸大批的运输工人、纤夫等的失业。"江南徐、海、邳、宿,山东郯、兰、滕、峄之民,随漕逐末,及游手好闲、挽舟佣食者累计数十万。恒以匹布分幅帕头,私相雄长,阴有部曲……[咸丰]三年(1853)春,江南被兵,南漕改折,或海运,纤夫游民数十万,无可仰食……弱者转沟壑,壮者沦为匪,剽劫益炽。"③这使北方的捻军、幅军的活动达到了高潮。"捻逆滋扰,淮、颍、徐、宿之人居多,往年贼党繁滋,未始非漕运之羁阻激而为此也。"④

第三,漕运的改道,使清政府更疏于运河的治理,沿海地区的大量商货也转由海道运输。在社会动荡的形势下,促成了北方沿海海盗的猖獗,而且"闽广艇匪,往往随漕北上"⑤,他们所劫掠的主要对象

---

① 吕贤基:《时事艰危需才孔急敬陈管见奏》附片,《吕文节公奏议》卷2。

② 沈衍庆:《答夏嗛甫书》,《槐卿遗稿》卷5。

③ 张曜:《山东军兴纪略》卷17上。

④ 丁显:《请复河运之言》,张寿镛等编《皇朝掌故汇编》内编卷18,第20页。丁显以此作为他力主恢复河运的重要论据之一,但光绪年间反对恢复河运的沈葆桢则认为海运正可以消除这种隐患,他说,河运"费既踵事而增,犷狎游食之徒萌孽其间,所谓青皮党、安清道友者,引类呼群,恃众把持,成固结不解之势。前两江总督陶澍忧之,乃创为海运之说,明以节省经费,暗以消患无形……是河运所可虑者,又不仅在经费也"。[《光绪朝东华录》(一)总778页]是他首先指出了道光朝试行海运的社会政治意义,当然,这是否当时改革者的真实意图之一,就不得而知了。但河运终于没有恢复,却与这种担忧并非毫无关系。

⑤ 《文宗实录》卷245,咸丰八年二月乙卯。

就是运输漕粮和商货的商船。如咸丰五年(1855),"盗匪啸聚北洋,劫掠漕船,沿海村庄并多扰累",迫使清政府不得不下令"兜剿",并购买火轮船在江浙海面巡缉。① 海运漕粮的风险,还来自列强的侵略。1858 年英法联军北上天津,大批漕船不得不隐蔽在山东海口,一直等到《天津条约》签订,联军南下广东。列强的海上威胁日益严重,是清政府后来屡次企图规复河运的一个重要原因。②

　　太平天国时期湖北、湖南、江西、安徽、河南五省漕粮,江浙地区部分漕粮的改折,以及相应的兵米、麦、豆、草的改折,也是清代财政史上一次大规模的由实物赋税向货币赋税的转变。我们根据嘉庆《大清会典事例》所载的嘉庆十七年(1812)五省额征漕粮的数额,来看一下这次折征所增加的财政收入的货币量。

表 3-12　咸丰朝五省漕粮改折银数计算表

省份	正兑(石)	改兑(石)	合计(石)	两/石	折银额(两)
湖北	93,676	—	93,676	1.30	121 778.8
湖南	95,546	—	95,546	1.30	124 209.8
安徽	290,464	200,450	490,914	1.30	638 188.2
江西	351,683	170,000	521,683	1.30	678 187.9
河南	9,257	110,000	119,257	1.25	149 071.25
合计	840,626	480,450	1,321,076		1 711 435.95

资料来源:嘉庆《大清会典事例》卷 163。

---

① 上谕(1855 年 11 月 3 日),《吴煦档案选编》第 6 辑,第 15 页。
② 早在咸丰八年二月,清军刚克复瓜洲,打通了运河进入长江的通道,清政府就曾企图恢复江浙部分漕粮的河运,只是由于江浙督抚的反对未能果行(《文宗实录》卷 246,咸丰八年二月辛未)。冯桂芬后来庆幸地说,"咸丰九年,枢臣犹请复河运……文庙圣明得寝其议,意外之幸也!"(《校邠庐抗议·折南漕议》)不过,他认为更彻底的改革还是漕粮改征折色。

也就是说,大约有 130 多万石漕粮改征折色,折价总额达 170 多万两白银。这只是漕粮的正额,如果加上各种名目的漕粮附加如漕耗、轻赍、席木、余米等折银一起算在内,数目远不止此。由折银而派生出来的耗羡、平余等附加也是题中应有之义。我们可以估计,清政府从中大约可以得到 400 万两白银。而在实际征收过程中,州县也会将其浮收的漕粮一并折银,这数目就无法估计了。据记载,"咸丰三年(1853),部定漕米变价,每石折银一两三钱。而各省州县照旧浮收,加至数倍,鄂省竟有每石十数千者,上下因之交困"①。实物赋税向货币赋税转化大大刺激了地方官吏对于货币财富的贪欲。

由于魏源、林则徐、冯桂芬等进步思想家都主张漕粮改折,因此,不少学者都认为漕粮改折是一项进步的改革措施。从财政上说,漕粮改折的确要比征实经济得多。但在一个腐败政府下进行的改革,即使一项进步措施,其实施的结果也会与作俑者南辕北辙。而且,由于社会经济条件不同,漕粮改折后果也会有所不同。江浙两省是中国商品经济最为发达的地区,而且是粮食供应需要外地输入的地区,漕粮的改折在一定程度上会减轻人民的负担,而且可以避免经济上的巨大浪费,上述思想家们都是根据江浙地区的情况来考虑其改革方案的。而五省的商品经济相对落后,多属粮食输出地区,突然向这些地区增收数以百万计的白银,会在短期内造成粮食价格的暴跌,②从而在一定时期加重了农民的赋税负担。

长江六省的减赋

在漕粮改折之后不久,清政府还在长江下游省份进行了减赋。太平天国运动以前,各省田赋收入已远不足额。到道光二十九年

---

① 李滨:《中兴别记》卷 52,《太平天国资料汇编》第 2 册下,第 832 页。
② 咸丰三年漕粮改折后,造成了各地粮价大幅度下跌,1841—1850 年平均粮价每市担1.04 元,到 1851—1860 年下跌为 0.79 元,到 60 年代以后粮价才出现回升。见许道夫《中国近代农业生产及贸易统计资料》,上海人民出版社 1983 年版,第 89 页。

(1849),全国田赋收入为八成,而湖北、湖南、江西、安徽、江苏和浙江六省仅有七成。[①] 太平天国运动爆发以后,长江六省成为最主要的战区,田赋收入更是大幅度下降,这对岌岌可危的清朝财政无异于雪上加霜。为了增加田赋收入,以维持迫切的军费需要,清政府在长江六省实行了减赋。

减赋何以能增加田赋收入? 前文已经说过,在田赋征收过程中,各州县带征了大量的杂费以及供官吏贪污的浮费,这些费用远远超出了国家的正赋。所谓"减赋",就是裁减这些浮收的费用以保证国家的正赋收入。其次,江南漕赋本来就很重,即使列入正赋,也有不少民户无法足额缴纳,长期拖欠,使得这些正赋有名无实,徒增官吏需索的机会。沉重的浮费和赋税,加剧了清王朝同农民的矛盾,也使地主阶级内部的矛盾趋于激化。在太平天国运动前夕,加入抗粮、抗漕队伍的不仅有普通农民,也有不少地主士绅。通过减赋,可以缓和社会矛盾,收拾民心,以争取地主阶级在财政上对于清王朝的支持。

减赋首先是从湖南开始的。咸丰五年(1855),湖南境内各地出现抗交钱粮、赋税不能入库的局面。湘潭举人周焕南向巡抚骆秉章条陈建议,地丁每两加耗四钱,漕米折色除完纳一两三钱正额外,外加一两三钱以资军粮、四钱作为县署经费,裁革其他一切款目。骆秉章采纳了他的建议,于咸丰六年正式开始,在湘潭首先试行后颇有成效,又在长沙、善化、宁乡、益阳、衡阳、衡山等地推广,"将钱粮宿弊,大加厘剔……严禁吏胥衿棍扰索把持"[②]。结果不仅当年(咸丰五年)

---

① 据表2—7。

② 《骆文忠公奏稿》卷12《沥陈湖南筹饷情形折》;《骆文忠公年谱》咸丰五年己卯。湖南减赋的实际主持人是左宗棠。左时为骆的幕僚,骆对左"惟公言是听"(朱孔彰《中兴将帅别传》卷5《左文襄公宗棠》,岳麓书社1989年版,第51页);左孝同则言,"减漕事发端湘潭周君焕南,其时排群议以定章程,府君实主之焉"(罗正钧:《左文襄公年谱》卷2)。

钱粮全数清完,而且咸丰元、二、三年的积欠也"踊跃输将"[①]。据研究,湖南减赋的总额约共 50 万两。[②]

湖南减赋的成功推动了湖北。咸丰六年(1856)底,清军克复武昌,太平军主力退出湖北,湖北巡抚胡林翼即筹划减赋,于咸丰七年实行。湖北的减赋重点的是清厘漕弊:(1)革除各级衙门的漕规及房费、差费等各种冗费;(2)禁革由单、串票、样米、号钱等所有浮费;(3)减定漕章,减定之数,不许再行增减。减定漕章后的结果,民间减收钱 140 余万串,[③]而湖北省的财政收入却大为增加,其中北漕、南米正耗银 42 万余两,[④]南米余银、漕南水脚、北漕兑费、随漕浅船军弁安家帮津资役等项提存 31 万余两,共 70 余万两。[⑤]"南粮向须延至一二年始能征完,今已完至九分,为数十年来所未有。"[⑥]湖北减赋也收到了实效。

江西的减赋是在咸丰十一年湘军克复安徽省会安庆、太平军退出江西以后。减赋的办法仿照湖北,从裁革浮费入手,于同治元年(1862)正式施行,但其中多有波折。署布政使李桓原定地丁每亩正耗减定为制钱 2,400 文,漕粮每石折价 3,000 文,州县办公经费亦在内。[⑦] 李桓的方案并未考虑各州县原征丁漕是否达到减定数,对于丁银折价不到 2,400 文或漕粮折钱不到 3,000 文的州县来说,减定数反而加重了这些州县的负担,因此窒碍难行。同治元年沈葆桢任江

---

①　《骆文忠公奏稿》卷 12《沥陈湖南筹饷情形折》。

②　刘克祥:《十九世纪五十至九十年代清政府的减赋和清赋运动》,载《中国社会科学院经济研究所集刊》(7),第 295 页。

③　夏鼐《太平天国前后长江各省之田赋问题》重新统计为 164 万余千文(载《清华学报》第 10 卷第 2 期,1935 年 5 月),所据为 1858 年的裁减数。

④　《清史列传》卷 42《胡林翼》作 43 万余两,《胡文忠公抚鄂记》作 41 万。此据《文宗实录》卷 259,咸丰八年七月己亥,北漕正耗 21.4 万两,南粮 20.65 万两。

⑤　汪士铎辑:《胡文忠公抚鄂记》卷 2,咸丰七年九月,岳麓书社 1988 年版,第 120—121 页。

⑥　胡林翼:《奏陈漕务章程办有成效疏》(咸丰八年六月十六日),《胡林翼集》(一)奏疏,岳麓书社 1999 年版,第 505 页。

⑦　李桓:《劳辛斋制军》(同治元年十二月初十日),《宝韦斋类稿》卷 65。

西巡抚后,采纳卢陵知县丁日昌裁减浮费、分别核减的建议,结合李桓的方案,一律征银,地丁银正耗 1.1 两征 1.5 两;漕粮 1 石南昌等 10 府折收 1.9 两,广信府 7 县折收 3 两。广信府减定前漕粮每石折收银 14,000 文,按李桓方案只须缴 3,000 文,新的减定方案折价增高,因此遭到了广信府粮户的群起反对,不得不改同南昌等 10 府。同治三年(1864),因银价跌落,改为每石折钱 3,000 文。四年,江西再次更定减赋章程,丁漕合共减征 100 多万两。[①]

同治三年六月,安徽巡抚乔松年奏准核减丁漕。布政使马新贻遂拟出方案,漕粮每石照部定征一两三钱外,另加一两二钱作为司库提存之款;裁减陋规摊捐,另加"丁漕余资"作为州县办公经费。漕粮折钱原拟视各州县情形而定,每石 4,000—9,000 文不等。曾国藩认为折钱太多,建议再减七八百文,最高不超过 6,500 文。最后定下来的折钱数量大体上在 4,500—6,500 文之间。安徽核减总数大约也在 100 万千文之谱。

同治二年与三年,江苏与浙江也进行了减赋,重点是核减漕粮。江苏的减赋工作自同治二年着手进行,至同治四年才确定下来。常镇二属漕粮不分科则轻重,一律核减十分之一;苏松太三属则按原额轻重,分别递减,[②]情况如下表:

---

① 据李文治、江太新《清代漕运》(修订版),社会科学文献出版社 2008 年版,第 326 页。

② 江苏减赋工作由两江总督曾国藩、江苏巡抚李鸿章主持,但实际策划的是冯桂芬。他认为,江苏漕额 160 万担,而道光十一年至二十年(1831—1840)共起运漕粮 1,300 余万石,二十一年至三十年(1841—1850)共起运 900 余万担,咸丰元年至十年(1951—1860)仅起运 700 余万担,除去官垫民欠,三十年中,政府实征由八成下降到四成。据此,制订了"大减虚额,无减实征"的减赋方案。[冯桂芬:《显志堂稿》卷 9《请减苏松太浮粮疏(代)》]。

表 3-13 苏松太三属田赋科则递减表

原科则	新科则	原科则	新科则
20 升以上	统减为 11 升	7.73—6.66 升	递减至 7—6 升
19.65—16.26 升	递减至 11—10 升	6.60—5.15 升	递减至 6—5 升
15.72—10.47 升	递减至 10—9 升	5.13—5.03 升	递减至 5.0—4.99 升
10.40—9.28 升	递减至 9—8 升	5 升以下	不减
9.21—7.80 升	递减至 8—7 升		

资料来源:《江苏省减赋全案》卷 2;卷 6,《江苏田粮新旧科则表》。

根据减赋后的新科则,江苏漕粮平均比道光年间的漕粮旧额核减了约四分之一强,情况有如下表:

表 3-14 江苏各府州核减漕粮统计表

府州	原额(石)	核定数(石)	核减数(石)	核减率(%)
苏州府	877 564.95	550 932.61	326 632.34	37.22
松江府	427 461.39	310 916.75	116 544.64	27.26
太仓州	153 432.74	110 554.74	42 878.00	27.95
常州府	355 980.56	320 382.50	35 598.06	10.00
镇江府	214 735.07	193 261.56	21 473.51	10.00
合计	2 029 174.71	1 486 048.16	543 126.55	26.77

资料来源:《江苏省减赋全案》卷 7,合计奇零数与原书略有差异,系因升合小数进位所致。各卫帮并丹徒省卫屯田粮米 10,401.75 石普减十分之一。

另外,苏、松、常三府核减浮收共 374,600 石,苏、松、常、镇核减浮收钱文共 167,600 万文。[1] 其江宁府漕粮直至光绪三年(1877)才由两江总督沈葆桢奏准核减,除高淳、溧水两县向完折色外,上元、江

———————————

[1] 李文治、江太新:《清代漕运》(修订版),第 334 页。

宁、句容、六合、江浦五县漕南各米一律核减十分之三。核减漕粮以后,江苏还清厘了田赋积弊,"以革除大小户名目为清厘浮收之原,以裁减陋规为禁止浮收之委"①。除酌留州县办公经费外,核减浮收银总计达 60 万—70 万两。② 同时,李鸿章又奏准裁汰海运经费 70 余万两。同治五年,李鸿章核减丁漕钱价,总数达 200,000 万文以上。③ 在各省减赋中,以江苏的力度最大,总计核减漕粮及浮收 81 万余石,银 145 万余万,钱 367,000 万余文。

浙江减赋工作于同治三年(1864)开始,次年正式实行。漕粮核减情况如下表:

表 3-15 杭嘉湖三府漕粮核减表

地 区	原额(石)	减征数(石)	减征率(%)
杭州府	178,189	25,735	17.81
嘉兴府	587,475	145,416	24.75
湖州府	380,014	95,614	25.16
合 计	1,145,678	266,765	23.28

资料来源:《浙江海运全案新编》卷 1 第 18 页。李文治、江太新所著用《浙江省减赋全案》卷 7—9。减征数同,原额数异,杭州府 163,566 石,嘉兴府 492,276 石,湖州府 344,577 石,共 1,000,419 石。

此外三府核减浮收米共计 486,906 石,核减钱价共 530,354 千文。全省的地丁也进行了核减,数目不详。④

---

① 《李鸿章全集》第 1 册奏议一,安徽教育出版社 2008 年版,第 300 页。革除大小户名目,实际上从法律上取消了绅户的减免税特权,但是各县在实际征赋中,仍然不得不照顾绅衿豪强的利益,设立内柜、外柜,"内柜皆绅及富室之强者,其费省;外柜则富之儒者与乡里小户属焉"。
② 李文治、江太新据《江苏省减赋全案》卷 2,第 60—64 页的估算。
③ 李文治、江太新:《清代漕运》(修订版),第 333 页。
④ 同上,第 335—336 页。

太平天国时期,清政府在长江六省进行的减赋,是在农民起义的沉重打击下,清政府被迫作出的重大让步。通过减赋,清王朝得以调整地主阶级内部的利益分配,多少缓解了统治阶级的内部矛盾;大量为州县官吏及豪绅侵吞的民脂民膏归入国库,加强了清政府镇压太平天国运动的财政力量;减赋也在一定程度上纠正了赋役负担严重不均的状况,多少减轻了农民的赋税负担。这对于清王朝与太平天国之间的力量消长乃至胜负,是具有深远影响的因素。

需要附带提及的是,清王朝即使在财政处于危机的状态下,仍然没有放弃祖制,对因兵祸、灾害而无法完赋的地区仍然实行蠲缓、减免等措施。贾熟村先生根据《清实录》作统计有如下表:

表 3-16　太平天国时期清政府蠲缓减免田赋情况表

省份	年份	次数	县次	备注
山东	1851—1864	46	1,957	卫所不计在内
江苏	1853—1864	40	1,388	府、省不计在内
直隶	1853—1864	39	1,153	
河南	1853—1864	28	976	
浙江	1853—1864	21	613	整省、整府未计算在内
广西	1853—1864	14	560	
福建	1854—1864	14	340	
湖北	1853—1864	14	246	
贵州	1855—1864	9	208	
江西	1853—1864	9	199	
安徽	1853—1864	13	168	
湖南	1853—1864	15	155	
甘肃	1856—1864	7	122	
陕西	1863—1864	4	51	

续表

省份	年份	次数	县次	备注
广东	1856—1864	6	45	
山西	1853、1863	2	35	
四川	1862	1	5	
合计		282	8,221	

资料来源：贾熟村：《太平天国时期的地主阶级》，广西人民出版社 1991 年版，第 88—89 页。县次包括厅、州在内。

上述蠲缓减免的县次，如果约略以全国 1,500 个州县计算，大约等于蠲缓减免了整整 5 年以上的全国田赋。

由此可见，清王朝在镇压太平天国时期，在财政上固然有其大肆搜刮的一面，但同时也有其千方百计笼络人心的一面。没有后者，清王朝是无法取得镇压太平天国的胜利的。

盐务的紊乱

太平天国时期，清王朝的盐务也陷入了空前的紊乱。道光末年长芦、淮南的盐务改革的成果因战事而荡然。战火所到之处，运道不通，居民流离，各个盐场几乎都积引累累。如山东盐场因捻军起事，"引地被扰，南运各处，几乎片引不行，奏销亦展缓矣。而正额多值，拖欠引票，愈形壅滞"[1]。淮南盐场"因不通长江，盐无出路，即办无善法。淮北运道亦通塞靡定，经总督奏明，每月只运二十九万正引，然不过数年始办一年之课"[2]。两广盐场也因盐法废弛，"私盐船只如入无人之境"[3]。

---

[1]　《述山东盐法》，《皇朝掌故汇编》内编卷 13，第 48 页。
[2]　《述两淮盐法》，同上，第 52 页。
[3]　方濬师辑：《醝政备览》下册《编纂盐务历案缉私章程》，第 6 页。

对于太平天国时期清政府盐课流失的情况,尚无比较系统的统计,但从淮南盐场的情况可见一斑。

表 3-17　太平天国时期淮南盐场盐税收入统计表

年份	银(两)	钱(千文)	年份	银(两)	钱(千文)
咸丰五年	—	80,929	咸丰十年	179,589	194
咸丰六年	—	41,680	咸丰十一年	223,253	25
咸丰七年	97,301	58,003	同治元年	429,415	213,225
咸丰八年	283,080	2,515	同治二年	426,423	180,191
咸丰九年	287,516	246	同治三年	1,850,256	306,637

　　资料来源:据方濬颐《淮南盐法纪略》卷 9《课厘奏报》整理。1855 年数中包含有 1854 年部分补报数字,并泰州分司始抽旋停之盐厘。1856 年内含江南盐厘总局所抽盐厘 1,505 千文。1858—1861 年未含盐厘。1862—1864 年含盐厘。

从这个统计数字来看,到咸丰十一年(1861)清军攻克安庆之前,淮南盐场每年的收入不过 20 多万两,加上淮北盐场每年约 30 万两的收入,[①]合计不过 50 多万两,至多只有战前的四分之一。直到同治三年(1864)清军攻克天京,两淮盐场的盐税收入加上盐厘在内,才勉强恢复到战前的水平。[②]

在盐课严重征收不足的情况下,有的地方干脆以食盐作为军饷。商贩缴盐纳课,课盐则由军队自贩,名为"饷盐"。如淮北盐场在咸丰十年即由袁甲三所率皖营接管,声称"本大臣虽于盐务不相统辖,但课从盐出,盐即饷源。既有全归皖饷之名,不得不力求实际"。"积引以四成作为饷盐,池商余盐以五成作为饷盐,其余听该贩及池商自行

---

① 参见项晋蕃《淮北票盐续略》卷 2《奏销》。其实,淮北的盐课也并非实征数,"多以盐抵"。

② 1849 年两淮盐场盐课收入达 235 万两,见工庆云《石渠余纪》卷 5《直省盐课表》,第 235—241 页。

销售。"①浙江应拨湘军军饷无着,曾国藩也要求以浙江盐引抵饷,于是浙盐也堂而皇之地进入了淮盐引岸。

盐务的混乱还表现在盐务制度上面。以两淮盐场为例,自咸丰四年(1854)至同治初年(1861),七年之中,屡变盐法。由票盐改为就场征税,继而改为通州泰州分司管理,再裁撤两分司,改由旧商包纳盐税:

> 咸丰四年,部科以停纲久,议仿明王守仁就场抽税之法,檄准试办。署运使淮扬道郭沛霖设法试行,定以每盐百斤抽食税钱百五十,出江倍之。各场奉行不力,或三石抽一,或五石抽一,更有十石抽一者。复设巡卡二十余处,补漏税及不足者。行二年余,收税钱数十万缗。七年秋,署运司乔松年受篆,前江苏布政使联英副之,议改税盐法,于泰州设总局,通[州]、泰[州]分司,另刊大票,以八十五斤为一包,成引征正杂课银一两三钱五分。行之年余,旧商渐集。九年夏,联英议撤两分局,统归旧商承办,每年包纳税银,以二十四万两为率,多运者听。而每年所销仅十余万引……[咸丰]十一年八月,大军克服安庆,江路渐通,湖北、江西皆有淮盐运贩,沿江设卡抽厘以饷军,而川私、粤私充斥,湘鄂淮引销[滞],曾国藩乃建疏销、保价、杜私之议,商民便之。②

河东盐场道光二十四年(1844)改招短商,至咸丰二年又改用长商,两年之后,再改为"捐免充商,课归场征"。属河东引岸的陕西因改办官运"诸多掣肘",于咸丰五年将12.1万余两盐课摊入地丁征收,"凡粮少课轻之处,尚能按限催交,其粮多课重之等处,率皆观望不前",阻力重重,不得不于第二年"复课归盐",改用"官民并运,先封课而后掣盐"。③

---

①　《四六饷盐示》,项晋蕃《淮北票盐续略》卷8。
②　《求阙斋记两淮盐政》,《皇朝掌故汇编》内编卷13,第54—55页。
③　周庆云纂:《盐法通志》卷71,第5—7页。

引岸制度更是破坏不堪。因江路不通,原来属于淮盐销岸的长江中游地区为东下的川盐所占领。"咸丰三年(1853),东南兵事起,江道梗塞,淮盐不能上达。于是奏请借拨川盐陆引二千张,设局巫山,由四川委员押运至巫山县,付局转运湖北。后因私商贩运,为数甚巨,六年间于川省之巫山,鄂省之巴东,设关榷税,化私为官,约计每月合川水引九百余张,咸丰七年,湖广督抚奏请以每月九百引计算,民运其七,官运其二,以道府一人驻川,就月协楚饷三万两作为运本。……自此楚岸遍销川盐,喧宾夺主,川楚商民,均忘食淮旧制。"① 在清军攻克天京以后,淮盐规复楚岸成为长江各督抚长期争执的一个重要财政问题。而淮南盐场的"西岸则食浙私、粤私而兼以闽私,楚岸则食川私、粤私而兼以潞私,引地被占将及十年"②。山东盐岸的徐州府铜山等五县也为淮北盐所夺。③ 太平军在占领区和战区内也大量贩运食盐,"去年(1854)自岳州以下之新堤起,及武汉、黄州下至武穴、龙坪、九江等处,皆食贼中之淮盐,皆从贼营贱售而来。本年在江西,见东北各州县遍食贼中私盐",而"贼中之私盐太贱",使官盐"行销不畅"。④ 太平军的廉价销售食盐的政策对于清政府的盐政是一个沉重的打击。

财政权的下移与破坏

在封建的政治体制中,兵权与财权是最重要的事权,这些事权的变化对于封建政治体制的影响极为重大。而在清王朝统治时期,咸丰朝恰恰是这两项事权变动最显著的一朝。就财政权而言,其变动主要由两个因素造成的。一是由于中央政府无法解决镇压太平天国

---

① 林振翰:《川盐纪实》,商务印书馆民国八年再版,第27—28页。
② 曾国藩:《淮南盐运畅通力筹整顿折》(同治三年正月十二日),《曾国藩全集》奏稿七,第3915页。
③ 户部奏,项晋蕃《淮北票盐续略》卷8,第18页。
④ 曾国藩:《请拨浙引用盐抵饷咨户部》(咸丰五年四月),《曾国藩全集》批牍,第644页。

运动的经费,不得不同意各地督抚乃至统兵大员自行筹饷;一是由于第二次鸦片战争后外人取得了中国海关税的征税管理权以及实行了子口税制度。前者关系到统治集团内部财政权的分配,后者则关系到国家的财政主权。经过咸丰朝的变动,清王朝由中央一统财政权的局面一去不复返了。

财政权的下移

太平天国时期清政府的财政下移主要表现在以下四个方面:

第一,地方督抚可以自筹经费。在清王朝的全盛时期,中央财政即为全国财政,所有的财政收入都由中央控制,地方不得擅自加增赋税项目、派捐。尽管州县的浮收、私派层出不穷,但毕竟属非法行为,地方官不能不有所顾忌。但在战时,因财政危机的加重,各省官员纷纷出谋献策,加征各种苛捐杂税,朝廷无不照准。他们有恃无恐,地方绅士也无从要挟。前面提到的四川的按亩捐输、钱粮津贴,福建、江苏的鸦片捐等都是由地方官自行筹划、先斩后奏而实行的。此外,还有名目繁多的房捐、铺捐、米捐、茶捐等。鸦片捐涉及朝廷的道德形象,清廷一度曾经犹豫不决,但最终还是批准了。与此相同的还有广东的闱姓赌捐,广东巡抚郭嵩焘最初以罚款的名义筹饷,后来也"准其立案,招商承饷"[①]。新增的捐税朝廷无从考核,不能定额,而且往往由督抚随征随用,朝廷无法指拨。

第二,自行动拨、截留本属户部调拨的正供钱粮、漕粮以及仓谷。清制,正供地丁钱粮,除核定存留之外,应尽收尽解,报部备拨。但如遇军情紧急,可以先就近地方动用,再行奏报。在太平天国时期,各地纷纷借口"军务",大量截留归中央调拨的钱粮。户部也因军费开支无定,无从编制拨册,不得不从权处理,听任各地便宜行事。咸丰四年(1854),清政府不得不承认户部已无法筹拨饷银,准江南、江北

---

① 　商衍鎏:《清末广东的赌——闱姓》,《广东文史资料》第 1 辑,第 161 页。

大营及各军粮台就近截留动支各省漕粮、漕折及各处仓社米谷,[①]至于是否敷用,就管不上了。在太平天国时期,各省不仅截留应解的协饷、京饷,连其他省份解送的过境协饷、京饷,也大量的被截留。同治二年(1863),清政府抱怨道,大多数省份"不能依限报解,且有逾限不解者。虽因防剿吃紧,奏请留支,或解军营,迳行划拨,而藉词透卸,亦所不免"[②]。曾国藩在奏折中毫无顾忌地指出:"自军兴以来,各省丁漕等款,纷纷奏留,供本省军需,于是户部之权日轻,疆臣之权日重。"[③]

第三,统兵大员可以"就地筹饷"。军权与财权分离,是中国封建专制政权长期发展所形成的基本原则,两者的结合,极易形成割据,是专制政权的大忌。太平天国时期,清朝军事统帅得获自筹军饷之权,起自领部照捐输。按照旧制,捐输人须赴部捐输领照,捐输款归户部拨用,这对捐输人十分不便。太平军兴之后,清政府为筹措军饷,鼓励捐输,同意先颁空名部、监二照给各省藩司,捐输人可直接在省交捐领照,补填姓名等。咸丰三年(1853)曾国藩奏准,湘军可在湖南、湖北、安徽等省"随处劝捐"[④]。次年春,又奏请领空白部、监二照共4,000张,3,000张由四川、江西、湖南劝募,捐银径拨湘军,余1,000张由湘军自行劝募,军队调到哪里,就在哪里卖官鬻爵。[⑤] 接着,江北大营因军饷匮乏,自办厘金。各省、军效法,纷纷增设厘卡,成为军队自筹饷源的大宗。贩卖饷盐也是军队自筹兵饷的一个重要方式,其方法有二:一是曾国藩采用的所谓"以盐抵饷",由军队出面

---

① 《文宗实录》卷139,咸丰四年闰七月戊寅。

② 《穆宗圣训》卷30。

③ 曾国藩:《沈葆桢截留江西牙厘不当仍请由臣照旧经收充饷折》(同治三年三月十二日),《曾国藩全集》奏稿七,第3997页。

④ 曾国藩:《请捐输归入筹饷新例片》(咸丰三年十一月二十六日),《曾国藩全集》奏稿一,第84页。

⑤ 曾国藩:《请派大员办捐济饷折》(咸丰四年二月十五日),《曾国藩全集》奏稿一,第103—104页。

领引,由绅商出资贩运,课归军队,利归绅商,名为"盐饷","则军饷可渐期充裕,而淮南数千里引地,为贼私、粤私、川私侵占者,可以反而为官引之地"。① 二是袁甲三、李世忠等在淮北盐场的做法,即前面提到的"饷盐",由军队就场征课,盐商以盐代银交课,军队取得课盐后或自行贩运,或发卖给商人。不论是盐饷还是饷盐,其意义不仅在于解决清军自身的军饷,而且也从一个方面反映了作战双方在财政上的斗争,因为盐利也是太平军、捻军的重要军费来源,关乎双方经济力量的消长。

第四,奏销制度的废弛。清代的奏销制度十分严格,各项行政开销都有额定。治河、工程、军需等专项开支则采用专案报销的办法。稍有违例或毫厘之差,部吏即行刁难,非大量行贿,缴纳"部费"不得结案。从财政管理来说,户部既要集中管理全国财政,就不能不全面掌握其收支情况,控制收支大权。但是,行政军务情况十分复杂,所有支出本来就很难一一如式,在平时,各省于例外开支皆在浮收的钱粮中支出,而不列入奏销册内。这种"小金库"的普遍存在本来就是公开的秘密,这种隐形的"地方财政"使得朝廷能够维持其表面上的专制财政体制。但是,在长达十几年的内战过程中,无论是平时的日常行政开支,还是非常的军需开支,都由督抚控制,实际上也无法正常地执行奏销制度,形成了十几年不办奏销的局面。到湘军攻克天京前夕,清政府眼看军务将毕,围绕着奏销问题,部吏与地方督抚之间展开了一场十分微妙的斗争。李桓对此事述之颇详:

> 盖自停遣督饷大员后,每遇征伐,帅臣兵饷兼操,内而户部,外而藩司,支数可稽,用数无考。而军中大小将吏得以多立名目,肆为侵冒,皆恃部费为护符,贪狡成风,真堪痛恨! 然犹全用旗、绿官兵,调发若干,死亡若干,人数尚有可核,而浮冒侵渔,弊

---

① 曾国藩:《请饬大员总理盐饷派员协理盐运片》(咸丰五年四月初一日),《曾国藩全集》奏稿一,第 451—453 页。

已如是。若此次广西发逆倡乱,捻匪继之,岛夷又继之,回匪又继之,越时至十四年,行师至十余省,召募之勇十居七八,经制之兵十才一二。某路某帅召募若干,撤换若干,某路某战伤亡若干,更补若干,其立营补额,均未随时奏咨备案。其随营执事文武员弁,倏入倏出,亦不能报部存查。为薪为粮,扣旷扣建,纷纭轇轕,无从清厘。此各路统兵大臣肆意专擅,非不知事后报销,无凭核算,必成不了之局,亦惟赖别筹部费耳。

他一方面指出了要弄清楚在这场规模浩大、历时持久的战争中清军合例开支的军费究竟有多少的实际困难(他还没有提到在战争中不少军队的册籍散失的情况),同时又认为有统兵大帅专擅财权的弊端。平心而论,在军饷支绌的情况下,各路统兵大员顾眼前尚有不及,很难先考虑到以后的报销问题的。但是当报销问题确实来临之时,部吏首先考虑的是如何索取这次千载难逢的巨额"部费",而疆吏则考虑的是如何规避"部费"。

当癸亥、甲子之交,江南官军严围复合,百道环攻,收复之机端倪可睹。户部书吏知复城之不远也,报销之难缓也,约同兵、工两部蠹吏,密遣亲信分赴发逆被扰各省城,潜与各该省佐杂微员中狙诈狡黠、向与部书串通又能为笔库大吏关说者,商议报销部费,某省每百几厘几毫,粗有成约,一面遣派工写算之清书,携带册式,就地坐办。盖各省藩、粮、盐、关四库款目,及捐输、厘金等项,存库旧籍,报部清册,其名目省各不同,不得不就地查核,以求符合。此辈资斧纸笔,皆由部书垫给,统归分年准销部费内增扣归款,合计所垫在数万金。而其时王夔石[文韶]中丞方官户部郎中,灼知将来报销万无了局,因创请免册报,私议堂司同僚中,多有闻而善之者。至是江南报捷,中丞适以京察授湖北安襄郧荆道,将出都矣。倭大司农约同堂上官,密取中丞议稿,参阅酌定。遂于七月十二日,齐赴户部内署,召司员中工楷书者数人,扃内堂门,某录稿,某用印,某缮折,至漏三下办毕,乃偕各堂官随议政王恭亲王诣宫门递折。两宫皇太后召问称善,命即颁谕,宣示中外。诏书既降,都人士欢声如雷,各部书吏闻而大骇,有相向泣者。其各省办事私人垫用巨数,遂成虚耗,然口噤不敢告人也。[1]

王文韶的"私议"是地方督抚的策动,还是他为了见好于各省督抚,抑或出于对情理的自我判断,已不得而知。但较量的结果是以地方督抚胜利却是无疑的,因为清王朝不能不考虑重兵在握的地方督抚们的利益。倭仁隐密、果断、迅速的行动,也有效地阻止了部吏们的阻挠,这位依据"义理"行事的理学家并不总是像他后来反对天文算学馆那样迂腐的。他在这篇名奏中剖析事理十分明晰:

> 则例所载,征调但指兵丁;而此次成功,多资勇力。兵与勇本不相同,例与案遂相歧出。在部臣引例核案,往返驳查,不过求其造报如例而止,要不能于已支之帑项,再求节省。而各处书吏,藉此需索,真属防不胜防。粮台委员藉以招摇,甚至费外加费,费无所出,则浮销苛敛之弊兴……应驳之款,或数十万,或数百万,甚且着落赔偿。劳臣战将,酬庸于前而追呼于后,无论力有未逮,恐非国家厚待勋旧之心。……臣等公同商酌,所有同治三年六月以前各处办理军需,未经报销各案,拟恳天恩,准将收支款目总数,分年分起,开具简明清单,奏明存案,免其造册报销。[2]

如果循例报销,一是例与实不符;二是报销不能省已出之款,而徒增书吏之需索,累及百姓;三是刻薄于"勋旧"。权衡利害,清王朝

---

① 李桓:《宝韦斋类稿》卷96《宾退纪谈》三;吴庆坻:《蕉廊脞录》卷2《同治三年变通军需报销》,中华书局1990年版,第39—40页。
② 户部:《奏免军需造册报销疏》,盛康编《皇朝经世文续编》卷78。

也不能不变通祖制。通过报销,虽然清政府不能省已出之款,但是却可由此掌握各省的财政情况,恢复对于战时实际已经形成的地方财政的控制。而当时,清政府实际上做不到这一点,这表明,由财政权下移而导致地方财政的形成已经成为历史发展的一种趋势。如何处理地方财政与中央财政之间的关系,将是清政府不愿意承认但又不得不解决的一个现实问题。[①]

在财政权下移的过程中,不仅存在着中央与地方的财政矛盾,而且地方与地方之间、地方与统兵大员之间在如何重新分配财政权益的问题上,同样是矛盾重重。因为在四面烽火之下的各省地方政府都有理由截留钱粮,在朝廷对财政已经失控的情况下,各地相互之间原来的协拨关系无法再按照有余或不足的财政理由维持下去了。罗尔纲先生在谈到这一时期督抚专擅财政的局面时指出当时的筹款情形是,"隔省筹款,其督、抚非亲故不行";"督师作战,倘后方督、抚非亲故,则饷需不能接济","遇到利害抵触的时候,便不能不出于争"。[②]曾国藩与沈葆桢、左宗棠与李鸿章、曾国荃与官文、李鸿章与骆秉章等,都在军费上产生过争执。[③]因此,如何处理地方之间的财政关系,也是留待清政府解决的一个新问题。

对于太平天国时期清王朝财政权下移,为督抚所专擅的后果,一般人都持否定态度。王闿运从封建社会治乱兴衰的历史教训认为:"校《五代史》二卷,观其将富兵横,矛戟森森,与今时无异,恐中原复有五季之势,为之龃杌。余去年过湘乡城,如行芒刺中,知乱不久

---

① 光绪八年(1882)九月,清廷又下谕:"所有光绪八年八月以前各省办理军需善后未经报销之案,著将收支款目总数,分年、分起开具简明清单奏明存案,免其造册报销。"(《德宗实录》卷151,光绪八年九月甲午)中法战争之后,有关兵饷、边海防务和善后事宜的收支款目,有关各省又援案办理。战事财务收支不再造册报销,遂成惯例。

② 罗尔纲:《湘军兵志》,中华书局1984年版,第130—131页。

③ 参见何烈《清咸、同时期的财政》,中华丛书编审委员会1981年版,第9章第2节。

矣。"①罗尔纲先生也认为,北洋军阀分崩割据的祸乱的根源也在于湘军的兵为将有、自专兵饷。其实,这只是问题的一个方面。

就财政方面而言,在清政府高度集中地控制一个庞大国家的财政时,它本身就包含着内在的无法克服的矛盾,那就是,一方面它要剥夺地方政府一切财政机动权,另方面这种财政机动权却又非法地、公开地存在着。雍正朝实行耗羡归公,一方面是对这种机动权的承认,另方面又把这种机动权收归中央,而以养廉银的形式发放下来,未尝不是对中央与地方财政关系的一种调整。但是,用这种专制集权的方式,既不可能妥善地解决中央财政与地方财政的关系,也无法防止地方政府在财政上的自行其事。其结果,地方财政只能通过督抚专擅这样一种病态的形式产生和发展起来。这种病态的形式对于削弱清王朝的专制统治,进行财政赋税制度的改革以及一些重大的近代军事工业和民用工业以及国防的建设,起到了一定的积极作用。要消除其病态,必须首先消除中央政府自身的病态。在清末和民国初年,人们已经提出了建立民主的政治体制,采用划分中央税和地方税的办法来解决中央与地方的财政关系,但无论是清政府,还是袁世凯政府都拒绝了这条道路,而坚持恢复原有的封建专制财政体制。由咸同时期发展起来的督抚专擅到最终酿成民国时期的军阀割据,其最终祸源还在于封建专制政体本身。

财政主权的被分割

太平天国时期,列强还乘中国内战之机,窃取了中国的海关行政管理权,并且通过第二次鸦片战争取得了子口税的特权,重新修改了海关税则。

早在咸丰三年(1953)三月,英国商人就以销路不畅为由,要求采用所谓"存栈保税制",停止向江海关缴纳关税达数月之久。七月,上海小刀会起义,苏松太道吴健彰逃遁,江海关征收关税工作陷入瘫

---

① 　王闿运:《湘绮楼日记》同治九年正月十六日,岳麓书社 1997 年版,第 1 册,第 76 页。

痪,英国军队乘机占领了江海关。英国驻上海领事阿利国与美国副领事金能亨决定由领事代办英美船只的结关手续。一个月后,吴健彰重回上海,准备恢复关税征收工作,但遭到阿利国的拒绝,声称"须俟大清官军收复上海县城,阁下到江海关复职视事之日,本领事始准备与阁下进一步谈判征收关税事宜"①。八月二十四日(10 月 26日),吴健彰在陆家嘴两艘兵轮上设立临时海关,准备自二十六日起开征关税,遭到英、法等国领事的反对而未果。次年初,他又在虹口设立机构,开征关税,仍遭拒绝。后来,他只得在白鹤渚和闵行镇设两个内地关卡,向华商征收出口税。但是由于吴健彰的贪污受贿和外国侵略者的破坏,根本无法正常收税。"从 1854 年 4 月起,上海完全变成一个自由港了。"②

为了达到控制上海海关行政管理权的目的,五月初九日(6 月 15日),阿利国正式提出,由英、美、法三国领事与上海道台会商,指派外籍税务员进入江海关办公,在此前提下,恢复江海关的征税工作并补交已办结关手续的外商的应交关税。美国新任驻华公使麦莲进一步提出,由三个领事与上海道台会商建立一个新的海关机构。

在列强的压力下,咸丰四年六月初五日(1854 年 6 月 29 日),吴健彰只得与三国领事进行会商,同意改组海关机构设置,由三国领事选派三名外籍税务司组成关税管理委员会来监督、控制江海关的行政大权。③ 咸丰八年十月,中英《通商章程》进一步规定"各口划一办

---

① 《英国领事复吴健彰照会》,《上海小刀会起义史料汇编》,上海人民出版社 1980 年版,第 320 页。
② 《阿利国传》(选译),《上海小刀会起义史料汇编》,第 613 页。
③ 关于上海海关税务司的起源问题,详见郭豫明:《上海小刀会起义史》,中国大百科全书出版社上海分社 1993 年版,第 238—247、262—265 页;戴一峰:《近代中国海关与中国财政》,厦门大学出版社 1993 年版,第 9—11 页;陈诗启:《中国近代海关史》,人民出版社 2002 年版,第 13—29 页;并参见拙文:《从江海关到江海新关(1685—1858)》,载《清史研究》2016 年第 5 期。

理"，将江海关的外人共管制度推行到了其他通商口岸，①中国的海关行政管理权落到了外国侵略者的手中。

中英《天津条约》中有关子口税的规定则表明了中国内地税主权受到了严重的破坏。中英《南京条约》规定"英国货物自在某港按例纳税后，即准由中国商人遍运天下，而路所经过税关不得加重税例，只可按估价则例若干，每两加税不过分"②。英国侵略者虽然已经表现出对于中国内地关税的干涉意图，但由于当时中国仅有少数常关，税率不重，因此，这个规定的主旨仅在于要求与中国货物享有相同的税率待遇。但是，到太平天国时期，由于国内的厘卡增设，货物过境税加重，列强对于厘金的征收之于进出口货物的影响日益表示出关注。咸丰四年英国公使包令在进行修约交涉中就提出，"凡有进口货运至内地，并出口货运至海滨，除五港照税则纳税外，俱不得在内地关津重行征税"③。这还是在厘金制度刚刚推广之时。到《天津条约》谈判之时，厘卡已遍布东南各省，成为清政府的一大收入，裁撤已不可能。在这种情况下，英国提出了子口税的方案，其主旨在于，使进出口货物享有与中国一般货物不同的、优惠的待遇。《天津条约》规定：

> 迄今子口课税实为若干，未得确数，英商每称货物或自某内地赴某口，或自某口进某内地不等，各子口恒设新章，任其征税，名为抽课，实于贸易有损；现定立约之后，或在现通商各口，或在日后新开口岸，限四个月为期，各领事官备文移各关监督，务以路所经处，应纳税银实数明晰照复，彼此出示晓布，汉、英商民均得通悉。惟有英商已在内地买货，欲运赴口下载，或在口有洋货欲进售内地，倘愿一次纳税，免各子口征收纷繁，则准照行此一

---

① 王铁崖：《中外旧约章汇编》第 1 卷，第 118 页。
② 同上，第 32 页。
③ 《筹办夷务始末（咸丰朝）》第 1 册，中华书局 1979 年版，第 343 页。

次之课。其内地货，则在路上首经之子口输交，洋货则在海口完纳，给票为他子口毫不另征之据。所征若干，综算货价为率，每百两征银二两五钱，俟在上海彼此派员商酌重修税则时，亦可将各货分别种式应纳之数议定。此仅免各子口零星抽课之法，海口关税仍照例完纳，两例并无交碍。①

根据这一规定，不仅外国进口货物，而且外商收购的出口货物同样享有子口税特权。关于出口货物子口税的征收办法，在稍后签订的《通商章程》中规定："凡英商在内地置货，到第一子口验货，由送货之人开单，注明货物若干、应在何口卸货，呈交该子口存留，发给执照，准其前往路上各子口查验盖戳。至最后子口，先赴出口海关报完内地税项，方许过卡。俟下船出口时，再完出口之税。"②关于子口税的规定对清朝财政经济的影响，莱特指出："这种制度，因其妨害国内税的课征，因其以省库为牺牲而增加帝国国库的收入，所以深为中国省当局所痛恨，后来更因其给予外国人一种华商所没有的不公正的有利地位，也痛受政治家和爱国人士的斥责。"③

根据中英《天津条约》和咸丰八年（1858）的中英通商章程，中国的海关税率和税则又进行了重大的有利于英方的调整。首先，"值百抽五"的征税税率正式确定下来。《天津条约》称，"前在江宁立约第十条内定进、出口各货税，彼时欲综算税饷多寡，均以价值为率，每价百两，征税五两，大概核计，以为公当"。我们在上一章中已经指出，此系子虚乌有之事，但既已写入《天津条约》，"值百抽五"从此便成为中外关税谈判中的一个重要原则。而这个"值百抽五"的来源，则是

---

① 王铁崖：《中外旧约章汇编》第 1 册，第 99—100 页。
② 同上，第 118 页。
③ ［英］莱特：《中国关税沿革史》，姚曾廙译，第 63 页。

出于额尔金对于税则起草人威妥玛的授意。①

　　第二,海关税收出现了大幅度的下降。税率问题本来并不是当时中英贸易中的问题,连英国商人们也认为,"我们作为商人说来,自然希望关税尽可能地低,但是当我们想到关税是中国政府的国家收入,我们认为这种关税除很少的例外情况外,是非常之低的。与我国[英国]的关税比较起来,中国关税是低得多了。茶在英国进入消费时,要负担十倍于中国出口税的税,我们对于中国茶叶出口税每担 2两 5 钱是毫无怨言的"②。但是,为了把额尔金的值百抽五原则贯彻到底,英国政府竟然在向本国商民征收高额关税的同时,反而要求中国政府进一步大幅度地下降关税,明知"无疑会使中国收入遭受损失",却强词夺理地声称,由于价格下降,"以致原定公平税则,今已较重"。根据叶松年先生对 33 种进口货物税率与 1843 年税率比较,下降幅度在 50％以上达 9 种,20％以上的达 21 种,而价格大幅度上涨的 18 种进出口货物关税并没有相应地加征,有的甚至还大幅度下调税率。③ 这是列强对于中国财政的又一次变相掠夺!

① 威妥玛在给额尔金的信中称:"鄙人根据阁下的指示,即按进出口货物价值从价征收5％的原则,拟订修改税则的草案呈送于阁下之前,感到非常荣幸。"(姚贤镐编:《中国近代对外贸易史资料》第 2 卷,第 771 页)把一个公使的指令捏造为已有条约的规定,这充分表现了英国侵略者的想象能力。
② 姚贤镐编:《中国近代对外贸易史资料》第 2 卷,第 771 页。
③ 叶松年:《中国近代海关税则史》,第 54—56 页。

第四章　洋务运动时期的清朝财政

　　清政府进行的洋务运动发生于镇压太平天国运动之时而持续至19世纪末。在第二次鸦片战争之后，清政府为了应付内忧外患并至的"古今未有之变局"，维护自己的统治，求强求富，设立了总理各国事务衙门以协调与列强的关系、进行外交活动，还举办了一系列包括军事、经济、科技和文化各方面向西方学习的活动和事业，如购船炮、练洋操、办工业、办学堂、派游学等等。这是中国近代化过程的起步，它是在国内动乱、外辱严重的情况下迈出的。清王朝如何摆脱太平天国运动以来的财政危机，如何维持日益增长的庞大的行政开支和战争防务费用，如何应付洋务运动的经费需要，以及这一时期清朝财政究竟发生了那些重要的变化等等，这些问题都是需要认真研究的。

第一节　19世纪60—90年代清朝财政结构的变动

　　经过太平天国运动以后，清王朝的财政收支结构发生了重大的变化。台湾学者何烈把太平天国运动时期清朝财政的变化分为五个时期：因袭期（1851—1852）；崩溃期（1853—1855）；转变期（1856—1860）；复苏期（1861—1864）；定型期（1864—1874）。[①] 也就是说，经过太平天国运动，清王朝的财政收支，无论在规模上还是在制度上都

---

① 何烈：《清咸、同时期的财政》，第8—9页。

不能继续恪守祖制而发生了重大的结构性变化。

我们可以从两个方面来考察一下甲午战争以前同治、光绪两朝的财政的变化。一是财政的收支规模和结构，一是财政运行的制度，最后再谈一下与之相关的会计科目的变动。

财政规模的扩大和结构的变动

在全国内战结束之后，为了迅速摆脱财政的窘迫状态，应付正日趋严重的边疆危机和国内的自然灾害，清政府采取了一系列筹款措施，使得财政规模继续了太平天国时期以来不断扩大的趋势。

光绪六年（1880），户部因新疆边防吃紧而拟定十条筹备饷需办法：（一）严催各省垦荒；（二）捐收两淮票本；（三）通核关税银两；（四）整顿各省厘金；（五）严查州县交代；（六）严核各项奏销；（七）专提减成养廉银两；（八）催提减平银两；（九）停止不急工程；（十）核实颜缎两库折价。[①]

光绪十年，因中法战争，户部又提出开源节流二十四条办法，开源节流各十二项。其开源各条有：（一）领票行盐酌令捐输；（二）整顿槎务；（三）就出茶处所征收茶课；（四）推广洋药捐输；（五）推广沙田牙帖捐输；（六）烟酒行店入贳给帖；（七）汇兑号商入贳给帖；（八）划定各项减平减成；（九）严提交代征存未解银两并严定交代限期；（十）严催亏空应缴应赔各款；（十一）入官产业勒限变价解部；（十二）酌提漕粮漕规盐务盐规余款。[②]

光绪十三年，因黄河在郑州决堤，户部提出了筹备河工赈款六条办法：（一）裁撤外省防营长夫；（二）暂停购买外洋枪炮船只机器及炮台各工；（三）变通在京官兵应领各米；（四）酌调河南附近防军协同工

作;(五)捐输盐商;(六)预缴二十年当课及汇号捐银免领部帖。①

以上只不过是户部在财政紧急的情况下采取的筹款措施,其他零星出台的增收节支的措施还为数不少。

由于大规模内战的结束,虽然整个国家还处于百废待兴、外患不断的困难时期,但清朝财政毕竟获得了宝贵的喘息机会而稳步增长。

同治、光绪两朝与道光年间财政上最明显的变化是收支规模扩大了。道光年间,户部的常年财政收入只在4,200万两左右,而到光绪年间,几乎增加了一倍,而到光绪十九年(1893),岁入高达8,968万两。② 据美国驻上海领事哲美森统计光绪十八、十九、二十年三年的平均收入,估计清政府平均年收入为8,897.9万两。③

而在财政支出方面,太平天国以后虽然形势有所好转,但在很长时间内仍未摆脱支绌的局面。1879年6月翰林院侍读王先谦奏,旧入之款如地丁、杂税、盐务、杂款等共四千万,今止入二千八百万,新入之款如洋税一千二百万,盐厘三百万,货厘千五百万。旧出款如兵饷、河工、京饷、各省支四千万,今只支二千四五百万,新有出款如西征、津防两军约一千万,各省防军约一千万,谓尚有赢余。而户部的答复是新增洋税以供机器、海防之用,旧有入款供应支者实无盈余,厘金捐输为西征、各省防军所耗,则国用已不足。④ 这场争论虽然没有对财政的盈绌作出结论,但却透露出财政收支已接近平衡的消息。光绪十年,户部奏称:"发、捻平后,西路、海防两处,用尤浩繁,一岁所入,不足供一岁之出,又十五六年矣。"⑤但当年户部对光绪七年的财政收支根据新定科目重新核实,结果是实收82,349,179两,实支

---

① 《光绪政要》卷13,转引自罗玉东《光绪朝补救财政之方案》,载《中国近代经济史研究集刊》第1卷,第2期。

② 刘岳云:《光绪岁入表》,见《清朝续文献通考》卷66考8227—8228。

③ [美]哲美森编、林乐知译:《中国度支考》,商务印书馆1903年版,第36页。

④ 吴廷燮:《清财政考略》,1914年版,第20页。

⑤ 《光绪朝东华录》(二)总1871页。

78,171,451两,证实了王先谦的推断。^① 中法战争以后,财政收支继续保持了略有结余的情况,如贾士毅所言,"光绪乙酉,法约告成,兵事幸息,财政之局,为之一变"^②,这是鸦片战争以来从未有过的。据刘岳云《光绪会计表》统计如下表:

表 4-1　光绪十一年至二十年清朝岁出岁入表　　　单位:两

年份	岁入	岁出	结余
1885	77,086,466	72,865,531	4,220,935
1886	81,269,799	78,551,776	2,718,023
1887	84,217,394	81,280,900	2,936,494
1888	88,391,005	81,967,737	6,423,268
1889	80,761,953	73,079,627	7,682,326
1890	86,807,562	79,410,644	7,396,918
1891	89,684,854	79,355,241	10,329,613
1892	83,364,443	75,645,408	7,719,035
1893	83,110,008	73,433,329	9,676,679
1894	81,033,544	80,275,700	757,844

资料来源:刘岳云《光绪会计表》卷1,教育世界社1902年印。刘岳云的统计表中不少科目数相加与合计数不符,最大的可能性是数额登录错误,如光绪十九年的"勇饷"应为17,069,920两有奇,而刘登录为19,069,920两有奇,但合计数却没有多增200万两。

按照这个统计表,1885—1894年十年间,清朝财政累计结余银

---

① 户部:《进呈改办年例汇奏出入会计黄册疏》(光绪十年),盛康编《皇朝经世文续编》卷30。根据该奏,光绪七年全国(云南、贵州、广西册报未到)收支两抵,银存4,177,728两有奇;钱存串计551,104有奇,吊计545,230有奇,千计53,926有奇,小数计1,852,860文;洋元37,884元;米9,771,673石;草1,081,108束。

② 贾士毅:《民国财政史》,商务印书馆1917年版,第1编,第19页。

共达 5,857 万两。当然,清朝财政的实际状况并没有像统计表中所反映的那样乐观。刘岳云的统计数并没有包括意外开支,而根据哲美森的研究,甲午战争以前,清政府实际上并没有财政准备金。所以,这一时期的财政结余仍然是十分有限的。[①]

财政收入结构的变动则进一步反映了清朝财政的半封建半殖民地化的程度。在太平天国运动以前,清政府的财政收入以田赋、盐课和关税为大宗,其比重以田赋为最大:

表 4-2　太平天国运动以前清朝财政收入结构分析表

税种	总　计	地丁杂税		盐　课		关　税[**]	
项目	实征数[*]（两）	实征数（两）	比重（％）	实征数（两）	比重（％）	实征数（两）	比重（％）
定额	45,198,278	33,349,218	73.78	7,475,852	16.54	4,373,208	9.68
1840前	41,919,100	30,759,100	73.38	5,745,000	13.70	5,415,000	12.92
1841	39,617,526	30,431,744	76.80	4,958,083	12.51	4,227,699	10.67
1842	38,712,018	29,593,435	76.45	4,981,839	12.86	4,136,744	10.69
1845	40,804,525	30,213,900	74.05	5,074,161	12.44	5,516,464	13.51
1849	36,003,506	26,322,672	73.11	4,955,871	13.76	4,724,963	13.13

资料来源:据本书第二章表2—6。[*] 内含杂税,因数量不多,不再分析。[**] 由于王庆云海关税统计只有粤海关而没有包括上海等口岸,因此关税的实际比重要比统计表上所反映的更高一些。

由上表可见,太平天国运动前田赋收入占到清朝财政收入的四分之三左右,而到同治、光绪年间,田赋收入在清朝财政中的比重大大下降了。情况有如下表:

[①] 陈先松《〈光绪会计表〉中的"财政盈余"问题》(《历史档案》2010 年第 1 期)认为,《光绪会计表》因漏计部库奏销银,统计片面,未包括大量欠解的京协饷,因此,甲午战前二十年的清朝财政收支已大体平衡甚至略有盈余的看法并不准确。

表 4-3　光绪十一年至二十年财政收入结构分析表

年份	田 赋 （两）	比重 （％）	盐 课 （两）	比重 （％）	厘金关税 （两）	比重 （％）	杂项收入 （两）	比重 （％）	总 计 （两）
1885	30,712,187	39.84	7,394,228	9.59	30,186,820	39.16	8,793,226	11.41	77,086,461
1886	31,260,658	38.46	6,735,315	8.29	32,695,904	40.23	10,578,563	13.02	81,270,440
1887	31,187,875	37.03	6,997,760	8.31	38,724,829	45.98	7,306,931	8.68	84,217,395
1888	31,581,941	35.97	7,507,128	8.55	36,028,372	41.04	12,675,377	14.44	87,792,818
1889	30,537,715	37.81	7,716,272	9.55	34,300,611	42.47	8,207,405	10.16	80,762,003
1890	31,915,661	36.77	7,427,616	8.56	34,675,551	39.95	12,788,735	14.73	86,807,562
1891	31,776,400	35.43	7,172,430	8.00	37,092,011	41.36	13,644,010	15.21	89,684,851
1892	31,470,963	37.30	7,403,340	8.78	35,461,953	42.03	10,028,186	11.89	84,364,442
1893	31,535,537	37.94	7,679,829	9.24	33,922,859	40.82	9,971,784	12.00	83,110,009
1894	31,228,293	38.54	6,737,470	8.31	27,663,171	34.14	15,404,610	19.01	81,033,544

资料来源：据刘岳云《光绪会计表》卷1；《清朝续文献通考》卷66、67 刘岳云《光绪岁入总表》《光绪岁出总表》。总收入数个别与表4—1略有差异是原数据问题。

可见光绪年间财政收入中，厘金关税与田赋的收入已基本相同且略占优势。

财政规模与财政收入结构的重大变动，反映了社会经济的变迁。

太平天国时期六省漕粮改折本来可以大幅度地提高国家的货币收入，但与道光年间比较，光绪年间的田赋收入并没有显著的增加，只接近道光年间的额征数量。这在一定程度上反映了战后农业生产持续衰落的情况。

厘金的征收固然对国内的商品流通起了破坏作用，但它的收入不断增长，又在一定程度上反映了战后商品经济的发展。据吴承明等先生估计，1894 年茶叶、蚕茧、棉花、罂粟、粮食五种农产品的商品值比 1840 年增加了 36 740.25 万两，其中国内销售值增加了 32 886.28万两，增加的幅度分别为 190.92％ 和 178.87％，[①]也就是

① 许涤新、吴承明主编：《中国资本主义发展史》第2卷，人民出版社1990年版，第302页。

说,农产品的商品量大体上是 1840 年的三倍左右。商品经济的发展,为清政府的商品税收入的持续增长打下了比较稳定的基础。

海关税收入增长,则是由于对外贸易发展的结果。但是,对于 19世纪 60 年代至 90 年代的海关税收入如果具体分析的话,鸦片税在 70 年代以前占有相当的比重。洋药税根据《天津条约》规定,每百斤征银 30 两,洋药厘金由内地厘卡另行征收,不入海关统计。1887 年,根据 1885 年中英《烟台条约续增专条》,实行洋药税厘并征,统归海关经收,每百斤征 110 两,通行内地无阻。① 因此,1887 年以后,海关的洋药税大幅度上升。此外,还有一部分运经口岸的土药也实行了税厘并征。鸦片税在海关税中的地位,从下表可见一斑:

表 4-4 1887—1894 年海关鸦片税收入统计表

年份	关税总计 (两)	洋药税 (两)	洋药厘金 (两)	土药税 (两)	鸦片税合计 (两)	比重 (%)
1887	20,081,682	2,227,760	4,252,746	9	6,480,515	32.27
1888	23,094,267	2,525,574	6,566,282		9,091,856	39.37
1889	21,929,723	2,282,012	6,098,548	29	8,380,589	38.22
1890	21,984,309	2,272,377	6,101,511	1,453	8,375,341	38.10
1891	23,126,136	2,311,533	6,254,014	2,844	8,568,391	37.05
1892	22,808,391	2,174,827	5,871,177	141,223	8,187,227	35.90
1893	22,066,185	1,969,155	5,343,198	55,484	7,367,837	33.39
1894	22,797,364	1,919,668	5,219,816	266,574	7,406,058	32.49

资料来源:汤象龙编著《中国近代海关税收和分配统计》,中华书局 1992 年版,第 66—67 页。

也就是说,经由海关经征的鸦片税收入占到海关税收入的三分

---

① 参见王铁崖编《中外旧约章汇编》第 1 册,第 471 页。

之一至五分之二;而在整个财政收入中,占到10%。内地土药厘金的收入也为数不少,同治年间不过数万两,而到甲午战前已达到五六十万两。[①] 没有鸦片税收入,清朝财政就无法正常运行,可见清朝财政被鸦片"毒"化的程度。

在财政支出方面,从光绪十一年到二十年(1885—1894),陵寝、交进银两、祭祀、仪宪、俸食、科场、饷乾、驿站、廪膳、赏恤、修缮、采办、织造、公廉、杂支十五项"常例支出"平均在四千万两,基本保持太平天国以前的规模,但占整个财政支出中已只占50%略强。而新增开支主要有勇饷、关局经费和洋款三项,占整个财政支出的35%左右。以饷乾、勇饷两个科目计算,八旗、绿营、勇营、练军、防军的兵费开支,在整个财政开支中的比重达到一半以上,而与洋务企业相关的经费只占3%—4%左右(其中还包括了海关税务司和地方行政局的开支),还不及偿还外债本息的比重,只与各省解京各部饭食银的数量差不多。因此,所谓"同光新政",就清朝中央财政支出的层面看,允许奏销的数额十分有限。"补支""预支"两项开支,占了这十年总支出的10.7%,总额达8,400多万两。从科目设计的角度看,可能是其他专门支出科目不能列支,数额较大、用途明确而不能混入"杂支"科目的专案支出。有关预支、补支账户的情况,有待于户部档案更深入的研究。1887年黄河在河南郑州决堤,波及下游数省,清廷除动拨库款外,还通过开郑工捐例,筹借洋债,先后为"郑工"预拨经费达900万两,[②]相关工程分别奏销,其开支总额《清史稿》估计1,200万,而有人估计自郑工至山东决口各工用款约在二三千万。[③] 这些开支

---

① 罗玉东:《中国厘金史》第480—481页。另据拙文《晚清厘金历年全国总收入的再估计》(《史海试勺》,上海人民出版社2011年版,第284—285页)统计,同期各省征收的鸦片厘金总额由五十万两增长达一百八十万两,其中包含一部分地方抽收的洋药厘金,但实际抽收的土药厘金当远高于罗玉东的统计。
② 武同举等编《再续行水金鉴》卷125,第3273页。
③ 吴廷燮:《清财政考略》,第22页。

在哪些科目中核算,不甚清楚。

根据李希圣《光绪会计录》刊布的光绪十九年(1893)的有关财政数据,户部银库当年各省解交京饷合计 18,407,751 两,占部库收入 21,888,794两的 84.10%,当年财政总收入的 22.15%;由部库支出清廷各种开支(陵寝、祭祀开支含直隶、盛京,主要用于东陵、西陵和福陵、昭陵等;还含有江苏、浙江两省的织造支出)以及各省解交的饭银,共 17,530,245 两,占部库支出 22,791,369 两的 76.92%,占当年财政总支出的 23.87%;而由部库协拨各省的款额仅 1,941,453 两,只占部库支出的 8.52%,整个财政支出的 2.51%。[①] 由此我们可以对这一时期的财政运行情况形成一个基本概念,那就是,在当时清王朝奏销财政收支体系中,各省只有四分之一的经制收入须解交户部,由中央政府直接运作,其中的绝大部分用于皇室和中央政府的直接开支,只有极少部分转拨到地方。这反映中央财政的重心几乎完全集中到维持清廷的各项开支,而作为调节全国财政资金盈缩的功能已经萎缩不堪了。

财政运行方式的变化

前面我们已经指出,清代的解协饷制度是清朝调度全国财政的基本制度,它的运行基础是各省的财政经常费用支出稳定,收支平衡,并由中央政府控制。而奏销制度的严格执行,则是解协饷制度运行的前提条件。但是,太平天国时期,在财政危机的形势下,无论是奏销制度还是解协饷制度都无法正常运行了。到战后,虽然财政形势趋于好转,但是,由于地方财政权的增长,奏销制度的松弛,中央政府实际上无法掌握全国的财政收入情况,这当然不能保证中央财政支出增长的需要。因此,清政府只能变通解协饷制度的运行方式,除

---

① 参见李希圣《光绪会计录》财政支出科目中的"部库"各项支出;附记《各直省协受收款》"部库"收款;附记《各直省协解支款》"部库"支款。

了指拨之外,还采取了中央专项经费和税收分成的办法。

中央专项经费

在清朝财政制度中,本无中央专项经费之名,地方存留之外,统归中央调度,无须设专项经费名目。偶设专项经费名目,也只是中央从各省报解银数中专列一会计科目,以便核算,无关乎解协饷制度。而同治以后所设专项经费,则是由中央规定一项专项经费的总额,然后分摊到各省关,在形式上仍采取指拨的方式。这是在承认地方财政利益的前提下,用以确保中央财政需要的一种变通措施。这种专项经费,是根据户部已掌握的各省关的"的款"(确有款项)来进行指拨的,至于指拨之后地方财政有无机动的非经制开支,户部是不管的。它与太平天国之前地方留存之外的所有款项都由户部直接控制不同,与甲午战争以后不论地方财政有无结余而进行的财政摊派也有区别。前者所征解的都是的款,后者所摊派的则大都不是的款,而这一时期所摊派的专项经费,则是为了确保各省新增收入中中央财政所占的份额。

同治、光绪年间所设的中央专项经费主要有以下几项:

一、京饷。京饷之名目,起源于雍正三年(1725)。原仅指拨各省存留之外的报解用于京师军饷的部分,年额 400 万两。太平天国以后,京饷数额不断增加,咸丰十年(1860)改为 500 万两,次年又增至 700 万两,到同治六年定为 800 万两。

二、固本京饷。同治二年(1863),署礼部左侍郎薛焕奏准在直隶设立四镇,每镇万人;设神机四营,每营五千人,以专顾京师根本重地。[①] 额定 65 万两,由各省合力通筹。

三、东北边防经费。光绪六年(1880)正月,因伊犁交涉,俄国在东北海陆进行武力恫吓,"水师铁甲已集辽海,东洋陆军已逼珲春"[②],

① 《穆宗实录》卷 69,同治二年六月癸亥;《续碑传集》卷 13《薛公行状》。
② 《光绪朝东华录》(一)总 1021 页。

清廷议筹办东北边防,由户部指拨各省关共 200 万两。二十五年二月,添拨 50 万两,二十八年添拨数抵作庚子赔款之用。①

四、筹备饷需。光绪十年(1884),户部奏准将节省西征军饷银移作光绪十一年近畿防饷。嗣因沿海办边防,十二年起将近畿防饷改为筹边军饷,定额 200 万两。光绪十八年定名为"筹备饷需"。

五、抵闽京饷与加放俸饷。同治十三年(1874)因筹办福建台湾海防,向汇丰银行借款 200 万两,本息由闽海关应解京饷部分 20 万两中支付,而此 20 万两由各省关另行分摊解京,称为"抵闽京饷"。到光绪十一年,闽海关偿清此笔外债。十二年正月,清廷将自咸丰年间起减成发放的王公和在京官员俸银、在京旗绿各营兵丁饷银和太监钱粮,全数放给,②"抵闽京饷"遂移作"加放俸饷"。加放俸饷除抵闽京饷转入 20 万两外,各省再分摊 100 万两,共计 120 万两。1902年,加放俸饷又移作偿付庚子赔款。

六、加复俸饷。光绪九年,户部于各省外销款下筹款发放"京员津贴"。光绪十年,因中法战争,各地筹款维艰,户部奏准停发十一年津贴。③ 京师官员俸银全数发给后,"京员津贴"遂改为"加复俸饷",由各省洋药厘局中支解,定额 26 万两。光绪十三年洋药厘金并入海关征收后,由海关分摊 121,500 两。光绪二十八年,加复俸饷也移作偿付庚子赔款。④

七、京师旗营加饷。光绪十一年(1885),户部令各省裁节 30 万

---

① 庄吉发:《财政与边政:清季东北边防经费的筹措》,载《清史论丛》(十三),台北文史哲出版社 1997 年版。

② 《德宗实录》卷 220,光绪十一年十一月辛酉。在京官员俸银、兵丁饷银等减成发给始于咸丰六年(1856),到光绪十二年(1886)恢复原额,将近三十年。加放俸饷、加复俸饷、京师旗营加饷三项,均为应付此事的筹款。

③ 户部:《请停京员津贴暂济饷需片》(光绪十年),盛康编《皇朝经世文续编》卷 31。

④ 参见岩井茂树《中国近代财政史研究》,付勇译,范金民审校,社会科学文献出版社 2011 年版,第 167—168 页。对于户部以"京员津贴"名义指拨地方"外销"款额在制度和名分方面引起的矛盾,岩井茂树作了十分细致的论述。

两,为加练京师旗兵饷费,总额为 138.3 万两。[1]

八、海防经费。光绪元年清政府筹办南北洋海防,户部定海防经费共 400 万两,由江海、浙海、粤海、闽海、津海五关及各省厘金中分摊,光绪三年后分解南、北洋大臣各 200 万两。光绪十一年,清政府设海军衙门,此项经费统拨归该衙门经管。光绪二十一年海军衙门撤销,该经费全数解交户部。

九、备荒经费。光绪九年二月,御史刘恩溥奏称,近年各省筹办赈务,经费时感支绌,请旨各省分摊筹解专项经费。经户部议准,定额 12 万两。

十、船政经费。专门用于福建船政局开支,于同治五年(1866)由左宗棠奏准在闽海关六成洋税内拨用,定额 60 万两。

十一、出使经费。光绪二年八月,清政府决定在各海关四成洋税下每年拨 100 万两。

十二、铁路经费。光绪十五年,清政府筹筑芦汉铁路,定每年拨款 200 万两。至光绪十七年,此款移用于关东铁路。甲午战后减为 80 万两。

除此之外,还有内务府经费共 110 万两。[2]

这些专项经费的征解,各省关局因无"的款",拖欠累累。光绪十六年十月,据户部奏报,各省关应解本年京饷、筹边军饷、边防经费、西征洋款改为加放俸饷、旗兵加饷、抵闽军饷改为加放俸饷、京官津贴改为加复俸饷、备荒经费、固本京饷及积欠固本京饷,共银 1850 余万两,欠解达 566 万余两。[3]

海关经费则直接由海关税收入中扣留,定额支出,随海关数目的增加而增加。历年定额变化如下:同治二年(1863)为 700,200 两,六

---

① 据刘岳云《光绪会计表》卷 1,部库人款。

② 上述内容参见汤象龙《中国近代海关税收和分配统计》绪论。

③ 《德宗实录》卷 290,光绪十六年十月戊午。

年为 748,200 两,光绪六年(1880)增至 1,158,200 两,十四年为 1,738,200 两,十九年又加至 1,858,200 两,到二十二年达到 1,968,000两。①

关税分成

海关税收分成办法,起源于第二次鸦片战争结束后对英法的战争赔款。根据中英、中法《北京条约》规定,清政府向两国各赔款 800 万两,各在通商口岸海关税收入中扣二成按期缴付,合计四成,遂有"四成洋税"之名。这是中国近代史上第一笔用海关税作为担保的战争赔款。海关税收本来属于中央政府收入,但在战争期间,各口洋税大多为地方截留,清廷几乎无从染指。通过对外赔款,清政府间接地取得了四成洋税的支配权。到同治五年(1866)赔款清偿以后,四成洋税就成为清政府直接控制的重要财源。② 这从一个侧面反映了帝国主义对华侵略对中国财政权分配的影响。

但是地方督抚并不甘心失去四成洋税,也千方百计地设法收回。在赔款清偿结束以后,江苏巡抚李鸿章就奏准自同治六年起酌留二成,其中一成作为江南制造总局的造船经费。同治八年江海关二成洋税全数拨作该局经费。光绪二年起,福建船政局因闽海关六成洋税不敷,每月另从闽海关四成洋税中拨用 2 万两。为了确保清廷直接控制的财源,清政府不得不于当年规定,在各海关四成洋税中解拨 100 万两出使经费。光绪元年,清政府又指拨海防经费,之后,清政府又不断增加中央专款名目,指拨海关税,使中央财政在海关税中的支出份额不断上升。

定额经费也好,分成经费也好,说明中央政府必须要有正当理

---

① 《清朝续文献通考》卷 71 考 8273。

② 据户部同治十二年奏:"'四成洋税'奏明另款存储,以备不虞者,此乃总理各国事务衙门与臣部忧深虑远之谋也……迨扣款已完,始得积存此总数。"(盛康编《皇朝经世文续编》卷 31)实际解京封储的江海关不过二成,闽海关也不足四成。

由，才能从已为地方所控制的财源中得到新增的份额。而地方督抚也可以正当理由不让或少让出这些财源。专项经费名目的设立，从会计学上说，是清朝财政管理的一个进步；而从财政学的角度看，则是财政支出合理性原则的一种表现。这种变化是在清朝中央政府权力衰落的情况下发生的，却是同光年间中央与地方处理财政关系中的一种新气象。

子口税与厘金

同治以后在子口税和厘金问题上清政府与列强之间的交涉，更加曲折地反映了中央财政、地方财政与列强之间错综复杂的矛盾。

咸丰四年(1854)厘金在各地开征以后，内地通过税的负担大大加重了，这对于外国商品在华的倾销也是不利的。因此，列强又通过第二次鸦片战争攫取了子口税特权。根据中英《天津条约》规定："惟有英商已在内地买货，欲运赴口下载，或在口有洋货欲进售内地，倘愿一次纳税，免各子口税征收纷繁，则准照行此一次之课。其内地货，则在路上首经之子口输交，洋货则在海口完纳，给票为他子口毫不另征之据。所征若干，综算货价为率，每百两征银二两五钱。"[1]其他列强"一体均沾"，也享有子口税特权。但是，子口税的实施情况，比我们想象的要复杂得多。

首先，厘金征收利归督抚，而子口税收入，利归中央。因此，洋货进入内地，在交纳了子口税之后，不再需要交纳厘金，这实际上是把原来一部分属于地方财政的收入转移到了中央政府手中。因此，子口税的规定，一方面是清政府内地关税主权的丧失，另一方面在内地税分配上又获得了实利。英国公使阿利国认为，子口税的规定，不只具有经济上的意义，即它实际上取得了扩大英国商业活动的范围，而且还具有加强对清政府控制的政治意义，因为它把过去分散在地方官吏手中的这项税收，经过海关而全部归入清朝中央政府，这样也就

---

[1] 王铁崖编：《中外旧约章汇编》第 1 册，第 100 页。

在财政上支持了清朝中央政权。① 清政府也深知其中的利害,如《天津条约》中原来规定,出口货物在首经之口交纳子口税,这部分子口税由地方征收,不能保证全数上缴中央,因此,在通商章程中改为:"凡英商在内地置货,到第一子口验货,由送货之人开单,注明货物若干、应在何口卸货,呈交该子口存留,发给执照,准其前往路上各子口查验盖戳。至最后子口,先赴出口海关报完内地税项,方许过卡。"②只给地方子口以查验权,而征税权由海关独掌。这样,中央财政与地方财政在子口税的分配上,就由不平等条约规定了下来。

其次,地方政府对于子口税的规定并不是消极的服从,它们采取种种手段与子口税争夺财源。子口税制度把原来由地方督抚掌握的部分财权转移到了中央政府手中,"从开始就引起了利害冲突"③,地方督抚往往强行向进出口货物征收厘金。同时,根据中英《天津条约》的规定,只有属于英国人的货物才享有子口税特权,一旦货物所有权由英国人转到中国商人手中,清政府就有理由对这些货物征收捐税。地方督抚还采取降低厘金税率的办法与子口税争夺税源,如"广东设有洋药抽厘总局,如有人先输五十两,即无庸在关上完纳正税。又澳门漏税之茶叶,日见其多,每百斤税银二两五钱,抽厘局只征五钱,即可任商绕越走私,无一肯到关纳税"④。海关当局也认为,"子口税与内地厘金视为消长,若厘金重于子口税,子口税必旺;若厘金轻于子口税,厘金必旺,此商情之向背所系焉者也"⑤。吴承明先生测算,20 个省份厘金的平均税率为 2.26%,低于子口税率。⑥ 在这种

① 丁名楠等:《帝国主义侵华史》第 1 卷,人民出版社 1973 年版,第 211 页。
② 王铁崖编:《中外旧约章汇编》第 1 册,第 118 页。
③ [美]马士:《中华帝国对外关系史》第 2 卷,张汇文等译,三联书店 1958 年版,第 162 页。
④ 《皇朝政典类纂》卷 96,第 5 页。
⑤ 《光绪十七年通商各关华洋贸易总册》总论第 3 页,姚贤镐编《中国近代对外贸易史资料》第 2 册,第 823 页。
⑥ 吴承明:《市场·近代化·经济史论》,云南大学出版社 1996 年版,第 281 页。

情况下,洋商即使选择厘金而不缴纳子口税,实际上也享受到了比子口税更多的利益,因此,有相当一部分洋商宁愿缴纳厘金。根据同治七年(1968)的海关统计,利用子口税单进入内地的洋货,原色市布仅八分之一,羽缎十三分之一,五金不到十二分之一;由中国出口的茶叶和生丝,分别为十五分之一和十三分之一。[①] 在子口税制度下,由于中央财政与地方财政的利益分流,洋商有了更多的有利于自己的选择。

最后,尽管出现了中央财政与地方财政利益的区分,但在民族矛盾的层次上,又表现为相对同一国家的财政利益,因此列强为了扩大自己的侵略权益,最终目的是要消灭内地关税。由于子口税制度本身的种种缺陷,因此,在同治八年中英谈判中,英国方面要求进行有利于自己的修改,亦即发给子口税单应根据进口货的来源,而不是货主谁属。到光绪二年七月(1876年9月)签订的《烟台条约》明确规定:"嗣后各关发给单照,应由总理衙门核定划一款式,不分华、洋商人均可请领,并无参差。"[②]但是,问题并没有就此解决。一些学者认为,自此以后,进出口货物只要交纳了子口税以后,便可以"遍行天下,不问所之"了,其实,这只是列强一方面的看法。英国政府到光绪十一年才批准了《烟台条约》,因此,在此之前,清朝不少地方政府仍然坚持向非属洋商的进出口货物征收厘金。[③] 即使到英国政府批准条约以后,清政府与列强在洋货征收厘金问题上仍然存在着尖锐分歧,清政府认为,"请领[子口]税单进入内地,无论所往之地远近,即可将地点呈明,填入税单之内",单照只应该将货物从通商口岸护送到原开的地点为止。此后凭单就成为废纸,而货物便须与其他一切

---

① [英]莱特:《中国关税沿革史》,姚曾廙译,第 231—233 页。
② 王铁崖编:《中外旧约章汇编》第 1 册,第 349 页。
③ 对于 1869 年中英草约的规定,北方仅直隶总督曾国藩早在 1871 年就给予承认了,南方也只有九江和宁波两个口岸严格执行了。参见姚贤镐编《中国近代对外贸易史资料》第 2 册,第 818 页。

照货物同样输捐纳税。① 也就是说,进出口货物只有在仍保持原装并运往子口税单注明的目的地的情况下,子口税单方为有效。② 所以,即使到 19 世纪 80 年代以后,有关子口税的争论一直没有停止。加税裁厘就是在这种背景下逐渐成为 20 世纪初叶外交交涉的一个重要课题的。③

七八十年代以后,中央财政在厘金收入中的份额也大大增加,④ 因此,在子口税单适用范围扩大以后,地方政府更多地采用隐匿厘金的实收数与中央政府争夺利益。光绪六年(1880)户部抱怨:"近年以来,核计[厘金]抽收数目递形短绌,虽子口税单不无侵占,而此项款目本无定额,承办各员恃无考成,隐匿挪移,在所不免。"⑤在《烟台条约》签订以后,内地厘金的弊端愈演愈烈了,"百物滞销,四民俱困,天下设卡数百,置官数千,增役数万,猛如虎,贪如狼,磨手而咀,择肥而噬,小民椎心饮泣,膏血已枯"⑥,引起了强烈的舆论反对。一位英国作者评论道:

> [子口税制度使内地各省的所有官厅]遇到无穷的烦恼,并且减少了它们的收入;同时,由于北京方面不得不侵用它们的款项,以应付同外国接触的需要,于是它们也不得不提高对本国商

---

① [英]莱特:《中国关税沿革史》,姚曾廙译,第 322—323 页。
② [美]费正清主编:《剑桥中国晚清史》中译本,中国社会科学出版社 1985 年版,下卷第 57 页注。
③ 参见拙文《晚清的厘金、子口税与加税免厘》,载上海市历史学会 1986 年年会论文集《中国史论集》,第 347—365 页。
④ 据罗玉东对清末十一省厘金收入用途的统计,从同治十三年到光绪二十年,国用款常年在 90%以上,而省用款在 6%—7%左右。参见罗玉东《中国厘金史》第 492 页。需要指出的是,在国用款内有一部分是原属地方其他收入应解中央和协款的部分,改由厘金项下指拨,还有相当一部分系厘金收入原来就指定拨给某些军队的军饷的,并非完全由中央控制。
⑤ 《光绪朝东华录》(一)总 865 页。
⑥ 陈炽:《庸书》内篇上《厘金》,赵树贵、曾丽雅编:《陈炽集》,中华书局 1997 年版,第 28 页。

业的捐税。对清朝的主要不满,也许就是由此而来。①

会计科目的变动

由于咸、同间财政收支结构的重大变化,到光绪十年(1884),清政府对财政会计科目作了较大的调整,同时开始办理每年岁入岁出的奏报。户部于光绪八年十二月派满汉司员十六人到北档房,令其"通筹出入,综核度支",要求他们根据光绪六、七两年的收支数目,无论已报未报,开具简明清单,于光绪九年岁底送部,按照新的会计科目进行核计。据《清史稿·食货志》载:

> (光绪)十年,户部奏更定岁出岁入,以光绪七年一年岁出入详细册底为据。言:臣部为钱粮总汇之区,从前出入均有定额,入款不过地丁、关税、盐课、耗羡数端,出款不过京饷、兵饷、存留、协拨数事,最为简括。乃自军兴以来,出入难依定制,入款如扣成、减平、提解、退回等项,皆系入自出款之中;出款如拨补、筹还、移解、留备等项,又皆出归入款之内,汇核良非易易。
>
> 此次所办册籍,以地丁、杂赋、地租、粮折、漕折、漕项、耗羡、盐课、常税、生息等十项为常例征收,以厘金、洋税、新关税、按粮津贴等四项为新增征收。以续完、捐输、完缴、节扣等四项为本年收款……
>
> 以陵寝供应、交进银、祭祀、仪宪、俸食、科场、饷乾、驿站、廪膳、赏恤、修缮、河工、采办、办漕、织造、公廉、杂支等十七项为常例开支,以营勇饷需、关局、洋款、还借息款等四项为新增开支,以补发旧欠、豫行支给两项为补支、豫支,以批解在京各衙门银两一项为批解支款。②

---

① [英]季南:《英国对华外交(1880—1885)》,许步曾译,商务印书馆1984年版,第259页。
② 户部原奏见《进呈改办年例汇奏出入会计黄册疏》(光绪十年),盛康编《皇朝经世文续编》卷30。

　　自光绪十一年(1885)始,户部的财政会计科目即按照上述科目分别核算。刘岳云的《光绪会计表》基本上是根据户部的册籍编制的。① 根据李希圣《光绪会计录》所载光绪十九年的会计科目,其收入科目有:地丁、杂赋、租息、粮折、耗羡、盐课、常税作为"常例征收"七个,厘金、洋税作为"新增征收"两个,缴捐、续完、节扣作为"无关岁额征收"三个,总共十二个。其支出科目有:陵寝供应、交进银两、祭祀、仪宪、俸食、科场、饷乾、驿站、廪膳、赏恤、修缮、采办、织造、公廉为"常例开支"十五个,营局饷需、关局经费、洋款为"新增开支"三个,补支、预支为专用科目两个,解京衙门饭食经费各项支款为单列批解科目,共二十一个。② 各省解京饷、协解、拨支和不敷,列为"附记",部库及各省银、钱、粮、草数目仍按旧管、新收、开除、实存四柱奏报并附清册。

　　光绪十年的财政科目改革,同时也是户部用人制度的改革,一般认为是阎敬铭之功。阎在道光、咸丰年间曾在户部任司员,于光绪八年任户部尚书,旋署兵部尚书,十年甲申易枢后入军机,管户部。李岳瑞论道:

　　　　文介(阎敬铭字)长户部数年,其最有力之改革,即以汉司员管理北档房是也。故事,天下财赋总汇皆北档房司之;而定例,北档房无汉司员行走者。以故二百余年,汉人士大夫无能知全国财政盈绌之总数者。文介为户部司员时,夙知其弊,及为尚书,即首建议,谓满员多不谙握算,事权半委胥吏,故吏权日张而

① 郭道扬编著的《中国会计史稿》下册第 153 页,将户部此项新科目的设置系年代为光绪十七年,误。

② 李希圣:《光绪会计录》,上海时务报馆 1896 年印。刘岳云在《光绪会计表》中对新定会计科目的调整作了说明:"总表内据原奏,应以新关税、四川按粮津贴为新增入项,还借息款为新增支项。今查四川按粮津贴只十一、十三两年(现在表亦并入地丁)作为新增入项,其后均并入地丁,而新关税并入常税,还借息款并入洋款,与原案不符。又,盐厘或并入盐课,或并入厘捐,其余参差尚多,难于分析,悉仍各年奏单。"(《光绪会计表》缀言)

财政愈紊。欲为根本清理之计，非参用汉员不可。当时满司员尚无所可否，而胥吏皆惧失利权，百计沮之。文介毅然不少动。幸是时慈圣眷公方殷，竟从其请。邦计出入之赢缩，至是乃大暴于天下。此亦满汉权力消长之一大事也。[①]

光绪十年(1884)的新科目主要特点有三。一、在"常例"项下保留了旧的收支科目，用以继承原有的财政收支项目管理。二、用在"新增"项目下的新设科目来管理鸦片战争以来新增收支。三、用"本年收款""补支预支"和"批解支款"等类科目加强会计对例外支出的核算、考核功能，并通过"附记"剔除了收支误列或重复计算的数字。

总的来说，这一时期财政收支科目的设置，反映了由封建国家财政向近代国家财政过渡时期的特点。在鸦片战争以前清政府高度集权的财政体制下，清政府坚持的是财政收支一本账，即要把所有中央和地方的财政收支情况通过一本账反映出来，但在反映财政经费动动态时，各地方之间的协拨款，在甲省为支出在乙省即为收入，而例外支出又无相应的会计科目进行管理。因此，单一财政会计科目体系，实际上无法有效地进行财政的动态管理。光绪十年的财政科目一方面反映了太平天国以后财政收支的新变化，另方面又企图坚持原有的高度集权的财政体制，把所有中央和地方的财政收支纳入同一会计核算体系之内。这样，在形式上，光绪朝的会计自此以后有了一个全面的财政收支统计数，而在实际上，这个统计数的财政管理效能是很差的，它既无法对全国财政进行有效的动态管理，又无法准确地形成最终的全国财政决算，尤其是在地方财政收支已经自成系统的情况下。

在会计科目的设置上，也颇有可议之处。如在支出类科目中，有"洋款"一项，而"洋款"(外债)应为收入类科目，"还借息款"才为支出类科目(即民国财政预算中所谓"债务费")。如果在支出类"洋款"科

---

① 　李岳瑞:《春冰室野乘》卷中，第14页。

目下将借款收入与还本付息一并核算,还只是科目分类错误,但实际上户部在这个科目下,只核算外债的偿还本息的支出。这样做,又犯了一个错误:财政收入项中漏登了外债借入数,而支出项中却增加了一个洋款还本付息支出,整个年度财政收支总额与平衡的核算便失实了。后来将"按粮津贴"和一部分盐厘纳入地丁、盐课"常例"收入科目,虽然对科目有所简化,但于科目按常例、新增等分类又不免自相矛盾。

光绪十年(1884)的财政会计新科目的设计,说明户部已经看到了原有会计科目与国家财政现状的不相适应,是一个改革和进步。但是,它只是在恪守祖制的前提下,根据旧式会计学原理作了有限的调整,无法适应近代国家财政管理的新问题,也没有承认地方财政客观存在的事实。近代西方会计学、财政学在财政管理上的应用,以及专制中央政府对于地方财政合法性的承认,还有一段漫长的道路。

税制的整顿

清　赋

太平天国时期,由于大规模的长期内战,大片耕地荒芜,人口流亡,不少州县册籍丢失,征赋系统瓦解,田赋收入急剧减少。以江西省为例,"自办军务以后,循例事件未能实力举行,如推收、实征等项册籍,皆未认真查造。书吏得因缘为奸,上下其手,于是卖田者不知过粮,置产者并不立户,欺隐诡寄,穿图漏甲,无从究诘。每有田在此而人在彼者,亦有田已卖而粮不除者,户书图差无从催追,暗亏国课,每年不少"。原有的义图也是"十堕八九",州县催征,每至一村,"延出地方绅士数人……该绅士以帮同催征非其分内应办之事,公正者啧有烦言,狡黠者转图包庇"。① 浙江西安县"自乾隆四年(1739)清丈以来,迄今百数十年,其久而必弊之势,有若胥役分洒、加减轻重、传

---

① 　江西巡抚德馨奏,《光绪朝东华录》(二)总 1996 页。

写舛谬而莫能辨者；有若奸民以智欺愚、占田多而收税少，挽合朋比、售田少而增税多者；有若忿争之产、重售之业，欺蔽目前，久而始觉者；有若苟免差徭，惧胥吏之需索，以己之业寄于他人者；有若素封子弟不知稼穑，亲党奴仆蚕食瓜分，田去粮存而茫然不知者"①。各省情况大同小异。而在原太平天国战区，有大片荒地需要清丈招垦定赋，以增加财政收入。② 因此，清政府在镇压太平天国以后，立即着手整顿田赋。

清赋，就是要弄清土地的产权、面积以及应纳赋税额。清赋办法实际上有三种：一、与减赋工作相结合，在实施减赋的同时，确定地权关系、面积以及应纳税额。二、与招垦荒地相结合，在垦民认垦荒地后，根据垦荒的面积发给土地执照，确定科则。三、重新登记户口、注册地契、清丈地亩。这些工作方法，在各地往往互相结合，各有侧重，但都程度不同地采用过。伴随着清赋工作，还有征赋系统的重建与科则的调整，通过征赋系统的重建以控制农村的人口，强化统治机器，即所谓"寓清粮于编审保甲之中"③。

刘克祥先生对这一时期的清赋运动进行了比较深入的研究。④他认为，清赋运动可以分为两个阶段。第一阶段，从60年代中叶至70年代末，主要是原战乱地区清查田亩，核定粮额，重新编制鱼鳞和征粮册籍，恢复原有的田赋征收制度。这些地区包括江苏、浙江、安徽、江西、广西、云南、贵州、山东、陕西等省。第二阶段，从80年代至90年代，主要在山西、直隶、广东以及台湾、新疆和东北等边远地区进行，其内容是清查隐地黑地、放垦荒地和淤涨沙地，追缴民欠，整顿

---

① 刘汝璆：《上左季高中丞论清粮开荒书》，葛士浚编《皇朝经世文续编》卷33。
② 参见《穆宗实录》卷228，同治七年四月己卯。
③ 张之洞：《筹议七厅改制事宜折》（光绪九年九月二十九日），《张之洞全集》第1册，河北人民出版社1998年版，第171页。
④ 参见刘克祥《十九世纪五十至九十年代清政府的减赋和清赋运动》，载《中国社会科学院经济研究所集刊》（7），中国社会科学出版社1984年版。

钱粮征收制度,并相应增设和健全边远地区的行政设置。

新疆、台湾和东北的清赋是建立行省、移民实边的战略考虑,对这些省份实行内地的田赋制度,与内地的清赋的性质和作用不同。对于这一时期内地清赋的评价,问题比较复杂。

征收田赋,是清朝国家政权的基本财政收入。清政府通过清丈田亩,重新登记户籍赋册,以恢复农村的征赋系统,我们很难用"反动政权"采取的"反动措施"以一概否定。问题在于清赋的成果以及它对于清代的农业收入的分配究竟产生了什么影响。

清丈地亩,历来视为难事。数亿亩耕地要进行全面清丈,是一项巨政,不仅费用巨大,而且很难达到准确。

先谈费用。清丈地亩,实际上是土地所有权证的重新登记造册,丈量、验契、绘图、造册、发照等各项手续,均需由土地所有者缴纳行政规费。但是,在吏治腐败的清代,凡有大政,即是官吏勒索人民、贪污中饱的好机会。而不少土地所有者为了减少纳税负担,也不惜采用行贿等手段,隐瞒土地,这又助长了官吏的贪污。据说江苏加派的清丈费高达一百余万两,[①]但实际进行丈量时,胥吏仍不免肆意婪索。如冯桂芬揭露,江苏规定每亩清丈费为三十文,南汇却"空给印单,并不丈量,每亩名定六十文,实出一百数十文不等"[②]。

再谈准确。且不论如南汇县"空给印单,并不丈量"之弊,即度量之标准各地也不统一。清政府虽有部颁弓步标准,五尺为一弓,二百四十步为一亩,但各地实地的标准很不统一。如"江苏等省,均未遵照部颁弓尺,或二尺二三寸,或七尺五寸为一弓,或二百六十弓,或七百二十弓为一亩","江南省同以二百四十步为一亩,而以六尺为一步,不以五尺为一步;旧用之弓,即匠作合省通行之六尺竿,一竿即一

① 《穆宗实录》卷 180,同治五年七月戊午。
② 冯桂芬:《启肃毅伯李公论清丈书》,盛康编《皇朝经世文续编》卷 35。

步"。① 陈翰笙于 20 世纪 20 年代还发现,仅无锡县 22 村的亩制即达 173 种之多,其中最大者几合 9 公亩,最小者不及 3 公亩。② 度量的不统一,再加上技术、社会和经济等因素,可以想见,这次清丈只能是流于形式。不少地方进行清丈只是为了规复地赋旧额,在战后土地大量抛荒的情况下,如果无法复额,便得不到上司的承认,只得采取像长兴县那样"按户伸亩"这种摊派耕地面积的作法,自然更谈不上准确性。像浙江兰溪县为了使地亩符合旧额,反复丈量,爬山越岭,坚持两年,以增山地而补耕地之不足,还算是办理认真的。③

清丈田亩之难,还在于绅富的阻挠。清丈地亩的目标,无非是"赋由地生,粮随户转;富者无抗匿之弊,贫者无代纳之虞"④。这当然要触犯农村绅富的利益。冯桂芬亲自进行川沙的土地清丈,切实进行,严杜浮费,结果遭到重重阻碍。他写道:

> 州县公事,无不乐于糊涂而恶于清澈者,于田赋为尤甚。其大者,奸民豪户,勾通丁胥吏役,兼并隐匿,久假不归。一经清丈,无不水落石出。其小者,即前所谓单费,官以下,幕友绅董、丁胥吏役,皆有分焉。今议由局给单,不得丝毫增加空费,是夺其食也。故清丈之后,小不利于官以下一切人等,大不利于奸民豪户,而独利于乡曲安分无告之小民。丈董之下乡也,进茗饮、燕香火者接踵,唤渡则奉楫而来,引绳则攘臂而助,咸欣欣然喜色相告,民情大可见。而相随之地保,倔强骫骳,形于辞色,署内外人等,皆迫于执事之命,万不得已,依违隐忍而从之。⑤

冯桂芬主张通过绘制地图,"一用以均赋税,一用于稽旱潦,一用

① 冯桂芬:《请定步弓尺寸公牒》,盛康编《皇朝经世文续编》卷 35。
② 陈翰笙:《中国农村的研究》,载《陈翰笙文集》,复旦大学出版社 1985 年版,第 44—45 页。
③ 参见刘克祥文。
④ 左宗棠语,转引自秦翰才《左文襄公在西北》,岳麓书社 1984 年版,第 181 页。
⑤ 冯桂芬:《启肃毅伯李公论清丈书》,盛康编《皇朝经世文续编》卷 35。

以兴水利，一用以改河道"①，把土地清丈与土地治理、平均赋役结合起来，也没有得到时任江苏巡抚的李鸿章的支持，最后下令撤局。冯桂芬以东南巨幕，亲自主持清丈，尚格于豪户官吏的阻挠而不得大吏支持，其他地方可想而知。② 伴随着清赋工作，清政府还要求各地重新举办钱粮征信册，编制鱼鳞图籍，重建遭战争破坏的田赋册籍体系。③ 安徽的清赋不理想，到光绪二十二年（1896）再次推行，原拟清丈土地，"一时官吏绅民咸惧而勉"，"又许绅户、民户实报免查，各州县率从简易，不事复勘，悉令民间自报"，原、续清出隐熟、新垦计田二万余顷，复额银十余万两。但大部分没有编成鱼鳞图册。"后官斯土者，欲分荒熟，苦无根据，以致胥吏奸民，飞洒诡脱，势所必至。"④

最后，我们再来看一下清赋的结果。

由于缺乏比较完整的各省清赋的统计资料，我们很难观察这一时期清赋的成果。这是由两个因素造成的，一是各省的清赋时间持续很长，少则几年，多则几十年，分别零星奏报；二是清政府并不将清赋作为一个完整系统的专项工作抓，因此也不能要求各省汇总清赋的成果。但是，由于每年的清赋成果多少反映到当年户部的清册上，因此，我们还能从田赋数的变化中，看出一些清赋工作的效果。在太平天国运动爆发前夕，清政府的田赋收入仅 2,600 多万两，而到光绪年间，平均每年的田赋收入都在 3,000 到 3,100 万两，增收达四五百万两，考虑到战后耕地面积的大幅度下降和严重的自然灾害，田赋的增幅还是比较大的，接近了战前 3600 万两的应征旧额。就此而言，清政府的清赋目标部分地达到了。

---

① 冯桂芬：《校邠庐抗议·绘地图议》，第 63 页。

② 苑书义先生谈道："有人拿左宗棠与李鸿章相比，断言'左公吏治实胜李数十倍'。"（《李鸿章传》，人民出版社 1991 年版，第 100 页）于此事亦可见李鸿章的行政作风之一斑。

③ 需要指出的是，这一时期虽然有些地区进行了耕地的丈量，但并没有推广全国。事实上，有清一代，大部分地区都是沿袭前明的丈量数据，从未进行过全国性的土地丈量。

④ 冯煦主修、陈师礼总纂：《皖政辑要》卷 25《清赋纪略》，黄山书社 2005 年版，第 263 页。

　　但是,通过清赋以均赋的目标究竟实现得如何,却是更加值得探讨的问题。这个问题有两个方面,一方面,通过清赋,农民的实际负担是不是加重了? 另方面,土地所有者的负担是不是相对平均了?

　　从田赋数量看,道光二十九年(1849),田赋实征仅 2,600 多万两,而光绪年间平均达到 3,200 万两—3,300 万两,农民的负担是增加了六七百万两,但实际情况并不如此简单。因为,即使在太平天国前夕,我们看到由于赋役不均,农民的实际负担仍然没有减轻,而其主要原因不在正供田赋,而在于浮费以及银钱比价的变动,在于农村中阶级的状况。

　　我们在第三章中已经指出,田赋负担与银钱比价成正比例。就银钱比价而言,这一时期呈下降趋势(参见本书第七章),从一个侧面反映了土地负担的减轻。[①] 王业键先生从土地的产量、物价变动等多方面因素,考察了清末的田赋问题,得出结论说:"在清朝最后的二十五年中,在大多数地区和省份,田赋占土地产值的 2% 到 4%,只有在苏州、上海地区占 8%—10%。在南方几个通商口岸地区(市郊除外),田赋还不到农地地价的 1%。"[②]

---

①　据郑友揆《中国近代对外经济关系研究》,上海社会科学出版社 1991 年版,第 148 页;罗玉东《中国厘金史》,第 528 页。规元与铜钱比价为上海的资料;银两与铜钱的比价为安徽省的资料。

②　[美]王业键:《清代田赋刍论(1750—1911)》,高风等译,人民出版社 2008 年版,第 165 页。王业键先生作了个比较,即民国时期 1920 年代末,中国农民的税负在 5% 左右,而明治维新时期的日本农民税负在 10% 左右,因此,他认为清末的田赋负担实际上并不沉重。这种比较有些危险。在明治维新前,日本农民向将军和大名缴纳的实物地租占土地产量的 40%—50%,明治维新后,按土地价格改收货币税,1873 年定为 3%,以后又降至 2.5%,1880 年代以后的通货膨胀,农民受惠更多。(参见[英]G. C. 艾伦《近代日本经济简史》,商务印书馆 1962 年版,第 4—5、35、40 页)。但艾伦认为,根本不能回答日本农民是否比 18 世纪欧洲的农民更贫困这样的问题,因为不同类型的农民,他们的经济状况有着巨大的差别。就田赋本身而言,王先生的统计信而有据,但州县层面有大量地方摊捐并不载入地方县志,这些摊捐据张仲礼估计总额达三千多万两,其中应有相当部分随粮带征,虽难以田赋正供观之,却是实在的土地负担。(参见本书第 7 章)如把这个因素考虑进去,清末中国农民的实际负担,也可能达到 10% 了。

关于浮费,这一直是清朝赋税征收中的一大弊端。刘克祥先生指出:"巡抚刘坤一在 1873 年的一个奏折中宣称,江西自减赋十余年来,'民间裁减浮收不下千余万'。但有人立即戳穿他的谎言说,'名为十年减千余万之浮收,实则每年加百数万之赋额'。"[1]但实际上,浮费主要由小户负担,而正赋则大户也较少逃避,虽然同为千万之数,但由谁交纳,多少有些不同。如江苏有内柜、外柜之名,差别主要在于承担浮费的多少。浮费的数量减少,对于一般农户仍然是有利的。由于清代税制的特点和吏治的腐败,要从根本上取消浮费是不可能的。关键的问题是在于清赋之后不久,各地的浮费又逐渐故态复萌,抵消了清赋的积极成果。

任何财政措施的落实,都无法脱离当时的阶级与社会状况。清政府的减赋与清赋,一方面是为了缓解社会矛盾,另方面是为了保证自己的财政收入。从措施本身而言,有其合理性,也反映了清政府的应变能力。但是,处于衰落中的清王朝,无法消除来自绅富豪强的强大阻力,克服内部的贪污腐败,终究不免于播龙种收跳蚤的悲剧。禁革了大户小户,出现了内柜外柜;减浮增赋变成了增赋增浮。农村中的田赋问题,归根到底是阶级斗争问题,在这方面,清政府是无能为力的。

厘金整顿

厘金的征收,本来是为筹措镇压太平天国运动军费的临时财政措施,为害极大。在清政府批准的雷以諴奏折中称"俟于江南北军务告竣,即行停止"。因此,同治三年(1864)清军攻克南京之后,因厘金弊端重重,副都御史全庆奏请裁厘:"今金陵业已克服,兵勇可以陆续凯撤,军饷即可陆续节省;盐、关可以逐渐足额,厘局即可逐渐减裁。"[2]此奏下诸臣议,湖广总督官文立即反对,认为除直隶、山东、山

---

① 见刘克祥文。刘坤一奏见《刘坤一遗集》第 1 册,中华书局 1959 年版,第 297 页。
② 《皇朝政典类纂》卷 98,第 12 页。

西、河南、陕、甘、云、贵、广西等省厘金收入不多,无济于事,军务告竣即可议裁外,其余内地各省则虽在军旅藏事之后,亦只宜严禁重科,万不可骤议裁撤。[①] 郭嵩焘也上奏反对裁撤厘金,称"身当其位,事处其难,稍求有益于国无害于民,仍惟厘捐为尚可以行之久远"[②],据说他后来对此事很后悔。户部议复全庆折,即采纳官文之意见,凡在瘠苦市镇乡村僻壤,万不可再议设局,致滋扰累,只要求各直省限在一月内将应撤处所及现留处所委员名数据实奏咨报部。[③] 裁厘之议由此告寝,清政府之于厘金的政策也只能限于整顿。

征厘官吏的贪污中饱,始终是厘政的一大难题。造成厘局贪污严重的原因主要有以下几点:一、各省局卡人员相当之多,薪资偏低。据罗玉东统计,清末仅江苏、江西、湖南、山东四省任用的委员、司事和巡丁差役等即达五千余人,他估计,十八省厘金局卡人员至少也要在二万五六千人,不在册内而依赖厘金生存的人数更不知凡几。[④] 即使在册人员,除总局人员薪资较高外,局卡人员一般均较低。委员最高月薪在 50 两—60 两,司事不超过 15 两,巡丁难超过 6 两,此外还有少量的津贴。大多数省份都低于此水平。清末物价不断上涨,仅靠薪水和津贴,生活水平只能不断地下降,甚或难于维持生计。二、征厘制度的漏洞。如厘卡征钱,入库折银,官有折价定额,而市钱价格则不断波动,市价一般高于官价,这成为经手人员的一大利薮。湖南岳州每千文平均钱价高出官价 0.03 两,该局年收入 290,000 千文,仅此一项,两位经手兑换的委员即可中饱 8,700 两关平银。厘卡的大量罚款,也全部由上至委员下至巡丁们共同瓜分。因此,欺压商民以增加罚款收入,成为厘卡最严重的弊害之一。"委员司巡稍不如意,即指为偷漏,勒罚十倍至二三十倍不止。若辈囊橐得自侵匿者

---

① 但湘良编:《湖南厘务汇纂》卷首,第 11 页。

② 《皇朝政典类纂》卷 98,第 12 页。

③ 《户部遵议变通厘捐片》,同治三年十月,但湘良编:《湖南厘务汇纂》卷 1。

④ 罗玉东:《中国厘金史》,第 88—91 页。

多,得自勒索者当亦不少。"①清政府对各省厘金虽然有收入考成制度,但是,各省上报的定额本来就较低,达到定额并不困难,超过定额的部分往往为经征人员所瓜分。三、厘局经费开支无管理。"各省厘捐扣留经费,有扣五成、扣二成、扣一成不等,且有不入收数先按每两扣收八分,更有并不开报经费,屡经查询迄不咨复,或不开报各局处所及应支细数,一笔开销银十数万两或数十万两,又有既扣经费更复以钱折银再扣银折成数,种种任意开支殊不划一。"②四、缺乏监督制衡机制。在战争期间,厘金是军队的主要饷源,统兵大员对厘金收入十分重视,无不委派亲信经手,并任用乡绅协助。即使有军队和乡绅的监督,贪污厘金收入的现象仍然层出不穷。同治初年,清政府为收回财政权,曾下令各省厘务改归地方官经理,虽然遭到四川总督骆秉璋、湖南巡抚毛鸿宾等人的反对而中止,但监督机制不断削弱,加以官绅的同流合污,厘金中饱之弊更是愈演愈烈了。

清政府对于厘金的整顿,实际上仅仅限于裁撤设置过于繁密的分局分卡。东南各省是太平天国运动的中心地区,清政府在这些地区设立了大量的厘金局卡,减撤局卡的工作也主要集中在这一地区。同治七年(1868),都察院左都御史毛昶熙奏称:"厘金一项,原为接济饷需,而奉行不善,百弊丛生。一县之中,重迭抽收。一卡之中,多人勒索。病商病民,莫此为甚!"③厘金的弊端也不断引起商民的抗议和反抗,迫使清政府不得不下令裁减厘卡,零星商贩,免抽厘金。兹据东南六省奏报,裁减厘卡、厘金有如下表:

① 张廷骧:《不远复斋见闻杂志》卷 6,第 10 页。
② 户部奏,《光绪朝东华录》(二)总 1878 页。
③ 《清史列传》卷 52《毛昶熙》,第 4154 页。

表 4-5　同治年间东南六省裁减厘卡统计表

省份	裁减厘卡数	裁减厘金数
湖北	54	30 万—40 万两
安徽	30 余	
浙江	16	40 万—50 万两
江西		80 万—90 万两
福建	20 余处	
江苏		100 万两,钱 50 余万串

资料来源:署湖广总督郭柏荫等同治七年十月二十一日奏,军机处录副,档号 03—4890—87;浙江巡抚李翰章同治七年十一月初六日奏,军机处录副,微缩号 361—2514;户部议整顿各省厘金毋得裁减片,同治八年三月,《湖南厘务汇纂》卷 1 第 48—49 页。

据罗玉东先生考订,上述裁减数颇有夸大之嫌。[①] 与此同时,为了加强对于厘金收入的考核,于同治八年(1869)始,清政府要求各省厘局采取半年一报的制度。光绪一朝,厘金的整顿和考核,都以清除弊端、增加收入为目的。但是,不管清政府如何加强整顿和考核,厘金局卡的各种弊端终清之世乃至民国,均未能克服。

差徭整顿

镇压太平天国以后,金文榜曾经说过:"今日大计,莫急于收拾人心。而收拾人心之计,在西北宜去其差徭,在东南宜减其重赋。二事皆病民之尤、致乱之原。"[②]在南方各省减赋清赋的同时,北方各省对于沉重的赋役也进行了局部整顿。如"晋省州县虐民之政,不在赋敛,而在差徭。所谓差徭者,非役民力也,乃敛民财也。向来积习,每县所派差钱,大县制钱五六万缗,小县亦万缗至数千缗不等按粮摊

---

① 罗玉东:《中国厘金史》,第 44 页。

② 金文榜:《与彭通政论去差徭减重赋书》,盛康编《皇朝经世文续编》卷 38。

派，官吏朋分。冲途州县，则设立车柜、骡柜，追及四乡牲畜，拘留过客车马，或长年抽收，或临时勒价，一驴月敛数百，一车动索数千，以致外省脚户不愿入晋，外县车骡不愿入省。远近行旅，目为畏途，疾心痛首，非一日矣！"①山西的差徭不仅重，而且负担不均。"徭出于赋，赋重则徭重，赋轻则徭轻。而各属办理各有不同，有阖县里甲通年摊认者，资众力以应役，其法尚为公允。有分里分甲限年轮认者，初年摊之一甲一里，次年摊二甲二里，各年之差徭，多寡不等。即里甲之认派，苦乐不均，至有豪猾刁徒，恃有甲倒累甲、户倒累户之弊，将其地重价出售，而以空名自认其粮，迨三五年乘间潜逃，即本村亦莫知其踪迹。本甲既代赔无主之粮，又代认无主之差，贻害无穷，控告无路。如此而流于穷乏无依者，不知凡几。"②山西裁减的重点是流差。阎敬铭认为，造成流差繁重的原因主要是派差太滥，因此，采取了八项措施，即裁减例差借差、由臬司给发车马印票、喇嘛往来须有定班、奉使办事大臣不得滥索、严除衙蠹地痞中饱、民间折交流差钱文后差徭由衙门自办、严查驿马足额备用、本省征防各兵给予长车由营自办。③

太平天国运动以来，四川省的差徭也日益繁重。"川省自同治初年……始创夫马局，由地方官委绅设局，按粮派钱。……迨后军务肃清，兵勇大半裁撤，而各厅州县积习相沿，仍借支应兵差名目，任意苛敛夫马，盈千累万。"光绪元年(1875)，吴棠裁并了温州等七十六厅州县兵差夫马局，裁撤成都等六十五厅州县夫马局。④ 丁宝桢就任四川总督后，于光绪九年干脆下令裁撤夫马局。⑤ 此外，山东、河南等地也有整顿徭役的记载。如山东临淄向有社马之役，专门供应上司之巡

① 张之洞：《裁减差徭片》(光绪八年六月十二日)，《张之洞全集》第1册，第105页。
② 曾国荃：《胪陈晋省目前切要事宜疏》，盛康编《皇朝经世文续编》卷38。
③ 阎敬铭：《条陈山陕差徭苦累拟设法轻减疏》，盛康编《皇朝经世文续编》卷38。
④ 《清朝续文献通考》卷79考8384。
⑤ 丁宝桢：《裁撤夫马局疏》，盛康编《皇朝经世文续编》卷38。

视、上任卸任,"民病之",同治八年(1869),知县汤铉下令裁撤,"终除民之害"。[①] 河南灵宝"邑有车马局,抚弊病民",激起民变。光绪元年(1875),新任知县方胙勋到任后,"更旧章,革陋规,民大悦"。河内县"邑苦差徭,车马一项,有兵车、红车、飞车等名,按里科派"。光绪十年,方胙勋到任后,"另立简明章程,均贫富,使平允"。[②] 武陟县"车马差费积弊甚深,每亩摊派至三百文",光绪五年,吴大澂在河南河北道任上,改由县绅设局经理,每亩派钱五十文,全县年约收钱四万余串,到年底还有五千余串的结余。[③] 光绪十三年,直隶也下令均徭,对士绅和吏役优免差徭的特权作了限制。[④]

塞防海防与财政

在19世纪70年代以后,清王朝面临着严重的边疆危机。对于这一时期清王朝财政支出影响最大的主要问题,一个是塞防,一个是海防。在太平天国时期因财政膨胀而增加的大量收入,在内战结束后基本上都移用到国防上来了。

西征和塞防的军费

1867年原浩罕汗国的军官阿古柏在新疆建立了所谓"哲德沙尔汗国",投靠俄国。1870年,俄军占领伊犁。西北边疆出现了严重的危机。同治十二年(1873),左宗棠攻占肃州,最终镇压了回民的造反,这标志着长达二十多年内战的结束。他建议清政府乘胜出兵西北,收复新疆。清廷经过激烈的争论之后,采纳了左宗棠的建议,于光绪二年(1876)任命左宗棠为钦差大臣,督办新疆军务,率兵出征新疆。

---

① 何家祺:《宁海州知州汤君墓志铭》,《天根诗文钞》卷3。
② 端木琛:《河南许州知州方君墓志铭》,《续碑传集》卷45。
③ 吴大澂:《愙斋自订年谱》光绪五年,《近代稗海》第13辑,四川人民出版社1989年版,第75页。
④ 直隶藩臬两司:《均徭条示》,盛康编《皇朝经世文续编》卷38。

西征军人数二万余,万里奔袭,费用浩大,西征军饷由西征粮台统筹外,还有伊犁军饷、塔里巴哈台军饷、乌鲁木齐军饷。张曜的嵩武军 14 营,每月应支净粮料 436,950 斤,正杂饷银 37,280 余两;宋庆的毅军马步队及长夫共 9,136 余名,月需净粮料 493,100 余斤,正杂饷银 41,000—42,000 余两;金顺一军马步 20 营,人数达 1 万以上,月饷、粮料又不知凡几。随着西征战事的展开,兵员不断增加,粮料的运输更是一笔极大的开支,每百斤自肃州至安西的运价高达11.7 两,此外还有大量军衣、军械的添置以及欠饷的补发等等,大军能否出关,能否坚持,财政上有无办法成了关键。

左宗棠的主要办法是借外债。借债的担保就是各省应解甘肃的协款。甘肃新疆协饷历来是清朝财政支出的一个大头,在道光年间,甘新协饷每年达 404 万或 415 万两,几乎占国家财政支出的十分之一,除留抵外,每年实拨银 300 多万两。但到咸丰年间,由于财政危机,甘新协饷屡次裁减核扣,大幅度下降,减至 302 万两。到同治初年,每年实际拨到新疆的经费仅 44 万两,而且常常拖欠。在每年应拨甘新协饷中,两江 60 万两,浙江 144 万两,广东 84 万两,由于年年拖欠,成了一大笔空有其名的财源。通过举借外债,由应协省份负责外债的偿付,成为左宗棠对付东南督抚的一个绝招。左宗棠的办法是委托胡光墉负责与外商接洽借款事宜,而要求清廷命令应协省份的关道出担保票,并加盖督抚印。

由胡光墉经手的西征洋款总共有 4 次,[①]情况有如下表。

---

① 左宗棠出兵新疆的借款与在甘肃镇压捻军、回民的借款在用途性质上不同,这里所谓的"西征洋款"是指仅收复新疆而举借的外债,与徐义生原来的统计口径有所不同。再,徐义生认为自第四次西征洋款(1877 年汇丰银行借款)开始,才是用于平定新疆阿古柏叛乱,有误。1875 年丽如、怡和借款系用于大军出关的采运脚价和兵饷。(见《左宗棠全集》奏稿六,第 206—208 页)

表 4-6　西征洋款统计表　　　　单位:万两库平银

年 月	贷款者	款额	息　率	期限	担　保
1875.4	怡和洋行	100	年息 10.5%	3 年	闽海、粤海、浙海、江汉、江海各关洋税
	丽如银行	200			
1877.6	汇丰银行	500	月息 1.25%	7 年	各关洋税
1878.9	汇丰银行	175	月息 1.25%	6 年	各关洋税
1881.6	汇丰银行	400	年息 9.75%	6 年	陕甘藩库收入
合　计		1375			

资料来源:徐义生:《中国近代外债史统计资料》第 6—7 页。

除洋债之外,左宗棠还举借了为数不少的内债,光绪元年(1875)到三年,借款 340 万两,四年至六年 406 万两,七年至八年 100 万两,总计达 846 万两。在上述三期中,左宗棠共收银 58,477,600 两,其中外债占 18.38%,内债占 14.85%,内外债共占左宗棠所掌管的西征军费收入 32.85%。[①]

但实际上,西征军费的开支远远超过此数。光绪十年,据户部奏报:

> 军兴以来,近三十年,用财曷止万万。迨寰宇底定,而甘肃新疆需饷孔多。除明春一军业经裁撤不计外,以现在调拨而论,刘锦棠、谭钟麟关内外之师,岁拨银七百九十三万两,是为西征军饷。若西宁岁拨之一万两、宁夏岁拨之十万两,凉庄岁拨之八万四千两不与焉。金顺一军并接统荣全、景廉旧部岁拨银二百二十八万两,部垫三十六万两,是为伊犁军饷。若巴里坤专饷迭次提拨之四十万两不与焉。锡伦接统英廉所部并新募诸军岁拨银三十三万两,是为塔里巴哈台军饷。长顺接统恭镗所部岁拨

―――――――――――

① 据徐义生《中国近代外债史统计资料》,第 18—19 页。

银九万六千两,是为乌鲁木齐军饷。若张曜所带豫军岁需银六十余万两,向由河南供支不与焉。以上四路各军每岁共需银一千一百八十余万两,遇闰加银九十余万两。军需而外,善后经费又每次动拨数万数十万两不等。事权本未划一,故勇无定数,饷尤无定额,通盘计算,甘肃新疆岁饷耗近岁财赋所入六分之一。[①]

在西征用兵高峰时,显然还不止此数。估计从光绪元年(1875)到新疆建省十年左右的时间内,整个西征和塞防的军费支出达到七八千万两。[②] 以几乎是国家一年的财政收入用于收复新疆,反映了光绪朝前十年的政策重点。

应该指出,清政府是在极其困难的情况下作出西征的战略决策的。人们比较重视的是当时另一大问题——海防对于西征决策的影响,其实,内战刚刚平息后险象环生的内地局势,也是朝廷上下十分关注的一个问题。一个是大量的遣撤清军、失败的起义士兵的安置难以解决,社会治安问题日益突出。更为严重的是,由于内战,农业设施遭到了严重的破坏,自然灾害频仍,饥荒蔓延。就在西征军的基地陕西,也出现了大规模的饥荒,"光绪初元,山西、陕西、河南大饥,赤地方数千里","灾区之广,饥民之多,实二百年来所仅见"。[③] 而在西征军在前线节节胜利之时,内地的饥荒也达到了空前的程度,死亡不下千万,山西甚至出现了全村饿死、全家饿死、杀子而食、市人肉的

---

① 户部:《统筹新疆全局以规久远疏》,邵之棠辑《皇朝经世文统编》卷 56。

② 左宗棠历次奏销,同治五年十月至十年十二月,支银 40,148,530 两,同治十三年支银 8,178,982 两,光绪元年至三年支银 26,452,630 两,光绪四年至六年支银 17,738,906 两。总计达 9,252 万两。(参见《清史稿校注》,台湾商务印书馆 1999 年版,第 5 册第 3624 页)其中光绪元年到光绪六年两次奏销,即这里所说的"西征"兵费,共计 44,191,536 两。《清史稿·食货六》记载"甘肃官绅商民集捐银粮供军需者五千余万",估计当有一半用于平定阿古柏之乱,此外还有户部所列出的一些军饷开支,不入左宗棠的奏销。

③ 《谭嗣同全集》上册《刘云田传》;薛福成《庸庵文别集》卷 3《代李伯相复沈太史书》;参见李文海等编《近代中国灾荒纪年》,湖南教育出版社 1990 年版,第 347 页。

惨象,史称"丁戊奇灾"。在内地异常困难的形势下,清政府依然基本上保证了西征前线将士的粮饷供应,这是极其不容易的。

光绪四年(1878),清军取得了平定阿古柏的胜利。清政府乘左宗棠西征胜利的有利形势,与俄国进行了收复伊犁交涉。伊犁交涉几经曲折,于光绪七年与俄国达成协议,付俄代守伊犁兵费 900 万卢布,[①]收回伊犁地区。光绪八年到十年,与俄国又签订了一系列边界与通商条约,光绪十年新疆建省,西北边疆的形势逐渐稳定了下来。塞防告一段落后,清政府果断地大规模裁减塞防的军费,恢复道光旧制,即将甘肃新饷总额控制在四百余万两,一百余万两由当地地丁钱粮留支,余三百数十万两由内地协拨,将由塞防腾挪出来的大量经费用于海防建设。[②]

海防经费

海防问题直接由同治十三年(1874)日本出兵台湾而引起。但是,当时清政府因全力处理新疆问题,无暇东顾,故而对日本采取了守势。1875 年 5 月,清政府决定创办南北洋海军,而以北洋海军为主。至 7 月,由恭亲王奕訢领衔,总理衙门与户部会奏,定由海关税和厘金项下拨解南北洋海防经费 400 余万两。其中,粤海、潮州、闽海、浙海、山海五关并台湾沪尾、打狗两口提四成暨江海关四成内二成洋税共二百数十万两,江苏、浙江厘金项下每年各提 40 万两,江西、福建、湖北、广东厘金项下,每年各提银 30 万两,共 200 万两。[③]

---

① 俄代守伊犁兵费总额 900 万卢布,合银 500 万两,两年内付清。清政府于光绪七年至九年分别在厘金项下拨银 584,871 两、海关税项下拨银 1,200,000 两,余由户部与各省凑还。详见汤象龙《民国以前的赔款是如何偿付的》,载《中国近代经济史研究集刊》第 2 卷第 2 期。

② 参见刘增合《晚清保疆的军费运算》,《中国社会科学》2019 年第 3 期。

③ 张侠等编:《清末海军史料》,海洋出版社 1982 年版,第 615—617 页。根据陈先松的考订,海防经费的原拨数额实际上只有 350 多万两。参见陈先松《海防经费原拨数额考》,《中国经济史研究》2010 年第 3 期。

　　到光绪三年(1877)春,清政府又决定自下半年起,将五关四口四成洋税暨江海关四成内二成下200余万两分出一半解部抵还部拨西征饷银,总数200万两;其余各半分拨北洋和南洋。这样1877—1879两个财政年度内(即光绪三年七月至光绪四年六月、光绪四年七月至光绪五年六月)海防经费总额实际为300万两。[①] 不过各省、关实际并不如数解缴。西征战争和中法战争后,财政得到了喘息的机会,对于海防的投入明显增加了。光绪六年起仍恢复原定400余万之数。光绪十一年海军衙门成立以后,海防经费改由海军衙门统一收拨。到十三年,又增加芜湖、九江、镇江、江汉、东海等关指拨海防经费。光绪十五年又指拨各海关洋药税厘项下进款100万两。现将光绪元年原定关税厘金历年解拨海防经费数列表如下:

表 4-7　光绪元年定各省关实解海防经费统计表(1875—1894)

单位:两

年份	厘　金				海关税				合计
	江苏	浙江	湖北	江西	江海关	浙海关	闽海关	粤海关	
1875		99,308		100,000	33,986	124,489		168,048	525,831
1876		96,481	142,727	200,000	13,365	160,008	5,810	253,657	872,048
1877		100,000	285,453	160,000	103,674	67,681	83,282	131,400	931,490
1878		120,202		160,000	394,692	14,763	96,341	104,761	890,759
1879				190,000	175,016	38,603	83,117	116,872	603,608
1880	120,000	76,930		200,000	425,980	162,794	156,020	229,256	1,370,980
1881	30,000	369,785		160,000	601,337	257,543	198,078	305,508	1,922,251
1882	40,000	80,440		160,000	647,009	228,554	183,980	337,578	1,677,561
1883	40,000	60,408		160,000	500,719	224,922	138,114	369,649	1,493,812
1884	65,000	30,162		80,000	454,107	265,556	162,441	366,608	1,423,874
1885	65,000	30,000		40,000	520,031	257,434	198,296	342,315	1,453,076
1886	170,000	30,000		20,000	672,101	240,737		376,646	1,509,484
1887	480,000	190,000		100,000	652,812	292,027	538,437	427,819	2,681,095
1888	190,000	180,000		80,000	831,360	508,837	590,040	375,305	2,755,542

---

　　① 《洋务运动》资料丛刊(二),上海人民出版社1961年版,第360页。

年份	厘金				海关税				合计
	江苏	浙江	湖北	江西	江海关	浙海关	闽海关	粤海关	
1889	240,000	350,000		136,500	1,014,192	374,651	296,079	353,363	2,764,785
1890	350,000	320,000			1,198,777	289,893	291,085	361,524	2,811,279
1891	320,000	320,000			1,355,683	306,165	246,388	389,686	2,937,922
1892	322,400	320,000			1,310,588	287,109	255,898	349,972	2,845,967
1893	322,400	320,000			1,227,636	345,443	293,190	367,061	2,875,730
1894	322,400	260,000			1,358,440	302,248	267,353		2,510,441
合计	3,077,200	3,353,716	428,180	1,946,500	13,491,505	4,749,457	4,083,949	5,727,028	36,331,704

资料来源:据罗玉东《中国厘金史》、汤象龙《中国近代海关税收和分配统计》,厘金数中有个别年份缺漏。近有学者对四省厘金实解南北洋海防经费的数据进行了考订,比上述数据少 15 万余两。

新增各关实解海军衙门经费数共 434 万余两,统计如下:

表 4-8 光绪十三年新增海关拨解海防经费统计表(1887—1894)

单位:两

年份	镇江关	芜湖关	九江关	东海关	江汉关	合计
1887		30,000	104,914	23,221		158,135
1888	150,000	20,000	115,849	11,080	60,000	356,929
1889	130,000	50,000			60,000	240,000
1890	320,000	170,000	160,000		45,000	695,000
1891	280,000	120,000	160,000		75,000	635,000
1892	200,000	190,000	160,000	5,687	45,000	600,687
1893	244,000	201,900	321,800		61,050	828,750
1894	363,100	192,500	212,100		60,600	828,300
合计	1,687,100	974,400	1,234,663	39,988	406,650	4,342,801

资料来源:据汤象龙前书。

综合两表,总计海防经费共收入 41,238,026 两,将个别年份漏计的款额考虑进去,从光绪元年至二十年(1875—1994),全部海防经费收入至少达 4,200 万两。

姜鸣先生对这一时期的北洋的海防经费进行了深入的研究,据他的研究,光绪元年至光绪二十年北洋海防收入约 23,243,415 两,支出约 21,394,716 两。[①] 由海防经费中拨给南洋的海防专款,据统计,光绪三年到二十年总共为 10,659,253 两(内有山海关解款 254,980两,未在上表统计中)。[②] 那么还有一千多万两的海防经费究竟到什么地方去了呢? 这就牵涉晚清财政史上的一个公案——慈禧太后挪用海军经费的问题。

光绪十年甲申易枢事件发生,由慈禧太后的妹夫醇亲王奕譞入主军机,次年,海军衙门成立,由奕譞任总理海军事务大臣,控制了原来由南北洋分得的海防经费。海军衙门从成立到 1895 年撤消,共筹措海军经费近 3,000 万两,平均每年近 300 万两,[③]占到甲午战争前全部海防经费收入的四分之三。海军衙门所经收的海军经费,除南北洋海防专款之外,还包括海军衙门开办经费约 335 万两,雷正绾每年军饷约 35 万两,海军衙门常年经费 65 万两,洋药厘金指拨 100 万两,此外尚有铁路经费、海防捐、海防新捐和土药税等。以北洋、南洋实收经费 3,200 万两,开办经费 335 万两,雷正绾军费八年共 280 万两,海军衙门常年经费十年共 650 万两粗略统计,总数即达 4,655 万两,上述统计约 4,200 万两的收入尚有不敷。因此,慈禧太后要挪用南北洋海防经费,可能性并不大。[④] 当然,这并不排斥海军衙门的确

①　姜鸣:《龙旗飘扬的舰队》(增订本),生活·读书·新知三联书店 2002 年版,第 159—160 页。

②　陈先松:《甲午战前 20 年南洋海防经费收数考》,《中国经济史研究》2012 年第 4 期。

③　梁启超曾言,"自马江败后,戒于外患,群臣竞奏,请练海军,备款三千万"(《饮冰室文集》之四第 40 页),估计不错,但所谓"举所筹之款,尽数以充[颐和园]土木之用",不过文人夸张之词,以耸动舆论。

④　参见陈先松《海军衙门经费析论》(《清史研究》2018 年第 5 期);《修建颐和园挪用"海防经费"史料解读》(《历史研究》2013 年第 2 期)。

经手了三海工程、颐和园工程一部分经费,甚至利用借"海防"之名筹款募捐,腾挪经费,以顾所谓"钦工"。最典型的例子就是"海军巨款"的筹措。

光绪十四年(1888),海军衙门抛出的所谓"海军巨款"计划,①由广东认筹 100 万两,两江认筹 70 万两,湖北认筹 40 万两,四川认筹 20 万两,江西认筹 10 万两,直隶认筹 20 万两,共计 260 万两,名义上是"汇存北洋发商生息,按年解京,以补正杂各款之不足,其本银专备购舰设防要务"。而真正的目的是"腾出闲杂各款专顾钦工,亦不致有误盛典"②,也就是要把海军衙门的经费挪用到修建三海、颐和园工程和慈禧太后的万寿庆典,这笔海军巨款实际上成为地方官员的报效。(筹解清单上莫名其妙地列上了参与此事的各省督、抚、藩、臬、运司的名单,表明了其特殊的意义。)

学者们对挪用海军经费修园一事,已进行了许多考证,有三千万两之说,有一千万两之说,也有六百万两之说,本无定论。③ 根据王家俭先生的研究,三海工程收用经费约 606.8 万两,其中与海军有关的 140 万两;颐和园工程收用经费 1,373 万两,其中由海军衙门直拨的 92.27 万两(不包括假海军之名的捐款等)。④ 笔者根据上述对于海防经费总收支的考订,估计可以挪用的经费十分有限,而且三海、颐和园的修建费用也不需要由海军衙门全部包下来,慈禧太后还从户部挪用了不少经费:

> 朝邑阎文介公敬铭,以大学士长户部八年,爬罗梳剔,遇事

---

① 《清末海军史料》,第 641 页。
② 《洋务运动》资料丛刊(三),第 166—167 页。
③ 参见姜鸣《龙旗飘扬的舰队》,第 233—234 页。姜认为,海军衙门经费用于颐和园工程的总经费,当不超过 750 万两(第 209 页)。另据胡思敬说:"园工初兴,立山为内务府大臣,报销八百万金,浸以致富。"(《国闻备乘》卷 2)
④ 王家俭:《李鸿章与北洋舰队》(校订版),生活·读书·新知三联书店 2008 年版,第 394、401 页。

搏节,岁得羡余百余万,及光绪中叶,几盈千万。文介欲储此款不他用,以待国家正用。自颐和园工程起,内务部[府]经费岁增数百万,每咨取时,文介辄拒之。慈禧固知部中储有巨款,一意提用,而文介一日在位,必不能遂其志,于是眷文介骤衰。文介知无可为,遂称疾去职。文介去而户部储款数月间立尽。①

作者记叙于户部盈余之数虽有夸大失实之处,但是拨用户部之款用于颐和园工程却是事实。

特别需要指出的是,与道光、咸丰的行政风格不同,慈禧太后是经常侵占外府财用的。如同治十一年(1872)同治皇帝大婚,部库拨银达 450 万两,动支江宁织造、苏州织造、杭州织造、两广、粤海关、淮安关等共 500 余万两,"统计京外拨过银将及一千万两"。② 1888 年光绪皇帝大婚,户部拨银 350 万两,外省筹款 200 万两,共 550 万两,③还不包括内务府的开销。平时内务府也不时地向户部借款。慈禧太后为自己筹办六旬庆典,其数目达七百多万两。至于慈禧的私蓄多少至今还是一个谜。④

西征战争举朝倾全力支持,投入七八千万两,收到了实效。海防虽于中法战争后成为国家大政,十年筹款三千万,加上其他捐纳、协饷,为数虽不及西征,但也相当可观。但是,在海防建设急需大量经费的情况下,清政府仅为慈禧太后"颐养天年"的工程和庆典花销就

---

① 黄浚:《花随人圣庵摭忆》,上海古籍书店 1983 年版,第 511 页。
② 户部:《请饬内务府搏节用款疏》,盛康编《皇朝经世文续编》卷 31。
③ 林克光:《一代名妃的悲剧》,中国人民大学出版社 1991 年版,第 11 页。
④ 甲午战争时期,张荫桓曾向光绪皇帝建议向慈禧太后借钱,据他估计"皇太后私蓄有二三千金,半在南苑,半在大内,皆用红头绳束之"(王庆保、曹景郕:《驿舍探幽录》)。御史张仲炘斤干脆上奏称:"津沪一带,遍传倭人知我皇太后藏有金银四千万两。"(《中日战争》资料丛刊第 3 册,新知识出版社 1956 年版,第 145 页)1908 年慈禧太后去世,据当时英文报纸《北华捷报》报道,慈禧身后在内宫地窖中留下一笔私藏的金银块,计银九千九百万两,金一百二十万两,相当于二千二百万英镑([美]马士:《中华帝国对外关系史》第 3 卷,张汇文等译,商务印书馆 1960 年版,第 469 页注③)。这里存录备考。

达两千万两,充分暴露了专制王朝的腐朽,清王朝灭亡的命运由此看来是必定无疑了。[1]

中法战争的军费开支

中法战争是在西征战争结束后不久爆发的,财政上尚无准备的清政府和战不定,亦有其因。中法战争的军费开支,据吴廷燮记载为三千万两,[2]但依据何在,不得而知。我们在此略作考订。

光绪九年三月(1883年4月),法军攻占越南南定,接着于七月间攻占首都顺化,越南形势危急。清政府一面派兵进驻越南北部,一面采取资助刘永福黑旗军进行抗法战争的策略。清政府究竟接济了刘永福多少兵饷,已无详考,据广西布政使徐延旭于光绪九年九月奏报,"计其所部饷银每月实需五千两,臣与黄桂兰等往反函商,禀经抚臣核准,此后月饷由臣行营酌量发给,使无缺乏"[3]。到光绪十年初,刘永福一军编立10营,月饷提高到了八千两。[4] 据此估算,加上军火接济,总数不会超过20万两。进入越南北部的是桂军共17营7千余人,后加募到30营左右,滇军也有10营约5千人。这样,估计入越清军总数在40营左右,清政府拨给桂军的军饷达40万两,[5]依此估计滇军的军费约近15万两。因此,到光绪九年十月(1883年12月)战争爆发前,清政府在前线的军费支出从宽估算也不会超过100万两。

---

[1]　北洋海军成军后发展停顿失误,自然不能由慈禧太后一人承担。在李鸿章直接控制的淮军钱粮公所,数十年通过"截旷""扣建"积存有800万两现银(《三水梁燕孙年谱》上卷,第44页)。因为这成了淮军的"私产",李鸿章当然不愿意拿出来发展海军的。参见樊百川《淮军史》,四川人民出版社1994年版,第296—299页。

[2]　吴廷燮:《清财政考略》,第20页。吴的估计是"甲申一年即一千五百万,合计亦值三千万"。胡钧亦认为中法战争"靡款至三千万"。(见胡钧《中国财政史》,商务印书馆1920年版,第335页)

[3]　《中法战争》资料丛刊(五),新知识出版社1955年版,第231页。

[4]　《中法战争》资料丛刊(五),第286页。

[5]　《中法战争》资料丛刊(五),第209页。

　　战争爆发后不久,张之洞对于整个军费开支曾有一个估计:"统计滇、桂、广东、天津、烟台、旅顺、营口、江海、闽、浙各路之军,除原有各营外,共新增募者一百七八十营,其湘、淮、滇、桂,饷章略有参差,多少牵算,共岁需银四百余万两,军火各费约需银百余万两;然则多费六百万金,可支一年……"①依此计算,中法战争从光绪九年十月到十一年四月(1883 年 12 月—1885 年 6 月)结束,共 19 个月,增加的军费开支总数约在 1,000 万两。②张之洞的估计偏于保守。光绪十一年正月鲍超请求添募 20 营共 25,100 人,每年饷需估计为 190 余万两。因此,添募"一百七八十营"的实际兵费应为一千七八百万两。如果加上原有兵力的调动,福建(包括台湾)③、广东等沿海省份的布防,粮草采办运输费用,④总数约在 3,000 万两。中法战争期间,清政府举借外债 7 笔共 12,591,143 两,其中除 60 万两后拨给神机营使用外,余 11,991,143 两均用于军费开支,基本上与张之洞估算的新增军费 1,000 万两相近,大部分均靠协防各省自行罗掘。⑤张之洞谈到广东地方财政情形时说:"光绪九年越事既起,边、海俱防,需款浩大,以致藩、运两库悉索靡遗,挪用垫发,寅支卯款,历年综核收支不

---

① 《中法战争》资料丛刊(五),第 270 页。招募费用和军饷支出与军火弹药支出的比例张之洞估计为 4∶1,而有御史估计仅为"十分中之一二"[《中法战争》资料丛刊(五),第 600 页]。

② 《中法战争》资料丛刊(六),第 349 页。

③ 福建办理海防的开支达一百数十万两[《中法战争》资料丛刊(六),第 406 页]。台湾道库自光绪十年六月至十一月,拨给各粮台购置军装、火药、电线、修理炮台、起建兵房炮台的经费即达 74.6 万两,解过台北备用银 34.1 万两,而台北兵饷每月开支即达 11 万两,不敷甚多。[《中法战争》资料丛刊(六),第 346—347 页]

④ 岑毓英光绪十一年正月咨称,滇军一百三十余小营,刘永福军三千多人,共三万余人,每日共需军粮三万斤,运输往返需十七八日。[《中法战争》资料丛刊(六),第 348 页]

⑤ 如云南筹拨滇军粮饷无着,不得不向天顺祥票号借银十万两以济急。[《中法战争》资料丛刊(六),第 356 页]

敷甚巨。"①

应计入中法战争军费开支的还有马尾之战的损失。马尾一战，福建水师损失战舰 11 艘，其建造、购置费用如下表：

表 4-9　马尾海战中福建水师损失的战舰

船名	下水年代	船型	马力（匹）	排水量（吨）	制造费用（两）
扬武	1872. 4. 23	木质兵轮	1,130	1,560	254,000
伏波	1870. 12. 22	木质轮船	580	1,258	161,000
济安	1873. 1. 2	木质兵轮	580	1,258	163,000
飞云	1872. 6. 3	木质兵轮	580	1,258	163,000
振威	1872. 12. 11	木质兵轮	350	572	110,000
福星	1870. 5. 30	木质轮船	320	515	106,000
艺新	1876. 6. 4	木胁兵轮	200	245	162,000
永保	1873. 8. 10	木质商轮	580	1,353	167,000
琛航	1873. 12	木质商轮	580	1,358	164,000
建胜	1876 购	子母型蚊	400	440	120,000
福胜	1876 购	子船	400	440	120,000
合计			5,700	10,257	1,690,000

资料来源：据《清末海军史料》上册，第 176—180 页；夏东元《洋务运动史》，华东师范大学出版社 1992 年版，第 315 页。

11 艘共计 169 万两。水师和陆营阵亡官兵抚恤金仅 2.3 万余两。② 由此我们可以估算，马尾之战，福建水师的军事装备损失在 200 万两左右。此外，福建船政局船厂也受到了严重破坏，新制第五

① 张之洞：《财政艰窘分拟办法折》（光绪十二年五月二十二日），《张之洞全集》第 1 册，第 452 页。

② 林庆元：《福建船政局史稿》（增订本），福建人民出版社 1999 年版，第 230 页。

号铁胁船身被敌炮击穿九十余孔。[1]

综上所述,中法战争中,清政府的实际军费开支在 3,000 万两左右,不会超过 3,500 万两,吴氏的估计大体上是正确的。至于战争以后的善后支出,为数不少。即广东一省,综计光绪九年(1883)起至十四年底止,约共用银二千五百万余,其中包括边海防务、电报通讯、购买军火、军饷开支、裁撤兵勇、剿抚琼州、枪炮各局、水陆师学堂等等,难以分析统计了。[2]

第二节　内债和外债

内　债

镇压太平天国运动以后到甲午战争爆发,清政府虽然存在着举借内债的现象,但还没有近代严格意义上的内国公债的形式。这一时期的内债形式主要是向民间金融机构透支或垫款。造成清政府举借内债的原因,固然主要是由于财政的困难,但是 19 世纪下半叶民间金融机构的迅速发展,也为政府举借内债创造了客观条件。

在太平天国后期,中国旧式金融行业出现的最重要的变化是票号的蓬勃发展。因开设票号以山西人居多,故习惯上称之为"山西票号"。相传中国第一家专营埠际汇兑业务的是山西颜料商人雷履泰开设的日升昌。道光四年(1824)日升昌专业汇兑后,其他山西商人纷纷仿效,到太平天国运动爆发后,由于战乱,运现风险大大提高,票号的优越性进一步突显,使票号的业务有了很大的拓展。同时,也由于战乱,商业衰落,商业汇兑业务压缩,使票号的业务活动日益转向

---

① 林庆元:《福建船政局史稿》(增订本),第 227—228 页。

② 张之洞:《军需善后各案请开单奏报免造细册折》(光绪十五年八月初六日),《张之洞全集》第 1 册,第 689 页。

了清政府的财政方面。票号在为清政府举办捐输筹饷、进行财政垫款等方面起了很重要的作用。咸丰初年，江苏等省的部分官款即开始通过票号承汇，[①]到咸丰八年（1858），各省一些协饷通过汇款已见诸煌煌上谕。[②] 到咸丰末、同治初，山西票号又进一步承揽了京饷汇兑业务。

票号汇兑京饷，在咸丰十年已现端倪。时任福建布政使的张集馨写道：“浙省告警，奉拨十万两，不拘何款赶紧批解，已经解过八万矣。前奉提关税二十万，已解过十五万，并部饭三千两，交陈同恩汇兑解京矣。”[③]解部饭银三千两，还不是正式的京饷。当年闽海关咸丰九、十两年分册档及应解铜斤水脚各款银两，因“道路梗塞”，福建将军奏准“觅商汇兑”，咸丰十一年应解十、十一两年分册档银两仍因“路途难行”，再次援案觅商汇兑。[④] 同治元年（1862），湖北第五、第六批解部盐课银共 3.5 万两，因“河南捻逆未靖，道路梗阻”，由汉口蔚泰厚、永裕、厚元、丰玖等票号“如数汇兑银票，携至京城兑银，赴部交纳”。[⑤] 当年八月初十日，闽海关应解户部五万两纹银，也由委员和票商一起携票绕道江西、湖北赴京兑付了。[⑥] 此后，各省先后仿效，汇兑的财政款项由京饷进一步发展到内务府经费、协饷以及各种专项经费。在财政资金不敷的情况下，由票号垫汇、垫借的情况也就逐渐增加了。情况有如下表。

---

① 宋惠中：《票商与晚清财政》，载《财政与近代历史》论文集上册，中研院 1999 年印。
② 《文宗实录》卷 268，咸丰八年十月乙丑。
③ 《道咸宦海见闻录》，第 296 页。
④ 朱批奏折：福州将军文清咸丰十一年十月二十四日奏，04－01－35－0384－008。
⑤ 朱批奏折：湖广总督官文奏附湖北巡抚严树森片（同治元年），04－01－35－0521－030。
⑥ 《山西票号史料》，第 76 页。

表 4-10　1862—1893 年票号财政汇款及垫汇统计表　单位:两

年份	汇款总额	垫汇总额	垫汇比重	年份	汇款总额	垫汇总额	垫汇比重
1862	100,000			1879	2,097,660	676,820	32.27
1863	1,390,985			1880	4,796,239	1,361,240	28.38
1864	561,567	100,000	17.81	1881	3,345,307	860,320	25.72
1865	1,437,730	92,200	6.41	1882	1,958,610	682,000	34.82
1866	2,386,369	156,956	6.58	1883	3,237,754	603,400	18.67
1867	4,522,791			1884	295,034		
1869	2,905,668			1885	3,258,880	896,200	27.50
1870	500,979			1886	4,092,273	1,189,982	29.08
1871	165,000			1887	179,119		
1872	3,017,999	350,000	11.60	1888	175,684		
1873	1,790,744	150,800	8.42	1889	3,489,988	80,000	2.29
1874	100,000			1890	6,439,863	928,080	14.41
1875	5,521,631			1891	5,334,217	945,667	17.73
1876	4,906,767			1892	5,217,970	1,581,558	30.31
1877	2,905,765	870,940	29.97	1893	5,253,592	737,360	14.04
1878	21,335			合计	81,407,520	12,263,523	15.06

资料来源:据《山西票号史料》第 130—141 页统计表编制。

　　从上表可知,从 1862 年到 1893 年,据不完全统计,仅票号就向清政府垫借了 1,200 多万两款项,占全部汇款总额的 15.06%。向政府财政以垫款等方式融通资金的还不仅是票号,与清政府有着特殊关系的胡光墉所开的阜康银号也是"国库支绌,有时常通有无,颇恃以为缓急之计"[1]。

————————

[1]　中国人民银行上海市分行编:《上海钱庄史料》,上海人民出版社 1978 年版,第 47—48 页。

除汇垫款项外,清政府还通过各种形式向华商借款。从同治五年到光绪九年(1866—1883)仅西征借款一项,即达 11,653,730 两,[①]其中不少也是向票号举借的。光绪四年第五次西征借款,胡光墉招集了沪杭苏一带的商人组织乾泰公司募股认购债票,但仅募得半数,共 175 万两,另一半只能改向汇丰银行举借。徐义生认为,这笔借款的一半,可以看作是旧中国发行国内公债的开始。[②] 光绪十一年中法战争期间,鲍超率军进入云南前线,"行粮告罄","幸天顺祥票号慨然借银十万两"。[③] 总的来说,这一时期举借内债的成效并不大。广东早在鸦片战争期间就有向商人举债的记载,在这一时期也屡向华商借款,但并不成功。如光绪八年广东办粤防,设小水师,拟向行商息借银 200 万两,筹借一年多,"省中号商铺户,均称一时骤措,力有未逮",于是不得不改借外债。[④] 曾纪泽曾分析其原因说:"中国借民债,往往脱空欺骗,使茧茧之氓闻风畏惧,遇有缓急,不得不贷诸洋商。"[⑤]如同治三年山西当局曾向平遥、祁县、太谷三县票号举借 21 万两,到光绪十四年还有 7 万多两拖欠未还。该年因全省饥荒,当局又向三县举借,在答应以捐输款归还 7 万多两欠款的前提下,三县票商才勉强同意再借款 12 万两。[⑥] 由于政府缺乏信誉,这一时期的内债只能是以垫款、临时短期为主要形式。但是,如果没有这些临时的资金融通,对于缺乏充足储备的清朝财政而言,又是很难正常运作的。如粤海关、广东省、福建省和闽海关,由票号垫解的款额分别占全部汇解款的 54.64％、47.44％、40.63％和 26.22％,说明这两省关的财政对

---

① 参见徐义生:《中国近代外债史统计资料》第 19 页,这里所谓的"西征借款"包括镇压西北回民、捻军和收复新疆的两类军费借款。

② 徐义生:《中国近代外债史统计资料》,第 3 页。

③ 《中法战争》资料丛刊(六),第 356 页。

④ 《户部陕西司会议奏稿》卷 2,第 17—19 页。

⑤ 曾纪泽:《使西日记》,湖南人民出版社 1981 年版,第 71 页。

⑥ 《光绪朝东华录》(一)总 595 页。

于金融机构的依赖已经相当深了。①

金融机构汇兑财政款项,融通财政资金的另一个方面是财政款项存入金融机构,政府可以通过财政存款而获得利息,对于改变财政资金呆滞的存库也有积极意义。但是,在缺乏金融市场准入制度和健全的金融制度的情况下,官款存入私人金融机构的风险极大。光绪九年(1883)胡光墉生丝投机失败,阜康银号倒闭,"亏欠公项及各处存款,为数甚巨"②,仅福建司道府库及税厘、善后等局存款即达23.1万两。③ 在这种情况下,光绪十一年,英商克锡格、密克说动李鸿章,依照西国银行办法,集华洋股份,开设国家官银行,包揽官款的存汇。这个计划遭到户部的驳斥。十二年美国人米建威又通过中国驻美公使张荫桓送给李鸿章一份最新的美国银行章程。第二年初他来到中国,提出了一份建立华美银行的计划,得到了李鸿章的认可。这个计划最后也是在顽固派的反对下而流产。金融史家洪葭管先生评论道:"洋务派办银行的着眼点是:有了银行,一可以便于借外债,二可以发行货币,三可以解决洋务企业的资金需要。当时李鸿章他们还看不到通过办银行来广泛聚集社会资金的重要意义……这就说明他们的金融活动的意图,与现代资本主义银行通过信用促进社会经济发展的要求还相距很远。"④可见,根子在于洋务派是从狭隘的财政观点来认识近代银行功能的,这样一种认识的产生,是基于当时的金融业的发展已经提供了这种现实条件,李鸿章没有超越这种现实,固然是他的悲剧,而对于连这种现实也不愿认识的顽固派来说更是一个悲剧。

---

① 黄鉴晖:《山西票号史》(修订本),山西经济出版社 2002 年版,第 246—247 页。
② 《上海钱庄史料》,第 48 页。
③ 《中法战争》资料丛刊(六),第 408 页。后福建咨追较速,收回 19 万余两,而"该商号亏欠各省官项甚多",大部分无法追回。
④ 洪葭管:《在金融史园地里漫步》,中国金融出版社 1990 年版,第 118 页。

外　债

同治三年(1864)太平天国失败到光绪十九年(1893)甲午战争前夕,清政府举借的外债总额达 43,838,221 库平两,具体情况有如下表:

表 4-11　1864—1893 年清政府举借外债情况表　单位:库平两

日期	名称	贷款者	款额	利息率	期限
1864	福建借款	福州厦门洋商	150,000		1 年
1865	广东借款	广州英商频志洋行	92,000		1 年
1867—4	西征借款 1	上海洋商	1,200,000	月息 1.5%	半年
1868—1	西征借款 2	上海洋商	1,000,000	月息 1.5%	10 个月
1872	使法借款	丽如银行	30,000		
1874—8	福建台防借款	汇丰银行	2,000,000	年息 8%	10 年
1875—4	西征借款 3	怡和洋行	1,000,000	年息 10.5%	3 年
		丽如银行	2,000,000		
1877—6	西征借款 4	汇丰银行	5,000,000	月息 1.25%	7 年
1878—9	西征借款 5	汇丰银行	1,750,000	月息 1.25%	6 年
1881—5	西征借款 6	汇丰银行	4,000,000	年息 9.75%	6 年
1882—1884	新疆俄商借款	新疆俄商	120,000		
1883—9	广东海防借款 1	汇丰银行	1,000,000	月息 0.75%	3 年
1884—1	轮船招商局借款 1	天祥、怡和等洋行	678,000		
1884—4	广东海防借款 2	汇丰银行	1,000,000	月息 0.75%	3 年
1884—10	广东海防借款 3	汇丰银行	1,000,000		
1884—10	沙面恤款借款	汇丰银行	143,000		
1884—12	滇桂借款	宝源洋行	1,000,000	年息 8.5%	3 年
1885—2	福建海防借款	汇丰银行	3,589,781	年息 9%	10 年

续表

日期	名称	贷款者	款额	利息率	期限
1885－2	广东海防借款 4	汇丰银行	2,012,500	年息 9％	
1885－2	援台规越借款	汇丰银行	2,988,862	年息 8.5％	
1885－3	神机营借款	怡和洋行	5,000,000	年息 7.5％	10 年
1886	轮船招商局借款 2	汇丰银行	1,217,140	年息 7％	10 年
1886－7	南海工程借款	汇丰银行	300,000	年息 8.5％	10 年
			700,000		30 年
1887－1	三海工程借款	德国华泰银行	980,000	年息 5.5％	15 年
1887	津沽铁路借款	怡和洋行	637,000		
		华泰银行	439,000		
1887－10	郑工借款 1	汇丰银行	968,992	年息 7％	1 年
1888－5	郑工借款 2	汇丰银行	1,000,000	年息 7％	4 年
1888	津通铁路借款	汇丰银行	134,500		
1889－5	鄂省织布局借款	汇丰银行	160,000	年息 5％	
1890－4	嵩武军借款	德国泰来银行	182,482	年息 6.5％	4 年
1890－4	山东河工借款	德华银行	364,964	年息 6.5％	4 年
合计			43,838,221		

资料来源:据徐义生《中国近代外债史统计资料》第 6—10 页,不包括攻克天京以前的借款。

在这 31 笔借款中,以军事借款居多,总额达 33,565,625 两,占总额的 76.57％,其次是宫廷以其他名义的借款,总额 4,500,000 两,占 10.27％,第三是洋务企业借款,共计 3,265,640 两,占 7.45％,河工工程借款共计 2,333,956 两,占 5.32％,其他借款为数不多,共173,000两,仅占 0.39％。在军事借款中,因平定阿古柏叛乱和中法战争而举借的外债达 26,341,143 两,占到这一时期军事借款的

76.57％,全部外债的 60.09％。① 从 80 年代开始,慈禧太后以归政后颐养天年为名,公开地或隐蔽地举借外债以营修宫苑,其贷款的总数超过了洋务企业的借款,可见清廷的腐败! 这一时期每年的外债数额占清朝财政支出的 4％左右,②在财政上仍然属于应付临时紧急支出的范围,而且绝大部分是有正当理由的,与甲午战后因经常性的财政赤字而大量举债显然不同。而从贷款者方面来分析,仅汇丰银行一家就向清政府贷款了 28,964,775 两,占到 66.07％,几乎达到三分之二。

　　在借债条件方面,论者的批评主要集中在借款的利息和经手人的贪污上。关于贷款利息,外国银行和商人向清政府的贷款一般在 8 厘左右,有的高达 1 分,而"当时外国银行对洋商垫支或贷借的利息,一般不超过五厘,而八厘年息就和当时该银行股票的股息相等"③。但郝延平的看法是:"清政府在 19 世纪订立的外国贷款,利率并不高,因为几乎所有这类贷款都是有担保的。1864—1886 年的年利率是8％－9％,1886—1894 年是 5.3％－7.0％。"④利率下降的原因主要是清政府借债的方式由半年或一年的短期借款逐渐转向 3 年以上的长期借款以及汇价风险相对有所减弱(19 世纪 80 年代金银比价出现反弹)。郝延平指出,19 世纪中叶沿海通商口岸盛行 12％左右的年利率,稍高于当时欧洲的水平(在 6％至 8％之间)。⑤ 由此看来,清

---

① 徐义生《中国近代外债史统计资料》第 21 页统计,清政府因对外战争而举借的外债截至 1890 年共 14,471,143 两,与实际情况并不相符。他把平定阿古柏叛乱的军事借款全部列入镇压人民起义军需中了。

② 参见徐义生《中国近代外债史统计资料》,第 21 页。

③ 徐义生:《中国近代外债史统计资料》,第 2 页。

④ [美]郝延平:《中国近代商业革命》,陈潮等译,上海人民出版社 1991 年版,第 122 页。

⑤ 欧美国家的贷款利率事实上是随着银根松紧和贷款对象不断变动的。就以贷款对象之于利率的影响而言,美国和俄国 1873 年在伦敦市场上发行的债券利率同为 5％,美国债券溢价发行至 2％,而俄国债券则为面值的 9 折至 93 折,到 1866 年,竟为 86 折。([苏]门德尔逊:《经济危机和周期的理论和历史》第 2 卷,吴纪先等译,三联书店 1976 年版,上册,第 18 页。)中国的经济比俄国还落后,且大都为军政借款,利率偏高,更多的是市场选择的因素。

政府这一时期所举借的大部分外债在利率上基本处于欧洲金融市场贷款利率的上线而远低于沿海通商口岸的商业贷款利率的下线。这是一方面。另一方面,清政府在 19 世纪下半叶对于从金融市场筹借财政贷款,仍持谨慎的态度,数量不大,对于通商口岸的商人较易获得较低利率的贷款也是有利的。

关于经手人在利率问题上舞弊以及索取回扣。在有出贷利率和经手人所报利率比较统计的 16 笔外债中,经手人所报高于出贷利率的就有 12 笔,相等的 2 笔,所报低于实贷利率的仅 2 笔。最严重的是胡光墉经手的西征借款。第一、二次西征借款实贷利率为月息 8 厘,胡光墉报 13%,而清政府实付为 15%。第四、五次西征借款实贷年息 10%,而所报为月息 1.25%,折合年息率也达到 15%。[①] 如果此情属实,那么仅上述四笔外债,经手人每年从多报的利息中即可赚取 626,500 两白银。当时朝野即物议鼎沸,曾纪泽曾闻而兴叹:"洋人得息八厘,而胡道报一分五厘。奸商谋利,病民蠹国,虽籍没其资财,科以汉奸之罪,殆不为枉,而或委任之,很可忧已!"[②]但左宗棠却不以为然,写信给胡光墉称:"频年支持西事,全借沪局转馈之功,天下所共知者。如果公道宜伸,弟亦岂甘函默?"[③]左宗棠为什么会容忍胡光墉的做法,不以为贪反以为功呢?

我们以光绪三年(1877)向汇丰银行举借的一笔西征借款为例来说明这个问题。根据左宗棠的说法,之所以所报利率与实贷利率产生差异,是因为对合同有所更动,"胡道此次向汇丰所借银两,原系一分行息,因议定借实银还实银,是以加息银二厘五毫"[④]。但实际情况更为复杂:"英商汇丰银行计息,只按年一分者,由于借用先令,冀价高获利。德商泰来洋行计息,必按月一分二厘五毫者,由于包认实

① 参见徐义生《中国近代外债史统计资料》,第 18—19 页。

② 《曾惠敏公使英日记》,第 31 页。

③ 《左宗棠全集》书信三,岳麓书社 1996 年版,第 534 页。

④ 《中国清代外债史资料》,第 56 页。

银,预备价落赔垫。胡光墉虑军情饷紧急,既请以每年一分之息,照会英国成借,及虑先令价值无常,异日归还增累,故加为每月一分二厘五毫之息,包给德商承认,首尾本属一贯。"①也就是说,胡光墉为了避免汇价变动的风险,确保借银还银,由德商泰来洋行承担汇价变动的风险,条件是中方向泰来洋行支付更高的利息。

对于胡光墉的这种做法,我们只有放到 19 世纪 70 年代特定的国际金融形势下才能理解。同治十二年(1873)德意志联邦成立,统一全国的货币制度,确定逐步放弃银本位、实行金本位的货币改革计划,向国际金融市场大量抛售白银,造成了银价的大幅度下跌,每盎司白银的价格由同治十二年的 59 便士暴跌至光绪五年(1879)的 43 便士,②下跌了 27%。整个西征借款差不多都是在金银比价剧烈波动的时候举借的,胡光墉采取以加息规避汇价风险的做法正表现了一个商人的精明。我们当然不能据此说经手人在举借外债时没有舞弊现象,但至少没有像局外人所估计的那样严重。

第三节　地方财政

地方财政的形成

地方行政机构的变化

清咸同以后地方财政的形成,一是由于太平天国运动的形势使然,前已详述。二是由于地方行政体制上已经发生了重大的变化,最突出地表现在行政机构的膨胀。在太平天国运动期间,战区由于原有行政机构被打乱,军队和政府为了推行军务政务,往往设局办事。但战争平息之后,各地因事设局之风愈刮愈烈:

---

① 《德宗实录》卷 53,光绪三年七月丙辰。
② [美]耿爱德:《中国货币论》,蔡受百译,第 215—216 页。

于军需则有善后总局、善后分局、军需总局、报销总局、筹防总局、防营支应总局、军装置办总局、制造药铅总局、收发军械火药局、防军支应局、查办销算局、军械转运局、练饷局、团防局、支发局、收放局、转运局、采运局、军需局、军械局、军火局、军装局、军器所等项名目；于洋务则有洋务局、机器局、机器制造局、电报局、电线局、轮船支应局、轮船操练局等项名目；于地方则有清查藩库局、营田局、招垦局、官荒局、交代局、清源局、发审局、候审局、清讼局、课吏局、保甲局、收养幼孩公局、普济堂、广仁堂、铁线局、蚕桑局、戒烟局、刊刻刷印书局、采访所、采访忠节、采访忠义局等项名目。其盐务则有各处盐局、运局、督销局；其盐卡除牙厘局外则有百货厘金局、洋药厘捐局暨两项各处分局，更不胜枚举。其未经报部者，尚不知凡几。且有事应责成司道厅州县者，亦必另设一局，以为安置闲员地步，有地方之责者反可置身事外，各局林立，限制毫无。[1]

因事设局，责有所专，办事效率较旧式衙门为高；[2]战后地方行政事务繁重，旧式衙门的设置也显然力不从心。[3] 叠床架屋的局所设置，虽然有安置冗员、降低行政效率之弊，但是，它从一个侧面反映了战后国家行政职能正在发生重大的变化。经济职能和民政职能都得到了加强，如各种洋务企业机构、蚕桑局、招垦局、收养幼孩局、戒烟局等；原有职能进一步专门化，如司法、保甲、官吏交代、税收等均按

---

[1]　户部：《开源节流事宜二十四条》，《光绪财政通纂》卷53。

[2]　如福建巡抚丁日昌上奏设立清理词讼局的理由就是衙门的效率低下："闽省吏治日偷，牧令缺多瘠苦，但求以免过为了事，于民生之疾苦，漠然不关于心。由是词讼之积压日多，牢狱之犯人几满。"（《署内设局派员清理词讼局》，《丁中丞政书·抚闽奏疏一》，第7页）丁日昌在江苏巡抚任上，曾处罚一批办案不力的州县官。

[3]　如"苏省各属淤生沙洲，素扰占争，久为民累"，长期不得解决。丁日昌任江苏巡抚后，便在苏南苏北12个县设立清理沙洲局，以处理新涨滩地的清丈和产权纠纷。（《丁中丞政书·抚吴奏稿三》，第6—7页）张之洞光绪八年任山西巡抚，设清源局该省清理财政，清查了自道光二十八年以来的各项账目和库款，仅花一年多时间便大致理清了。

专门设局，这是近代化国家机构设置的重要特点。

战后各地地方行政机构的膨胀除了行政的需要之外，还有一个重要原因，那就是所谓军功、捐班与科班人员的充斥。在传统的封建体制下，当官只有出于科举考试一途，由科举进入仕途的人员与退出仕途的人数大体上能保持一种相对平衡的状态。晚清清政府先后开设的捐例如鸦片战争后的善后例，咸丰元年(1851)的筹饷新例，光绪十年(1884)的海防事例(后改为海防新例)，光绪十三年的郑工事例等等，庚子以后，清政府又开设秦晋赈捐例、顺直善后捐例、各省筹办边防捐例等。捐纳虽然从清初即开始，但多为虚衔、封典的捐纳，大量推广实职捐纳则从太平天国时期才开始，并且捐纳的银数亦日益减少。如咸丰元年减为九成收捐，次年减为八成收捐，三年再减为七成五收捐。此外还有所谓捐纳武职、捐免离任、捐免验看、分先前、分间前、尽先前、新班遇缺先等花色。大量的捐班人员进入仕途，加以参与镇压太平天国运动军功人员也纷纷要官要缺，使得仕途拥挤不堪，甚有"抢缺"之名。[1] 江苏巡抚丁日昌奏道：

> 现在捐班、军功二途，纷纷沓至，处处有人满之患……即如江苏一省言之，道员可由外补之缺不过二三员，府、州、县、同、通可由外补之缺亦不过数十余员，而候补道员约有六七十人，候补同、通、州、县约有一千余人。夫以千余人补数十员之[缺]，固已遥遥无期，即循资案格而求署事，亦非数十年不能得一年……前此十数年中衣服饮食之资、养家应酬之费，皆须于一年署事中取偿，而后十数年衣服饮食之资、养家应酬之费，又须于一年署事中预蓄，置犬羊于饥虎之前，而欲其不搏噬，虽禁以强弓毒矢，而势固有所不能。[2]

就是偏僻的贵州省，额设府厅州县73缺，佐贰杂职93缺，而候

---

① 欧阳云：《敬陈管见疏》，盛康编《皇朝经世文续编》卷12。

② 丁日昌：《力戒因循敬陈管见疏》，《丁中丞政书·抚吴奏稿五》，第17—18页。

补之员即达千余。[1]

同治五年(1866)清政府重定常例捐项不得捐实官,但暂开事例仍为数不少。光绪五年(1879),清政府停止自太平天国以来举办的筹饷事例,但已捐实职人员仍然十分庞大,御史黄元善上奏:"向来各省,只有发审、清查各数局,嗣后办理军务,设局渐多,曰防剿,曰捐输,曰牙厘,曰善后,曰营务,曰忠义,曰书局,曰工程,种种名目,更仆难数。……现在军务告竣有年,而各省各局,尚未裁撤。臣愚以为与其多留一局而安插冗员,不如多裁一局而节省浮费。"[2]这表明,有不少局的确存在着安插捐班人员的情况,造成了行政机构人员冗杂、吏治腐败的弊端。

在这些专局中,逐渐形成了一个不同于幕僚的新的阶层——行政科层人员。他们不完全在官僚的品级体系之中,有相当多的科层工作人员没有正式的官僚品级,但薪金(而不是俸禄)却可以从地方财政中列支;他们虽然还没有切断幕僚的尾巴,但又不完全等同于幕僚,幕僚虽然参与处理国家公务,但通常由官僚私聘,薪金也由官僚支付。他们的人数也比幕僚多得多。19世纪60年代到20世纪初叶,大体上是这一阶层的形成时期,有相当多的候补官员、幕僚、书办、绅士厕身各局,他们的身份具有官僚、幕僚、绅士和旧式衙门书办混合的特点。科层体制也尚未确立,使他们没有正常的升迁之途,职业也具有不稳定性。20世纪初叶社会的巨变,促进了这一阶层的形成。第一,科举制度的废除,切断了仕途与科举功名的联系,为参与国家公务的人员升迁官职开辟了道路,使科层人员的队伍稳定了下来;第二,中央政府直接下令设立和批准设立的局所日益增加,改变了过去撤并无常、经费无着的临时性特点,国家的科层体制逐步形成了;第三,新式知识分子大量进入科层机构,改变了过

---

① 岑毓英:《遵旨整顿吏治缘由折》,盛康编《皇朝经世文续编》卷17。

② 黄元善:《请饬力筹用永停捐输疏》,盛康编《皇朝经世文续编》卷31。

渡时代科层人员的成分。

　　地方专门办事机构的增加,相应地也增加了行政经费的开支,而这些开支在原有的财政体制中是没有的,经费只能由地方自筹。自筹经费分为两类,一类是临时性机构,筹款也采取临时的一次性或阶段性的方式,如前面提到的各地的清丈局,主要通过向农民一次性摊派筹措的。一旦事务结束,机构裁撤,摊派即行停止。一类是长期的或永久性的机构,那就必须拥有稳定的财政来源。以四川安县为例,"清初无津贴之征,自同治二年后国事日繁,设有各样局所,所用人员无常俸。酌量事之多寡,官员之大小,给津贴费若干,饬各县征收,每正粮一两,征收银一两,县随加解销绳索等费一钱"[1]。四川安县的摊派,显然不是一县的情况,而是全省的普遍现象。四川为筹措机器局经费,还于光绪五年(1879)创设肉厘,规定每宰猪一只,征钱100文。[2]

地方财政的运作

　　地方财政各类专门机构的设立,在政治上的直接后果是财政权完全落到了督抚手中,布政使只能完全听命于总督、巡抚。地方新设各类专门财政机构由督抚奏请设立,官员由督抚委派,布政使司所经管的田赋杂税只是一省财政收支的一个部分,实际地位大大下降了,清政府要通过布政使来控制一省的财政在行政体制上已经失去了保证。相反,在太平天国时期定下的"以本省之钱粮,作为本省之军需"财政原则下,地方督抚对于布政使所经管的钱粮也有了直接的支配权,使布政使的实际权力也大大削弱了。总之,所有地方财政官员都在实际上成为督抚的属员,由督抚统辖一省的财政。到光绪三十三年奏定《各省官制通则》,明确布政使受督抚节制,为督抚属官,由督

---

① 民国《安县志》卷 25,第 10 页。
② 胡汉生:《四川近代史事三考》,重庆出版社 1988 年版,第 39 页。

抚进行考核,①把督抚统管一省财政的体制由法令的形式确立了下来。

督抚统管地方财政,首先要把全省的财政收支控制在自己手中。同治一朝,地方督抚多为中兴诸臣,练军筹饷,无不亲自经营,因此于控制财政较易得心应手。而非用兵省份或督抚更替,财权未必尽在督抚手中。因此,这些省份的新任督抚要控制财政权,有时还需要花相当的气力。如山西为非用兵省份,财政权一直为布政使掌握,历任督抚均无可如何。光绪八年(1882),张之洞以清流外放山西巡抚,护理山西巡抚、布政使葆亨在卸任之前,于一日放款60余万两,护理布政使王定安在位不过一旬,一日放银30余万两,用罄库款,公然藐视张之洞。张之洞上任伊始,即设清源局,大刀阔斧地对全省财政进行了清查,以改变葆亨、王定安等人的亲信把持山西财政的局面,葆亨、王定安均受到革职、发往军台的重惩。像山西这样的局面,即使财政大权在布政使手中,户部也无从进行监督。同治元年(1862)阎敬铭任山东巡抚时,为夺取财政权也进行了一番激烈的斗争:

> [阎敬铭]擢山东巡抚。山东藩库,仅存银数千两,其故由州县亏空,贿属幕友、书吏,通同蒙蔽,牢不可破,历年大吏,不能清理。相国在户部精会计,下令核算。诸幕书力言事不可行,百端作难。相国震怒,曰:"有敢阻挠者斩。"幕书素闻其名,遂不敢动。提册清查,弊窦尽发露。籍州县一百五十三家,杀书吏数人,逐幕友十余人……数年,藩库积银至五百万两。②

隐匿地方收入,是督抚为避免户部干预而采取的主要方式。何烈发现,曾国藩于咸丰十年(1860)任两江总督时,就已创办土药捐,

---

① 《光绪新法令》第二类,官制。但仅隔一年多时间,清政府又反悔,由度支部上奏,要求"各省财政宜统归藩司以资综核而专责成",参见《华制存考》宣统元年四月。

② 欧阳昱:《见闻琐录·阎相国》,第9页。

但在第五案报销案中,只列厘捐、盐厘等收入,而未列"土捐"收入。①
至于厘金、杂捐的实收数量,各省隐匿虚报已经是公开的秘密。陕西
省自开征厘金之后,长期隐匿收入实数。后经查核,仅光绪二年至九
年(1876—1883),共收厘金 271 万余两,而报部仅 213 万余两,用于
办公、存留两款共银 58 万余两。自光绪十一年开始,清廷不得不同
意陕抚请求,按实收厘金数奏报,但由陕西提扣一成,②十二年又增至
提扣一成半。同样,山西厘金也照一成提扣,均作为外销。③ 因为有
隐匿收入,所以各省无不有各种"小金库",如山西善后局,不明来历
的善后余款达 37 万余两,④前面提到的淮军钱粮所藏银 800 万两,更
是富比户部银库了。

有"小金库"而有外销之款。以往经费支出,清政府均根据户部
则例核销,如不合则例,虽已支出,仍不能销账,因此,在奏销制度仍
十分严格的情况下,督抚只能采取向下级摊销的方式弥补支出。张
之洞入晋,"问官之疾苦,则佥以摊捐为累对。摊捐者,凡关系一省公
事用度,而例不能销,则科之于州者也。晋省自乾、嘉以来,州县解
交两司暨本管府州之摊款,通计需银十一二万两……至今尚常年摊
捐十七款……通计约银十万两,实为官场第一巨累……廉俸减扣以
来,办公竭蹶,益以摊捐之累,于是自拔者少,而自爱者益稀……致令
官斯土者,率皆愀然。有逋负牵挂之忧,而毫无洁身奉职之乐"。张
之洞采取的办法是由清源局专门办理裁抵摊捐,"必不可删、必不能
节省者,就本省筹划闲款抵补"。⑤ 可见户部奏销则例过苛,是摊捐发
生的一个重要原因。但是,张之洞竟敢承认有不为户部所知、无须户
部准销的"闲款",说明了奏销制度已经名存实亡。至于战后新增的

---

① 何烈:《清咸、同时期的财政》,第 382 页。

② 陕西巡抚边宝泉光绪十一年八月初一日奏,朱批奏折,04-01-35-0986-062。

③ 光绪《大清会典事例》卷 242。

④ 张之洞:《清查库款折》(光绪八年七月二十九日),《张之洞全集》第 1 册,第 126 页。

⑤ 张之洞:《裁抵摊捐折》(光绪八年六月十二日),《张之洞全集》第 1 册,第 114—115 页。

各种开支,原有户部则例更无案可循,非由外销,无从奏销,各省干脆不报、不销,自行经营。因为是外销款,督抚也无法加以合法化、制度化,加上与原来的中央指拨的京饷、协饷以及地方留支各款互相蓼辖,使得地方财政的整个收支情况几乎是一笔烂账。

地方财政在战乱中逐渐兴起,其混乱状况令人难以想像。张之洞上任山西巡抚时,当地财政管理的状况简直一塌糊涂:

> 晋省地僻民安,大半沿袭陈古。即如太原府税则,乃顺治初年税课司之刊本;科场条约,乃前明青衣丝带之旧章。现行事例,每多不合,此类甚多。而一应度支款目案据,惟藩司衙门有之,又复断烂不全。不惟属吏无从窥测,且多并未详院。遇有收支,无从稽核。抚不问其所以然,惟受成于司详;藩亦不知其所以然,惟取决于书吏。再,晋省向无钱谷幕友,本部院涖晋以来,问及通省度支,属官中能对者,寥寥可数。幕友知此者无一焉。[①]

在高度中央集权财政体制下,地方财政收支除奏销外,均非经制之款,本无严格的管理制度;战时地方财政收入大幅度增加,各种杂支纷至沓来,且有不少不办奏销;加以行政权与财政权不分,一些局所往往筹款坐支,亦无统一的"外销"机关,藩司为全省财政总汇徒有虚名。各省地方财政管理的制度和人才严重缺乏,账务混乱,弊窦丛生,也就不难理解了。

同、光两朝,各省督抚无不叫财政困难,给人的印象是地方财政都陷入了危机状态。如光绪元年,福建收入 345.5 万两,应该支出 460 余万两,实支 359 万两,应支而无法支出的 100 多万两主要是协款和部垫款。[②] 照此情形,福建财政早已陷入破产的境地。但这只是就户部所掌握的福建省的收入报销福建省的支出,根本没有涉及到福建省地方财政中的外销款。这种账面上的"危机"只是反映了解协

---

① 《山西清查章程》,《清末民国财政史料辑刊》第 2 辑,北京图书出版社 2007 年版,第 35 页。

② 丁日昌:《闽省光绪元年分出入大数疏》,《丁中丞政书·抚闽奏稿一》,第 17 页。

饷制度的瓦解,而不是地方财政的破产。在张之洞任山西巡抚之前,山西省也叫穷困不迭,但经清源局一查,发现山西道光二十九年(1849)底结存 218 万余两,道光三十年至光绪八年(1882)共收入 15,523 万余两,支出 15,821 万余两,光绪八年年终实存 72 万余两。①这还不包括他到任之前布政使葆亨、署布政使王定安突击发放的近百万两和在善后局所藏的来历不明的 37 万两银子。而山西省还是丁戊奇灾最严重的地区之一。岑春煊写道:"各省旧习,库存外销之款,多为督抚挪用,甚至浸及公项。"他认为,广东的度支久竭,主要是由于贪黩侵渔造成的,在他任署两广总督期间进行了大刀阔斧的整顿,改变了收支不敷的局面。②

外销与地方财政的关系是个比较复杂的问题。在清朝中央集权的财政体制下,所有的财政开支均须通过奏销,即所谓"内销";地方政府未经奏销而实际开支通过其他方式弥补的部分,均称为"外销"。在太平天国运动之前,主要由州县通过摊入地丁漕粮的各种杂费、地方杂税和浮收,自筹一部分钱款层层上交道府和省里,用以应付州县、道府和督抚例不能报销而必须的开支和应酬,官员摊扣养廉银也被视为外销的一种办法。太平天国运动时期,地方督抚通过厘金、亩捐和各种杂捐,省级政府自筹财源的能力大大加强,其隐匿收入的数量也随之大大增加,用于应付日益增长的地方支出。所以,内销或外销,其实是财政开支报销权在中央或是地方的问题。在 19 世纪 80年代之前,对于数额巨大的"外销",其合法性从未得到过清政府的承认,只是在太平天国以后不得不承认的一个既成事实,而不断采取摊派的形式侵蚀地方自筹财源的份额。光绪十一年,清廷批准"嗣后陕西省厘金外销,应将留支经费、存留办公合为一款,共提一成,以示限

---

①　许同莘:《张文襄公年谱》卷 2,第 37 页。

②　岑春煊:《乐斋漫笔》,《近代稗海》第 1 辑,四川人民出版社 1985 年版,第 97 页。

制"，①可以视为清廷对于地方督抚外销权有条件的承认。

地方督抚有些开支项目绕开户部，直接向清廷奏报，以开列清单的方式直接报销。这已与原来的奏销体制大相径庭，却取得了合法的报销权。还有些局所设立，事先奏报皇帝，具体开支户部没有成例，实际上也只能根据督抚的报销册核批。上述两种形式，形式上是"内销"，实质上仍然是"外销"。这些形式上的"内销"开支达到一定规模，就成为协拨省份欠解京饷和协饷的正当理由。各省历年数十万、数百万乃至上千万欠解京协饷，从某种意义上说，是地方财政利益与中央财政利益的一种博弈。而受协省份因应受协款严重不足，也不得不靠自筹财源加以弥补，所以出现了欠协几百万乃至上千万两，而本省财政竟能支撑下来奇特现象。这些腾挪弥补协款不足的财源一旦露馅，享有受协省份的资格自然也就不复存在了。在外销缺乏合法性的情况下，隐匿或虚报收支便成了地方财政的一种存在状态，而其管理的制度化和规范化自然难以大张旗鼓地推进。

光绪二十八年（1902）盛宣怀与马凯进行加税裁厘的谈判，要求各省督抚明确上报厘金中的外销款数额，以便权衡加税裁厘在财政上的得失，结果也不得确数。直到光绪末年，清政府还指责各省督抚，"内销则报部尽属虚文，外销则部中无从查考"②。从清末清理财政的结果来看，我们有理由推测，整个地方财政的外销收支额大体上和户部所掌握的收支相当，也就是说，已知财政规模为八千万两的话，实际财政规模当为一亿六千万两。③ 否则，我们不可能解释，在光绪二十六年，财政规模还只是 1 亿两，而到宣统三年（1911），整个财政一下子增加到了 3 亿两的规模。这其中的原因除了庚子以后各种捐税激增外，一个主要因素就是通过清理财政，把地方财政中的大量

---

① 光绪《大清会典事例》卷 241。

② 宫中档：会议政务处奏，光绪三十四年十二月初十日批。

③ 罗玉东先生也认为，"外销之款数应与内销之款数相等"，参见罗玉东《光绪朝补救财政之方案》，载《中国近代经济史研究集刊》第 1 卷第 2 期。

外销款揭露了出来。

地方财政作为一个财政核算单位，其规模当然不仅仅是外销款。魏光奇先生论列省级地方财政的收支项目，收入归为十项：各项"常例征收"上解京饷后之剩余部分；厘金；捐纳款项；杂捐；海关收入之一部；官业、官股收入；发行纸币、铜元余利；举借外债、内债；他省协款。支出归为七项："常例支出"之一部；勇营和新军军费；各省海防、江防经费；局所经费；洋务开支和"新政"开支；地方债务支出；协济他省。[①]　在这些收支项目中，有相当部分是可以在"内销"核算的。

晚清地方财政的兴起，是高度集权的专制财政体系趋于瓦解的一个标志，也是中国财政走向近代的过程中所必然出现的一个历史现象。在洋务运动时期，大量的洋务企业和事业主要是地方督抚推动下建立和进行的，地方财政对所需的投资和经费起了积极的支持作用。省级财政能力的增强，也为地方政府以核定各级衙门公费以取代陋规的改革创造了条件。但是，地方财政最主要的来源是病商病国的厘金，却与资本主义发展要求建立统一的国内市场存在着根本的利害冲突。因此，晚清地方财政的兴起，表现了半殖民半封建国家财政内在的深刻矛盾，这种内在矛盾，决定了晚清地方财政作用的历史局限性。

地方财政间的关系：以淮盐规复楚岸为例

由于地方财政的形成，地方财政利益日益为各省督抚所重视，中央政府调节各省地方财政利益的作用日益削弱。淮盐规复楚岸的争执，十分典型地反映了这一时期地方财政间的相互关系的特点。

盐政系清朝三大政之一，向为清政府所重视，而两淮盐课为天下之冠，两江之督抚尤倚为利源。淮南盐引向额 395,510 道，行销江西、湖南、湖北、安徽、江苏；淮北经道光初江督陶澍改行票法，定额

---

① 　参见魏光奇《清代后期中央集权财政体制的瓦解》，载《近代史研究》1986 年第 1 期。

296,982 道，行销安徽、河南、江苏，共济六省之民食，额课达 3,355,327 两。道光末，淮南引盐滞销，所有悬岸均行票法，销量大增，一清积欠。旋因太平军占领南京、镇江，运道梗阻，江西、湖南、湖北、安徽等引岸败坏，"邻盐侵灌"，"西岸食浙私、粤私而兼闽私；楚岸食川私而兼潞私"。① 镇压太平军后，两江总督积极谋复旧岸，而以规复楚岸之争议最为激烈，朝野瞩目，江督、鄂督、川督之间往返辩驳，旷日持久，几至反目。

规复楚岸之动议

湖北除施南、宜昌所属八州县例食川盐外，其余概食淮盐。咸丰三年（1853），南京被太平军占领后，淮盐无法运入湖北，民有淡食之虞，署湖广总督张亮基奏请借拨川盐陆引 2,000 张，派员督运。② 第二年因太平军西征，川盐官运停止，由私商自行贩运，"经川省之夔关、楚省之宜昌、沙市抽提课税后，即准作为官盐，任其所之"。至咸丰七年湖广总督胡林翼奏准，以每月共运 900 引入楚计，由官运 200 引，商运 700 引，③官运盐利拨作军饷。这样，湖广分得行销川盐的部分利益，于地方财政收入不无小补。

同治三年（1864），曾国藩于攻陷天京之后，以淮南盐课"较全盛时尚不及十分之一"，即奏请规复楚岸，重振淮纲。④ 虽经谕准，但困难重重。苏皖系久战之区，清军为筹饷，遍设厘卡，淮盐入楚，逢卡抽厘，盐本过重，在价格上无法与行楚之川盐竞争，而厘卡系"诸军仰

---

① 《清史稿》卷 123《食货志》盐法。
② 张亮基等：《淮盐阻滞请借销川引片》(咸丰三年二月十二日)，《张大司马奏稿》卷 4。
③ 胡林翼：《奏陈楚省盐法乞酌拨引张疏》(咸丰七年四月初五日)，《胡林翼集》第 1 册奏稿，第 257—259 页。
④ 曾国藩：《淮南盐运畅通力筹整顿折》(同治三年正月十二日)，《曾国藩全集》奏稿一，第 3915 页。

食,性命相依,不能概撤"①,故曾以"重抽川税以畅淮销"为计。② 同治七年九月,曾国藩又奏请禁川盐入楚,虽经部准,但"鄂省官吏利销川盐,遂致川私充斥"③。户部令四川总督吴棠封井灶以节源,湖广总督李鸿章罢除局税以绝流。

川、鄂两督均起而抵制。李鸿章以为不宜遽禁者有六,吴棠以为不便者有四,除盐饷之外,都打出了"民生"牌:"川盐行楚,并井灶、捆载,增至数万人。重庆肩贩、川河纤夫,又不下数万人。此辈无业游民,易聚难散,猝议封禁,则失业太多……楚民喜食川盐,由来已久……两淮煮海为盐,其本甚轻。川省取盐于井,井眼之深浅自数十丈至二三百丈不等,椎凿甚属费力,须十余年或数十年始能见卤。凿井之费,盈千累万,井户类多鬻产借债以待取给。一旦饬令封禁,恐难甘服……附厂人夫丁役以数十万计,一经失业,难保不流而为匪。"④ 淮盐规复楚岸的"国计",牵动到川鄂两省数十万灶丁民夫纤夫的"民生",使问题更加复杂了。

因此,继任的湖广总督李瀚章仅同意以川八成、淮二成配销,并规定以湖北之安陆、荆州、襄阳、郧阳、宜昌、荆门五府一州,湖南之澧州一属,借销川盐。⑤ 川盐久占楚岸,忽为淮盐所夺,枭贩大为不满,捣毁缉局卡之事屡有发生。鄂省官吏有虑于此,乃"袒护川私"。在"重抽川税以畅淮销"的政策上,鄂督亦与江督相左。先议加税川盐每斤八文,五文归淮,三文归湘,李瀚章忽减作五文,以三文归淮,二文归湘,而湘抚以为数太少,咨复全减,每斤仅增税二文,但淮盐仍无法与川相敌。⑥

---

① 《清史稿》卷 123《食货志》盐法。
② 《光绪朝东华录》(一)总 224—225 页。
③ 《清史稿》卷 123《食货志》盐法。
④ 《四川盐法志》卷 11 第 21—24 页。
⑤ 《光绪朝东华录》(一)总 224—225 页。
⑥ 《光绪朝东华录》(一)总 224—225 页。

　　自规复楚岸动议后十余年,淮盐入楚仍然困难重重。御史周澍声于光绪二年(1876)五月上奏,回敬了川鄂两督的"民生"牌:"自军兴后,淮引久悬,场盐积至百余万引,各岸积至数十万引。场灶之困,由于滞销,滞销之源,由于私占。倘场商力竭,滨海七八百里灶丁夫役船户,数十万人无可谋生,独不虑其滋事乎?"同时,"鄂省必欲行销川盐,原为筹饷起见,乃近年鄂省所报川厘数目,远不及淮课之多,是淮销之短绌既见,川厘之挹注无期,徒使祖宗成法因此败坏"。① 他显然说出了户部以至朝廷的意思。

　　概括地说,川盐入楚,楚省征厘,利归鄂督;淮盐入楚,则课归中央,厘归江督,鄂督仅得分润,是鄂督坚决反对淮盐规复之重要原因。川盐每斤厘课,"本省抽十余文,宜昌又抽十余文,是川盐一斤厘课约三十文,故湖北京协各饷、荆州满营兵饷、水师及本省军饷,四川岁解军饷,云、贵、甘、陕协饷,岁二百余万,均指川盐厘课坐拨,是川盐行楚,关系匪轻"。② 这是川督反对淮盐入楚的原因。

川盐规复滇黔

　　"四川盐井产旺者,凡州县二十四,行销西藏及四川、湖南、湖北、贵州、云南、甘肃六省。"③太平天国时期,滇、黔动乱,引岸尽失。淮盐入楚,必须预筹川盐之出路。光绪二年,贵州平定,御史周声澍奏陈川盐引地已复,请将湖北各府州全部归淮南,部议如所请。但黔岸规复谈何容易。"川省边盐引岸,旷废已二十余年,现议规复,实同创始。"川盐行黔四岸,原有行商十余家,均陕西大贾,后"相率歇业","家产荡然"。丁宝桢就任川督后,设局试办官运商销,革除陋规,一改旧制。④ 官局试办一年,"边、计各额引已全数销清,复带销积滞至

① 《光绪朝东华录》(一)总 225—226 页。
② 《光绪朝东华录》(一)总 230 页。
③ 《清史稿》卷 123《食货志》盐法。
④ 《光绪朝东华录》(一)总 475—477 页。

一万余引",成绩斐然。① 黔岸规复,乃图滇岸。光绪五年(1879),"开办滇边,告示一出,认岸之商数十日已有二千余家,缴本领盐,非常踊跃"②。但官运商销系破除旧制之举,颇滋物议,丁宝桢力排众议,坚持实行。至光绪六年,滇边两次奏销,"行引俱能足额,各处口岸亦渐次开通,各厂盐斤均渐有销路"③。但滇黔毕竟经过战乱,居民"流亡未复",很快就出现了"边引难疏"的情况。④

鄂饷补救之争

川盐规复黔滇,即禁川入楚,部有成议。丁宝桢亦以此为虎符,改革旧制,一举成功。但川盐退出湖北,销路毕竟大减;湖广则因盐厘无着,饷额可虞。于是川、鄂两督继续联合拒淮。江督沈葆桢无奈,许以湖北川厘每年报部百五十余万串,合银不足九十万,由淮商包完。但湖广督抚以川厘有定,包饷难凭,合词祖川拒淮。⑤ 丁宝桢即称:"鄂饷无出,川盐未便即停。"沈葆桢无法确保淮商包饷,只得奏请限制川引,按月定七八百引,以求川退淮进。部议允准。

当时清廷的左右为难,由下面这道上谕可见一斑:

> 淮南规复引地一事,关系商民利害,必须疆臣各就地方情形通盘筹画,互相熟商,期于办理无弊。且各该省均有为难之处,朝廷亦所深知。乃彼此各执一说,往复辩论,迄未定议,殊失政体。李瀚章前次所奏,不免措词过当;沈葆桢叠次所陈,语意亦多不平,均非大臣和衷共济之义。所有规复淮南引地,各该省如何办理,不致为难之处,著户部再行妥议具奏。俟该部议定后,仍著沈葆桢、李瀚章、丁宝桢妥商筹办。总期于公事有裨,不得

---

① 《光绪朝东华录》(一)总 731—732 页。
② 《光绪朝东华录》(一)总 732 页。
③ 《光绪朝东华录》(一)总 885 页。
④ 林振翰:《川盐纪要》,商务印书馆 1919 年版,第 29 页。
⑤ 《清史稿》卷 123《食货志》盐法。

稍存成见，致误大局。①

江楚督抚为争引岸而动气，两宫各打五十板后，请户部拿主意；而户部拿主意后，又要江楚督抚妥商筹办。淮课为户部一大税源，户部自然支持江督，但又不能过分得罪川鄂，户部回奏的措词也十分巧妙：

> 淮课为东南一大利源，缓急可恃。禁川复淮之议，创自曾国藩，继之以周声澍，而臣部实主持之。以产盐之数、榷盐之利，两省互较，实皆淮盛于川，仍当以复淮为可久之策。前议令将已到楚岸川盐，先查确数，核定何时准可销完，一面严密设立巡卡。即以设齐局卡之日，为禁止川盐入楚之始；以销竣存楚川盐之日，为禁止川盐销楚之始。惟其间随时斟酌，因地制宜，则全恃身司其事者之实心讲求，变通尽利，非臣部所能悬揣而遥制。仍应请饬下两江、湖广、四川各督臣、湖南抚臣，汇集臣部先后各奏案，妥速筹商。或川淮并销，或退川还淮，各就地方情形，秉公会议，专折复陈。至沈葆桢奏应增新复楚岸引票，由楚督定价等语，请毋庸议。②

复奏既表明户部禁川复淮的一贯立场，却道出了不能"悬揣""遥制"的苦衷，只能否定沈葆桢全复楚岸的意见，同时又给了川鄂督抚接受川淮并销方案的下步台阶。沈葆桢由此才跨出了恢复楚岸的第一步。

光绪七年（1881），御史张观准奏称："言官条陈，部臣核议，疆臣会复，无不知以禁私复淮为正办，乃竟格而不行者……湖北短销大引十余万道，计岁短额课几及百万之多。使行淮盐，则此二十万引之课，得必归公；行川盐，则此二十万引之厘，利尽归私。夺私者以归

---

① 《德宗实录》卷 67，光绪四年二月庚寅。

② 同上。

公,此事之所以不行也。"①可谓一语中的。他要求户部"力矫前弊,勿得以准驳之柄听之外臣"。但财政权下移,已非一日,非一弹章所能收回。

川不退,淮不进

　　川盐既限月七八百引,淮南即拟派员前赴平善坝设立稽查川盐局,以限制川盐入楚。但接任的江督刘坤一向丁宝桢查询,川盐一引究为多少,答复为皮重 11,300 斤,抵淮盐 16.4 引。因此所谓限额与川盐实销数不远,淮商闻之裹足,刘坤一只得请求减少川盐配额。②

　　光绪七年(1881)左宗棠继任江督后,也积极以规复楚岸为务,并鼓动商人呈表请领盐引,三月之间,楚皖两岸新复 192,800 余引。③同时,左宗棠还准备派员官运,拨亲军二营前往楚省巡缉,企图通过官民两条途径强行恢复楚岸。左宗棠此举未与川鄂督抚协商,清廷闻讯大为震惊,急忙发布上谕制止。④ 但是,新发引票无法全部收回,左宗棠"一发而难收",处于骑虎难下的尴尬境地。御史李暟乃请维持淮盐增引,⑤左宗棠亦以新加淮引系规复旧额,并非另创新制,决不让步。他指责"四川总督丁宝桢仅允每月减让一二百引,尚属空言,并非实事;湖广督臣涂宗瀛一意袒护川盐,争断不致少之饷项,忘必不可废之成规"。同时,声复户部已将新增盐引起运。⑥ 但不久,格于部议,左宗棠不得不将楚票 15 万引减为 3 万引,皖票 42,000 余引减为 17,760 引。⑦

　　规复楚岸之议自同治三年(1864)至光绪九年,历时二十年,唇枪

<hr>

① 《光绪朝东华录》(一)总 1050 页。
② 《刘坤一遗集》第 2 册,奏疏,第 632—633 页。
③ 《光绪朝东华录》(二)总 1328 页。
④ 《光绪朝东华录》(二)总 1332—1333 页。
⑤ 《光绪朝东华录》(二)总 1373—1374 页。
⑥ 《光绪朝东华录》(二)总 1484 页。
⑦ 《光绪朝东华录》(二)总 1484、1506 页。

舌剑,其成果仅是将入楚川盐由每月九百余引减为六百引而已。① 曾国藩、左宗棠以一代重臣尚无力规复,后继江督不得不退避三舍矣。

淮盐无法规复楚岸,除川鄂联合抵制之外,还有其自身的弱点。川盐由井中取卤,然后火煮,精白味佳,淮盐以海水煎成,味色皆不如川盐。川盐流江而下,淮盐逆水而上,运费悬殊。川盐入鄂,宜昌收厘,本轻价贱,淮盐入鄂,经二省,厘卡层层,本重价昂。即使鄂督允许淮盐规复,淮南亦不得不负担大量的缉私费用,使淮盐的成本更重,川私渗入仍不可避免。如果这样的话,非但淮盐滞销,鄂省之厘亦受影响。鄂督之一部分顾虑实际上就是基于淮盐无法与川盐竞争的事实的。可见,商品经济的客观规律性必然会打破违反这一规律的清代食盐销场制度,而且间接地影响到了晚清的政治。

此案的积极影响在于因有禁川入楚之议,迫使川盐另谋出路,积极恢复黔岸、滇岸。而旧商破败,丁宝桢不得不改革四川盐法,改商运商销为官运商销,迅速解决黔滇两省的民食问题。淮盐与川盐之优劣因有复楚之议而立见,迫使江督改善淮南食盐制法,两江总督马新贻饬"垣商讲求煎炼,俾盐色一律干净洁白,足以敌私"②,曾国藩定章程轻课重厘,左宗棠讲求盐质、裁减杂款规费,目的都在于加强淮盐的竞争能力,对于盐商和民食亦大有利。淮盐规复楚岸虽然没有实现,但是它对于清末盐法的改革及其对于政治、经济、民生的影响都产生了一定的影响。

淮盐规复楚岸的争执,历时二十年,涉及中央及长江三督,其对于政治的影响是显而易见的。首先,中央政府不得干涉地方自有财政收入基本确定下来了。其次,川鄂两督与江督为了争夺各自的财政利益,长期不睦,势同水火,与晚清的内政亦大有关系。

---

① 林振翰:《川盐纪要》,第 30 页。
② 《四川盐法志》卷 11,第 19 页。

第四节　洋务企业与清朝财政

清政府对洋务企业的投资

19 世纪 60 年代至 90 年代,清王朝兴办了一系列近代军用工业和民用工业。这些企业在这一时期成为中国近代工业的主要部分。财政者,以财行政者也。兴办洋务企业作为清政府当时的一项要政,没有财政上的支持,是不可思议的。洋务企业的兴衰,不仅取决于自身的经营状况,而且与清朝财政的盈绌休戚相关。

在洋务运动期间,清政府对近代工业的财政投资的基本结构是军用工业远远大于民用工业。

从咸丰十一年到光绪二十年(1861—1890)三十年中,清政府先后兴办了 19 个军工企业。70 年代以前投资较多,70 年代以后逐渐减少。咸丰十一年到同治八年(1861—1869)期间即创办了 9 家企业,重要的军工企业如江南制造局(1865)、福州船政局(1866)、天津机器局(1867)都是在这一时期创办的。而 1872—1890 年十八年共创办了 10 家企业,除了湖北枪炮厂(1890)规模较大之外,其他都是中小型企业。以创办经费计算,仅江南制造局、福州船政局、天津机器局 3 家即达 123.3 万两,而 70 年代以后广州、山东、四川、浙江、台湾机器局和湖北枪炮厂 6 家不过 133.3 万两。[①]

就整个军用工业的财政支出而言,数额十分巨大。张国辉先生根据同治五年到光绪二十一年(1866—1895)10 家企业支出的不完全统计,总数为 44,474,407 两,估计在近代军用工业中累计耗用资金达五千万两以上。[②] 而据吴承明先生估计,清政府在军工业的投资

---

①　孙毓棠:《中国近代工业史料》第 1 辑上,科学出版社 1957 年版,第 565—566 页。

②　张国辉:《洋务运动与中国近代企业》,中国社会科学出版社 1979 年版,第 68 页。

不下六千万元。① 这两个估计数字因以"两"或"元"作为计算单位的差异实际上基本是一致的,即五千万两左右。

但是,从财政这个角度来看,清政府在军火工业方面所耗用的资金要更少一些。因为各个军用企业多少有一些销售军火的收入,这些军火费用的支出已经由军费中奏销了,军工企业的生产成本再列入奏销,这在财政支出中就成为重复奏销。因此,在这五千多万两支出中,必须减去军工企业的销售收入。以江南制造局为例,光绪十年到二十年(1884—1894)收入军火售价共190 446.3两,②天津机器局同治十三年到光绪三年(1874—1877)、光绪八年到十年(1882—1884)收入 97,515 两,③其他企业在跨省份、跨派系的军火调拨时,一般都有军火价款的收入。由于资料过于零碎,不再一一列举。在江南制造福建船政局,还有修造轮船军火的收入。江南制造局将这项收入混入洋匠扣存工食、各洋行缴还定银等项一并计算,同治六年到光绪二十年(1867—1894)合计共1 606 283.5两,估计其中修造轮船、军火的收入至少在三分之一以上。福建船政局所造的轮船不少为邻省购置,如浙江购置 1 艘,广东 7 艘,奉天 1 艘,用于捕盗。④ 北洋水师购置的兵舰也相应给价。同治五年到光绪二十一年(1866—1895)可以列入舰船价款计算的收入共520 056.4两。⑤ 一些应该有的收入由于缺乏严密的会计核算制度而没有收款,如轮船招商局领用的福星、永保、海镜、琛航、康济、大雅等船,连租费也未收。浙江、奉天、山东购置的船价也未见列入收款项下。其他军工企业恐怕多少都存在类似的问题。考虑到上述因素,看来甲午战前清政府在军事工业方

---

① 吴承明:《中国资本主义的发展述略》,载《近代中国资产阶级研究》,复旦大学出版社 1984 年版。

② 《江南制造局记》卷 4,第 2—4 页。

③ 张国辉:《洋务运动与中国近代企业》,第 395 页,《天津机器局历年收入支出表》。

④ 林庆元:《福建船政局史稿》,福建人民出版社 1986 年版,第 108—109 页。

⑤ 孙毓棠《中国近代工业史料》第 1 辑上册,第 430—431 页。

面实际的累计消耗资金不会超过五千万两。

　　清政府对于民用工业的投资始于 19 世纪 70 年代以后,其特点是 70 年代投资较少,80 年代以后增加显著。同治十一年到光绪二十年(1872—1894)洋务派所经营的民用工业共 30 家,70 年代创办的有 6 家,80 年代 15 家,90 年代上半期 9 家。[①] 其经营形式分官办、官督商办、官商合办三种。已有明确统计的官款投资额有:轮船招商局 190.8 万两,台湾基隆煤矿 195,604 元,兰州织呢局约 100 万两,黑龙江漠河金矿 20 万两(含商股),湖北汉阳铁厂 5,829,629 两,湖北织布官局 1,342,700 元。[②] 兴国煤铁矿创办资本动用了官款 20 万串制钱,贵州青谿铁矿近 20 万两,平度矿务局 18 万两,热河承平银矿 16.6 万两,云南铜矿 11 万—12 万两,除此之外,清政府投资台湾铁路 129.5 万两,津沽铁路 16 万两。[③] 上述投资合计不过 1200 万两左右。其中轮船招商局、湖北机器织布官局等的官款还是借款。数字虽不完整准确,但毕竟反映了清政府对民用工业投资的基本面貌,加上其他一些缺乏统计数字的企业投资,估计不会超过 1,500 万两,不到军用工业所耗资金的三分之一。

　　根据上述估计,在甲午战争以前,清政府对近代工业的投资(包括军工企业的常年经费),累计在 6,500 万两左右,军用工业占四分之三以上。

　　从洋务企业的兴办过程来看,它们与财政之盈虚是密切相关的。江南制造局、金陵机器局、福州船政局、天津机器局四大军工企业都是在清军攻克天京以后不久建立的。江浙赋税之区的恢复、湘军的裁撤,使得财政上有了腾挪的余地。四局开办经费合计不过一百三四十万两。江南制造局的创办经费以及常年经费,在"创办之初,暂

---

① 翦伯赞、郑天挺:《中国通史参考资料》近代部分上册,中华书局 1980 年版,第 491—494 页。

② 同上。

③ 据张国辉《洋务运动与中国近代企业》,第 199、219、224、268 等页。

在军需项下通融筹拨"①。到同治六年(1867)因为淮军北调剿捻,军需开支浩大,无法调剂,奏准于江海关解部四成洋税内拨留二成,作为常年经费。天津机器局创办伊始,即由海关税下开支。同治五年,闽、广太平军残部刚被镇压,左宗棠即力主建设福建船政局,"闽浙粤东三省通力合作,五年之久,费数百万,尚非力所难能"②,对财政上的支持也颇有信心,这还是财政相当困难的时期。

70 年代以后,由于国内战争的平息,财政状况进一步好转。整个财政收入由七千余万两增加到八千余万两,清政府对于军事工业投资的兴趣因为战争的平息而减弱,开始转向投资民用工业。

如前面所述,整个军火工业的累计耗资为五千万两左右,而民用工业仅一千五百万两左右,看来似乎洋务派对近代民用工业的投资兴趣并不十分强烈。对于这个问题,我认为可以从两方面看。一方面,就统计数字本身而言,军事工业中存在基本建设投资和常年经费的问题,而民用工业只有股本,常年经费靠资金周转来解决。军事工业中的常年经费虽然由这些企业开支,但制造的军火、轮船却由军队使用,即使清政府不建立军用工业,而直接向外国购买军火轮船,这笔费用也是照样要支出的。在军用工业所消耗的五千万两资金中,主要部分是常年经费。如果仅计算清政府军用工业的基本建设投资的话,其数额与其在民用工业方面的投资不会相差太远。另一方面,军用工业完全是靠财政投资的,而民用工业则可以动员民间的资本,在军用工业基本建设投资、常年经费仍在继续增加(如江南制造局由 50 万两逐渐增加到 60 万两左右,金陵机器局由 10 万两增至 11 万两,天津机器局由 13 万两增加到 18 万两)的情况下,进一步增加对于民用工业的投资,恰恰是与财政状况的进一步好转相适应的。至 80 年代末 90 年代初,仅汉阳铁厂的投资即高达 583 万两,其中由

① 《江南制造局记》卷 4,第 1 页。
② 孙毓棠《中国近代工业史料》第 1 辑上册,第 378 页。

中央财政(部款)负担的达 200 万两,地方财政负担 155 万两,①远远超过了同治年间四大军工企业创办经费的总和。作为早期中国近代工业主干的洋务企业在 19 世纪 60 年代至 90 年代初的勃兴,从清政府财政状况状况相对好转这一点来看,也可以说是"生逢其时"的。

甲午战争以后,由于清政府支出了巨额战争费用以及偿付高达 2.3 亿两的战争赔款和赎辽款,财政陷入了严重的危机。由官方直接投资的洋务企业的兴建实际陷于停顿状态,光绪二十一年到二十五年(1895—1899)兴办的 3 家军工厂总计投资仅 11 万两,10 家洋务民用企业中的官款不过 100 万两左右。② 有一批官办企业因"经营累岁,所费不赀,办理并无大效"③,被"招商承办",先后改组为官商合办或商办企业,庚子以后更有一部分为外资所控制和吞并。洋务企业在中国近代工业中的地位急剧下降及其遭遇,的确是与清朝财政状况的空前恶化密切相关的。

清政府在甲午战前在洋务企业上的财政支出在整个财政支出中占何种地位? 如果仅就 6,500 万两这个绝对数字来看,当然为数不小,但就相对数字而言,实际比重并不大。清政府在同治年间估计每年支出达七千万两以上,至 80 年代以后逐渐接近或超过八千万两。如果平均计算,每年支出在七千五百万两左右。将同治四年到光绪二十年(1865—1894)三十年通扯估算共 22.5 亿两,洋务企业支出仅占 2.9%。按照 4 亿人口计算,在三十年中平均每人只负担 0.16 两强;按 1500 文折银 1 两计算,约合钱 240 文,平均每人每年负担仅 8 文钱。这实在算不上什么沉重的负担。

洋务企业投资的制约因素

财政状况的好转,是洋务派进行经济活动的有利条件。而洋务

---

① 据汪敬虞《中国近代工业史资料》第 2 辑,科学出版社 1957 年版。
② 同上。
③ 《光绪朝东华录》(四)总 3637 页。

企业在财政支出中如此微弱的比重,又说明洋务派的经济活动是受到了财政政策上的极大限制的。

首先,中央财政对于洋务企业的支持并不是十分积极、有力的。除了天津机器局、江南制造局、金陵机器局、汉阳铁厂等少数大型企业得到中央财政的补助或拨款外,大多数洋务企业都是依靠地方财政的调剂而兴办起来的。这从一个侧面说明,洋务派经济活动的主要动力是来自地方。太平天国时期财政权的下移,为各地督抚经营洋务企业提供了一定的有利条件。但是,他们把洋务企业视为自己的禁脔和私产,机随人走,调任不放权,不免会引起中央的猜忌。这种统治权力分配上的矛盾,就不单单是对于洋务企业的财政投资数额的问题了。

其次,洋务派投资近代企业的活动,遭到了顽固派的强大阻力,"糜费"是他们的重要理由之一,这也限制了财政上对于洋务企业倾斜政策的实现。左宗棠在建议设立福建船政局时,充分估计到了这种阻力:

> 至非常之举,谤议易兴,始则忧其无成,继则议其多费,或更讥其失体,皆意中必有之事……如虑糜费之多,则自道光十九年以来,所糜之费已难数计,昔因无轮船,致所费不可得而节矣。今仿照轮船,正所以预节异时之费,而尚容靳乎?[①]

当时奕訢、文祥等主持朝政,较有眼光,对洋务派官僚的兴革建议,往往能力排众议,予以采纳。慈禧太后主政以后,利用清议以制约强悍的督抚,毫无主见。李鸿章曾深为感叹:"中兴之初,深宫忧劳于上,将帅效命于外,一二臣者主持于中,有请必行,不关吏议。"乃事定之后,朝廷无人力能主持大计,于是兴革大政,犹豫不决,朝令夕改,终则多无所成。[②] 同治九年(1870),清政府根据吴镇等人的奏参,

---

① 孙毓棠《中国近代工业史料》第 1 辑上册,第 377—378 页。
② 转引自陈恭禄《中国近代史》上卷,商务印书馆 1936 年版,第 232 页。

下令停办四川机器局,据说是丁宝桢用六万两银子只造了枪炮数十杆,丁宝桢气得报账了事。后来经贵州候补道罗某说明,这六万两银子中大部分是开办经费,"譬如商贾初开铺店,用本颇多,其用不尽在物,久之自有得利之日"。朝廷才明白过来,又请丁宝桢决定兴办与否。丁宝桢复奏说,"近来讲求机器,实属目前要图,然颇为众论不许",请求朝廷保全。[①] 这个例子说明李鸿章的感叹不是没有道理的。朝廷可以凭清议的一份奏折就停办一个企业,简直犹如儿戏。洋务企业的保全尚有危险,更谈不上大规模的投资了。作为最高统治者的慈禧太后本人并不是洋务运动的主持人,缺乏远大的政治眼光,这在封建专制制度下本身就是洋务运动的一个致命弱点。

第三,洋务企业本身经营管理不善、效益不好,也造成了增加财政投资的困难。关于这一点许多论著都已经作了详细的探讨,这里就无须赘言了。

洋务企业投资的性质与税收性质的变化

清政府对近代工业的财政投资,从本质上说,是鸦片战争以后资本原始积累的产物。分析洋务企业的财政来源,可以从一个侧面反映中国近代资本主义原始积累的特点。

根据吴承明先生的统计,截止光绪二十年(1894),洋务派的 7 家最大军工业的经费 5,896 万元中,有 85.5 ％来自海关税。[②] 但正如我们前面所分析的,这些经费中很大部分是不宜作为资本来对待的(流动资本可以忽略不计),而把常年经费剔除其中用于添置固定资产的部分后,作为清政府向军工企业订购产品所支付的价款。如果按照这个办法计算,海关税对于洋务企业所起到的原始积累的作用恐怕没有那么大。

---

① 《洋务运动》资料丛刊(四)第 340—346 页。
② 吴承明前文,见第 294 页注①。

洋务派经营的近代军用工业和民用工业,其资本的财政来源是多方面的。在江南制造局的 54.3 万两的创办经费中,除了由淮军军需项下调剂之外,还有上海道、广东藩司、报效等来源。光绪十八年到二十一年(1892—1895)添设无烟、栗色火药厂及炼钢厂的投资 40 万两,则完全来自海关税。金陵机器局在光绪四年以前,包括创办经费在内的"历年用款均于淮勇军需报销内另册专案附奏请销"①。天津机器局的创办经费由海关拨款,山东机器局的开办经费 18.68 两完全由藩库、粮道和常关解拨,②平时经费也由藩库筹拨。湖南机器局开办经费 2.2 万余两由善后局解拨。③ 四川机器局创办经费 7.7 万两,"拟不动支正款,即在于川省土货厘金项下搏节动用……复饬盐道于茶引加票项下设法筹办,借资小补"。④ 广州机器局的创办经费也由广东地方财政筹拨。吉林机器局因系处"龙兴之地",与"畿防重地"的天津机器局一样,创办经费与常年经费完全由中央财政包下来,其他一些小型军工厂的创办经费以及常年经费在基本上都没有中央政府控制的关税支出。

在民用工业投资中,其情况也是如此。在轮船招商局中,常年有 100 万两以上的政府借款,大都出自地方财政。收回旗昌洋行财产,政府出资 100 万两,其中海关税支出不过 20%。⑤ 汉阳铁厂的近 583 万两投资中,竟看不到海关税的开支。⑥ 其他一些内地洋务企业的情况更可想而知了。

洋务企业资本财政来源的混杂,说明不仅关税具有了一部分原始积累的性质,厘金、田赋、杂税、报效等封建性浓厚的财政收入项目

① 《洋务运动》资料丛刊(四),第 185 页。
② 《洋务运动》资料丛刊(四),第 300 页。
③ 《洋务运动》资料丛刊(四),第 334—335 页。
④ 《洋务运动》资料丛刊(四),第 339、344 页。
⑤ 《洋务运动》资料丛刊(六),第 14—15 页。
⑥ 孙毓棠《中国近代工业史料》第 1 辑下册,第 885—887 页。

也具有了一部分原始积累性质,这正如中国的地主、高利贷者投资于近代工业而使他们的封建性收入具有原始积累性质一样。这说明,清朝财政的近代化或半殖民地半封建化,并不仅仅局限于某些新的税种,而带有某种普遍性。这部分原始积累虽说对中国近代工业的发展曾起过一些积极作用,但是与以关税、厘金和田赋作为支柱的、半殖民地半封建的清朝财政对于整个国民经济的危害作用相比较,它实在是很微弱的。

清朝财政对于洋务企业有支持的一面,也有勒索报效和高额利息的一面,这种利弊交错的矛盾,是清朝财政半殖民地半封建化过程的产物。

清政府对于洋务企业的支持,除了财政上直接投资以外,还表现在垫借官款,免税、减税和营业特权等方面。汪熙先生在这方面有很精辟的论述。[1] 需要指出的是,向民用洋务企业垫借的官款,就其原始形态而言,是清朝财政中的生息银两(高利贷资本)。但它们毕竟是用于近代民用工业企业,参与了剩余价值的瓜分,从而具有了借贷资本的性质。我们不能因为其息率较高,带有高利贷资本的某些特点,而把它们简单地作为原来的生息银两来看待。实际上,在资金缺乏的旧中国,借贷资本始终没有割去其高利贷资本的尾巴,更何况在中国近代工业兴起的初期呢?清政府在这里所扮演的一面向洋务企业融资、一面勒索高额利息的角色,不过是旧中国带有浓厚高利贷资本特色的借贷资本的人格化罢了。它不可能超越这个经济范畴本身的规定性而活动。清朝财政资金以生息银两为起点,迈出了向借贷资本转化的第一步,成为以后建立国家银行,把大量的财政款项转变为借贷资本的先声,其在近代财政史上的意义是不应该低估的。

清政府对洋务民用企业的财政勒索主要表现为"报效"。轮船招商局的报效始于光绪十七年(1891),每年报效 10 万两,慈禧六旬庆

---

[1] 参见汪熙《论晚清的官督商办》,《历史学》季刊 1979 年第 1 期。

典报效 5.5 万两。甲午战争以后对招商局的勒索更是有增无已。①
电报局在交还 8 万两官府垫款之外,其余以官报费划抵,抵偿有余的
部分实际上也是作为报效的一种形式。对于这种报效,在当时及以
后,都不乏批评之词。但我觉得,对甲午战前民用洋务企业的报效,
要作具体分析。

从财政学的角度看,甲午战前洋务企业的"报效",有相当一部分
是向政府交纳营业税的一种特殊形式,具有半封建半资本主义的性
质。建立在资本主义大工业体系上的近代财政,营业税是基本的企
业税收。而在中国封建财政体系中,并没有这种近代的税收项目。②
对于洋务企业怎样征税,清政府一无经验,二无近代财政学知识,往
往采取不断地勒索报效的方式。但是如果稍作分析,我们就会发现,
洋务企业的报效,有相当部分已带有营业税的性质,与当时通常实行
的事例报效有着明显的区别。通商银行每年须在余利中报效二成,
漠河金矿每年以盈利的 30% 呈交黑龙江将军衙门"报效军饷",可以
视为按收益征收的营业税。③ 汉阳铁厂每出铁一吨抽银一两作为报
效,上海机器织布局出纱一包捐银一两,则属按营业额(产量)征收的
营业税。上述都是比例税。而招商局每年报效 10 万两,则属定额营
业税性质。这种"报效"实际上已具备了近代税制的特点。这充分说
明了近代的资本主义经济成分必然会产生与其相适应的税制,反映
了洋务企业对于清朝税制近代化的积极影响。我们不能简单地把所
有这些"报效"都视为一种封建勒索,因为不能想象,一个企业在其经
营过程中,可以不向政府交纳任何赋税(厘金、关税这种流通性质的

---

① 夏东元:《晚清洋务运动研究》,四川人民出版社 1985 年版,第 171 页。
② 旧式的牙税也属营业税,但与近代以资本主义剩余价值作为课税对象的营业税有着本
质的区别。
③ 咸丰三年清政府对漠河银矿每 100 两征正课银 3 钱、耗银 3 分;次年再加征 35 两、耗
银 3 两 5 钱;六年又加征 5 两、耗银 5 钱(《清朝续文献通考》卷 43 考 7981)。与此相
较,对于漠河金矿所要的"报效"并不很重。

税收与企业税是两回事）。因此，在甲午战争前，清政府对于民用洋务企业所要求的"报效"，基本上是取之有度的，其勒索性质的报效比重并不大。当然，对于这种税收性质的"报效"所定的比例、数额是否合理，还可以进一步研究。①

但报效毕竟是一种封建性的聚敛方式。它在民用洋务企业中虽有一部分带有近代税制的若干特征，却并没有完全摆脱其封建的外壳，作为一种明确的税目定下来而列为财政的正式收入。因此，它不能像其他征税对象那样得到政府出于培植税源的长远考虑，而受到政府的保护。一旦财政危机，其封建勒索属性就会急剧加强起来。甲午、庚子以后由于列强对于清政府空前的财政掠夺，情况就是这样。

综上所述，洋务企业的兴起与发展，是在清朝财政相对趋于好转的情况下发生的。虽然洋务企业投资在整个清朝财政支出中并不占重要地位，但在洋务企业的发展过程中，还是得到了清政府在财政方面多方面的支持，包括直接投资、减免税收、通融资金等等。清朝财政在与洋务企业发生的各种财务关系中，也在若干方面发生了一些值得注意的变化，如微弱的原始积累因素、生息银两向借贷资本的转化以及一些近代化税制的孕育。

甲午战争以后，清朝财政危机日益严重，对于洋务企业的投资大大削减，对于它们的资金融通也急剧减少，而勒索报效的数额大大增加。这批对清朝财政依赖性很大的洋务企业，或者关闭，或者改组为商办企业，或者为外资所控制吞并，只有很少一部分维持下来。

---

① 比如外资企业就没有这种"报效"，这就使得洋务企业以及其他华商企业处于不利的地位。

第五章　甲午战争后的清朝财政

从甲午战争失败到义和团运动兴起短短五年中，清王朝面临着前所未有的严重财政危机。探讨这次危机的规模、爆发的原因、清王朝的对策，可以揭示清王朝与帝国主义、中央财政与地方财政、统治集团的整体利益与寄生于腐朽的财政制度上的各种既得利益集团之间的利害冲突，从一个侧面昭示清王朝必然覆灭的历史命运。

第一节　甲午战后清政府的财政危机

严重的财政危机

太平天国以后，清王朝的财政经过一段时期的恢复，到中法战争以后，逐渐达到了收支基本平衡的水平。但是，好景不长，经过甲午战争的打击，清王朝又一次陷入了继太平天国之后的第二次严重的财政危机。清朝的财政收支本来就相当混乱，加上户部档案因遭八国联军侵华战争的毁灭，残缺不全，从甲午到庚子年间财政收支的确切数字已不可得，我们只能从赫德的调查数字中窥其全貌。

表 5-1　赫德调查的清朝财政收支表

岁出	款额（千两）	岁入	款额（千两）
各省行政费	20,000	地丁钱粮	24,000
陆军	30,000	同上	2,500
海军	5,000	各省杂税	1,600
京城行政费	10,000	各省杂项收入	1,000
旗饷	1,380	漕折	3,100
宫廷经费	1,100	盐课盐厘	13,500
海关经费	3,600	厘金	16,000
出使经费	1,000	常关税	2,700
河道工程	940	海关税：	
铁路	800	一般货物	17,000
债款开支	24,000	洋药	5,000
准备金	3,300	土药	1,800
共计	101,120	共计	88,200

说明：资料来源见《中国海关与义和团运动》第 64—65 页，又见《1901 年美国对华外交档案》第 136—137 页。另据当时在户部供职的唐文治《职思随笔》（稿本）记载，这一时期收入 12 项共 8,800 余万两，出款 10,000 余万两。而在光绪二十年，据都察院代递章京文瑞等呈文："国家岁入八千余万两，出款已九千余万。"（《中日战争》资料丛刊第 4 册第 51 页）

　　由上表可知，在光绪二十七年（1901）庚子赔款成立以前数年，清政府的岁入总数约为 8,800 万两，而岁出达 10,100 余万两，每年亏空高达 1,300 万两左右。这样巨额的财政亏空除了太平天国运动时期之外，在甲午战争之前是从未有过的。这种亏空逐年扩大，一直延续到清朝灭亡。

　　伴随着巨额的财政亏空，户部银库的储银急剧下降。

表 5-2　光绪年间户部银库储银表

年份	收入（两）	指数％	支出（两）	指数％	实存（两）	指数％
十七年	14,245,372	100.00	13,052,961	100.00	1,092,125	100.00
十八年	12,428,086	87.24	—	—	—	—
十九年	—	—	—	—	1,358,114	123.90
二十年	13,381,524	93.94	14,154,824	108.40	579,814	53.09
廿二年	25,063,369	175.80	—	—	366,499	33.56
廿三年	15,540,824	109.09	15,142,508	116.01	764,815	70.03
廿四年	18,359,330	128.88	18,010,663	137.98	1,113,482	101.95
廿五年	14,543,209	102.00	15,258,046	116.89	398,645	36.50

资料来源：据中国第一历史档案馆所藏户部历年黄册。

　　上表表明，战后清朝中央财政由于偿付赔款和举办要政等因素的影响，能够调动的款额虽然比战前有所增加，但是，直接由中央财政负担的支出增加更快，这样就导致了户部银库储银的锐减。从光绪二十年至二十五年（1894—1899），除二十一年缺乏统计外，只有一年达到了战前的水平，其余四年都大大低于战前的储银水平。[1] 统治四亿多人口的清朝中央政府每年年底只有几十万两银子作为储备，说明清朝的统治已经到了岌岌可危的地步了。

　　巨额财政亏空的出现和库储的急剧减少，引起了统治集团的极大恐慌。他们惊呼"帑项奇绌，用度不敷"[2]，而司农"仰屋空嗟，实属

[1] 何刚德说："余在京十九年（1877—1895），奉派随同查库四次，每次藏银至多不过一千一百万，少亦在九百万以上。"（《春明梦录》，第 18—19 页）因此，战后户部银库储银的减少程度比统计表上所反映出来的要严重得多。
[2] 袁世凯：《复议部议筹款六条按东省情形分别筹办折》，《光绪二十六年奏折抄存》（抄本）。

万难"①,面对着严重的财政危机一筹莫展。

原 因 分 析

甲午战后清王朝所出现的严重的财政危机,是有着深刻的社会经济根源的。

造成这次财政危机的直接原因是甲午中日战争。有人估计,在甲午中日战争期间,清朝政府支出的军费在 6,000 万两左右。② 战争以清政府战败求和而告结束。日本侵略者"惟希望巨额之偿金"③,完全不顾日本在战争中的实际支出和中国政府的财力,通过《马关条约》迫使中国赔款 2 亿两库平银之后,又向中国勒索了 3,000 万两所谓"赎辽费"。这是空前的财政掠夺。按照李鸿章的估计,日本实际所耗战费不过 1 亿两,④而根据日本方面公布的大大夸大了的数字,也不过 2.1 亿日元,约合库平银 1.4 亿两。⑤ 日本侵略者对清政府规定的偿款期限也相当紧迫,要求在三年内全部清偿。如在七年内清偿必须加付利息。在赔款未清偿之前,清政府每年还要负担侵占威海卫的日本驻军军费 50 万两。至于"赎辽费"3,000 万两库平银,更规定清政府需在《辽南条约》成立一周之内清偿。这充分说明了日本侵略者对中国进行财政掠夺时的贪欲、猴急! 清政府支出的甲午战争军费、甲午赔款、赎辽费三项合计,总数达 3 亿两白银,相当于清政

---

① 户部:《国帑入不敷出谨拟分利事宜疏》,《光绪财政通纂》卷 51。

② 吴廷燮:《清财政考略》,第 22 页;胡钧:《中国财政史》,第 336 页。我认为实际支出当不下亿两,外债四千万两,息借商款一千余万两,户部、海军衙门及内务府大宗拨款一千余万两。这些有案可稽的支出即达六千余万,各省自筹及截留的尚不在内。

③ 陆奥宗光:《蹇蹇录》,《中日战争》资料丛刊第 7 册,第 170 页。

④ 信夫清三郎:《日本外交史》上册,第 280 页。

⑤ 《时务报》合订本第 22 册,第 20 页。根据日本学者伊原泽周的研究,日本在甲午战争中海陆军军费支出总计为 200,476,000 日元,中国对日战争赔款及赎辽费折合共 365,509,656 日元,补偿军费之外,净赚 164,033,656 日元。(伊原泽周:《关于甲午战争的赔偿金问题》,载《中华文史论丛》第 54 辑,上海古籍出版社 1995 年版)

府三年的财政总支出,三年半的财政总收入。这样巨额的额外开支,对于财政收入本来就缺乏弹性的清王朝是根本无法承受的。①

清王朝统治集团的腐朽也是造成这次危机的重要因素。光绪二十年(1894)尽管中日战争已经爆发,财政相当窘迫,但是慈禧太后仍然举办了十分奢侈的六旬庆典,大肆挥霍。这次庆典的经费由京官俸银扣除、各省官员养廉银扣除、恩赏俸银扣除、各省报效以及户部专拨,总额高达 6,457,536 两,实际支出为 5,308,834 两。② 这次庆典的支出费用,几乎为平时庆典支出的十倍。③ 余下的一百多万两银子很可能又转拨到慈禧为自己准备的墓地——菩陀峪万年吉地工程上去了。这项工程早在同治十二年(1873)就已经开始,到光绪六年基本完工,共耗费白银 227 万余两。④ 光绪二十一年,正值甲午战后,又逢全国罕见的灾荒,慈禧太后全然不顾国计民生,下令将已修好的隆恩殿及东、西配殿全部拆除,并命令庆亲王奕劻、兵部尚书荣禄承修。⑤ 续修工程开工后,经费很快不敷应用,于是户部于新海防捐内提存 100 万两(后另拨 8 万两归筹备饷需银)。⑥ 光绪二十五年,户部又从昭信股票内提取 50 万两拨归该工程经费。⑦ 庚子以后,这项工

---

① 与甲午赔款、战费支出有关的尚有中国赔偿被日舰击沉的英船高升号价共三万三千余英镑[《光绪朝东华录》(五)总 4973 页]。战争期间日军劫获的战利品共值 7,312,000 日元(《中日战争》资料丛刊第 1 册第 214 页),掠夺的民间物资尚不在内。还有威海卫驻兵费 350 万两(后中国在三年内偿清赔款,实付 150 万两)。

② 据光绪二十年户部银库黄册。关于这次庆典挥霍的详情,参见拙文《穷奢极欲的慈禧六旬庆典》(《历史知识》1985 年第 1 期)。中国社会科学院近代史所编写的《中国近代史稿》第 2 册第 382 页载,那拉氏特拨内帑银 1,000 万两,另外户部请准 156 万两,作为举办庆典经费。中央及地方文武官员捐献的 120 万余两和民间"报效"尚不在其内。但查慈禧六旬庆典档案,并无内务府拨款 1,000 万两的记载。据《颐和园》一书统计,庆典费用为 540 万两。

③ 据《皇太后庆辰档》记载,1897 年慈禧太后庆寿用费为 54 万两。

④ 于善浦:《豪华的慈禧陵》,《北京史苑》1982 年第 2 期。

⑤ 《上谕档》,光绪二十一年九月初九日。

⑥ 《光绪二十一年大进黄册》十一月。

⑦ 《光绪二十五年大进黄册》十一月。

程不再列有专项经费名目,但支出仍时有发生。[①] 估计全部续工程经费约在 300 万两之谱。那拉氏在国难当头的时候如此挥金如土,集中表现了清朝统治集团的腐朽没落。户部曾在一份奏折中已忧心忡忡地警告宫廷:"伊古以来,发内帑以济外库则天下治,竭外库以充内帑则天下乱。"[②]至于官僚集团的贪污侵吞,更是不胜枚举(关于这点,我们在下面将详细讨论)。

国内政局不稳,军事镇压费用不断增加。在甲午战争期间,甘肃回民发生暴动,蔓延到关内外和青海。清政府先后派陕甘总督杨昌濬和喀什喀尔提督董福祥等率大军镇压,到光绪二十二年(1896)秋天才平定了这次暴动。[③] 这次延续了两年的军事行动,增加了清政府约 1,000 万两的开支。[④] 此外,还有大量的教案赔款。据统计,仅四川一省,光绪二十一年教案赔银 110 万两有奇,二十四年教案赔银 118 万有奇。[⑤] 全国综计,其数额必相当巨大。

国内自然灾害频仍,农业严重歉收,清政府税源日益缩小,救灾费用不断扩大。光绪十六年以来,直隶一带不断发生自然灾害,二十年又遇到海啸的袭击,清政府拨出赈款约 700 余万两。[⑥] 二十四年以后,黄河连年溃决,直隶东南和山东大部遭受水患,北方各省又遇大旱,草根树皮亦尽。[⑦] 安徽、江北一带"迭被水灾,饥民不下二三十

[①] 如据《光绪二十九年户部进出款表》,该年支出菩陀峪万年吉地工程先后三次,总数75000 两。

[②] 户部光绪二十四年二月十五日奏。宫廷除皇庄等地产收入外,各省关专解的款项达450 万两左右,作为例进和常年经贯,储于内府。此外还从户部支用 50 万两,甲午战后又增至 110 万两。另外奉宸苑、颐和园每年支款 30 万两,全部宫廷经费达 600 万两以上。

[③] 刘彦:《帝国主义压迫中国史》上册,上海太平洋书店 1927 年版,第 187 页。

[④] 吴廷燮:《清财政考略》,第 22 页。

[⑤] 张力:《四川义和团运动》,四川人民出版社 1982 年版,第 13 页注 2;《德宗实录》卷377,第 13 页,卷 457,第 4 页。

[⑥] 《清史稿》卷 126《食货六》。

[⑦] 金家瑞:《义和团运动》,上海人民出版社 1959 年版,第 21 页。

万"，"沿途觅食，苦不堪言"，^①"比年各省遇灾，官赈民捐，动逾百万，而饥寒病苦颠连沟壑者，仍不可计算"^②。根据《清实录》提供的有关资料，从光绪二十一年到光绪二十六年(1895—1900)全国因水旱雹冰等灾害而得到清政府允准缓征、蠲缓、蠲免和抚恤的地区共达3962个县次，列表如下：

表5-3 光绪二十一年至二十六年缓征、蠲免和抚恤统计表

单位：县次

年份	缓征	蠲缓①	蠲免②	抚恤③	合计
光绪二十一年	157	587	23	17	784
光绪二十二年	61	562	32	—	655
光绪二十三年	260	318	11	2	591
光绪二十四年	203	301	35	—	589
光绪二十五年	269	416	75	8	768
光绪二十六年	364	83	98	30	575

说明：①包括"减缓"项。②包括"豁免"项。③包括"赈济"项。

天灾人祸，不仅增加了清政府的财政支出，而且大大缩小了清政府的田赋税源，以光绪二十三年为例，除贵州、云南、新疆、广西未见奏报外，其余省份减、缓、免征地丁银约共 1,843,286 两。《马关条约》签订后，台湾全省由于割让日本，税源全部丧失。^③ 根据光绪二十三年四月户部奏定的"核计上下两忙征完分数在九分以上，仍旧议

① 《德宗实录》卷417，光绪二十四年闰三月乙丑；卷436，光绪二十四年十二月癸卯。
② 《光绪朝东华录》(四)总3864页。
③ 据刘铭传1890年奏："至十五年十二月一律造具图册奏咨报竣，计旧额人丁税饷供票余租官庄耗羡，年共征银183366两有奇。现定粮额年征银512969两，随征补水平余银128,242两，加以官庄租额银33,657两，共银674,468两有奇。"[《光绪朝东华录》(三)总2761页]而"经营铁路、商轮、屯垦开煤礦诸矿，岁入三百数十万"(《中日战争》资料丛刊第1册，第90页)。

叙"的标准,在 16 个省份中,征收额不足九分的议处省份达 9 个,有的不足三分之二。详表如下:

表 5-4　光绪二十三年下忙各省征收地丁情况表

省份	额征(两)	减征额(两)	应征额(两)	完成分数(%)	奖惩
山西	2,936,579	—	2,936,579	92	议叙
直隶	2,349,275	—	2,349,275	93	议叙
河南	3,020,341	—	3,020,341	91	议叙
陕西	1,535,330	—	1,535,336	96	议叙
甘肃	212,958	15,904	197,054	95	议叙
安徽	1,247,463	242,594	1,008,966	67	议处
江宁	794,842	228,770	566,072	86	议处
江西	1,757,348	237,886	1,519,454	65	议处
江苏	1,358,213	393,237	964,976	75	议处
浙江	2,410,047	472,648	1,937,392	64	议处
湖北	1,091,325	252,247	839,078	89	议处
湖南	1,135,990	—	1,135,990	87	议处
四川	615,116	—	615,116	87	议处
山东	2,978,180	—	—	92	议叙
福建	1,232,917	?	?	86	议处
广东	1,103,959	—	—	93	议叙

　　资料来源:军机处档案:户部光绪二十四年七月初十日奏;山东巡抚张汝梅光绪二十四年十月十五日奏等。内云南、贵州两省向系征收完后报部,山东、福建、广东、广西四省为逾限报告省份。

　　应该指出,光绪二十三年(1897)地丁收入还算完成得比较好的一年。根据光绪二十一年见于军机处档案的山西、山东、陕西、安徽、河南、江西、浙江、湖北、广东的奏报,9省之中只有陕西、河南2省的地丁收入完成了九分,完成八分的2省,不足八分的达4省。根据咸丰二年(1852)奏定的以八分为考核标准的规定,竟有一半省份没有达到考核指标。

总之,由于日本侵略者疯狂的财政掠夺,清朝统治者的挥霍无度、贪污腐败,民生凋敝,政局动荡,大大增加了清王朝的财政开支,导致了规模空前的财政危机。

第二节　甲午战后清政府的对外筹款活动

财政危机向来是统治危机的一个组成部分。清王朝要维持自己的统治,必须摆脱财政困境。甲午战争以后,清政府的对外筹款活动主要是举借外债和增加关税的谈判。清政府为了偿付巨额的战争赔款,一方面不得不忍受列强苛刻的贷款条件,另一方面又企图从增加关税的谈判中寻找出路,但它又无法克服地方督抚的阻力以满足列强裁撤厘金的要求。列强为了控制清王朝的财政,在争夺贷款权上互相冲突,而对清政府增加关税的要求则联合起来加以阻挠,以维护其既得的侵略权益。这种国际国内矛盾的格局,决定了甲午战后国际金融资本大举入侵,而中国增加关税则一筹莫展的结果。

三笔大借款

列宁指出:"自由竞争占完全统治地位的旧资本主义的特征是商品输出。垄断占统治地位的最新资本主义的特征是资本输出。"[①]甲午战争以后清政府的财政危机为帝国主义列强对华输出资本、进行

---

① 列宁:《帝国主义是资本主义的最高阶段》,《列宁选集》第2卷,人民出版社1960年版,第782页。

间接投资创造了有利机会,也引起了列强之间为争夺向中国财政贷款权的激烈争斗。

《马关条约》第四款规定了甲午赔款的两个偿付办法。第一种办法,一年半之内清偿 1 亿两库平银,余款于光绪二十八年四月(1902年 5 月)之前按年均分清偿,自换约后六个月支付5,000万两起,余款每年按五厘计息。第二种办法,于三年内清偿全部赔款,免除利息。清政府后来选择了第二方案,决定借债偿还。《另约》规定,在赔款清偿之前,清政府每年需支付威海卫驻守日军军费 50 万两。《辽南条约》规定,"赎辽款"须于订约后一周内即光绪二十一年九月三十日(1895 年 11 月 16 日)一次交清。[①]

清政府在《马关条约》签订后即立即筹划借款,引起了列强之间的激烈争夺。由于俄、法、德三国干涉还辽当时还在进行,三国在借款问题上占据有利条件,英国虽然得到赫德的内助,美国也企图染指,但毕竟无法与之竞争。最后,俄法两国又排除了德国资本,于光绪二十一年闰五月十四日(1895 年 7 月 6 日)同中国政府签订了《四厘借款合同》,即"俄法借款"。全部借款 4 亿法郎,合 1 亿卢布,年息四厘,分 36 年还清,折扣为 94.125%,以海关税为担保。[②] 这笔借款清政府实收90 517 516.5两,除支付光绪二十一年九月二十二日和三十日(1895 年 11 月 8 日和 16 日)到期的第一次甲午赔款 5,000 万两和赎辽款 3,000 万两外,扣拨华俄道胜银行的中国股份库平银 500万两,[③]余款 500 余万两,由清政府提用。

光绪二十一年十二月初一日(1896 年 1 月 15 日),《四厘借款合

---

① 根据戚其章先生的研究,清政府偿付战争赔款、赎辽款、威海驻军费三项共 23,150 万两外,日方要求中方贴足库平成色,按 988.89 成色偿付,较康熙标准库平成色935.374,中方实际多付了 1,325 万两;中方向日方多付的"镑亏"1,494 万两,总计为库平银 2.597 亿两。(戚其章:《甲午战争赔款问题考实》,《历史研究》1998年第3期。)
② 王铁崖编:《中外旧约章汇编》第 1 册,第 626—631 页。
③ 徐义生编:《中国近代外债史统计资料》,第 28—29 页。

同》关于六个月内中国不得另行举借外债的规定期满,为了筹措二十二年三月二十六日(1896 年 5 月 8 日)到期支付的第二次甲午赔款,清政府再次举借。英、德垄断资本对于此项借款志在必得,俄、法政府虽然颇想包揽,但是法国银行家手中还存有大量俄法借款的债券尚未脱手,在南非投资又告失败,[①]不可能在降低借款条件方面与英德竞争,加之以法国公使施阿兰对总理衙门大臣们的态度,[②]促使清政府决定向英、德举债。三月初十日(3 月 23 日),英德借款正式订立。借款总额 1,600 万英镑,年息五厘,分 36 年还清,九四折扣,以关税为担保。[③] 清政府实收 9,100 余万两,支付甲午赔款本息及威海卫军费约近 7 千万两,余由清政府提用。[④]

光绪二十四年闰三月十八日(1898 年 5 月 8 日),是中国在三年内还清甲午赔款的最后期限。为此,清政府决定再举外债。第三次借款一波三折,情形更为艰难。俄法借款成立后,俄国企图控制中国海关行政,排挤英国。但接着英德借款成立后,借约明确规定,在还清此借款 36 年内,"中国总理海关事务应照现今办理之法办理",反击了俄国的图谋。但是,俄国觊觎中国海关行政权的念头并没有打消。光绪二十二年四月(1896 年 5 月),李鸿章赴俄京参加沙皇加冕典礼,与俄国订立了《中俄密约》。接着,俄国又与清政府达成了合办华俄道胜银行和中东铁路的协议合同。二十三年五月(1897 年 6 月)奉命承办借款的李鸿章向俄国探询借款条件,俄国财政大臣又提出,作为借款担保的税收应由俄国监督。李鸿章无法满足这一要求,指

---

① 《中国海关与中日战争》,科学出版社 1958 年版,第 193、196 页。

② 3 月 6 日,施阿兰到总理衙门"大肆咆哮",迫使清政府接受法国的贷款条件,引起了总理衙门的极大反感。施阿兰走后,总理衙门立即决定把借款事宜交由赫德办理。赫德于次日即通知法国公使停止与法国的借款谈判。(《中国海关与中日战争》第 207—208 页。)

③ 王铁崖编:《中外旧约章汇编》第 1 册,第 638—644 页。

④ 徐义生编:《中国近代外债史统计资料》,第 30—31 页。

示盛宣怀在上海筹办。但盛宣怀与英商呼利·詹悟生公司洽商的借款草约也因英商事后要求承揽铁路建筑权而告吹。此后,德国强占胶州湾、俄国占领旅顺港,瓜分狂潮的掀起使列强争夺贷款权的斗争更加激烈。沙皇表示"愿意帮助中国渡过财政难关,办理借款"[1],同时又要求在总税务司出缺时由俄国人充任。[2] 为了取得贷款的利益,俄国甚至不惜以撤出强占旅顺的军队作为让步条件。[3] 英国也向总理衙门施加压力,表示决不能放弃总税务司由英国人担任的特权,坚决要求由英国单独借款,并派军舰向旅顺口示威。在这种僵持不下的局面下,清政府只得表示不借外债,发行内债,名之曰"昭信股票"。但"昭信股票"发行后,应者寥寥,不得不重新向国外举债。这时,俄国为了取得英国对它租借旅、大的认可,被迫在借款问题上让步。二十四年二月初九日(1898 年 3 月 1 日),清政府举借的续英德借款合同正式签订。全部借款共 1,600 万镑,约合 11,000 万两,八三折扣,年息四厘五,以关税、厘金和盐税作为借款的担保,规定 45 年内还清,不得提前。[4] 清政府实收八千余万两,除清偿日本第三次甲午赔款及威海卫军费外,余用于关内外铁路、芦保铁路、津榆铁路及关外铁路等。[5]

　　在光绪二十年到二十六年清政府举借的 23 笔外债中,因支付甲午赔款而举借的这三笔外债具有折扣大、期限长、条件苛刻的特点。通过这三笔外债,列强获得了极为丰厚的利润。"银行从四亿法郎的中俄公债中得到百分之八的利润"[6],英法借款的折扣为 94％,发行

① 《中国海关与英德续借款》,科学出版社 1959 年版,第 12 页。
② 同上,第 29 页。
③ 〔美〕安德鲁·马洛泽莫夫:《俄国的远东政策(1881—1904 年)》中译本,商务印书馆 1977 年版,第 113—114 页。
④ 王铁崖编:《中外旧约章汇编》第 1 册,第 833—737 页。
⑤ 徐义生:《中国近代外债史统计资料》,第 30—31 页。
⑥ 列宁:《帝国主义是资本主义的最高阶段》,《列宁选集》第 2 卷,第 775 页。

价格在二十二年二月十六日(1896 年 3 月 27 日)为 98.75％，八月初九日(9 月 15 日)上升为 99％，英法银行家从中获利近 80 万英镑，英国汇丰银行因发行这笔借款股票贴水由 174％涨至 192％。续英德借款发行价格与实交额的差额为 7％，英德资本家获利更高达 100 多万英镑。因举借这三笔外债，中国的海关税、盐厘和厘金被抵押，海关行政权长期落入外人之手，无法收回，每年支付本息 2,000 万两，因举借外债而偿付的利息以及其他各种损失，总额高达 4 亿两以上，进一步加深了财政的危机。① 因此，清政府没有选择第一种方案清偿甲午赔款，实在是一个失策。

除上述三笔借款外，光绪二十年到二十五年(1894—1899)间列强对华的间接投资还包括铁路借款、军火船炮及其他财政借款、工矿借款。各年借款情形按其实际用途分类有如下表：

---

① 刘秉麟《中国近代外债史稿》(三联书店 1962 年版，第 21 页)列五种损失，其中四项为经济损失，但数据尚需重新考订。(1)按第一种方案支付赔款，清政府支付利息实数为 2,145 万两，而三项借款利息按借款时银价计算，俄法借款约 8,946 万两，英德借款约 11,477 万两，续英德借款约 15,217 万两，合计共 35,640 万两。(2)借款手续费按借款时银价以 1/400 计算，总计达 166 万余两。(3)借款折扣损失总计约达 4,665 万两。(4)汇兑、镑亏损失。外国银行在支付借款时抬高银价，当中国政府还本付息时又压低汇价，利用汇价波动以牟利，三项偿款在支付时通提高汇价即使中国少收银两达 1584 万余两。同时，由于世界性银价的暴跌，中国政府在偿还这些外债所蒙受的"镑亏"损失是无法估计的。综上所述，中国政府可以估计的损失即达 40,471 万两。考虑到汇兑和镑亏的损失，等于中国再支付了两次甲午赔款。这是比甲午战争赔款更为惨重的"赔款"！赫德曾谈道："日本偿款，当时我就献策将海关洋税全扣，拟每年二千万，十年可了，而张大人(指张荫桓)驳我……试观今日还债，两倍于本，较吾策孰得孰失耶？"(陈义杰整理：《翁文恭公日记》第 5 册，第 3082 页，光绪二十三年丁酉十二月二十四日)有人认为："当时醉心借款者，徒以个人经手折扣之利益为前提，国家全体之受损害，非所顾虑。"(胡钧：《中国财政史》，第 336 页)看来这一"失策"的背后，显然黑幕重重。

表 5-5　1894—1899 年清政府外债分类统计表　单位:库平银两

年份	赔款借款	军火船炮及财政借款	铁路	工　矿	合　计
1894		10 091 240.38	193 760.90	364 964.00	10 649 965.28
1895	87 479 278.60	39 513 074.82	2 472 627.74	593 324.96	130 058 306.12
1896	73 250 666.66	20 495 930.94	6 703 884.20		100 450 481.80
1897			881 282.70		881 282.70
1898	102 054 000.00		59 590 045.55		161 644 045.55
1899				2 680 456.14	2 680 456.14
合计	262 783 945.26	70 100 246.14	69 841 601.09	3 638 745.10	406 365 137.59
%	64.66	17.25	17.19	0.90	100.00

资料来源:根据徐义生《中国近代外债史统计资料》第 90 页《从甲午中日战争到辛亥革命时期清政府外债用途表》编制。

　　属于财政性质的借款主要是赔款借款和军火船炮及财政借款两项,占这一时期借款总额的 81.91%,而从咸丰三年到光绪十六年(1853—1890),对外战争军需借款只占同期外债总额的 31.54%。①从这里可以看出甲午战争及其赔款对清朝外债结构的重大影响。铁路借款虽然主要由铁路赢利归还,但是战后这些外资关系铁路的建筑,也严重侵犯了我国的财政主权。第一,铁路借款合同往往规定必须购买借款国的铁路器材,并给予免纳关税、厘金的特惠。第二,铁路建成之后,不纳地税。第三,铁路营运免税。第四,由外资关系铁路运入中国境内的货物、行李享有减免税厘的优惠②。这种优惠本来应只限于中国政府自办的铁路,但是,实际上中外合资铁路、外资铁路都享有这些特惠。因此,甲午战后列强对华铁路投资无论是直接投资还是间接投资,不仅是列强瓜分中国的一个实际步骤,而且也是

① 徐义生:《中国近代外债史统计资料》,第 21 页。
② 宓汝成:《帝国主义与中国铁路》,上海人民出版社 1980 年版,第 411—413 页。

对中国财政主权侵略的进一步加深。

加税裁厘交涉

甲午战争以后的庞大外债负担,都以关税作为担保,使中国关税问题更加突出了。

《马关条约》严重地侵害了中国的海关税收和内地税收。比它所规定的列强在华拥有在中国直接设厂的特权,其中还包括了一系列税收优免权益:(1)日本在华设立工厂所需各项机器进口,"只交所订进口税",不需缴纳内地税如厘金等。(2)"日本臣民在中国内地购买经工货件,若自生之物,或将进口商货运经内地之时,欲暂行存栈,除勿庸输纳钞派征一切诸费外,得暂租栈房存货。"(3)日资工厂在华制造之货物,享受进口货物的待遇。① 其他列强"一体均沾",亦享有上述特权。这些规定,将使中国政府丧失对于外资工厂征收进口设备、收购原料以及销售成品的内地税主权,使列强所攫取的子口税特权进一步扩大。因此,清政府抓住《马关条约》中"制造货离厂等税应否豁免,一字未提"为理由,在与日本进行通商章程谈判时反复交涉,日本代表林董则以"若贵大臣仍复坚持不允,深恐此约成议无期",以不签字相威胁。② 但清政府以"事关国课,义重国权",坚不让步。同时,总理衙门上奏朝廷,速定机器制造品征税章程,"不论华商洋商,于出场后,俱值百抽十,以抵厘金"。③ 日本见中国志在必行,便"相让而别求抵换利益"。清政府在日本将拒绝批准中日《通商行船条约》的威胁下,又答应日本在新开口岸以及上海、天津、厦门、汉口开辟日本租界等利益。④

---

① 王铁崖:《中外旧约章汇编》第 1 册,第 616 页。
② 《光绪朝东华录》(四)总 3820 页。
③ 《德宗实录》卷 391,光绪二十二年五月甲寅。
④ 《光绪朝东华录》(四)总 3869—3870 页。[日]信夫清三郎编:《日本外交史》上册,天津社会科学院日本问题研究所译,商务印书馆 1980 年版,第 292 页。

甲午战后清政府与列强在关税问题上更重要的交涉是加税裁厘和切实值百抽五的谈判。早在同治八年(1869),在中英修约谈判过程中,英国公使阿利国鉴于地方征收洋货厘金而与洋商发生冲突的案件屡有发生,曾根据赫德的建议,提出了增加进口税以废止对进口货征收厘金的计划。光绪六年(1880)英国公使威妥玛重新提出这项计划,清政府表示同意,愿意接收 12.5% 甚至 10% 的税率。但是,由于列强对于免除厘金能否实行疑虑重重,这项计划未能实现。① 这就是加税裁厘的初步酝酿。

甲午战争以后,清政府财政陷入困境,同时,由于世界性银价的跌落,中国海关的实际税率大大低于咸丰八年(1858)中英通商善后条约所规定的值百抽五的税率,清政府要求实现切实值百抽五。加之以国内民族意识日益觉醒,民族资本主义的发展,要求废除厘金、增加关税的呼声日益高涨。于是,加税裁厘问题又重新提到了谈判桌上。

光绪二十二年,李鸿章出访欧洲,总理衙门奏准请李鸿章与俄、英、法、德、美各国交涉增加进口洋税事宜。② 但列强坚持必须先废厘金,拒绝根据值百抽五的原则改订税则,并索取其他侵略权益。③ 同年九月,盛宣怀上奏《条陈自强大计折》,提出了加税裁厘的具体主张:"加税之议,事未就绪,闻西人以厘金为词,盖窥我国用之绌,必不能停收厘金也。应机决策,莫若径免天下中途厘金,加关税为值百抽十,令彼无所借口。厘金既免,即仿行西国印税之法,办理得宜,计加收之关税、新收之印税,合之当倍于厘金,而免厘则出口土货易于流通,加税则进口洋货或渐减少。取益防损,利在无形,所谓足国用而不病民,且阴以挽外溢之利者,此也。"④除了裁厘有利于国内市场的

---

① ［美］马士:《中华帝国对外关系史》第 2 卷,张汇文等译,第 356—357 页。

② 《德宗实录》卷 383,光绪二十二年正月丁未。

③ 参阅蔡尔康、林乐知编译:《李鸿章历聘欧美记》,湖南人民出版社 1982 年版。

④ 盛宣怀:《条陈自强大计折》(光绪二十二年九月),《愚斋存稿》卷 1。

统一没有谈到外,盛宣怀的这份奏折基本上概括了加税裁厘的积极作用。

但清政府对于裁厘一事,仍然疑虑重重。光绪二十三年(1897),清政府指示驻英公使张荫桓与英国政府修改税则一事交涉,李鸿章则与英国驻华公使进行交涉。中国政府的要求是:(一)改用金镑收税,以避免银价下跌的损失。(二)提高关税税率。而"免厘一节,万不可允"。① 但英国方面则主张"加镑不如加税",先裁厘后加税,因此没有达成协议。②

光绪二十四年,正是维新运动在中国蓬勃兴起的年代,郑观应所提出的"裁撤厘金,加征关税"③的主张突破了狭隘的财政观点,提到了建立国家保护关税,促进国内市场统一的理论高度,在士大夫中也发生了较大的影响。康有为奏请裁撤厘金片递上后,光绪皇帝览奏,"恻然动念,面谕维新诸臣,谓行新政就绪,即决裁撤厘金"④。在内外压力之下,五月,总理衙门接受了御史陈其璋的建议,奏准"与各国开议酌加进口税,停收厘金",但留下了一条"停止厘金,应俟加进口税后,察看洋税岁多之数足敌厘金岁收之数,再行裁撤"的长长的尾巴。⑤ 然而清政府毕竟采纳了加税裁厘的谈判方案。

光绪二十五年十一月,总理衙门正式要求英国公使指定中英修约谈判日期,同时,指示盛宣怀、聂缉椝与赫德代表中国出席修改税则委员会。税则委员会的工作不久因义和团运动而中止。在这段时间里,盛宣怀、聂缉椝与总理衙门及户部互相配合,初步查清了全国厘金报部之款约为1,700百万两,似厘非厘之款约三四百万两,内外

---

① 参见罗玉东《中国厘金史》第144页;《德宗实录》卷405,光绪二十三年五月癸巳。

② 军机处录副:总理衙门光绪二十四年五月十六日奏。

③ 郑观应:《盛世危言·税则》,夏东元编《郑观应集》上册,上海人民出版社1982年版,第544页。

④ 《戊戌变法》资料丛刊(二),神州国光社1954年版,第267页。

⑤ 《德宗实录》卷420,光绪二十四年五月戊辰。

销款共约 2,000 万两之数。① 盛宣怀认为,实行切实值百抽五,连子口二五半税,再加一倍,将关税率提高到百分之十五,可以足抵厘金收数。但又声称,"现议税厘并征,系专指进口洋货而言,其土货厘捐一切照旧,并拟将出口土货向半税者改完厘金,以抵洋货厘捐改归海关并征之数"②。这个只免洋货厘金而不裁土货厘金的加税方案,即所谓"加税免厘",它既让清廷从加税中,从洋人和地方督抚那里多得一杯羹,又兼顾了地方督抚之于厘金收入的既得利益,已经与加税裁厘的本旨大相径庭。就这么个方案递上之后,清廷内外依然议论纷纷,御史黄桂鋆指责盛宣怀"通敌卖国","甘作汉奸",认为在协定关税的情况下,"抽厘则权操在我","加税则权操在彼",并要求饬令各省督抚妥议。③

光绪帝举棋不定,只得下旨总理衙门、户部商议税厘并征"于内地各省厘金有无滞碍之处"。光绪二十六年(1900)三月,总理衙门、户部复奏,认为"洋货税厘并征,名为加税,实则免厘,利害正复相等,亦属未敢轻议"④。接着,清政府又将盛、聂的奏折和总理衙门、户部的复奏下南方督抚讨论。南方督抚不久纷纷复奏,认为列强未必会接受百分之十五的税率;如果税厘并征之后,"土货多冒洋货,使内地厘金大绌";关税提高之后,势必刺激外商在华设厂制造,"则洋货进口数必渐少,并征税项必渐绌",对洋货税厘并征方案满腹狐疑。⑤ 厘金收入向来是"各省疆吏恃为腾挪弥补之术,调剂属员之资……故莫肯建议裁撤"⑥,他们的这种反应是必然的。尤其值得注意的是,加税

① 吕海寰、盛宣怀:《密陈厘金收入及核算加税实数片》(光绪二十八年五月),《愚斋存稿》卷7。
② 盛宣怀、聂缉椝:《筹议加税办法疏》(光绪二十六年二月),《愚斋存稿》卷4。
③ 军机处录副:御史黄桂鋆光绪二十六年二月二十七日奏。
④ 总理衙门、户部:《会议加税事宜疏》,《光绪财政通纂》卷3。
⑤ 军机处录副:光绪二十四年四、五月湖南巡抚俞廉三、四川总督奎俊、浙江巡抚刘树堂、江苏巡抚鹿传霖、两江总督刘坤一、山东巡抚袁世凯等奏。
⑥ 《光绪朝东华录》(五)总4925页。

裁厘的方案在这里已变成仅对洋货实行"税厘并征",国内厘金并不裁撤,土货出口也需交纳厘金,这反映了地方督抚在厘金问题上的态度,也暴露了戊戌政变以后清政府在对待国内民族资本主义政策上的倒退。同时,洋货税厘并征方案显然漏洞百出,与列强的侵略要求也相距太远,它的破产是必然的。

加税裁厘和切实值百抽五谈判毫无进展,说明帝国主义在瓜分中国这个侵略主题之下,不愿意放弃丝毫既得利益以维持岌岌可危的清朝财政。他们积极地利用清朝财政危机扩大其资本输出,谋求更多的侵略权益。而清朝政府之所以在外国侵略者咄咄逼人的压力和国内的强大舆论攻势下,坚持病国蠹民的厘金制度,固然反映了这个半殖民地半封建国家政权的腐朽性,但也不能不看到,正是由于这个政权所面临的空前的财政危机,迫使它更加依赖厘金收入。在厘金收入成为续英德借款的担保品之后,情况更是这样。列强为了扩大其商品输出的利益,要求中国保持低关税的现状,同时裁撤厘金制度;而为了保证其资本输出的利益,又要求以中国的厘金收入作为担保品,在资本输出日益具有重要意义的形势下,决定了列强对加税裁厘的谈判不可能是积极的。因此,从某种意义上说,中国的低关税和厘金制度这两个最典型的半殖民地半封建国家的关税制度和内国关税制度,恰恰是帝国主义的侵略所造成或加以维持的。

第三节　甲午战后清政府的国内筹款措施

清政府在国内的筹款可分为甲午战争期间、战后和 1899 年的财政整顿这样三个阶段。

战时筹款措施

甲午战争爆发前,清朝国库已几乎没有任何机动财力。光绪二十年六月(1894 年 7 月)中日战争爆发后,户部和海军衙门筹款 500

多万两,仅支持战争一月即告绌,东北新募各军几乎都靠捐款维持,台湾、沿海边防则洋债支持。[1] 到七月,清政府不得不急辟新的财源,户部奏准筹款四条:(1)停止工程,(2)核扣俸廉,(3)预缴盐厘,(4)酌提运本,并命令各省就地筹款。9月,户部续拟筹款四条:(1)颜缎两库折价按四成实银开放,(2)典当各商捐输,(3)茶叶糖斤加厘,(4)土药行店捐输。[2] 虽据户部估计共可筹款约 400 万两,[3]但并非立等可取,于是不得由户部出面向京城银号票号各商告贷。京城商人出于爱国热忱,概允借款 100 万两。这笔借款成立之后,正式由皇帝饬谕各省督抚向绅商民人借款,期限 2 年半,年息 7 厘,以六个月为一期,第一期仅付利息,以下四期还本付息,是为息借商款。[4] 各省募借实收情况有如下表:

表 5-6　息借商款数额统计表　　　　单位:库平银万两

地区	款额	地区	款额	地区	款额
广东	271.45	京师	100	四川	13.05
江苏	231.135	湖北	29.235	浙江	21.23
山西	147.2	江西	23.92		
直隶	100	陕西	38.44	合计	975.66

资料来源:李文杰《息借商款与晚清财政》,《历史研究》2018 年第 1 期。

息借商款缓不济急,到九月,部库又无分文可支,不得不动用内务府银库 300 万两,[5]到月底,又有拨内帑 200 万之议。[6] 经上谕严

---

[1] 1894 年 9 月上海洋商借款规元 50 万,1894 年 11 月 9 日汇丰银款库平银 1,000 万两,均用于沿海防务。(徐义生:《中国近代外债史统计资料》,第 28—29 页)
[2] 《德宗实录》卷 344,光绪二十年七月戊子;卷 347,八月丁卯。
[3] 《光绪朝东华录》(三)总 3454 页。
[4] 千家驹:《旧中国公债史资料(1894—1949 年)》,中华书局 1984 年版,第 1—3 页。
[5] 《翁同龢日记》第 5 册,甲午九月初八日,中华书局 2006 年版,第 2736 页。
[6] 同上,甲午九月二十九日,第 2744 页。

催,光绪二十年(1894)各省欠解的京饷、东北边防经费等银陆续运到,1,000万两的汇丰银款和3万镑的汇丰镑款也分别于十月十二日(11月9日)和次年正月初一日(1895年1月26日)签字,才使清政府勉强摆脱了财政上几乎无以为继的困境。

战时初中央政府下达的筹款各条之外,各地筹款的方式更是五花八门。浙江加抽烟酒酱缸等捐,江苏、湖广等省开办铺户房捐,江苏并于漕米项下加收钱文,①开江南防务捐例、典商捐息,②苏沪厘捐和湖北厘局规复米谷杂粮卡捐③等等,不一而足。

这些措施除压缩开支(如停工程、扣俸廉、颜缎折价等)外,大多是新增的捐税,茶糖加厘、江苏的漕粮加征、米捐与一般百姓的生计较为密切,但从整个而言,战费的直接承担者是地主、商人和高利贷者。事后户部检讨这一时期的财政政策时说:"中国富户殷商,非业钱当丝茶,即以田产房租为生计,今既于各项收捐,而复欲捐其身家,是生产祇有此数,而征输迄无穷期,不独刻剥病民,亦恐琐屑失体。"④撇开胥吏乘机婪索中饱不论,战争需要急如星火,向中国富裕阶级募款以支持战争,而未遑顾及其负担能力,虽有失误之处,但未可厚非。

甲午战后之筹款措施

《马关条约》签订之后,清政府"因偿款过巨,息借洋款,每年筹还本息,约须一千五六百万两,各路防军又未能尽撤,需饷亦繁"⑤,开源节流,刻不容缓。据户部查核,光绪二十年以后推行各省的筹款措施有裁减制兵、停放米折、盐斤加价、茶糖加厘、裁减局员薪费、重抽烟

① 《光绪朝东华录》(四)总3581页。
② 许大龄:《清代捐纳制度》,第95~96页;《刘坤一遗集》第2册,第810页。
③ 江苏巡抚奎俊光绪二十年十二月二十二日奏片;湖北巡抚谭继洵奏片(光绪二十年十二月二十四日奉朱批)。
④ 千家驹:《旧中国公债史资料(1894—1949年)》,第4~5页。
⑤ 《德宗实录》卷370,光绪二十一年六月乙亥。

酒税厘、考核钱粮、整顿厘金、土药捐输、核扣养廉等十条，"就中以裁减制兵、考核钱粮、整顿厘金三者为最大，而茶糖盐烟酒之加征及土药典店各店铺之认捐次之，养廉薪费之扣减又次之"①。将上述十条按其来源划分，可分为节支（如裁减制兵、核扣俸廉、裁减局员薪费、停放米折等）、杜绝中饱以核实归公（如考核钱粮、整顿厘金等）和增加捐税（如盐斤加价、茶糖加厘、重抽烟酒税厘、土药捐输等）三类。由此可以看出，从光绪二十一年（1895）以后，清政府将筹款的重点由战时的增加捐税转入到了节省开支和内部的财政整顿，企图主要通过挖掘自身的财政潜力来摆脱危机。

节省开支

节省开支，是这一时期首要的财政任务。

绿营之腐败，清廷早已深悉，自太平天国以后屡议裁撤。勇营的弊端，经甲午战争进一步暴露。因此，光绪二十一年六月，户部奏准裁改兵制，令各省挑精壮三成，其余老弱一概减撤。② 嗣后，户部又奏请裁减勇营三成。光绪二十二年十一月，盛宣怀提出了改革兵制的具体方案，"宜将天下划分十镇"，"简练新兵三十万人"，"重订饷章，岁约不逾二千万两"。但"计各省实存绿兵练勇八十余万人，更新而不去旧，无此财力；制兵而不划一，非善制军"，奏请加快裁兵速度③。光绪二十三年三月上谕再通令各省实力裁汰。据户部报告，绿营山东奏减五成，四川一成，广东、广西二成，江苏、江西、安徽、河南三成。据罗尔纲先生统计，光绪二十一年至二十四年，绿营兵共裁撤 40,834

---

① 《光绪财政通纂》卷 51。
② 《光绪朝东华录》（四）总 3633 页。
③ 《光绪朝东华录》（四）总 3906—3907 页。

名,另有直隶、山西裁减人数不详。① 实际裁撤 6 万人左右。甲午战前绿营兵约 45 万人,应裁 31.5 万人,实际所裁不到应裁数的五分之一。勇营裁撤也不理想,光绪二十一年(1895)闰五月,战争刚结束,督师钦差大臣刘坤一等奏请裁撤前线淮军陈殿魁 10 营、张兴前庆军 5 营、徐邦道拱卫军 3 营、湘军魏光焘 10 营、贺长发 6 营、汤秀斋 5 营、吴元恺 4 营、陈湜 10 营、李光久 8 营、余虎恩 10 营、熊铁生 10 营、杨金龙 5 营、刘光才 5 营、申道发 5 营、李占椿 5 营;此外吴凤柱鄂军 7 营、马心胜陕军 6 营、丁槐黔军 11 营、徐州陈凤楼 5 营、宋朝儒皖军 4 营及河南李永芳一军约共 160 营 8 万人,其中不少系战时临时招募的。将淮军唐仁廉仁军 30 营、吕本元和盛显寅盛军 18 营裁并;聂士成武毅军则由 18 营增至 30 营。② 经督办军务处审核,改为湘、淮、豫各留 30 营。③ 因此,实际仅裁撤 5 万人。后到光绪二十四年以前,淮军又裁去 11 营,南洋仅存吴淞班广盛 5 营、徐州陈凤楼马队 3 营,北洋聂士成武毅军等 55 营。光绪二十四年(1898)以后,北洋武毅军并入改编为武卫前军,其余 24 营 7 哨裁并为 20 营,每营兵额由 500 人减为 350 人,实际裁减一半。南洋淮军亦一度裁汰,至庚子事变时才恢复 8 营建置。④ 因此,全部淮军仅剩 1 万余人。各省勇营裁撤数量不多,云南裁撤忠字左营及各营伙夫,⑤陕西裁撤抚标练军二成并延榆绥镇标练军 4 营,后续裁防勇练军千余名,⑥山东裁

---

① 罗尔纲:《绿营兵志》,第 101—103 页。当然实际的裁兵数要更多一些,如江西裁减塘汛兵 2092 名(《德宗实录》卷 418,光绪二十四年四月癸巳),广东奏减 13,600 余名(广东巡抚谭钟麟光绪二十一年十月十四日奏),山西裁兵 2100 名(《德宗实录》卷 454,光绪二十五年十一月癸丑)等均未列入。

② 《刘坤一遗集》第 2 册,第 871—873 页。

③ 督办军务处光绪二十一年闰五月十三日奏。

④ 王尔敏:《淮军志》,中华书局 1987 年版,第 363—364 页。

⑤ 《德宗实录》卷 406,光绪二十三年六月壬戌。

⑥ 《德宗实录》卷 406,光绪二十三年六月己巳。

撤 5 营,①河南裁防勇 4 营、嵩武军 3 营,②安徽裁勇 5,800 余名,③江西裁兵 4,800 余名。④ 合计不过区区两万之数。因此,据户部、兵部光绪二十四年统计,各省防军、练勇仍有 36 万余人,⑤与绿营合计,兵员仍达 70 余万,与绿营裁七成、勇营裁三成的目标相距太远。各省绿营、勇营两项军饷每年开支仍在 3,000 万两左右。⑥

裁兵计划未能实现的原因虽然与各地督抚拥兵自重、或恐"裁汰生变"的思想不无关系,但更主要的原因还在于财政上无法解决新旧兵制更替中的机动财力。甲午战后,因内地骚乱逐渐严重,山东教案迭出,两广、四川会党起事等,仍需要大量兵力以资弹压。当时就有人担心,"各省一时裁撤,窃恐无赖之徒铤而走险,尤为可患",希望当轴"有以处此"。⑦ 如果要裁旧军,必须先练成相当数量的新军,而练新军的经费是由裁旧军后节省下来的经费转拨的。因此,清政府在旧军裁撤之前必须安排先练新军的机动财力。这对处于财政极端困难情况下的清政府是不可能办到的。不仅如此,已裁旧军所节省下来的经费又大部分被挪用于抵偿外债去了。

节流效果比较显著的是核扣养廉与减平放款。光绪二十年户部以"倭氛不靖,需饷孔急",奏准在京王公以下满汉文武官员俸银并外省文武大小官员养廉按实支之数核扣三成。嗣陕西、广西等省以微员末秩养廉为数无多,奏请免扣。光绪二十二年因陕西回民起义,

---

① 《德宗实录》卷 406,光绪二十三年六月壬午。
② 《德宗实录》卷 408,光绪二十三年八月辛酉。
③ 《德宗实录》卷 409,光绪二十三年八月甲戌。
④ 《德宗实录》卷 418,光绪二十四年四月癸巳。
⑤ 《清史稿》卷 132《兵志三》。
⑥ 荣禄:《遵议更新兵制疏》,《光绪财政通纂》卷 40。据光绪二十四年统计,绿营每年需饷 700 余万两,勇营每年需饷 2000 余万两,新式军队每年 140 万两左右。练勇、夫役杂项、帐棚衣履、华洋教司薪资尚不计在内。军队构成绿营占 52% 弱,练勇占 46.7% 强,见《戊戌变法》资料丛刊(二),第 419 页。
⑦ 《时务报》合订本第 28 册,第 6 页。

"一切征兵募勇,需款不赀",再核扣一年,二十三、二十四两年再行接扣,"俸廉两项并计,每年核扣数逾百万",四年累计共扣五六百万。[①]

提扣放款减平的办法是将库平一两改按京平一两支放,每两可以扣六分。在筹办慈禧六旬庆典和甲午战争爆发后,王公百官宗室的俸廉已经实行提扣。光绪二十三年(1897)进一步推广各省旗、绿各营兵饷、马乾员役薪粮等项,"一年节省银八九十万两"[②]。查京师提扣光绪二十年为80万两,光绪二十三年为98万两,二十四年为112万两,二十五年为98万两,[③]平均每年提扣约90余万两,加之各省节省银八九十万两,年约节省银一百七八十万两。

这种大规模的扣减俸饷的办法直接损害了官僚、士兵的经济利益,这对于正在兴起的维新运动在政治上所起的消极作用,是不难推测的。

尚须提及的是,洋务企业的投资也大大减少了。据统计,光绪二十一年到二十五年增设的官办、官督商办企业有如下表:

表 5-7　1895—1899 年清政府创办的洋务企业投资统计表

年份	名称	资本额(千两)	性质
1895 后	新疆机器局	不详	官办
1896	南票煤矿	1,398	官办(借有英债)*
1896	青溪煤矿	118	官办
1896	沙河子煤矿	69	官办招商集股
1896	冕宁金矿	300	官商合办
1897	磁州煤矿	84	官办招商集股

① 《光绪朝东华录》(四)总 3895—3896、4263—4264 页。
② 《光绪朝东华录》(四)总 3968—3969 页。
③ 据户部银库各年黄册。

续表

年份	名称	资本额(千两)	性质
1897	萍乡煤矿	699	官督商办
1897	大冶煤矿总局(康中煤窿)	209	官督商办
1898	青龙山、幕府山煤矿	181	官办招商集股
1898	湖北纺纱官局	600	官商合办,后改官办
1898	江西子弹厂	42	官办
1898	山西制造局	50	官办
1899	河南机器局	20	官办
合　　计		3,770	

资料来源:汪敬虞:《中国近代工业史资料》第 2 辑。

*《南票矿务局合同》规定创办资本 100 万两,中英各半。

在这 376 万两投资中,官办的军用工业投资 11.2 万两,民用工业中,萍乡煤矿和大冶煤矿总局的 90.8 万两投资系盛宣怀挪用招商局、电报局的股本,并非财政性投资。南票煤矿按合同规定资本额为 100 万两,中英双方各半,当为 50 万两。因此,各项民用工业投资合计也不过 100 多万两。汉阳铁厂创办之后,耗资达 568 万两,这个在甲午战争前清政府最后投资规模最大的企业到甲午战后,因财政困难,"官办断断不支"①。给事中褚成博建议"湖北枪炮炼铁各局厂经营数载,糜帑已多,未见明效,如能仿照西例改归商办,弊少利多",清政府亦以"中国原有局厂,经营累岁,所费不赀,办理并无大效,亟应从速变计,招商承办"②。于是,清北炼铁厂等一批原有的官办企业先

---

① 汪敬虞:《中国近代工业史资料》第 2 辑上册,第 469 页。

② 《光绪朝东华录》(四)总 3637 页。清政府于 1891—1895 年五年间平均每年仅向汉阳铁厂的投资即达 100 余万两,甲午战后的全部财政投资,不过 100 余万两,可见清政府在洋务企业投资方面的收缩程度。

后改组为官商合办或商办企业。清政府再也没有财力兴建近代化的大企业了。由此可见,甲午战争以后,清政府对民族资本的政策的改变,一方面是列强取得了在华开矿设厂特权的压力,另一方面也是因为自身的财政困难,不得不借助商力来建设近代化企业。

中饱归公

如果说在压缩开支方面,清政府取得了若干成效的话,那么在杜绝贪污、核实归公这方面几乎毫无进展。原因在于核扣俸廉、减平支放、紧缩投资权在中央,能得指臂呼应之效。而杜绝贪污,将中饱归公,则侵犯到一大批官吏的利益,也从根本上堵塞了他们补偿扣减俸廉损失的来源。考核钱粮、整顿厘金作为清政府"善后之要图",其遭到地方顽强的阻力是必然的。

考核钱粮的目的是解决短征问题。"综计地丁漕项杂赋等款额征三千六百万有奇",然而同治以后,"承平垂三十年,休养生息,户口日繁,祇有无业之游民,宜无开垦之旷土"①。从咸丰元年(1851)到光绪十三年(1887)直省田地数 756,386,244 亩增加到 911,976,606 亩,②增加了 20.56%,平均每年增加约 4,321,954 亩,如果按照这个增长速度计算,光绪二十一年全国田地数约为 946,552,238 亩,比咸丰元年增长了 25.14%,参照相近年份的田赋统计,道光二十九年(1849)实征地丁银 26,322,672 两,光绪二十年实征 23,168,394 亩,反而下降了近 12%。户部认为造成这种情况的主要原因是"官吏侵蚀所致",诸如:"以熟作荒""提完作歉""存属未解,随便挪移""交代不清,多方掩饰"等等。因此要求各省督抚"核实举报"。至光绪二十三年,又把咸丰二年所定的考核标准由八分提高到九分。但"食其利

---

① 户部光绪二十一年六月初四日奏。
② 梁方仲编著:《中国历代户口、田地、田赋统计》,第 380 页。这里的田地数并不是全国耕地的实际数量,而是清朝政府所掌握的赋税亩数。

者造其游词,以相阻挠,疆吏遂以空文塞责"①,不是抱怨"清丈之法,繁重难行",就是"无一语及于考核"。除广西、安徽、陕西、广东四省报告了"执行"情况外,其他各省干脆"未据声复",置若罔闻。"终清之世,[钱粮]诸弊卒未能尽革也"②。

厘金中饱之弊也由来已久。咸丰三年(1853)秋,厘金由江北大营创行之后,弊端即已出现。征收官吏以漫无考成,营私舞弊层出不穷。故自咸丰九年以后,清政府对于厘金税收之措施,几乎全在于除弊,目的是杜绝中饱以扩税收。后来骆秉章以为任法不如任人,选用绅士帮办厘金,各省仿行,"收解核实"。但不久假公济私、任意侵渔的现象也日益严重。光绪以后,各省改用候补人员办理厘捐,中饱之弊有增无已,厘金收数大减。因定比较考成之法。但是,贪污中饱之风并未稍戢。以光绪七年(1881)与光绪二十二年20个省份厘金收入相比较,收入下降的省份竟达17省之多。③ 光绪二十一年户部下令整顿厘金之后,各省"并未将厘金中饱之数和盘托出",因此,光绪二十三年十一月再次申令严禁厘金中饱,并要求各省裁减外销款项,但复奏的仅8个省份,同意核减外销用款的仅河南、湖北两省,合计数目仅43,000两。④ 根据户部掌握的情况,厘金收入总数在2,100万两左右,而各省报部的只有一千六七百万两,也就是说,至少有500万两收入为地方督抚所隐匿,作为外销用款,至于贪污的收入尚不在内。经过这番"整顿",报部的厘金收入总数虽然比战前增加了200万两左右,但是作为地方督抚禁脔的外销用款几乎丝毫没有触动。

---

① 李希圣:《光绪会计录》例言。
② 《清史稿》卷121《食货二》。
③ 光禄寺卿袁昶光绪二十五年五月十九日奏折所附《各省厘金比较清折》。该折与罗玉东《中国厘金史》下册第472—476页上所列数字出入较大,根据罗的统计,同期15个省份中有7个省份收入下降。
④ 闽浙总督边宝泉、江西巡抚德寿、浙江巡抚刘树堂、陕西巡抚魏光焘、贵州巡抚王毓藻、直隶总督王文韶、湖广总督张之洞、云南巡抚松藩等,光绪二十四年三月至八月有关奏件。

风头一过,厘金收入的"景气"也就转瞬即逝。光绪二十四(1898)、二十五两年又降到了战前的水平。

新增捐税

新增的捐税基本上是在战时开征的,战后二三年中加增的不多,各省推行情况如下:

(一)茶糖加厘。茶厘安徽、山西、直隶、湖南、湖北、云南六省各增20%,糖厘浙江、四川、江西、直隶、山东、山西、云南、湖北九省各增20%。[1]

(二)烟糖加厘。广东增加两倍[2],安徽加抽四成[3],浙江、江西、江苏加抽20%。四川、湖南加抽30%,直隶加抽40%,山西、陕西、云南各省均有增加。[4]

(三)土药加捐。光绪二十三年赫德估计全国土药产量约33.4万担,按每担捐银60两计算,可得银2,000万两,户部下令各省立即按新章举办,"一年征过土药数目,必与总税务司手折所开大致不甚悬殊,方为核实"[5]。立即遭到山东巡抚李秉衡的反对,认为此举有背寓禁于征之本旨,乃"害稼贼民之事"[6],各省执行遂大加折扣,"或已照数开征,或请暂从缓办,或有原收税厘外中抽二成,或照抽地税之法加抽亩税"[7]。至于"核实"云云,户部也不敢再过问了。同年年底,黑龙江副都统景祺又有土药行店捐输和颁发烟膏部帖之议,[8]也因陕西巡抚魏光焘的反对而停止了。[9]

① 参见徐义生《中国近代外债史统计资料》,第78—84页。
② 广东巡抚谭钟麟光绪二十一年十月十四日奏。
③ 安徽巡抚福润光绪二十一年十月十六日奏。
④ 参见徐义生前书。
⑤ 《光绪朝东华录》(四)总3963—3964页。
⑥ 同上,总3972—3973页。
⑦ 同上,总4039页。
⑧ 同上,总4037—4038页。
⑨ 同上,总4081页。

（四）盐厘加价。光绪二十一年（1895）筹饷加价，经户部议准每斤加钱 2 文，旋据各省奏复，或仅加 1 文（直隶），或仅加半文（山东），或摊捐而不加价（山西），或既不摊捐也不加价，照加 2 文者有两淮之鄂、湘、西、皖等岸，四川之边、计、济、楚等岸，两浙之浙东、浙西等岸。旋因豫饷枯竭，河南所销之北盐、东盐、芦盐复加价 2 文。光绪二十四年，两淮湘岸、鄂岸练饷加价 2 文。全部新案加价增收约在一百五六十万两。[①]

（五）当铺加捐。典当税原定每年 3 至 5 两不等，光绪四年曾令当商一座豫交二十年当税 100 两。据该年统计全国共有 7,000 数百座当铺，实收 70 余万两。光绪二十年又令每座捐银 200 两，实收仅30 余万两。光绪二十三年户部又奏准将当税提高到每座 50 两，估计收入为 30 余万两。[②]

研究这一时期新增的捐税，我认为应该注意两点：第一，应该注意加增捐税的绝对数量。第二，应该注意新增捐税的负担面，或者说主要是由哪一些阶级或阶层来缴纳这些捐税的。在这个基础上，我们才能得出合乎这些捐税对社会经济的实际影响的结论。

绝对数量可以从两方面考虑。一是看加重捐税后该税种的总收入是否增加，二是看新增捐税本身所能带来的收入的绝对值。从这两方面探讨的结果，我认为，这些新增捐税并没有给清朝财政收入带来多大的好处。如茶厘虽然加抽了 20％，但茶厘的总收入却呈下降趋势。光绪二十一年 14 省收入为 20 万两，二十五年已不到 16 万两。[③] 土药加捐后，土药捐收入却由战前 220 万两下降为 180 万两。[④] 盐斤新案加价增收估计为一百五六十万两，但同期盐课盐厘的

① 民国盐务署编：《清盐法志》卷 153，杂记门七。
② 《光绪朝东华录》（四）总 3966 页。
③ 罗玉东：《中国厘金史》，第 480—481 页。
④ 参见哲美森《中国度支考》和表 5-1。

总收入未见增加。① 糖厘加增后,总收入增加也微不足道。湖北每年不过五六百两,山东一千两,将增加糖厘的 9 省合计起来,估计也不过增加 1 万两左右。烟酒加厘也是如此。广东增加两倍,不过四五万两,江西、陕西每年不过增加二三千两,11 省合计仅 10 万两左右。这些增收的绝对量还不够填补土药减少的绝对量的损失。由此可见,这些新增的捐税完全是雷声大、雨点小,根本不值得加以渲染。

从新增捐税的负担面来考察,茶糖、烟酒加厘、盐斤加价与一般民生均有关系,但由于绝对增加值很小,而且一般由消费者平均负担,在经济上还不会产生重大影响。就盐斤加价而言,受到打击的首先是盐商。盐斤加价造成盐本加重,难以敌私,盐商亏累。如豫省加价 2 文,两年之间,"各贩歇业者已达四十余家"②。至于土药、当铺加捐,其主要负担者更是中产以上的阶层和高利贷者,这纯属剥削阶级内部怎样瓜分其剥削收入的问题。

综观甲午战后清王朝的各种筹款措施,其成果较好的是压缩开支,开源的问题则没有解决,中饱归公遭到地方的抵制,新增捐税的收入几乎微不足道,因而与摆脱财政困境的目标还相当遥远,开辟新的财源,成为清政府的当务之急。

昭信股票

昭信股票是这一时期清政府对内筹款的一个插曲。光绪二十四年闰四月十八日(1898 年 5 月 8 日)是中国在三年内还清甲午战争赔款的最后期限。英俄两国为控制中国财政,不惜动用武力威胁来争夺贷款权。为了摆脱列强的纠缠,光绪二十四年初,光绪帝采纳了左中允黄思永的建议,以为"舍己求人,终不可恃",决定发行昭信股票。昭信股票预定发行 1 亿两,年息 5 厘,期限 20 年,前 10 年付息,后 10

---

① 参见哲美森《中国度支考》和表 5-1。
② 《光绪朝东华录》(四)总 4159 页。

年本利并还。[①] 但实际发行数只有定额的十分之一,[②]情况有如下表:

表 5-8　昭信股票发行情况统计表

认购地区(者)	款额(两)	资料来源	认购地区(者)	款额(两)	资料来源
直　隶	971,700	(1)	江　苏	1,157,000①	(11)
甘　肃	222,500	(2)	安　徽	70,000②	(12)
云　南	216,900	(3)	山　东	1,119,800	(13)
新　疆	30,000	(4)	黑龙江	83,800	(14)
山　西	286,300	(5)	河　南	400,000	(15)
福　建	188,500	(6)	外蒙古	200,000	(16)
四　川	1,378,000	(7)	票　号	480,000	(17)
湖　北	115,000	(8)	两淮盐商	1,000,000	(18)
江　西	352,600	(9)	王公官员	278,500	(19)
陕　西	70,000	(10)	合　计	8,620,600	

资料来源:①②仅户部指提数。(1)《袁世凯奏议》中册第 732 页。(2)陕甘总督陶模光绪二十四年五月二十二日奏。(3)云南巡抚林绍年光绪二十九年八月二十一日奏。(4)新疆巡抚饶应祺光绪二十五年六月二十二日奏。(5)山西巡抚胡聘之光绪二十五年二月初二日奏。(6)闽浙总督许应骙光绪二十六年五月二十八日奏。(7)四川总督奎俊光绪二十六年正月十二日奏。(8)《张文襄公全集》奏稿卷 30 页 40—41。(9)江西巡抚李兴锐奏片,光绪二十八年六月初七日朱批。(10)陕西巡抚魏光焘光绪二十四年三月二十七日奏。(11)(12)两江总督刘坤一光绪二十四年六月二十二日奏。(13)山东巡抚张汝梅光绪二十四年十二月初六日奏。(14)黑龙江将军萨保光绪二十九年十一月二十五日奏。(15)河南巡抚刘树堂光绪二十四年四月十二日奏。(16)《德宗实录》卷 419,光绪二十四年五月癸亥。(17)《山西票号史料》第 282 页。(18)《清盐法志》卷 153,杂记。(19)《昭信股票王公大臣满汉官员认领清单》,见 J. Edkins, *The Revenue and Taxation of the Chinese Empire*, p.51-52. Shanghai: Presbyterian Mission Press, 1903.

[①] 《光绪朝东华录》(四)总 4034—4035 页。

[②] 对昭信股票的发行数量各种估计相差很大,如孙毓棠认为"不足五百万两"(《抗戈集》,中华书局 1981 年版,第 169 页),千家驹估计为一千数百万两(《旧中国公债史资料(1894—1949 年)》,第 336 页),周伯棣认为不到 2,000 万两(《中国财政史》,上海人民出版社 1981 年版,第 521 页)。

　　这 8,620,600 两并不是昭信股票的总额,有些省份未见奏报,有些省份则缺乏起码的统计数字,如奉天海城办理股票,"苛派骚扰"[①],但未见奉天的奏报。江苏、安徽仅户部指提数,再将其他缺漏省份考虑在内,[②]昭信股票的实际募集额当在 1,000 万两左右。[③]

　　昭信股票以及前此在光绪二十年(1894)的发行的息借商款,是晚清财政史上的重要事件,在当时以及后来的史学著作中不断地受到攻击和指责,以至其内在的积极意义被忽视了。

　　第一,这两笔公债都是为了抵制外来侵略的财政需要而发行的,具有爱国公债的性质。因此,清政府在发行过程中,强调了贷款人的自由意志,同时规定所有募债费不另开支,"幕友不支束修,委员不领薪水"[④]。

　　第二,它们突破了清代惯用的捐输、报效等封建落后的筹款方式,而采用借债的方式应付朝廷的紧急财政需要,这在财政手段和财政观念上都是具有进步意义的。当然,我们还应该看到,这种进步仍有其相当的局限性。如息借商款章程规定,商户需根据资本派借,于派借数之外集款万两以下者记功,万两以上者升衔封典或委署优缺,

---

① 《德宗实录》卷 420,光绪二十四年五月癸酉。

② 据徐昂《昭信股票与晚清华资金融业关系研究》(《近代史研究》2015 年第 5 期),仅通过中国通商银行代解昭信股票未入上表的省份有:湖南 2 万,吉林 5 万,奉天 33 万,贵州 6 万,伊犁将军 5 万,总计达 50 多万,这些省份的实际募款额肯定远大于此数。广东仅盐务项下即派认 40 万两。(《申报》1898 年 6 月 2 日)外省官员的"报效"有的分别,有的混报于本省认缴总额,难以分析。如福建 188,500 两,官员报效的就达 18 万两。未列入的"报效"数额还有:湖南 90,200 两,陕西 20 万两,广东 251,600 两,广西 48,700 两,新疆 15 万两,贵州 5 万两,盛京、黑龙江、吉林、热河、西安、福州、荆州、广州将军等及察哈尔都统 46 万两。

③ 关于昭信股票的实际发行额,有以下三种估计数:(1)千家驹《旧中国公债史资料(1894—1949 年)》第 366 页估计为一千数百万两;(2)周伯棣《中国财政史》第 521 页估计为不到2,000 万两;(3)孙毓棠《抗戈集》第 169 页估计不足 500 万两。这三个估计数字由于缺乏可以作为估计依据的统计资料,不是失之太多,就是失之太少。

④ 《申报》1894 年 12 月 28 日。

还具有浓厚的捐输、报效色彩。至于昭信股票,有一半以上是作为报效的。

　　第三,以皇帝名义向臣民举债,对于封建等级秩序是一个巨大的冲击。封建等级制度是权力与义务不平等的社会制度,权力归诸上,义务归诸下。君臣、君民和官民关系中,权力集中于君、官,义务集中于臣、民。君、官对臣、民的义务是由道德来规范,而不是以契约的形式制约的。但是,皇帝一旦向臣民举债,即陷入了由债约所规定的债务人的地位,必须履行向自己的臣民、同时又是债权人按期还本付息的义务。在神圣的君臣、君民关系中出现了债务人与债权人的关系,社会的反应各不相同。几乎所有的臣下拒绝接受后一种新的关系,清政府也顺水推舟,同意"自王公以下京外文武大小各员已经认缴之款,毋庸给票,准其报效"。事实上,清政府对于王公大臣和满汉官员认领昭信股票,分别进行了统计。除上面列出的京师王公大臣满汉官员认领 278,900 两之外,外省官员认领的数额达到 3,992,660 两。[①] 也就是说,贵族与官员认领的数额占到整个昭信股票的五分之二,全部作为报效,清政府根本无须履行偿还的义务。与清政府有特殊关系的绅士和商人中也有"情愿报效,不愿领本息者,准其具呈缴票,按给奖叙"[②]。还有的地方以增广学额的办法抵偿,"以[昭信]股票易为实银归为办学之款"[③],这部分也无须实借实还。至于一般商民,则接受了这种新的关系,而不能容忍官吏侵吞和政府借故不还债务的行径。官、绅、民对于朝廷发行公债的不同态度,曲折地反映了封建等级制度所受到的冲击和动摇。

　　在清政府发行息借商款、昭信股票中所产生的种种弊端,一方面是由于社会经济条件的局限,另方面则是由清政府自身的腐败而造成的。

---

① 《昭信股票外省官员认领清单》,见 J. Edkins, *The Revenue and Taxation of the Chinese Empire*, p. 52-53. Shanghai: Presbyterian Mission Press, 1903.

② 《德宗实录》卷 437,光绪二十五年正月壬戌;卷 445,五月乙丑。

③ 《续平度县志》卷 6,第 4—5 页。

甲午战争之前,清朝地方政府所举借的内债都是通过金融机构进行的。官借民款,虽然有非经济因素的影响,但由于贷款人是专业从事货币经营业务的,地方官只能遵从商业习惯才能借垫款项。甲午战后的息借商款和昭信股票则不同,旧式金融机构无力承担以千万计的贷款,如在息借商款中,银号票号贷款约占10%,昭信股票中明确记载由票号提供的贷款占5.4%左右,清政府只能通过其他渠道向民间募借。

息借商款通过各省筹饷局、善后局等筹集,昭信股票则设专局办理,虽然规定"出入皆就近责成银行、票庄、银号、典当代为收付,不经胥吏之手"①,但州县以下之募款几乎完全依靠原有的征赋机构,因此清朝财政中的各种弊端也就在征借过程中层出不穷了。樊增祥说:"从来捐借之事,无不由书役举报富户。此令一下,则长班四出撞骗,稍予以贿,则上户报为中户,否则颠倒之、陷害之。"故"问之书差,是聚米而谋之鼠也"。② 康有为鉴于息借商款中的弊端,竭力反对清政府发行昭信股票。他说:"吾见乙未之事,酷吏勒抑富民,至于镇押,迫令相借。既是国命,无可控诉,酷吏得假此尽饱私囊,以其余归之公。民出其十,国得其一,虽云不得勒索,其谁信之?"③这种负担不均、侵吞严重的弊病是由财政机构的陋习造成的。

在借款用途方面,息借商款,根据李文杰的研究,实际用于甲午战费的至多不超过半数。④ 昭信股票因为借款数远不足额,清政府不得不举借续英德借款以偿付第三期甲午赔款,用途十分杂乱。有的挪用于慈禧菩陀峪万年吉地工程,⑤有的作为教案赔款,有的用于镇压反洋教斗争,还有的为疆臣"扣留别用",大背借债的初衷。

---

① 《申报》1898 年 2 月 7 日。
② 《甲午战争》资料丛刊(四),第 578 页。
③ 《康南海自编年谱》,《戊戌变法》资料丛刊(四),第 142 页。
④ 李文杰:《息借商款与晚清财政》,《历史研究》2018 年第 1 期。
⑤ 光绪二十五年户部银库大进黄册,十二月。

在债务偿还方面,两次借款都做得不好。息借商款偿还本息约70％,①而昭信股票估计还不到50％,相当部分借款并没有按照章程偿还。江南地方息借商款,有的今日缴银领票,"明日即将印票抵偿关税厘金等项"②,有的地区通过增加税收筹还本息,③还有些借款被直接贪污,中央政府没有收到现银,既不给债票,也不予偿还。④ 昭信股票也有"所收之款,究置何处,今无档案可查"⑤的情况。当然,对于昭信股票的民贷部分,有些地方还是认真照章偿还的。⑥ 张之洞对于息借商款的偿还处理有些特殊。甲午战后,两江总督张之洞为"设厂制造抵制洋商",决定把到期应还的"息借商款银 226 万两移为开办商务局之用"⑦。这项计划虽然没有完全实现,但是苏州的 60 多万两息借商款被移作苏纶纱厂、苏经丝厂的资本。苏州的债权人主要是典商,把他们的高利贷资本转化为产业资本,有其一定的进步性。但另一方面,政府无权处置债权人的私人资金,张之洞这样做,又破坏了清政府的债信。所以康有为谴责说:"乙未借民债,虽张之洞之六十万,亦不肯还,民怨久矣。"⑧清政府自坏债信,造成了以后公债发行的极大困难。

光绪二十五年的财政整顿

光绪二十四年(1898)初,清朝财政又出现了新的缺口。二十三年十月德国强占胶州湾。十一月,俄国舰队开进旅顺口,揭开了割地

① 见李文杰《息借商款与晚清财政》。
② 《德宗实录》卷 356,光绪二十年十二月庚申。
③ 《德宗实录》卷 387,光绪二十二年三月戊午。
④ 户部:《议复昭信股票流弊甚多疏》,《光绪财政通纂》卷 2,国债。
⑤ 民国《安县志》卷 26,第 1 页。
⑥ 例如,云贵总督丁振铎光绪二十六年二月十三日奏称"昭信股票尤须按期付给,未便失信于民",奏请于解部五成土药厘金银两内,再留二成备抵昭信股息。(军机处录副:03－6652－027)
⑦ 《光绪朝东华录》(四)总 3944 页。
⑧ 《康南海自编年谱》戊戌,《戊戌变法》资料丛刊(四),第 142 页。

狂潮的序幕。严峻的形势迫使清政府加快建设新式陆军的步伐。练兵筹饷成为当务之急。压缩开支的筹款方式告一段落。续英德借款的举借,使财政赤字更加扩大。开辟财源成为首要的任务。刚毅这个碌碌无能的"勒索大王"正是在这种形势下应运而生的。

刚毅是满洲镶蓝旗人。在光绪二十年(1894)进入军机之前,曾担任过山西、江苏和广东巡抚。光绪二十三年由工部尚书转刑部尚书,次年调任兵部尚书,升为协办大学士。光绪二十三年十月,刚毅向光绪帝面奏:"今天下之急,莫如练兵筹饷……今有厘税、洋药、土药等课每年收入三千余万之多,而财转不敷用者,盖因广取滥用,漫无限制也。"他要求户部将咸丰三年(1853)以前以后出入各款切实查明,大规模裁减咸丰三年以后新增的开支以腾出巨款练兵。节支的内容包括:开除练勇之空额、严杜厘金之中饱,减少盐场糜费、冗员薪水、出使经费、机器各局杂支等。上谕命户部查核复奏。户部的复奏列举了一大堆困难:(1)厘金每年收入一千四五百万两,但新增加勇营、自强军、洋操队等岁需二千万,是厘金不敷支出;(2)海关税收虽然大有增加,但是,海关税司经费、海军海防、出使经费、电线铁路及船厂机器局、学堂等经费皆由海关支出,再加上外债开支,是关税不敷支出;(3)户部银库的经收款项虽由九百万两增加到一千八九百万两,但是支出也大大扩大,至于内务府每年还要从部库借拨十余万至四五十万不等,"亦臣等所难以言者也"。刚毅的话虽然不错,但"议裁议减者臣部之职,而不裁不减者疆吏之权"。[1] 户部的回奏等于向皇帝摊牌,不向督抚开刀,解决财政困难将一筹莫展。这个问题拖到二十五年才付诸实行,主要原因是昭信股票的发行和戊戌变法及其后来的政变。马士认为,刚毅南下最重要的使命"还是西太后需要钱,很多的钱,以巩固她的地位,以便对付维新派"[2],把这件事与宫廷

---

[1] 户部光绪二十四年二月十五日奏。
[2] [美]马士:《中华帝国对外关系史》第3卷,张汇文等译,第182页。

阴谋联系在一起,这个论点的真实性是很可怀疑的。

　　戊戌政变以后,中央财政已经到了几乎无以为继的地步了。官员俸廉的扣减已经四年,西太后不得不市恩于臣,下令光绪二十五年(1899)起免扣。① 新建陆军饷械军火 200 余万两,八旗同步兵营添设练兵津贴 50 余万两,八旗骁骑营、护军营、武胜新队加饷 50 余万两,以及京师大学堂等新增开支共达 300 余万两。各省截留部款达 200万,京饷报解虽经严催,仍然寥寥无几。八月间,户部银库存银仅 400万两,"不足供数月之需",户部诸臣"夙夜焦灼,不胜忧危"②。光绪二十五年的"财政整顿"正是在历年的各种筹款措施失败、中央财政无法继续维持的情况下出笼的。

　　财政整顿的上谕于光绪二十五年四月二十八日(6 月 6 日)由内阁明发,确定整顿的方针是"认真整顿,裁汰陋规,剔除中饱,事事涓滴归公",而以关税、厘金、盐课等项为整顿重点。③ 随即召开御前大臣会议,各官纷纷献计献策,徐桐奏请将轮船招商、电报、矿务局赢余利息"酌提归公","开平矿务一体办理"。④ 同时,清政府又派刚毅到江南搜刮,一时造成了很大的声势。至六月初四日,上谕又明令各省督抚各就地方情形,将现在收数,无论为公为私,和盘托出,酌量提归公用,勒限三个月拟定章程专案奏报。⑤ 除南方各省因刚毅南下复奏较快之外,其他省份仍拖拖拉拉到第二年春天才陆续复奏,情况有如下表:

---

① 据御史徐士佳光绪二十四年十一月初二日奏。
② 户部光绪二十四年八月十七日奏。
③ 《光绪朝东华录》(四)总 4370 页。
④ 蔡冠洛编著:《清代七百名人传》上册,中国书店 1984 年版,第 454 页。
⑤ 《光绪朝东华录》(四)总 4394 页。

表 5-9　光绪二十五年若干省份"财政整顿"情况表

省份	提存关税	提存厘金	提存盐课	其他提存
福建	17,800 两	33,000 两	50 两	
云南	1,000 两	23,000—24,000 两		16,200 两
浙江	29,100 两	177,000 两	57,800 两	41,400 两
吉林	无关税	钱 34,000 文 银 133 两	无盐课	3,400 两
山东	20,000 两			
山西		10,000 两	20,000 两	

资料来源:军机处录副:闽浙总督许应骙光绪二十六年四月二十六日奏,云贵总督崧蕃等奏(光绪二十六年一月二十六日奉朱批),浙江巡抚刘树堂光绪二十五年十二月十四日奏,吉林将军长顺光绪二十六年五月十一日奏,山东巡抚毓贤光绪二十五年十一月初五日奏,山西巡抚何枢光绪二十六年二月二十一日奏。

　　此外,湖北声复整顿厘金,估计每年可多收钱 30 万至 40 万串。[1] 广西关税、厘金、盐课共提存 4 万两,[2]全部合计不到 100 万两。另外,直隶总督裕禄筹出 37 万两,其中有"强令开平矿务局、天津关道交出者",李秉衡奉命去奉天查办事件,"亦有所得"。[3]

　　刚毅南下搜刮了多少?按照马士的说法,刚毅"仅仅从江苏一省的其他官吏中,他却获得每年增加二百万的捐献……他又依次去江西、安徽、浙江和广东"。有的著作不仅沿用了马士的这一说法,而且

---

① 湖北巡抚于荫霖光绪二十六年四月二十八日奏。
② 《光绪朝东华录》(四)总 4490 页。
③ 陈恭禄:《中国近代史》下卷,商务印书馆 1936 年版,第 497 页。

认为他从这五个省份搜刮到了一千多万两。① 事实上，无论从《清实录》还是军机处的档案，或是其他公布过的档案文献史料中，都看不到有关刚毅此行去过江西、安徽、浙江索款的记载，他所搜刮的数量也没有那么多。据刚毅奏报，在江宁所筹各款共银 612,000 两，②在江苏清赋约得银米各 20 万，合银约 60 万两，③合计约 120 万两。但不久刘坤一又上奏称，江宁藩库只认筹 579,540 两。④ 而苏省清理田赋共清出增征条银 211,740 余两，漕粮 149,420 余石，⑤合计不过 50 余万两，两项合计不到 110 万两，再加上勒索招商局 6 万两和电报局 4 万两，⑥共计 120 万两，离马士的估计相差甚远。八月初，刚毅到达广州，到九月中旬上奏声称已筹款 1,608,500 两，⑦几乎接近广东每年地丁耗羡盐课杂税四项收入 190 余万两。但继任的两广总督李鸿章不久即上奏慈禧太后，刚毅来粤筹饷之时，在省司道都是署理之员，"只知依违，并未通盘筹画"，去任在即，自然可以"置身事外，摘短炫长"。如果真有巨额盈余，刚毅在广东担任藩司和巡抚的时候就应该知道了，因此，他要求裁免 30 余万两。⑧ 至于后来的陶模更加干脆，指责"刚毅所奏之款，本属虚悬"，只同意每年认解 920,200 两。⑨所以刚毅南下搜刮的结果，只从江苏、广东两省地方财政中挖出了200 余万两财源上缴中央财政。

① ［美］马士：《中华帝国对外关系史》第 3 卷，张汇文等译，第 182—183 页；胡绳：《从鸦片战争到五四运动》上册，上海人民出版社 1982 年版，第 588 页；中国社会科学院近代史所《中国近代史稿》第 2 册，人民出版社 1984 年版，第 444 页。张一麐《心太平室集》则认为刚毅"南下筹款，在江南搜刮二百余万，往广东又四百万"。
② 兵部尚书刚毅等光绪二十五年六月十六日奏。
③ 兵部尚书刚毅等光绪二十五年七月初一日奏。
④ 《刘坤一遗集》第 3 册，第 1171 页。
⑤ 《德宗实录》卷 456，光绪二十五年十二月癸未。
⑥ 《光绪朝东华录》（四）总 4419 页。
⑦ 刚毅等光绪二十五年九月十一日奏。
⑧ 两广总督李鸿章等光绪二十六年五月二十一日奏。
⑨ 两广总督陶模光绪二十七年十二月初四日奏。

　　刚毅到江苏搜刮的结果上奏之后,户部就感到不妙,开始酝酿新的筹款计划。光绪二十五年九月二十四日(1899 年 10 月 20 日),户部以"帑项奇绌,用度不敷",再拟定筹款办法六条。其中除颜料缎疋两库折价一条由户部自办外,推行各省的有盐商捐输、土药税厘加抽三成、烟酒税厘加收一倍、整理田房契税、核减汇兑费用。① 各省执行情况有如下表:

表 5-10　各省执行"筹款办法六条"情况表

省份	盐商捐输	土药	烟酒	田房契税	汇票
陕西		每百斤加 6 两。	每百斤加 3 钱。	白契限三月补交。	
吉林		每十斤加收六钱;每卖价市钱一千加收九文。	加半倍。		
安徽		每担加 6 两。	常关厘卡各加四成。	白契限半年补交,新契三个月纳税。	每万两核减汇费 10—40 两。
浙江	?		加抽二成。	白契补交。	每千两核减汇费四两。
广东		加抽三成。	加抽一倍。		
广西		土药厘由商承包增交 3000 两。	加抽一倍。	核实报解。	
直隶	每引捐 5 厘,共 3000 两。	加厘三成。	加抽一倍。	设法整理。	核减。
山东	每引票加 1 钱。	加厘一成。	加抽一倍。		
山西		缓办。	烟税增 2 文,酒税增 3—6 文。	设法整理。	
四川			加抽一倍。		每万两核减汇费 20 两。

① 转引自广西巡抚黄槐森光绪二十六年三月二十七日奏。

续表

省份	盐商捐输	土药	烟酒	田房契税	汇票
湖北	两淮加捐 8 万两。	加厘三成。	加抽一倍。	设法整理。	每千两核减汇费 4 两。
江苏		加抽一成。			

资料来源:陕西巡抚魏光焘光绪二十六年五月初一日奏;长顺、成勋光绪二十六年三月二十八日;安徽巡抚王之春光绪二十六年五月初六日奏;浙江巡抚刘树堂光绪二十六年四月十九日奏;两广总督李鸿章光绪二十五年十二月二十日奏;广西巡抚黄槐森光绪二十六年三月二十七日奏;直隶总督裕禄光绪二十六年一月初十日奏;山东巡抚袁世凯光绪二十六年四月初六日奏、五月二十九日奏;山西巡抚何枢光绪二十六年二月二十八日奏;四川总督奎俊光绪二十六年二月二十八日奏;两江总督刘坤一光绪二十六年七月初三日奏。

　　这次筹款实际增收多少,已不得而知。[1] 但可以肯定地说,随着义和团运动的风起云涌、八国联军的战火以及庚子赔款的成立,这次筹款的收入自然也毫无疑问地被用于镇压军费和填充侵略者的囊橐去了。

　　光绪二十五年(1899)的财政整顿,实际上就是整顿地方财政,是清朝中央政府企图收回一部分地方财政权的重要步骤。如果实现了裁汰陋规、剔除中饱、涓滴归公这一目标,清王朝是有可能摆脱其财政困境的。从贪污中饱最为严重的关税、厘金、盐课三个方面入手,也并不是无的放矢。在财政整顿期间所筹到的包括新增捐税在内的大约 400 万两款项中,有 300 万来自地方财政,中饱归公还几乎没有

---

[1] 彭雨新先生估计最多只能挤出三四百万两(见所著《辛亥革命前夕清王朝财政的崩溃》,载湖北省历史学会编《辛亥革命论文集》,湖北人民出版社 1981 年版),我看这个估计还是偏高。汇费浙江全省 1 千数百两,四川全省 4 千两,两省均为财赋之区,以每年各省节省 4 千两计算,奏报核减的五省共计不过 2 万两。田房契税收入向来不多,估计 10 万两左右,土药税各省以加抽一成者为多,仅七省增加估计增收不过二三十万两。烟酒税无专项统计数字,估计增收最多不会超过五六十万两。盐商捐输共 10 万两左右,全部合计不过 100 万两左右。

触及,这说明地方财政还大有潜力可挖。但是,这必然触及地方督抚以及各种既得利益集团的权益,遭到他们的强烈抵制。光绪二十一年(1895)以后的考核钱粮、整顿厘金由于地方督抚和贪污官吏的抵制而告破产。刚毅南下搜刮之举,说明中央财政与地方财政的矛盾冲突已达到了相当严重的地步。在根深蒂固的各种既得利益集团的阻力面前,清王朝碰壁了。光绪二十五年秋天清政府所采取的异乎寻常的增加捐税的措施,指示了在内外交困的压力下清政府寻求摆脱财政危机的新出路——全力向民众搜刮。

第四节　甲午战后清朝财政制度的危机

甲午战后的财政危机同时也是整个财政制度的危机。这个危机比单纯的财政收支严重不敷的意义更为深刻,影响更为深远。这种危机从现象上看,是由于财政赤字巨增而引起的,但究其实质,则是因为近代商品经济的迅速发展,资本主义因素的成长与旧的封建财政管理制度的冲突、地方财政与中央财政的冲突。甲午战后,清王朝虽然在财政制度(诸如货币、国库管理、厘金、漕粮等)方面力图改革,但是,或由于缺乏必要的理论指导,或由于缺乏改革所必须的客观条件,更主要的则是由于各种既得利益集团的阻力,这些改革不是走入歧途,便是一筹莫展。

盲目的货币改革

中国近代的货币改革,是由两方面的压力造成的。一方面是外国新式银元的大量流入、19 世纪下半叶以来世界各国币制大改革和世界性银价的跌落,另一方面是国内币制自身的弊病随着商品经济的发展日益暴露和银钱比价的剧烈波动。[1] 货币问题对于经济的影

---

① 参阅魏建猷《中国近代货币史》,杨端六《清代货币金融史稿》。

响自不待言,对于财政关系也十分密切。从 19 世纪 70 年代开始,世界银价开始持续性跌落。同治十二年(1873)德国统一货币制度,逐步淘汰银币,造成了银价第一次大暴跌。光绪十九年(1893)由于印度以金汇兑本位制代替银本位制,加之美国废止了规定财政部必须每月收购 450 万盎司现银的休门条例(Sherman Act),造成了银价第二次大暴跌。[①] 金银比价由同治十二年 1:15.93 下降到光绪二十年的 1:32.56,二十四年更下降为 1:35.03,[②]银价下跌了一倍以上。甲午战争以后举借的外债大部分按金镑计算,清政府以白银还债,因银价下跌而不得不多付"镑亏";海关收入以银计算,也造成了实际关税率的不断下降。另一方面,因银价下跌,国内的银钱比价也不断跌落,钱的相对价格上涨。以江苏省为例,同治十二年银元与制钱的比价为 1:1,775,到光绪二十年下降为 1:1,599,二十四年更下降为 1:1,341。[③] 依照这个比例,如果财政收入总数不变,二十一年财政收入按制钱计算比二十年实际下降了 16.13%,比同治十二年下降了24.46%。[④] 由此可见,币制问题不解决,不但使清朝财政收支不能稳定,而且对于吏治的改善也十分不利。而改革币制的关键要解决两个问题,一是建立适合当时经济发展水平的货币本位制度,二是拥有相当的平准基金以维持新本位货币对外币的比价。

但当时一般士大夫很少懂得西方近代货币理论,更不知本位货币为何物,各种议论归结到一点,那就是企图通过改革币制以解决财政亏空问题。例如,康有为《上清帝第二书》建议,"今奇穷之余,急筹巨款,而可以聚举国之财、收举国之利,莫如钞法",但同时又建议铸银元、金元。[⑤] 顺天府尹胡燏棻也奏请"铸钞票银币以裕财源",并"自

---

① ［美］耿爱德:《中国货币论》,蔡受百译,第 215—216 页。
② 杨端六、侯厚培等编:《六十五年来中国国际贸易统计》,第 15 页。
③ 罗玉东:《中国厘金史》下册,第 528 页。
④ 应该指出,江苏的例子是制钱对银元的比价,一般比银元的比价偏高。
⑤ 《戊戌变法》资料丛刊(二),第 140—143 页。

铸金银铜三品之钱,颁定相准之价"①。翰林院检讨宋育仁认识到"钱币本无实用,原为交易而设",但是他搞不懂欧洲本位币与辅币之间的关系,以为"各国钱币用金银铜三等,中国惟用银铜二等",因此奏请各省设铸金局,比照英镑轻重成分,令天下通行。② 这一时期各种议论纷陈杂出,但基本的共同点是,金银铜三品是中国之古制,当前只须模仿西洋改造其形制即可。由于缺乏正确的货币理论指导,币制改革必然走上歧路。金镑的铸造因缺乏经济基础和财力,虽然议论较多,但无法实行。于是推广银元成为朝野比较普遍的意见,至于废除银两制度的必要性清政府并无认识。制钱制度当时亦已到了无法维持的地步。由于铜价上涨,制钱大量被私销或被运往国外,造成了国内空前的钱荒。清政府虽然屡次下令各省鼓铸,但由于亏本严重,各省即使开铸,铸量也极少。京师宝源、宝泉两局甲午战前平均每年铸钱 130 余万串,战后锐减至二三十万串。此后勉强开局铸造的有天津、奉天、山西、河南、江苏、江宁、浙江、湖北、湖南、陕西、四川、广东、广西等局,所铸制钱的重量重者一钱二分,轻者仅六分,成色也不一致。③ 光绪二十三年(1897)四月御史陈其璋奏请添铸铜元,从而为铜币的铸造找到了一种新的型式,但是他并没有提出废除制钱制度,而认为"铜元者,制钱之母;制钱者,铜元之子"④。从光绪二十六年广东创铸当十铜元后,⑤各省纷纷仿铸,虽然缓解了钱荒,为清政府新辟了一大财源,但很快因各省滥铸,给国计民生带来了新的灾难。对于这个问题,我们将在下一章中详细讨论。

---

① 《中国近代货币史资料》第 1 辑下册,第 637 页。
② 同上,第 647—648 页。
③ 同上,第 557、579—583 页。
④ 同上,第 651 页。
⑤ 〔美〕耿爱德:《中国货币论》,蔡受百译,第 416 页。

建立国家银行计划的流产

我们在前面已经指出,清朝的国库管理制度是十分落后的。户部银库作为国家财赋总汇,以下有藩库、运库、关库等。各库调拨款项基本上采用现银运输。除了向部分官商或民间金融机构发放少量生息银两之外,很少参与金融活动。这是建立在自然经济基础上的国库管理制度。鸦片战争以后,随着商品经济的发展和财政的需要,政府参与金融活动日益增多。咸丰三年(1853)为发行官票宝钞,户部奏准在京城设官钱总局,招商承办"乾"字四家官银钱号,并发给官本开办"宇"字五家官号,各省相继仿办。这批官银钱号很快因官票宝钞遭到抵制而关闭了。咸丰末年以后,山西票号逐渐开始承揽京协各饷的汇兑业务,向地方政府垫支借款、代办印结、筹借汇兑和抵还外债,以至于代理省、关的财政金库。省、关各库从事金融活动也逐渐增多。同治末年,各省藩库已为私人办理汇款,遭到清廷禁止。海关亦设银号以经收关税。但各省大量设立专门金融机构以代理省库的官银钱号则是在甲午战争以后。在清末的 18 家官银钱号中,甲午战争前设立的仅一家,光绪二十年到二十四年(1894—1898)设立的有六家,二十八年到三十四年设立的有 11 家。[①] 这些官银钱号资本一般在数十万两左右,为官办或官商合办,主要经营发行银票钱钞,兑换银钱,也经营一般银行业务,从中牟利。

这些官银钱号虽然还不能像现代银行一样,完全代理国库,但通过金融活动以牟取利益,为地方财政调拨资金,则是甲午战后国库管理方面出现的新现象。

设立国家银行的计划也在这一时期开始酝酿。光绪二十一年五月,顺天府尹胡燏棻奏折中就提到,"于京师设立官家银行归户

---

① 杨端六:《清代货币金融史稿》,第 177—178 页。

部经理,省会分行归藩司经理,通商码头则归关道总核",其职能包括发行货币、经收赋税、发放俸饷、发放贷款。① 除经营汇兑和吸收存款、买卖外汇没有提到外,胡燏棻的建议已经接近了近代国家银行的概念。胡的计划中的缺点不久由御史张仲炘的奏折加以弥补了。他进一步提出公款一律存入银行,铸币权归于银行,招商入股,存款付息,贷款抵押。他认为货币发行准备要有明确规定,"泰西官商各银行钞票,每逾本银数倍,中国之银号钱庄甚至有逾于本银百倍者,今只准多开三成,既便流通,骤增实帑"。他还建议,"铁路关系最要,现时无款兴修,无商承领,宜先拨银四五百万两作为官股,交该大臣,由银行广招商股,即日履勘,逐渐兴筑"②,这是中国建立交通银行的先声。张仲炘已经朦胧注意到了中央银行与其他专业银行职能的区别。张仲炘的奏折于光绪二十一年(1895)十二月初一日递上后,军机大臣与户部核议,于光绪二十二年正月十一日复奏,虽然对于开办新式银行满腹狐疑,但仍同意"当于承办之先,博考西俗银行之例,详稽中国票号之法,近察日本折阅复兴之故,远征欧美颠扑不破之章,参互考证,融会贯通,拟定中国银行办法,咨会筹商妥定,即由户部指拨专款,请旨开办"③。这时,恰值容闳来到北京,"拟游说中央政府,于北京设一国家银行"。他已从光绪元年(1875)美国订正法律中将国家银行律及其他关系之法律译为中文,并把设想告诉了旧友户部左侍郎张荫桓,这与户部的计划不谋而合,得到了户部尚书翁同龢的赞同,"不数日,遂以予[容闳]之国家银行计划,拟成奏折,由张荫桓署名,翁同龢则从中赞助焉"。④ 从光绪二十一年闰五月开始到光绪二十二年中,设立国家银行计划由酝酿到出台,历时一年,但功败垂成,其中黑幕重重。

---

① 《中国近代货币史资料》第 1 辑下册,第 637 页。
② 同上,第 641 页。
③ 同上,第 642 页。
④ 容闳:《西学东渐记》,湖南人民出版社 1981 年版,第 118—119 页。

容闳写道：

> 此事既有端绪，旋即着手进行，派委员，购地址。予则受户部之委任，将赴美国，向美国财政部商酌此事，并调查设立国家银行最良之方法。户部奏折，亦邀清廷拟准。部署粗定，乃忽横生枝节，有为张荫桓及发起诸人意料所不及者。先是有中国电报局总办兼上海招商局总办□□□其人者，与翁同龢交颇深，此时忽由上海来电，嘱翁同龢暂缓此举，候两星期彼抵京后，再为区处。翁得电，遂允其请，而垂成之局，乃从此破坏矣。盖□道台之名，中国无人不知其为巨富，家资累万，无论何种大实业，□必染指。□虽身居上海，而北京为之耳目者极多，京中一举一动，无不知之。北京有势力之王公大臣，亦无不与结纳。即慈禧太后最宠幸之太监李莲英，□亦交结其人。以故□之势力，在政界中卓卓有声。此次银行计划，遂亦为□之贿赂所破坏。有人谓□□□此次来京，辇金三十万两，贿买二三亲贵及政府中重大人物，以阻挠其事。于是筹备设立国家银行之一千万两现银，遂为□一人攫去，以营其私云。[①]

这个□□□者，即当时正在筹办通商银行的盛宣怀。容闳的记载虽有失实之处（如1,000万两现银移归盛宣怀），但因通商银行的成立破坏了国家银行的计划则是确凿无疑的。

本来，通商银行属商业银行，它之成立与国家银行并无直接关系。问题在于，盛宣怀企图囊括国家银行之利益，存储公款，代汇京协各饷等等，兼行代理国库之职能。这对于近代国库管理制度的建

---

① 容闳：《西学东渐记》，第119—120页。

立和近代化银行体系的形成都起了消极作用。①

货币制度和国库管理制度的演变,从一个侧面反映了商品经济的发展对于清朝财政的影响,说明了在改革中国传统的财政制度面前,清朝政府一方面缺乏改革的必要理论准备,另一方面它无法克服其自身的各利益集团的阻力。这种阻力固然来自旧的财政制度给他们带来的好处而使既得利益集团极力反对改革,还来自于特权阶级竭力利用改革为自己谋取私利,从而把改革引向歧途。

难产的废厘和折漕

财政制度改革的困难除了上面所说的之外,还有其自身的困难。例如,厘金制度的弊端朝野共知,光绪皇帝也决心"行新政就绪,即决裁撤厘金"。但终于没有下令裁撤,其原因很多。一方面,厘金在清朝财政中的地位日益重要,是商品经济发展的表现;另一方面,厘金制度又阻碍了商品经济的发展。矛盾的关键在于清朝政府长期以来,始终没有寻找出一种适应商品经济发展的商税制度,维新派也没有重视西方近代资产阶级财政理论的研究,没有提出一套切实可行的解决厘金问题的方案。从现实的阻力来看,厘金系地方督抚自筹的财源,经征官吏窟穴其中,大量贪污,形成了一个庞大的既得利益集团。在中央政权衰颓的情况下,很难以一纸命令立即裁撤。但更

---

① 日本学者中村哲夫对此节的观点进行了批评:"有人批评盛宣怀成立中国通商银行的决策,并且对容闳开办国立银行的计划给予高度评价。可是,这样的分析是令人有些疑问,即盛宣怀在近代金融史上的主要作用难道就是为清朝贵族私利服务? 我们必须考虑甲午海战失败后清朝保守贵族的政治态度。当然,盛宣怀回避建立完整的国营中央银行,排除清朝保守贵族的私利,实际上就是国民经济体制真正的进步改革。"(见中村哲夫《辛亥革命与金融制度》,载《辛亥革命与二十世纪的中国》中册,中华书局 2002年版,第 1124 页)我在本节侧重的是晚清财政中国库管理的金融体制近代化问题,相比旧式生息银两、官银钱号和呆滞的银钱库藏,建立国家银行来管理国库显然是个进步。盛宣怀创办的中国通商银行,作为第一家私人银行,无疑有其进步作用,但他力能阻止设立国家银行的计划,本身也是一个值得思考的问题。

重要的是,在财政赤字十分严重的情况下,没有新的可靠税源来加以弥补的话,任何一个有健全思维的统治者都不会轻易下令裁撤的。光绪皇帝一方面希望裁撤厘金,另一方面又不得不继续维护厘金制度,这是历史进程中的矛盾在他主观上的反映。应该指出,从甲午战争以后,清王朝确实在探索废除厘金制度的道路。前面论述的加税裁厘的谈判就是一个例子。此外,印花税、统捐、销场税、产地税等等也在这一时期逐渐提出或试办了。1931 年国民政府宣布废除厘金就是在这个基础上实现的。国民政府废除厘金有两个条件,一是取得了有限的关税自主权,一是实行了统税制度。而收回关税权的起点是由增加关税的交涉发展而来;实行统税,则是 19 世纪以来对于各种商税形式长期摸索、探讨的结果。

甲午战后,漕运制度也面临着存废的抉择。

早在咸丰八年(1858),清兵刚攻克瓜洲、镇江,江路初通,清廷即有恢复河运之议。同治三年(1864),漕运总督吴棠以江南大定,“江北各属,均以河运为便”,奏准在淮军军需捐内动银购米三万石,解赴通仓,试行河运。此后以江北漕粮每石折收银二两四钱,以一半按部价每石银一两四钱解京,其余一半采办籼米。籼米价每石二两有余,再加上河运之费,每石六钱,不敷之款准以开报筹补。但漕船久废,只能改雇民船。江北民船到山东后,又得在临清更雇民船接运。运河多年失修,河道浅阻,挑挖、设闸工程繁巨。江北每年由河运通的漕粮不过十万石。同治十三年停办一年。[①] 光绪十二年(1886),漕督又奏准将来年苏属漕粮五万石改为河运。虽然“运道绵长,船多水缺,实已大费周章”[②],但清廷仍坚持将苏属漕粮河运扩大至十万石。漕运总督以规复旧制为由,坚决主张恢复河运,以揽河运之利;而江

---

① 李文治、江太新《清代漕运》(修订版)似乎认为河运自此停止(第 366 页),有误。其实江北漕粮没有停止,光绪十三年之后,苏属十万石漕粮除有些年份截留外,仍由河运。

② 光绪《钦定大清会典事例》卷 209,试办河运。

南督抚以漕粮水脚为轮船招商局的重要利源，自然坚持海运，托词拖延。太平天国运动以后的漕粮河海并运，只能在地方督抚互相龃龉和朝廷坚持之中竭蹶维持。[①]

甲午战争爆发后，处于财政困境中的清政府对于货币赋税的需要更加迫切，户部就南漕改折问题下江浙督抚讨论。署两江总督张之洞建议苏省收折收本，悉仍其旧，而由官全行改折解运。议论未定，因此光绪二十一年（1895）仍运本色。于是张之洞奏称，宁、苏两属漕粮全折可省运费80万，若白粮及江浙全折，两湖采买全停，所省又数十万，还不包括酌减剥船批河各费、漕职卫官各项费用。[②] 户部以"近畿连年荒歉，粮缺价昂，采买不易"，光绪二十二年仍运本色。第二年议论又起，但户部担心"京都乏米"，不敢改折。最后两江总督刘坤一折衷，请俟铁路告成，再行改折。户部遂奏准改折缓办。二十三年仅在江苏海运漕粮内改折30万石。光绪二十四年七月，侍讲学士瑞洵上奏指责户部在南漕改折问题上"为游移两可之辞、得过且过之计，借词推诿，展转宕延"，力陈南漕改折，有利无弊。他指出："今则海道畅通，有如衽席，南来包米，盈溢市廛，官运朝更，商贩夕涌，顾必苦守旧章，牢不可破，坐令百万金钱耗蠹于官吏户胥之囊而不思变计，岂不可惜！"他估计，改折之后，"不特监兑押运各费可裁，即仓漕粮卫等官并可裁汰，每年约可省银五六百万"。并奏劾户部尚书敬信"推诿宕延，因循锢弊"。[③] 八月十七日，奕劻等复奏，开列了一份长长的账单，力驳改折南漕节省银没有那么多。这份账单是研究清季漕运的重要史料，姑录之如下：

江浙漕米及江北河运米折价	200万两

---

① 江北漕粮，为江宁、淮安、扬州、徐州、（南）通州四府一州征收的漕米，由漕运总督重新接管河运，对清末漕督裁撤、江北建省之争不无影响。

② 张之洞：《筹议南漕改折办法折》（光绪二十二年正月初九日），《张之洞全集》第2册，第1146页。该年苏属漕白正耗米共80万余石，其中河运10万石。

③ 侍讲学士瑞洵光绪二十四年七月二十七日奏折及附片，参见《散木居奏稿》卷2。

海运费合计	120 万两
河运费合计	36.7 万两
差运河费	8.7 万两
仓项费用	27 万两
漕官费用	7.6 万两
卫职费用	7.4 万两
共计	407.4 万两

但"其本省漕务例外支销之款,无得而稽",故没有列入。根据这份账单,扣除折价银和考虑到商运粮食的费用,全部改折节省银不过200万两。如果"河海并停,则江南沙船及山东沿河穷民、津通一带剥船扛夫同时失业"。"现在改折之议方兴,粮店已是居奇,米价非常陡涨,闾阎乏食,人心惶惶",因此仍请江浙照常起运。[①] 废除漕运的问题再一次延宕了下来。[②]

京协饷制度的瓦解

甲午战后,整个财政收支由于出现了巨额的亏空,原来中央指定解拨的各项的款被移作他用,京协饷制度遂陷于瓦解状态。

在因甲午战费及赔款而举借的各项外债中,除汇丰银款、汇丰镑款、俄法借款、英德借款是用关税担保之外,瑞记借款、克萨镑款和续英德借款均用盐厘、盐课、厘金作为担保。俄法借款、英德借款实际上仍由地方与中央财政分担。因担保外债而挪移的地方财源必须另

---

① 《北京新闻汇报》光绪辛丑年十月初九日。

② 庚子以后,清廷于光绪二十七年七月明令各省停止征收本色漕粮,河运随之停止,漕运总督改设为江北提督。但江浙漕粮依然采买海运进京,后大沽至京一段改由火车运输。大体上说,江浙每年应运京一百万石漕粮,但时有请减数万乃至数十万石不等,均在上海收兑起运,其运费江苏基本上为每石0.75两,浙江0.8两(参见《庸庵尚书奏议》卷8)。1911年辛亥革命爆发,因此,当年承运的宣统二年一届85.4万石漕粮成了清代最后一次漕运。参见倪玉平《清代漕粮海运与社会变迁》(第2版)第519页。

行解决,才能使京协饷制度运行起来。但清政府对此一筹莫展。英德续借款以厘金作抵,其中苏州货厘 80 万,淞沪货厘 129 万,九江货厘 20 万,浙东货厘 100 万,宜昌盐厘并万户沱加价 100 万,鄂岸盐厘 50 万,皖岸盐厘 30 万,共 509 万两。几乎完全由地方财政负担,因此遭致地方督抚的强烈不满。浙江巡抚刘树堂以宁、绍、温、台、处五府货厘并丝茧花茶由税务司抵借,"在部库本无出入,在浙省岁须短收八十余万两",因此拒绝筹解由户部指拨的京饷、东北边防经费、北洋经费、内务府经费、顺天备荒经费等共 80 余万两。① 江苏厘金归税务司代征后,也是"水陆各军饷源顿竭",要求户部"迅速接济"。② 宜昌盐厘、鄂岸盐厘向为川、鄂两督视为禁脔,只是因为抵押外债、慑于列强之威才忍痛割爱,③但同样要求户部拨补。户部虽然同意各省要求,"在江苏、江西、安徽、浙江、福建、湖南、湖北、四川、广东、河南十省裁兵节饷、丁漕折钱平余及现办昭信股票项下,划拨银五百万两,作为自税司代征后补足七处厘金抵还洋款之数"。但划拨之款大都虚应无着。以江苏为例,光绪二十四年共拨补 193 万两,除本省调剂外,由广东、安徽、江西、河南等省分任协拨,但结果是"本省之项或业经拨作部款,或目前尚难截数,外省三项已属允解寥寥,均不能即时应用"。④ 宜昌盐厘抵款户部 100 万两,也是"无著太巨",⑤拨补浙东厘金 100 万两,"各该督抚臣电复,或因拨饷无余,或本无所指之款,均难照解"。⑥ 户部承认,"洋债一项,近年应还银二千余万两,除前借俄法、英德及续借英德各款,已派各省分摊及由七处厘金作抵亦拟另

---

① 浙江巡抚廖寿丰光绪二十四年四月初八日奏。
② 两江总督刘坤一、江苏巡抚奎俊光绪二十四年六月二十二日奏。
③ 如前所述,同治、光绪年间因淮盐规复楚岸之议,川、鄂两督恐盐厘为江督所夺,不惜联合与两江总督交恶,时达数十年之久。而宜昌盐厘、鄂岸盐厘作为外债抵押,使川盐行销湖北得到条约的保证,淮盐规复楚岸之议遂寿终正寝。
④ 《刘坤一遗集》第 3 册,第 1034 页。
⑤ 湖广总督张之洞、湖北巡抚于荫霖光绪二十六年十二月二十九日奏。
⑥ 浙江巡抚刘树堂光绪二十六年五月十六日奏。

案加拨镑价不敷外,尚有汇丰、克萨各款,未令各省分摊,亦无的款作抵,计每年约短银二百余万"。因此,无论是担保还是补拨,由于收支不敷,都难以为继。各省之间,"往复划扣,胶葛太多,官吏核算数目,每致昏眩淆讹,筹款之难,更可知矣"![1] 刘坤一提出变通原有的京协饷拨解制度,就近截留,以便"斟酌远近而输转各得其宜,分别改拨而中外两无所碍"[2],从经济的观点看自然很合理,但是这牵涉到 200 万两的亏空由谁来承担。因此,要变通这项制度,谈何容易。

外债抵押的冲击,瓦解了京协饷制度,造成了中央财政调度失灵、地方财政互相割据的严重局面,这集中表现为各省拖欠京饷日趋严重。各省之间的协拨实际上处在瘫痪状态。甲午战后中央直接控制的各省上缴专项经费情况有如下表:

表 5-11　光绪二十四年中央专项经费分配表　　　　单位:万两

省份	京饷	内务府经费	固本兵饷	东北边防经费	旗兵加饷	加放俸饷	加复俸饷	筹备饷需	备荒经费	铁路经费	新建陆军月饷	海防经费	船政经费	合计
山西	50	6	6.5	10	24		0.3			5				101.8
山东	69	3	6.5	17	2.7	2	1.2			5				106.4
浙江	86	10		16		22	1.2	46	1.2	5		50.8		238.2
湖北	92	3	6.5	26	12	21.6	2.6	28	1.2	5		46		243.9
湖南	35	1	6.5	8	12		0.8		1.2	5				69.5
河南	20	2	6.5		10		0.8			5				44.3
安徽	39	7		15	4		0.7	4	1.2	5				75.9
江西	73	17	6.5	13	10	2.4	1.6	24	1.2	5	16	30		199.7
江苏	121	13	6.5	30	30	24	4.5	20	1.2	10	34	80		374.2
广东	56	9	13	20	10	22.4	5.5	52	1.2	5	50	30		274.1
直隶	34	3				3.2	2.6			5				47.8

[1] 《光绪朝东华录》(四)总 3968—3969 页。
[2] 《刘坤一遗集》第 3 册,第 1035 页。

续表

省份	京饷	内务府经费	固本兵饷	东北边防经费	旗兵加饷	加放俸饷	加复俸饷	筹备饷需	备荒经费	铁路经费	新建陆军月饷	海防经费	船政经费	合计
福建	66	23		18		22.4	3	34	1.2	10		54	60	291.6
四川	54	2	6.5	27			1.4		1.2	5				97.1
陕西		1			10		0.4			5				16.4
广西	5	10							1.2					16.2
吉林					5.8									5.8
漕运总督					3.25									3.25
合计	800	110	65	200	133.75	120	26.6	208	12	80	100	290.8	60	2 206.15

说明：本表综合各种资料，扣除闰月加解后计算而成，另有出使经费 100 万两，因无系统资料，无法列入，海军、海防经费总额为 400 万两，仅列入指拨的的款。

这些经费总计达 2,400 万两，约占财政收入的四分之一强。但这些款项因各省拖欠严重，很少有全部收兑的。京饷是年年欠解，"任意积欠，频催罔应"①。出使经费 100 万两由六成洋税暨招商局留关六成税内各提一成五解交江海关道收存。据光绪二十四年（1898）总理衙门报告，统计南北洋、各省关、户部共欠出使经费银 357 万多两。② 结果不得不改由船政经费下提拨。船政经费系由闽海关税内每月指拨 5 万两，年共 60 万两，战前"不过解至二三十万两，近则并不及二十万"③，情况同样困难。海军经费战后虽然照旧指拨，但因海军已撤，改归户部划拨以后，"报解甚属寥寥"，"而购买船械、修筑炮

---

① 户部光绪二十四年八月十七日奏。
② 《德宗实录》卷 423，光绪二十四年七月丙辰。
③ 总署：《议复船政疏》，《光绪财政通纂》卷 17。

台拨款日益浩繁",户部不得不"按月垫支"①。中央指拨的款项尚且如此,各省的协款情况自然更糟。云南系受协省份,仅从光绪二十一年到二十五年八月,湖北、湖南和江汉关欠解就达 2,685,100 余两。②各省历年协拨贵州的款项积欠高达 500 余万两,③广西入不敷出,全恃协饷,近年"报解寥寥"④。

钱粮差徭的加重

虽然在甲午战后清朝财政制度出现了某些值得注意的变化,但就整体而言,财政管理仍然弊窦丛生,尤其是在征收赋税方面,表现尤为突出。清末地方财政割据势力就是在利用这些弊病进行贪污中饱的基础上形成的。

我们已经指出过,尽管清政府坚持以银两作为赋税标准,但实际上赋税的主要货币形式还是制钱。以河南为例,全省共 107 厅州县,其中地丁银交纳制钱的有 62 州县,交纳银两的有 20 厅州县,银钱各半的有 6 县,而大粮交银、小粮交钱的有 19 州县。交纳漕粮折色的52 个州县中,交钱的有 48 州县,交银的仅 5 县。⑤"户部每年所收款项虽以银计……而究之国家大宗进款、正供税课均用制钱输纳。""地方官定库平之价与市价恒不一律,操纵在己,随心所欲。"⑥经收官吏利用赋税的标准货币与实际货币形式的不统一,利用银钱比价波动所造成的差价,上下其手,进行贪污。在甲午战前二三十年中,由于

① 户部光绪二十三年十一月十八日奏。
② 《德宗实录》卷 456,光绪二十五年十二月丁丑。
③ 贵州巡抚王毓藻光绪二十四年三月二十九日奏片。
④ 广西巡抚史念祖光绪二十二年二月二十四日奏。
⑤ 陈夔龙:《查覆豫省各属经征钱漕情形折》(光绪三十年十二月初八日),《庸庵尚书奏议》卷 5。其他省份的情况也差不多。如山东"征收地丁向分银号钱号"(护理山东巡抚布政使胡廷干光绪二十七年六月初十日奏),直隶"征银征钱向不一律"(直隶总督袁世凯三十年十一月十一日奏)。
⑥ 贺璧理:《币制问答》,第 4 页。

银钱比价是缓慢地下跌的,一般商民对官吏按旧的银钱比价征收赋税还能容忍,甲午战后,比价急剧变动,加之全国性的钱荒,抗议的舆论也就强烈起来。于是,清政府一方面企图独吞这块向来为经征官吏侵渔的肥肉,另一方面又不得不安抚一下舆论,下令各省核减钱价。光绪二十三年(1897)六月给事中庞鸿书上奏江浙等省浮征丁漕钱价之后,户部就奏准了核减浮征钱价、酌提丁漕公费的方案,各省执行情况有如下表:

表 5-12　各省核减钱价和提收公费情况表

省份	地丁每两折钱	漕粮每石折钱	丁漕钱价减征	加解平余
江西	2,500 文	3,200 余文	地丁 1 两减 10 文,漕米 1 石减 140 文。	地丁 1 两加解 7 分,漕米 1 石加解 1 钱。
江苏	2,000 文	每石随收公费 1,000 文。	—	每年提钱十余万两。
浙江	1,800—2,000 文	照市折价。	共减 27 万余串。	于漕耗内提 4 万余两。
湖南	—	—	折漕 15 州县,每石减 140 文,折钱 20 县每两减 100 文。	折漕 1 石加解 1 钱,折银 1 两每两加解 1 分。
湖北	—	—	地丁 1 两减 100 文,漕米 1 石减 140 文。	地丁 1 两加解 7 分,漕米 1 石加解 1 钱。
安徽	—	—	同上	同上
河南	2,400—2,500 文	3,400—3,700 文	?	地丁年提 10 万两,漕米每石加解 2—3 钱不等。

资料来源:江西巡抚德寿光绪二十三年八月初九日奏;江苏巡抚奎俊光绪二十四年正月二十四日奏;浙江巡抚廖寿丰光绪二十四年正月二十日奏;湖南巡抚陈宝箴光绪二十三年十二月十八日奏;湖广总督张之洞等光绪二十四年闰三月十六日奏;安徽巡抚邓华熙光绪二十四年六月初八日奏;河南巡抚刘树堂光绪二十四年八月初六日奏。

从上表一眼就可以看出，各省丁漕折钱高低不一，但丁漕钱价减征和加解平余都效法江西，完全是在敷衍搪塞。光绪二十四年（1898）八月初八日上谕指出，这"无非为州县留有余地步。近年每两银价均在一千一百文上下，而州县征收仍在二千八九百至三四千文不等，浮收不止加倍，实属不成事体"，虽然再次严令核减，但各省罔然不应。十二月，军机大臣与户部会议，决定各省"均按现在银两钱数已征收在官者，每银一两、每米一石各提出制钱五十文以为学堂经费"，并命令未经减征提解省份继续照章办理。[①] 丁漕钱价提解平余固然成为甲午战后新增加的一大财源，其中也潜伏着危险，那就是一旦钱价下跌，这笔收入将丧失殆尽。这个危险到光绪三十一年以后就暴露出来了。

甲午战争爆发后，由于兵员调动频繁，兵差费用也大大增加了。"直隶省差徭之繁重，甲于天下。常年杂差，民力已苦不支，去岁（光绪二十年）兵差络绎，州县横敛暴征……胥役视差为致富之奇，敲骨吸髓，毫无顾忌。勒派之法不一，有按牛马捐者，有按牌户捐者，有按村庄捐者，明以要车为名，其实全行折价……合计大县可捐数十串，中县小县亦不下十数万串。驿路经行之处犹可言也，甚至邻近州县，亦藉帮差为名，依样勒派。朱符一标，差役四出，虎噬狼贪，惨难言状。少不遂意，立加拘比。捐时本以买备车马为名，其实尽以分肥。及至兵差过境，仍向有车马之户勒雇，名发官价，而层层剥蚀，车户所得无几。"[②] 即使没有因战争等而增加兵差开支，平时的差徭费也是一项沉重的负担。差费之外，尚有团练公费，湖南湘乡名之曰"帮价捐款"[③]。丹徒"历来公用，如报赛出会以及善举等项"，也通过征赋

① 《光绪朝东华录》(四)总 4295 页。
② 《光绪朝东华录》(四)总 3632 页。
③ 《德宗实录》卷 448，光绪二十五年七月壬子。

系统摊派。① 山东沿黄河一带州县汛期尚有守河费,仅惠民县"统计合境费京钱几万缗","派夫之苦,甚于河决"。② 沿江不少州县亦设有民捐堤工专款。③ 州县调剂丰歉的常平仓社米谷也分官捐、民捐两种,山东全省民捐原捐积谷近69万石。④ 直隶自光绪五年(1879)起共派捐谷达73.8万石。⑤ 由此可见,清代地方财政的收支远不是像《户部则例》中那样刻板条文所规定的那样,而是富有弹性的、具有扩张力的。我们现在所掌握的有关清朝财政的资料,仅仅是当时清朝中央政府所掌握的情况,而不是整个财政收支的真实情况。⑥ 赫德在研究甲午战争以后清朝财政收支以后,认为中国平均每人税负二钱五分,即使加上征税和勒索的费用,也不过五钱,比较日本人均纳税七银元、美国人均纳税十五美元,"可以说,无论存在什么弊端,再没有比中国纳税更轻、比中国政府更节俭的了"。⑦ 如果他当时对中国地方财政深入研究的话,他的估计恐怕不会那么乐观。

---

① 陈夔龙:《庸庵尚书奏议》卷7。

② 李文治编《中国近代农业史资料》第1辑,第384—385页。

③ 张仲炘总纂:《续修湖北通志》卷41,第7页。

④ 孙葆田等总纂:《山东通志》卷84。但到光绪三十四年,全省实存积谷只有13,588石了。

⑤ 直隶总督裕禄光绪二十四年十二月十九日奏。

⑥ 如果稍微注意一下有关贪污、省关和督抚私匿、挪用的款项就可以看出这一点。李鸿章离开北洋后,淮军钱粮公所存银达800万两,隐匿未报(《三水梁燕孙年谱》上卷,第44页)。光绪二十一年,粤海关欠解、挪用、交代不清的款额近50万两(《德宗实录》卷380,光绪二十一年十一月壬戌)。山海关道每年报部仅18万,"中饱派分,竟逾百万之多"(《德宗实录》卷382,光绪二十一年十二月戊子),江西厘金岁收百余万,"而中饱之数,几及其半"(《德宗实录》卷396,光绪二十二年八月辛未),江苏海州分司运判徐绍垣一人交代亏短即达六七十万两之多(《德宗实录》卷470,光绪二十六年闰八月癸卯),台湾失守,榷税库款及新海防捐被经征官吏乘机贪污达120万两左右(《德宗实录》卷374,光绪二十一年八月丙子),广东历年挪用库款达830余万两,其中未报部者达580万两(《德宗实录》卷449,光绪二十五年八月戊寅)。仅这些随意列举的数字,合计起来即可抵补近二年的财政亏空。

⑦ 天津市社会科学院历史研究所编:《1901年美国对华外交档案》,齐鲁书社1984年版,第137页。

　　在赋税的负担上实际也不平均。清代赋税负担中向来存在着大户、小户的问题。到第二次鸦片战争以后,由于洋教势力的横行,一般民众与教民的赋税负担不均也日益严重。"东昌府属清平县,有个姓王姓左人,他这两家称大族,资财富有势豪横,由来吃教欺官长,拖欠钱粮莫敢征。"①巨野县对教民的田赋也"不敢征收"。②至于地方公费如迎神、演戏、赛会、烧香等支出,早已奉文"永不得[向教民]勒摊勒派"③。保甲、堤工、积谷等费也莫不如此。因此,由于洋教势力的猖獗,晚清赋税负担面日益缩小,地丁钱粮、地方政府的摊派、胥吏的浮收大部分都落到了一般农民身上,这必然导致人民的反抗,加剧社会的动乱。脱离了近代社会的阶级矛盾和民族矛盾,忽视下层人民的财产占有状况和实际赋税负担,抽象地用平均税负来证明晚清赋税的增加并不是导致清王朝灭亡的原因之一,这不是科学的方法。

　　综上所述,甲午战争以后,在财政赤字的压力和商品经济的冲击下,清朝的财政制度出现了一些重要的变化。这些变化包括全国的赋税进一步向单一的货币形式的发展,国库管理制度的演变与金融体制的改革互相促进,地方财政的增长在整个财政中的地位逐渐突出,旧的解协饷制度日益瓦解。

　　沉重的战争赔款和外债,迫使清政府将大量"的款"用于抵押和指拨偿还外债。这些"的款"的原有开支陷于虚悬,必须由中央和地方财政自行筹措,经济相对比较发展的各省首当其冲。以英德续借款为例,几乎都以长江各省厘金作抵押,既反映了长江各省的经济发展使地方财政有了较多的腾挪余地,同时也加剧了长江各省与中央在财政上的矛盾。从地方财政而言,为了维护自身的利益,必须隐匿收入和实存款项,以防中央财政的调拨,保证本省财政的正常运行,

① 李伯元:《庚子国变弹词》第一回。
② 山东省历史学会编:《山东近代史资料》第 3 分册,山东人民出版社 1961 年版,第 29—30 页。
③ 《教案奏议汇编》卷 1,第 4—5 页,同治元年正月恭亲王谕。

由此形成了地方财政对于中央财政的割据。由于各省地方财政利益日益突出，原来的"有余"省份协济"不足"省份的规矩已是明日黄花。而中央不明各省财政情况，依靠行政命令统一调度款项失去了依据，变成了名符其实的"瞎指挥"，遭到了奉拨省份的强烈抵制，又形成了地方财政之间的割据。在大一统的财政体制陷于崩溃而中央财政与地方财政的正常关系尚未依法建立起来之间，这种财政割据便成了一种无序中的常态。就地方财政而言，一省的财政也并非完全统一，而往往在本省财政利益中，形成一个个大大小小的财政利益集团，对省财政割据，成为这些既得利益集团瓜分、贪污的渊薮。财政体制中的这些深层问题经过甲午战争以后几年的财政演进，进一步暴露出来了。

第六章　覆灭前夜的清朝财政

从庚子到辛亥年(1900—1911),是清王朝统治的最后十二年。在此期间,清王朝在对内对外政策方面的一系列重大措施,都与财政有着密切关系。清王朝如何通过财政活动应付其统治的需要,这一时期清王朝的财政发生了哪些重要变化,这既是辛亥革命史,也是近代财政史都很值得研究的问题。

第一节　庚子以后财政危机的加深

庚子年以后,由于义和团运动的爆发、八国联军的侵华战争以及随之而来的庚子赔款,进一步加深了清王朝的财政危机。

空前的财政掠夺

19世纪末20世纪初,主要资本主义国家发展到了帝国主义阶段,争夺殖民地、瓜分势力范围的斗争空前残酷、激烈。光绪二十年(1894)的日本侵华战争、二十六年的八国联军侵华战争、三十年在我国东北进行的日俄战争,使中国成为当时受到帝国主义战争蹂躏最主要的国家之一。尤其是甲午战争和八国联军侵华战争,使中国的财政遭到了空前的浩劫。

在镇压了义和团运动之后,帝国主义列强向中国勒索了巨额的赔款。庚子赔款的总额高达4.5亿两,要求分39年还清,年息4厘,本息共计应付 982,238,150 两。① 除此之外,各地方赔款总额高达 22,272,708 两,其中 5,386,000 两归入庚款大赔款外,实际赔偿也高达 16,886,708 两,②其中相当部分是由政府财政中支出的。这两项赔款合计起来,超过了 1840 年鸦片战争以来中国全部对外赔款的总和。德皇威廉所说的"要求中国赔款,务达最高限度"③的目的完全达到了。沙俄外交大臣拉姆斯道夫得意忘形地说:"这是历史上少有的'最够本的战争'。"④甚至连标榜努力"使赔偿要求确实限于实际所受到的损害所花的费用"范围内的美国,所得到的赔款也超过了被大大夸大了的"实际损失"达 1,200 万美元之多。⑤ 这是"文明"国家在 20 世纪初联合对一个落后国家进行公开财政掠夺的强盗战争!

除了庚子赔款本身之外,还有大量的地方赔款,其数额有如下表:

表 6-1 庚子地方赔款统计表 单位:两

序号	地区	教或派国别	索赔款	实赔款	共计	归大赔款
1	顺直	天主教		10,378,421	12,309,665	4,000,000
		耶稣教		1,891,244		
		两 教		40,000		
2	山西	天主教	8,000,000	2,900,000	3,301,884	500,000
		耶稣教	814,284	401,884		116,000
3	陕西	天主教		193,500	193,500	

---

① 王铁崖:《中外旧约章汇编》第 1 册,第 1015—1016 页。

② 王树槐:《庚子地方赔款》,载《"中央研究院"近代史研究所集刊》第 3 期。

③ 王光祈译:《瓦德西拳乱笔记》,中华书局 2009 年版,第 7 页。

④ [俄]罗蒙诺夫:《帝俄侵略满洲史》,民联译,商务印书馆 1937 年版,第 218 页。

⑤ [美]威罗贝:《外人在华特权和利益》,王绍坊译,三联书店 1957 年版,第 625 页注①。

续表

序号	地区	教或派国别	索赔款	实赔款	共计	归大赔款
4	山东	德　国	663,840	162,300	424,300	
		耶稣教		83,000		
		天主教	840,000	179,000		
5	河南	天主教		334,000	350,214	
		英　国		16,214		
6	四川	天主教		370,000	374,300	
		耶稣教		4,300		
7	湖北	天主教		62,500	62,500	
8	湖南	天主教		370,000	386,000	
		英　国		16,000		
9	浙江	天主教	34,000	180,000	223,200	
		耶稣教		43,200		
10	江西	天主教		773,547	808,457	
		耶稣教		34,910		
11	广东	德　国		18,667	58,000	
		英　国	26,666	20,000		
		美　国		13,333		
		天主教		6,000		
12	云南	天主教	330,000	150,000	160,300	
		耶稣教		10,300		
13	福建	耶稣教	5,300	5,300	5,300	
14	奉天	耶稣教	1,800,000	577,500	2,022,500	
		天主教		1,445,000		770,000

续表

序号	地区	教或派国别	索赔款	实赔款	共计	归大赔款
15	吉林	天主教	345,700	170,000	260,000	
		耶稣教	120,000	90,000		
16	内蒙古	天主教		620,670	620,670	
17	甘肃	天主教		40,000	40,000	
18	贵州	耶稣教		2,900	2,900	
合计		天主教		18,353,605	21,603,690	5,386,000
		耶稣教		3,210,085		
		其　他		40,000		

资料来源:(1)顺直:*Annual Report of Christian Literature Society*,1902,p. 39.转引自王树槐《庚子地方赔款》,载《"中央研究院"近代史研究所集刊》第 3 期。(2)山西:《义和团档案史料续编》(以下简称《续编》)第 1637、1715－1719 页。天主教赔款中,法国天主教省南 105 万两,省北 20 万两,口外六厅 65 万两,女修士会 10 万两;义国天主教 90 万两(总额 100 万两,内扣除法国女修士会 10 万两)。耶稣教赔款中,英国耶稣教 349,726 两,美国宣道会 52,158 两。另,李提摩太另请筹银 50 万两建立学堂,未归入赔款。(3)陕西:《续编》第 1186、1733 页。内宁羌州教案赔款 5 万两,伊克昭盟等地教案赔款 143,500 两。(4)山东:《义和团档案史料》(以下简称《史料》)第 1158、1334 页。德国赔款内,含铁路、矿产赔款 122,300 两。耶稣教赔款中,英国 38,000 两,美国 45,000 两。德国 4 万两系仅曹州教案赔款,其余小教案赔款无统计。(5)河南:《史料》第 1036 页,《续编》第 1408、1409、1501、1520 页。天主教赔款中,泌阳教案 26000 两,黄河以南法国赔款 138,000 两,黄河以北法国赔款 170,000 两。英国赔款中,教案赔款 8213.64 两,英国矿师被劫赔款 8000 两。(6)四川:天主教赔款据王树槐;耶稣教赔款见《续编》第 1249 页。(7)湖北:据王树槐。(8)湖南:《史料》第 1019－1020 页,《续编》第 1009－1012 页,系衡州教案赔款。(9)浙江:《续编》第 960、1013 页。英国赔款为 6 万余元,每元按银七钱二分折算为两,下同。(10)江西:《史料》第 1142、1240 页。法国天主教赔款为银 511,010 两,361,078 元,

3,842,138文(按 1,500 文折算为银 1 两,下同);耶稣教赔款为 47,601 元,955,437 文。(11)广东:据王树槐。(12)云南:天主教赔款据王树槐,耶稣教赔款见《续编》第 888－889 页。(13)福建:据王树槐。(14)奉天:《续编》第 1497、1640、1735 页。耶稣教赔款中,英国赔款 570,000 两,美以美会赔款 7,500 两。(15)吉林:《续编》第 1758－1760 页。原列天主教赔款吉市钱 54 万吊,耶稣教赔款 27 万吊,按市价折算。(16)内蒙古:据王树槐统计更正。内达拉特旗 37 万两,准噶尔旗 29,000 两,东蒙古珍旗 110,200 吊赤钱(《续编》第 1468、1512、1711 页)、阿拉善旗 3 万两,乌兰察旗布旗四子郡王旗 11 万两,土默特旗欠付 8,200 两,付否未明(据王树槐)。伊克昭盟 143,500 两归入陕西赔款中。(17)甘肃:《续编》第 1574 页,系平罗教案赔款。(18)贵州:《续编》第 1524 页。

在这地方赔款中,扣除归入大赔款的 538.6 万两外,实际由地方摊赔的数量仍高达 1,621 万余两。

这种赤裸裸的掠夺并没有因为战争的结束而停止。由于庚子赔款,中国向欧美国家支付大量的白银,导致了世界白银价格的再一次暴跌。光绪二十八年至二十九年(1902—1903),银价跌到"银市有史以来之最低记录"①。在二十七年庚子赔款成立的当年,平均金银比价为 1:34.68,二十八年跌至 1:39.15,二十九年为 1:38.10。② 为了避免银价跌落的损失,二十八年六月二十二日(1902 年 7 月 26 日),各国公使会议决定,要求中国政府按市价易金偿付庚款,并于二十六日(7 月 30 日)正式通知清政府。③ 根据《辛丑条约》第六款关于赔款照市价易为金款,有明确之规定:海关银一两,即德国 3.055 马克,即奥国 3.595 克勒尼,即美国 0.742 元,即法国 3.75 法郎,即英国 3 先令,即日本 1.407 元,即荷兰国 1.796 弗乐林,即俄国 1.412 卢布。④ 这是条约签订时的比价,既然正式载入条约,中国政府完全有理由按

---

① [美]耿爱德:《中国货币论》,蔡受百译,第 216 页。
② 杨端六、侯厚培等:《六十五年来中国国际贸易统计》,第 151 页。
③ 王树槐:《庚子赔款》,中研院近代史研究所 1974 年版,第 186—187 页。
④ 王铁崖:《中外旧约章汇编》第 1 册,第 1005 页。

照这一比价偿付,而不论以后比价之波动。约文中虽有"或按应还日期之市价易金付给"含糊之语,但整个条文的基本意思是清楚的。美国政府也承认,"中国政府有责任按照1901年4月1日的汇率偿付4.5亿两赔款的金款,这一汇率已由第六款解决并确定了"①。列强之所以坚持庚款按每次付款时的金价偿付,其目的在于通过金银比价的跌落再一次压榨中国人民。列强在华银行也充分利用这一点,"每遇还款将次届期,镑价即行抬高"②。为了迫使清政府就范,列强出于各自的考虑,或以关税收金、或以延付赔款为饵,继之以威逼,外务部被迫接受列强的要求,于三十一年三月(1905年4月)与各国换文,确定庚款按市价还金,其已付之本年以前赔款的镑亏,以关平银800万两了结。为支付这笔款项,清政府又举借了臭名昭著的"镑亏借款"。③

巨额庚子赔款的掠夺,成为清朝覆灭前夜财政危机进一步加深的最重要的因素,并对于中国以后财政的发展产生了极为深刻的影响。

庚子以后财政危机的特点

这一时期清朝的财政危机,主要有以下几个特点:

(一)收支规模的急剧扩大,严重的入不敷出。光绪二十九年(1903)财政收入10,492万两,支出13,492万两,④亏空额达3千万两,赤字比庚子以前增加一倍以上。光绪三十年户部银库收入12,941,234两,支出13,544,756两;三十一年15,962,259两,支出14,777,400两。⑤在甲午战前,户部银库收支还占财政总收支的

---

① 转引自王树槐《庚子赔款》第194页,原文为英文。
② 《刘坤一遗集》第6册,第2651页。
③ 徐义生:《中国近代外债史统计资料》,第38—39页。
④ 《清朝续文献通考》卷68考8249。
⑤ 《部库出入表》,《国家图书馆藏近代统计资料丛刊》,第14册。

22％—23％,此时只占10％—12％了。宣统二年(1910)度支部制订的宣统三年财政预算收入为 29,6962,719 两,支出 338,652,272 两,[1]亏空额达 4,169 万两,赤字又比光绪二十九年(1903)增加了一千万两以上,为庚子以前财政亏空额的三倍以上。有人估计,到辛亥革命爆发时,清王朝的财政赤字高达 2,000 万至 7,000 万关两。[2] 就财政规模而言,从光绪二十九年到宣统二年,清王朝以每年 4 千万两的速度扩张,这相当于鸦片战争爆发的道光二十年(1840)的财政总收入!

(二)地方财政的全面亏空。以光绪三十四年各省收支情况为例,有如下表:[3]

表 6-2　光绪三十四年各省岁出岁入总额　　　　单位:万两

省区	岁入	岁出	盈亏	省区	岁入	岁出	盈亏
奉天	1 580.7	1 558.9	21.8	陕西	396.4	412.8	−16.4
吉林	485.9	535.6	−49.7	甘肃	312.2	329.1	−16.9
黑龙江	93.3	229.1	−135.8	新疆	317.2	334.7	−17.5
直隶	2 165.9	2 357.4	−191.5	福建	672.1	694.1	−22
热河	80.6	84.1	−3.5	浙江	814.9	847.3	−32.4
江宁	2 549.7	2 574.5	−24.8	江西	757	789.5	−32.5
江苏	2 040.3	2,489	−448.7	湖北	1 654.5	1 852.1	−197.6
江北	164	124.3	39.7	湖南	602.8	642.4	−39.6
安徽	600.7	674.2	−73.5	四川	1 532.1	1 496.5	35.6

① 《清朝续文献通考》卷 68 考 8246。

② [美]欧弗莱区:《列强对华财政控制》,郭家麟译,上海华东人民出版社 1951 年版,第 154 页。

③ 韩祥《晚清财政规模估算问题初探》(《中国经济史研究》2014 年第 3 期)对本书光绪三十四年的财政收支统计提出了一些质疑,可以参考。我在这里只统计银两收支而忽略各地银两平色的差异,并省略其他货币收支,只是为了说明当时清王朝入不敷出的简便,使读者有一个总的概数。

续表

省区	岁入	岁出	盈亏	省区	岁入	岁出	盈亏
山东	1 131.1	1 052.6	78.5	广东	2 727.8	2,761	−33.2
山西	587.2	614	−26.8	广西	489.1	499.2	−10.1
河南	688.5	660	28.5	云南	602.2	698.3	−96.1
贵州	153.3	179.1	−25.8	合计			−1 290.3

资料来源:李振华辑《近代中国国内外大事记》宣统元年十二月。其他货币收支数省略。

上述 25 个地区仅奉天、江北、河南、四川略有盈余外,其余均赤字累累。有的省份即使出现盈余,也是极偶然的现象,如四川平时"库款万分支绌"[①];河南是"久已入不敷出"[②];徐世昌在奉天时,"财政立即陷于极度困乏","同时还演出迟发官吏俸给数月的丑事"。锡良当政后,岁入不足尚达 360 余万两。[③] 广东省光绪三十四年(1908)还只有 33 万余两的赤字,到宣统三年(1912)赤字已增加到 340 万两,其中还不包括因禁赌而"补贴"澳门葡萄牙当局的赌税"损失"20 万两![④]

(三)伴随着财政规模的急剧扩大,财政赤字的迅速上升,清朝传统的解协饷制度日趋崩溃。以光绪二十九年为例,各省关应向中央解款的专项经费数为 2,500 万两左右,当年户部银库实收数额包括其他各收入在内,不过 1,422 万两。[⑤] 各省协款的情况更糟。江苏"自盐货厘金抵换洋债以后,指拨各省协补款项欠解累累,任催罔

---

① 《锡良遗稿》(一),中华书局 1959 年版,第 599 页。
② 陈夒龙:《庸庵尚书奏议》卷 3。
③ [日]东亚同文会编:《对华回忆录》,胡锡年译,商务印书馆 1959 年版,第 300—301 页。
④ 《国风报》第 2 年第 8 号,宣统三年三月廿二日;第 2 年第 13 号,宣统三年五月十一日。
⑤ 参见本书第 5 章所列《直省上缴中央的专项经费分配表》及户部黄册《光绪二十九年部库银款项下四柱总数》。

应"①。光绪二十五年至三十一年(1899—1905)各省拨补苏沪盐厘、鄂皖盐厘、宜昌一半、万户沱加厘欠解达 528 万余两。② 拨补浙东厘金的"协济各饷，半存虚数"，"截止宣统元年已达七百万之多"。③ 河南则屡次奏请"将武卫军新协各饷分别停解"④，到光绪二十九年仅欠解甘饷银即达 81.4 万两。⑤ "直隶协饷要需，各省欠解甚巨"⑥。二十六年至二十八年甘新协饷欠解银共 353 万余两。⑦ 截至三十二年，各省历年欠解东三省俸饷银已达 389.5 万两。⑧ 二十六年至三十二年归还俄法、英德洋款"镑亏"共 1,200 万两，除 200 万两由户部承担外，余 1,000 万两由各省关承担，而欠解数就达 267 万两。⑨ 清王朝的解协款制度是建立在收支平衡、确有的款的基础之上的。一旦财政收支出现巨额亏空，即使东挪西抵，寅吃卯粮，也无法保证这一财政机制的运行。这种情况在太平天国时期曾经出现过，但战后，随着财政状况的逐渐好转，这个制度经过修修补补，又部分地运作起来。经过甲午战争的打击，本来已经百孔千疮的解协款制度日趋瓦解。庚子以后，财政赤字激增，这个制度的崩溃遂不可避免了。⑩

第二节　财政摊派与搜刮

令人困惑的是，在清王朝统治危机日益加深、控制力日益衰退的

① 《刘坤一遗集》第 3 册，第 1312 页。
② 署两江总督周馥光绪三十二年七月十三日奏折附清单。
③ 《浙江财政说明书》册 1，协款。
④ 《锡良遗稿》第 1 册，中华书局 1959 年版，第 201 页。
⑤ 河南巡抚陈夔龙光绪二十九年十二月初八日奏。
⑥ 户部光绪二十八年二月十九日奏。
⑦ 陕甘总督崧蕃等光绪三十一年三月二十四日奏。
⑧ 东三省总督徐世昌光绪三十三年十一月二十二日奏。
⑨ 两江总督端方光绪三十三年十月初五日奏。
⑩ 宣统三年李经羲奏请干脆撤销协饷名目，清政府以"徒增周折"为由断然拒绝，但解协饷制度已久无效用，由此可见一斑。参见《宣统政纪》卷 59，宣统三年七月庚寅。

情况下,它的财政收入竟然还能以每年数千万两的速度扩张。对于这个问题作比较全面的回答,还需要从更为广阔的领域内进行探讨。从财政史本身的角度来看,我认为,这一时期清王朝财政得以迅速增长的原因主要是中央政府直接采取了财政摊派的手段。

庚子以后,清王朝几乎所有重大的筹款措施,都是通过财政摊派进行的。摊派,就是掌握财政中枢的户部(度支部)在无法指拨的款的情况下,通过中央政府的命令,强迫地方督抚筹解中央政府所需要的款项。

清朝中央政府对地方的财政摊派始于甲午战后的偿还俄法、英德借款。各省关摊派数共1,200万两,其中除原解中央的200万两改为偿款之外,海关承担的部分,"尚有盈余可以抵此五百万两之数,而各省地丁、盐课、盐厘、货厘、杂税则仅敷留支起解之用,一旦令其派认五百万两巨款,未免无米之炊"①。在形式上仍采用解协款制度的办法,骨子里却是财政摊派。同样,光绪二十四年(1898)续英德借款成立,以苏州、淞沪、九江、浙东的货厘,宜昌、鄂岸、皖岸的盐厘作抵,清政府表面上仍采用原来的指拨款办法,从其他财政收入中指拨一部分抵补七处厘金的收入,但这些拨补款大部分都虚悬无着。到庚子以后,由于财政状况的恶化,支出急剧扩大,财政摊派遂成为经常性的主要筹款手段了。

摊派的财源通过财政搜刮的手段筹措。庚子以后的财政摊派和搜刮,大致上可以分为三个阶段。第一阶段,光绪二十七年至三十年,开拓偿付庚子赔款的财源。第二阶段,三十年,筹措北洋练兵经费。第三阶段,三十一年至宣统三年,筹措新政和宪政的费用。从搜刮的财源来看,如《清史稿》所载:

> 庚子以后,新增之征收者大端为:粮捐,如按粮加捐、规复丁漕钱价、规复差徭、加征耗羡之类;盐捐,如盐斤加价、盐引加课、

---

① 《中国海关与英德续借款》,第50页。

土盐加税、行盐口捐之类；官捐，如官员报效、酌提丁漕盈余、酌提优缺盈余之类；加厘加税，如烟酒土药之加厘税、百货税之改统捐、税契加征之类；杂捐，如彩票捐、房铺捐、渔户捐、乐户捐之类；节省，如裁节绿营俸饷、节省河口经费、核扣驿站经费、节省各署局经费之类；实业，如铁路、电局、邮政收入及银行、银铜元局、官办工厂商局余利之类。出款自赔款、练兵费、学、警、司法诸费外，各官署新增费亦为大端。①

《清史稿》的这段记载，大体反映了庚子以后财政扩张的过程。

摊偿庚子赔款

在镇压了义和团运动以后，帝国主义列强向中国勒索了 4.5 亿赔款。当庚子赔款数额确定之后，户部便立即策划筹款方案："就中国目前财力而论，实属万不能堪。然和议已成、赔款已定，无论如何窘急，必须竭力支持。"②为了偿付庚子赔款，清政府每年需筹款约 2,200 余万两，其中 300 余万两由解部款改拨之处，余 1,800 万两向各省摊派。③此议一下，各省督抚喧然大哗，由湖广总督张之洞拟稿，要求朝廷减免摊派数额。其主要理由是，通过海关税实现切实值百抽五、五十里内常关税改由税务司征收、江浙漕米改折、免税洋货按值百抽五征税等办法，中央的财政收入共可增加 550 万两，并且此"乃各国公使及全权所指定者，本议明专为赔款而设"④。"于是，各督抚往返商议，遂改请减四成为请减三成。奏入，部议照减，而各省每年可少筹五百六十四万"⑤。但这个方案很快又被朝廷给否定了。

---

① 《清史稿》卷 125《食货六》会计。
② 《义和团档案史料续编》下册，中华书局 1990 年版，第 1196—1198 页。
③ 据汤象龙《民国以前的赔款是如何偿付的》（载《中国近代财政史论文选》）各省摊派数为 1880 万两，改拨数为 390.05 万两。
④ 各督抚：《会奏摊款减成电疏》，《光绪财政通纂》卷 1。
⑤ 《记各省摊偿赔款减成始末》，《光绪财政通纂》卷 1。

摊款的财源主要通过撙节和增加捐税的办法来筹措。改拨的390万两主要来自撙节:裁减虎神营、骁骑营、护军营加增津贴银两共140余万两,裁减神机营加增经费及步军营加增练兵口分、抽练兵丁口分银共120万余两,停支满汉官员、八旗兵丁米折共100余万两,此外南洋经费及沿海江防费并各省水陆勇营、练营、旧有绿营,一律酌加裁汰。[①] 增加的捐税包括房间捐输,按粮捐输,盐斤加价,酌提丁漕盈余,加抽土药、茶、糖、烟、酒厘金。除了这些户部建议增加的捐税以外,各地还增加了各种名目繁多的杂捐,如田房契税、肉厘、米捐、丝绸捐、杂粮捐等等。据王树槐估计,因摊偿庚款,各省筹措的财源总额共达2,021.6万两,其中盐捐占27.41%,货物税22.10%,田赋附捐20.53%,营业税8.7%,契税5.75%,其他1.73%,撙节13.8%。[②] 帝国主义对中国的财政掠夺通过清政府大增捐税而转嫁到了中国人民头上。

值得注意的是,在庚子前后,由于各省财政空虚和庚款的摊偿,廉价拍卖官职成为各地弥补财政亏空的重要手段。这部分收入也是相当可观的。

表6-3　庚子前后部分省份捐官收入情况表

序号	省份	捐例	时间	款额(两)
1	甘肃	秦晋赈捐	光绪二十七年二—七月	182,497
2	四川	劝捐助饷	光绪二十六年—二十七年七月	790,000
3	广东	劝捐助饷	光绪二十六年十月—二十七年九月	794,886
4	云南	秦晋赈捐	光绪二十七年二—七月	1,000,000

① 《义和团档案史料续编》下册,第1197—1198页。
② 王树槐:《庚子赔款》,第163页。

续表

序号	省份	捐例	时间	款额(两)
5	福建	福建赈捐	光绪二十六年—二十七年	1,000,000
6	吉林、江西、河南等	顺直善后赈捐	光绪二十七年—宣统年间	4,605,000
7	江宁	劝捐助饷	光绪二十六年—二十七年	1,300,000
8	贵州	贵州赈捐	光绪二十六年—二十七年	369,321
合　计				10,041,704

资料来源:(1)陕甘总督光绪二十八年十二月十九日奏。(2)四川总督奎俊光绪二十八年二月初五日奏。(3)两广总督陶模光绪二十八年四月初一日奏。(4)云南巡抚李经羲光绪二十八年五月十一日片奏。(5)闽浙总督许应骙光绪二十八年四月初六日奏。(6)直隶总督袁世凯光绪二十八年六月初九日奏。(7)两江总督魏光焘光绪二十九年八月二十六日奏。(8)贵州巡抚邓华熙光绪二十八年奏(月日不详)

仅上述饷捐与赈捐的不完全统计即达 1,000 余万两,各省综计数额必然十分巨大。[①] 这可以部分地解释庚子、辛丑(1900、1901)年间清王朝在风雨飘摇之中财政上还能勉强应付的原因。除捐输之外,还有大量的报效,如两宫进入陕西到西安途中的支应费用 29 万余两,全部作为报效。[②]

庚子赔款成立后,捐输有增无已。新海防捐原定光绪二十七年(1901)截止,但户部又奏"请展限以裕饷源"[③]。安徽筹还偿款中,官

[①] 如直隶赈捐、山东河工、奉天筹边等捐例的收入均未包括在统计数内。

[②] 陕西巡抚升允光绪二十八年五月初四日奏。

[③] 《德宗实录》卷 476,光绪二十六年十二月癸卯。许大龄在《清代捐纳制度》中认为:"李玉钧同年捐监并捐县丞双月选用共交银 243 两,附光绪二十八年新海防捐例已停,此照当系补发者。"许不知该项捐例曾经展限,故误断李玉钧捐照为补发。

捐一项即达 10 万两。^① 河南赈捐从光绪二十四年（1898）开办，奏准两年，到光绪二十七年至二十九年连续三次奏请展限。^② 捐监银原来已由十成改为五成，到光绪二十八年，四川又改为四成实银，于是各省纷纷效法，山东、贵州、福建均援案办理，形成一幅竞争削价卖官的丑图。各省的财政亏空有相当部分是靠捐输弥补的。如光绪三十年广西天地会造反期间，广西收入饷捐 42,900 余两，监捐 35,000 余两。^③ 贵州镇压矿工起义，增募二十营，需银 60 万两，其中 40 万两靠筹饷捐输解决。^④ 山东赈捐光绪二十八年至三十年共募集达 455.3 万两。^⑤ 光绪二十九年江西、三十年直隶、三十二年两湖、三十三年江苏安徽因水灾开办赈捐，其收入也不少。^⑥ 这样大规模地拍卖官爵，使大量捐班人员挤进官场，一旦得授实缺，便以百倍的疯狂搜刮民脂民膏，以收回买官的本利。清末吏治空前地败坏了。

筹措练兵经费

庚子以后，清政府编练新军，是清末新政的组成部分。但它在光绪二十九年至三十年迅速推进，却与日俄战争爆发的形势密切相关。光绪二十九年十月十六日（12 月 4 日），清政府设立练兵处。接着，练兵处奏请向各省摊派练兵经费 1,000 万两。袁世凯在奏折中谈得很清楚："前因日俄消息日紧，必须预为筹备，曾与庆亲王奕劻、侍郎铁良贻书密商，以日俄未开战之前，我宜速筹大批的饷。"^⑦清政府考虑到战争可能危及辽东陵寝，立即同意先由户部拨款 300 万两

---

① 安徽巡抚聂缉椝光绪二十八年六月初九日奏。
② 河南巡抚陈夔龙光绪二十九年十二月初三日奏。
③ 广西巡抚李经羲光绪三十年十二月初一日片奏。
④ 云贵总督丁振铎光绪二十九年八月二十九日奏。
⑤ 署山东巡抚胡廷幹光绪三十年十二月二十二日奏。
⑥ 《浙江财政说明书》第 4 册《捐输》。
⑦ 练兵处光绪二十九年十一月二十五日奏。

作为开办经费,"名为开办练兵处经费,实则用以筹防"。当时朝廷内外都有反对意见,各地督抚认款寥寥。因此,次年五月二十八日(7月11日),慈禧太后发懿旨,"特将此次练兵关系之重密为宣示",强调"自日俄开衅,中国势处两难。将来两国战事定后,一切因应,必多棘手。现在各省空虚,西北边防尤关紧要,近畿一带非有数支劲旅难期巩固",要求各督抚"务须审大局之安危,知事机之紧迫,不分畛域,共济艰难"①。清政府认识到日俄战争在中国的内政外交方面所带来的一系列严重问题,必须拥有强大的军队才能应付。在朝廷的压力下,各省开始比较认真地接受了练兵经费的摊派任务。

练兵经费摊派总额原定为966万两。嗣因奉天、吉林为日俄交战之地,广西天地会造反烽火连天,三省摊派的120万两奏明缓解,新疆10万两免解,其余17省共派银836万两。但各省实际认解额为639.7万两。不少省份要求减免,但朝廷毫不让步,如安徽省应认摊35万两,原只认10万两,经朝廷严催,续认10万两,余15万两恳免,但光绪帝的答复是:"着仍遵前旨,照数拨解。"②到光绪三十一年(1905)末,各省又追认120万两。摊派情况有如下表:

表 6-4　练兵经费各省摊派情况表　　　　单位:万两

省份	摊派额	认解额	省份	摊派额	认解额	追认额
江苏	85	宁 91	福建	40	2	
		苏 70	陕西	30	15	
湖北	50	103	云南	20	12	
浙江	50	91.44	贵州	6	1	
直隶	110	110	四川	80	—	80
湖南	40	40	广东	85	15	15

---

① 光绪三十年五月二十八日上谕。
② 安徽巡抚诚勋光绪三十一年七月十五日奏。

续表

省份	摊派额	认解额	省份	摊派额	认解额	追认额
甘肃	10	10	河南	40	20	10
山东	55	19.2	安徽	35	20	15
山西	50	10.06				
江西	50	20	合计	836	639.7	120

资料来源:据练兵处档案整理。

清政府通过"征天下之饷,练兵一省"①,使北洋六镇迅速成军,形成了在清王朝中具有举足轻重地位的北洋军事政治集团,其政治后果的严重性远远出乎了西太后的意料。辛亥革命史的研究一向比较重视日俄战争对于立宪运动和革命派的影响,在我看来,它对于北洋集团的迅速崛起的影响同样是深远的。首先,清政府不得不依赖这个异己的军事政治集团以维护自己的统治,造成了内部的分崩离析,政潮迭起。② 其次,北洋军费的 78.3% 都是由后来在辛亥革命时期独立的省份提供的,仅这个数字在很大程度上可以说明袁世凯在辛亥革命中一手推倒清王朝,一手迫降南方革命党人屈服的原因。

北洋练兵经费的筹措,户部原拟增加以下几种税收和提款:加派整顿烟酒税共 640 万两,优缺优差浮收酌提归公、整顿田房契税共 320 万两。③ 但各省实际的筹款情况完全不同。如河南认解的 20 万两完全靠司库挪凑。④ 陕西则是通过盐斤加价、酌提中饱、官吏报效拼凑了 15 万两。⑤ 江西认解的 20 万两,除 4 万两是整顿烟酒税所得之外,其余 16 万两来自丁漕钱价、漕粮脚耗和巡抚司道报效。⑥ 山西

---

① 《清朝续文献通考》卷 219 考 9658。

② 参见拙文《从官制改革到丁未政潮》,载《江海学刊》1988 年第 4 期。

③ 《续清朝文献通考》卷 71 考 8277。

④ 江南巡抚陈夔龙光绪三十一年三月初二日奏。

⑤ 陕西巡抚夏旹光绪三十一年三月二十八日奏片。

⑥ 江西巡抚胡廷幹光绪三十一年八月初一日奏。

认解的 25 万两,完全是靠零星拼凑汇解。① 湖南认解的 40 万两中,有 20 万两靠提取铜元余利。② 当时各省纷纷滥铸铜元,余利丰厚,"练兵处摊提兵饷,亦竟指此为大宗"。③ 此外根据主事王伊的条陈,户部还推广捐例,作为练兵专款。④ 练兵处曾重提赔款摊派减免三成的旧案,建议将关税切实值百抽五之后新增收入抵拨赔款,而将户部原抵拨赔款的三百余万两改拨练兵经费,户部以此项收入抵补赔款洋债"镑亏"尚且不敷为由加以拒绝了。⑤

在一片筹饷练兵的呼喊声中,赫德的建议曲高和寡,他把眼睛盯在了田赋上面。早在光绪二十五年(1899),他就提出了整顿田赋的主张。他认为,以中国十八省之地而论,大约应有一半应纳钱粮,如果其中百分之一纳赋即可得 240 万两,十分之一可得 2,400 万两,三分之一可得 8,000 万两,"惟照户部册开,年征不过 2,500 万两,其余应得之数,究竟著落何处耶"⑥? 三十年,赫德再次提出这一主张,认为"练兵筹饷,以地丁钱粮为大宗,若竭力整顿,即用此款练兵,并可举办各项要务"⑦。他估计中国土地面积约八十亿亩,减半折算四十亿亩,平均每亩征钱 200 文,即可征得银四亿两。两江总督魏光焘与各省督抚咨商之后,对赫德的条陈进行了驳斥:一、财政收入专恃地税,古时所无,列国也不采用。二、户部掌握的地亩数为 7.42 亿亩,整顿之后虽可加增,但决不可能有 40 亿亩。三、地税率各地不一,按肥瘠等差,也不能平均征收。但他们承认,通过清赋,的确有可能增加一二千万两的田赋。⑧ 督抚们的三条理由,一、三两条有偷换概念

① 山西巡抚张曾敭光绪三十一年九月初八日奏。
② 湖南巡抚端方光绪三十一年三月二十六日奏。
③ 《中国近代货币史资料》第 1 辑下册,第 945 页。
④ 《光绪朝东华录》(五)总 5154 页。
⑤ 《光绪朝东华录》(五)总 5131 页。
⑥ 唐文治:《职思随笔》之五。
⑦ 《光绪朝东华录》(五)总 5155 页。
⑧ 《光绪朝东华录》(五)总 5201—5203 页。

之嫌,惟第二条是实际问题。晚清耕地实际面积最保守的估计也不下 12 亿亩,大量耕地被隐匿、赋税被侵吞,这是事实。清政府十分清楚这一点。户部在一份奏折中指出:"试问此数十年来,休养生息,户口繁滋,何至从前抛荒地亩,至今全未垦熟?"它认为,田赋征收中有报水冲压豁除不实,报丁逃户绝,抛荒年久未经启征不实,报水旱成灾分别蠲缓不实,报民欠未完不实等弊端,"或在官吏,或在劣绅,或在书役"。[①] 赫德的计划有空想、夸大之处,但如果清政府加以合理化后严厉地推行,势必使地方乡绅的利益遭到沉重的打击。但晚清的社会政治结构并不具备清政府推行这一计划的条件。

清末除北洋六镇外,其他各省也纷纷编练新军。据统计,到辛亥武昌起义爆发时,清王朝除禁卫军外,共建成了 14 个镇、20 个协。[②]陆军部在当年的新军军费预算支出总额高达 4,629 万余两。[③] 此外,京外八旗、绿营及防军的开支也不断增加,根据陆军部的预算,宣统三年(1911)的支出达五千万两以上,[④]比庚子以前约增加二千万两的开支。海军的经费支出也超过了甲午战争以前的水平,到宣统三年已达一千万两。宣统二年以后,清政府还有建立空军的计划。[⑤] 军队建设的加快推进,财源主要是靠各省自筹,一方面造成了苛捐杂税的繁兴,另方面也促成了内轻外重的局面。

罗掘新政费用

早在光绪二十七年(1901),张之洞、刘坤一就在著名的"江楚会

---

① 《光绪朝东华录》(五)总 5134—5135 页。

② [美]拉尔夫·尔·鲍威尔:《中国军事力量的兴起》,陈泽宪等译,中国社会科学出版社 1979 年版,第 259 页。根据冯兆基先生的研究,还有三个镇已经建立了镇指挥机关,但建制不全(参见[澳]冯兆基《军事近代化与中国革命》,郭太风译,上海人民出版社 1994 年版,第 320—321 页)。

③ 陆军部预算宣统三年各省新军岁出总数。

④ 陆军部预算京外旗绿新旧军费总数。

⑤ 翰林院编修王会厘宣统二年九月初九日奏。

奏"中提出了新政筹款的问题："窃谓既须筹赔偿之款,尤宜筹办事自强之款。赔款之款所以纾目前之祸难,自强之款所以救他日之沦胥。应请敕下政务处大臣、户部及各省督抚,于赔款外,务必专筹巨款,以备举行诸要政。"①

清末的新政,虽然从光绪二十七年(1901)即宣布实行,但大规模地推行,还是在立宪运动兴起以后。新政的范围很广,包括裁撤冗衙、整饬吏治、修订律例、编练新军、创办巡警、振兴实业、废科举、兴学校等等。光绪三十一年以后,又增加了许多"宪政"预备措施,如官制改革、设谘议局资政院、地方自治等等。这些新政、宪政措施无不需款,成为清王朝财政的沉重压力。中央的新政费用向各省摊派,各省的新政费用向州县摊派,最终无不落到一般老百姓头上。

从光绪三十一年开始,中央政府新增的各种行政费用开始大量向地方摊派。仅三十二年摊派的经费就有翰林院经费(每省 600两),②刑部罚锾(每州县 100 两),③京师法律学堂经费(总数 4 万两),④巡警部经费(总数 29 万两)。⑤ 三十四年摊派考察政治经费 80余万两,⑥宣统元年(1909)摊派海军军费,其中开办费 1,800 万两,常年经费 200 万两。⑦ 二年摊派军谘府经费,其中开办费 60 万两,常年经费 118.9 万两。⑧

中央政府原有及新设各部的办公经费也大大增加。总理衙门改设外务部,经费 15 万两,商部每年经费不下 10 万。⑨ 光绪三十二年,

① 《刘坤一遗集》第 3 册,第 1289 页。
② 《光绪朝东华录》(五)总 5380 页。
③ 同上,总 5362 页。
④ 同上,总 5383 页。
⑤ 巡警部光绪三十二年正月二十五日奏。
⑥ 《清朝续文献通考》卷 71 考 8283。
⑦ 同上,卷 72 考 8285。
⑧ 同上,卷 72 考 8286。
⑨ 商部光绪二十九年十二月十五日奏。

内阁、翰林院、礼部、法部、理藩院、大理院增加办公经费总数达 40 万两。[1] 次年法部又追加经费 24 万两。[2] 到三十四年(1908),在京各衙门所增的养廉经费即高达 130 万—140 万两。此外还有各种名目的津贴。宣统二年(1910),资政院为统一官员俸禄的各种名目,制定如下标准:

表 6-5 宣统二年资政院奏议决京外各官公费标准清单

京官	公费(两)	外省各官	公费(两)
军机大臣	24,000	总督(繁,两江、直隶、奉天)	24,000
尚书	10,000	总督(简)	20,000
侍郎	8,000	巡抚	14,000—18,000
左右丞	4,000	布政使	8,000—10,000
左右参议	3,600	民政使、交涉使、度支使、提法使、提学使、盐运使	6,000
各司乌布一等	2,400	各道	4,000—5,000
二等	1,920	各府	3,600—4,000
三等	960	州县	照原不加修正
四等	600	科长(月)	80
五等	480	副科长(月)	60
六等	360	科员一等(月)	50
七等	180	二等	40
		三等	30

资料来源:《清朝续文献通考》卷 73 考 8307。在京候补丞参及丞参上行走、丞参厅行走不支薪水有主管事项者,各以其事项开支。至各衙门附设局所,均比照各司办理。乌布:满语,指郎中以下的差事官员。

---

[1] 《清朝续文献通考》卷 71 考 8280。
[2] 法部光绪三十三年五月二十八日奏。

　　一方面是庚子赔款下的严重财政危机,另方面则是官吏,尤其是京官津贴、办公费用激增,"官常弛而奢侈之俗兴焉"。当时北京官场上流传着这样一个政治笑话:我国新打一个大胜仗,有人赔我四万万,不然京官之阔,何能如此![1]

　　各地的新政费用也极为可观。宣统三年(1911)财政预算案中,湖南因兴办教育加征捐税达 40 多万两,行政经费增税 21 万两,警察经费 8.75 万两。[2] 湖北仅学堂捐一项即达 10 万两,[3]拨提地丁钱价充学堂经费者 60 万两。奉天一省,警费至 300 余万两。[4] 地处西北的甘肃省,道府、厅州县二级的新政费用就达 21.5 万两。[5] 浙江厅州县巡警经费为 27.3 万元。[6] 河南的新政费用达 200 余万。[7] 全国综计,新政实际支出的费用必然十分浩大。

　　清末新政中,不乏有进步的措施。推进新政的社会成分包括政府的最高决策集团、封疆大吏、一部分留学生、社会名流以及资产阶级,具有一定的社会基础。从某种意义上说,它是一个比较完整的社会政治改革方案。但是,它的推行远远超出了当时中国的国力。御史陈善同指出:

　　　自治也,调查户口也,巡警也,审判也,教育也,实业也,何一非亟当筹备者? 而按之于势,不能无缓急,即见之于新政,不能无先后。就各事言之,立国以民为本,民有所养而后国本不摇,是最急者莫如实业。实业既兴,必不可不为之轨物以范之,为之保障以卫之,而教育、自治、调查户口、巡警、审判以次兴焉。[8]

---

① 何刚德:《客座偶谈》卷 3,第 2 页。清末物价上涨,是官僚集团通过各种摊派牟取生活补助金的一个重要因素。

② 湖南巡抚杨文鼎宣统二年十二月十五日奏。

③ 湖广总督瑞澂宣统二年十一月二十五日奏。

④ 《清史稿》卷 125《食货六》会计。

⑤ 《甘肃清理财政说明书》第 5 册,第 24—32 页。

⑥ 《辛亥革命浙江史料选辑》,浙江人民出版社 1981 年版,第 201 页。

⑦ 黄浚:《花随人圣庵摭忆》,第 490—491 页。

⑧ 陈善同:《奏陈筹备宪政分事分地办法折》(宣统二年五月初九日),《陈侍御奏议》卷 1。

陈善同已经注意到了发展资本主义经济与新政的关系。御史赵炳麟也批评说:"从纸片上观之,则百废俱举;从事实上核之,则百事俱废。"他估计,巡警费小省 200 余万,大省 300 余万;司法费每省百万两以上;教育费每省百余万两以上。因此,他认为,怎样推行新政,"应从预算逐年经费下手",[①]也就是要考虑财政上的可能性。

宣统二年(1910)四月,清政府根据御史赵炳麟的建议,向各省督抚调查截至宣统八年(1916)各地筹备立宪所需费用。根据各省奏报,情况有如下表:

表 6-6　九省筹备宪政预算经费表　　　　单位:万两

省份	年限	内容	预算经费
直隶	1910—1916	自治、教育、司法、警察	4,411
河南	1910—1916	自治、教育、司法、警察	1,814
广西	1910—1916	自治、教育、司法、警察、清理财政、调查人口	1,073
江西	1910—1916	民政、教育、司法、军政、实业	4,421
福建	1910—1916	自治、教育、司法、警察、实业	5,663
广东	1910—1905	教育、司法、调查、警察、实业	11 715.5
黑龙江	1910—1914	自治、教育、司法、警察	598
湖南	1910—1914	自治、教育、司法、警察	4 807.9
湖北	1910—1916	自治、教育、司法、警察	7,364
合计			41 867.4

资料来源:1.直隶总督陈夔龙宣统二年七月二十日奏。2.河南巡抚宝棻宣统二年八月十六日奏。3.护理广西巡抚魏景桐宣统二年八月初六日奏。4.江西巡抚冯汝骙宣统二年八月十二日奏。5.闽浙总督松寿宣统二年八月初二日奏。6.两广总督袁树勋宣统二年八月初五日奏。7.黑龙江巡抚周树模宣统二年八月初五日奏。8.湖南巡抚杨文鼎宣统二年十月初八日奏。9.湖广总督端方宣统二年九月十三日奏。

---

① 赵炳麟:《请确定行政经费疏》,《赵柏岩集·谏院奏事录》卷 6,广西人民出版社 2001 年版,第 485—487 页。

　　上表所列仅九省预算主要宪政费用，全国"一切新政举行，综计其数，宁无需八万万耶"①? 竭力主张预备立宪的端方私下也对人说："以中国地大，只求一里有两个警察，年已需五万万，以全国岁入，办一警察尚复不够，何论其他。"②很显然，在明知财政上无法承受的情况下，清政府仍不得不抛出九年宪政预备计划，反映了政治形势的发展与现实财政状况的尖锐矛盾。人们认为这是清政府玩弄的一场政治骗局，目的在于阻挡滚滚而来的革命潮流，这并不是没有道理的。

第三节　被束缚的财政

修改税则与常关税、盐税的抵押

　　在庚款确定以后，列强为了取得赔款，同意将作为庚子赔款担保收入之一的海关税收，实行切实值百抽五，清政府即与列强着手进行修改税则的谈判。中国政府原来的切实值百抽五方案是：一、按照金价征收海关税；二、再将海关税提高至切实值百抽五。但是，列强断然拒绝了按金价征税的要求，仅同意"以 1897、8、9 三年卸货时各货牵算价值，乃开除进口税及杂费总数之市价"③。光绪二十八年七月二十六日（1902 年 8 月 29 日）签订的新税则："结果是各国所允许中国征收名义上的百分之五，实际照当时进出口货物的市场价值来算，几乎不超过百分之三。"④列强一方面坚持中国必须按金价偿付庚款，一方面又拒绝庚款的担保品关税按金价征收；一方面同意关税切实值百抽五，一方面又自食其言，连赫德也认为"未免有失公平"。参加

---

① 《己酉大政纪》宣统元年三月二十日，第 21 册卷 10，摭言。
② 何刚德：《客座偶谈》卷 1，第 3 页。
③ 王铁崖编：《中外旧约章汇编》第 1 册，第 1006 页。
④ ［美］威罗贝：《外人在华特权和利益》，王绍坊译，第 450 页。

谈判的列强代表理屈词穷,竟无耻地说,"至于说考虑什么是对中国最公平和最好的说法,那却不是他们的事"![①] 就是这样一个廉价的海关税则,俄国公使还开出了一份长长的"所抽太重"的货单,要求改订![②]

关于加税裁厘的谈判,更是阻隔重重。光绪二十七年十一月(1902年1月),中英两国正式进行修约谈判。英国政府的代表是同时充任海关税则修订委员会常任主席、想在其外国同僚面前炫耀"他那套如何与中国外交家周旋的知识"的马凯。他要求清政府"豁除厘金,开通商务",闭口不谈加税一事。中国代表吕海寰、盛宣怀则坚持"加税方能免厘为商约脑",与马凯反复辩论。[③] 清政府在财政严重亏空的情况下,对加税是否能足抵裁厘之损失,忧心忡忡,意见不一;英国商人对这一方案能否实施也意见分歧,使得马凯屡次推翻前议。双方僵持了近八个月。新的海关税则签字以后,马凯便以回国相威胁。在这种情况下,清政府无暇犹豫,急忙通知吕、盛就近画押签字。英方同意中国在裁撤厘金之后,进口税允许增加至不超过12.5%,出口税不超过7.5%(对土货可征收销场税),之后,"洋货无论在华人之手或在洋商之手,亦无论原装或分装,均得全免重征各项税捐,以及查验或留难情事"。规定裁厘自1904年1月举行,并附带由海关人员监察有关内地税收的征收事宜。即使对于这个"外国对中国财政和行政权非分干涉太浓厚"的方案,日、美政府代表也大为不满,只是由于中国代表的坚持,才勉强达成了加税裁厘的条款。清末加税裁厘虽然甚嚣尘上,但直到清朝灭亡,仍然是加税未加,裁厘未裁。厘金未裁,固然是由于"各省疆吏恃为腾挪弥补之术,调剂属员之资……故莫肯建议裁撤"[④],但这一方案之未能实施,更主要的原因仍在

---

① [英]莱特:《中国关税沿革史》,姚曾廙译,第363—364页。
② 《清季外交史料》卷164,第10页。
③ 《光绪朝东华录》(五)总4949页。
④ 同上,总4925页。

于列强的反对。新的海关税率远低于切实值百抽五的水平,这对与新的协定关税挂钩的加税裁厘方案是一个沉重的打击,迫使清政府重新估量其利害得失。其次,由于片面最惠国待遇的约束,清政府以后未能与其他国家达成加税裁厘协议,即使"有一国未经允许,虽已订之英、美、日三国商约亦不能实行"①。

偿付庚款的担保品除海关税之外,还有常关税和盐税。《辛丑条约》规定:"所有常关各进款,在各通商口岸之常关,均归新关管理。"由此,中国常关遂分为三种:一为通商口岸五十里内常关,划归税务司兼管;二为五十里外常关,仍由监督管理;三为内地常关,照旧由监督管理。列强由此又获得了对于中国部分常关的管理权。海关总税务司赫德还感到不满意,"志在尽夺各省权利","欲将各处之土药税并口岸之厘捐,均并归包收……并欲将口甚远之常关一并包揽"②。如扬州之扬由关、武昌厂关、广州陈村等四口大关的管辖权问题均发生了争执,为清政府所拒绝。据统计,清末由海关所兼管的常关计有正关 22 处,分关分卡 112 处。③ 海关兼管常关以后,对常关原来弊窦丛生的管理制度进行了改革,使常关的收入大大增加。由于常关的原有收入已指定京协各饷用途,清政府根据江西巡抚李兴锐的建议,实际用于抵押赔款的仅为新增收数。④

盐税的担保与五十里常关归由税务司管理的办法略有不同。光绪二十七年三月初一日(1901 年 4 月 19 日)各国公使与徐寿朋等人会谈,曾要求将盐税全数作抵,但徐答以"我国有若干要款,皆取给于此,只可匀出四百万作抵"。⑤《辛丑条约》签字后,清政府下令盐每斤

---

① 军机处录副:资政院宣统二年十一月初一日。
② 《清季外交史料》卷 156,第 6 页。
③ 戴一峰:《论清末海关兼管常关》,《历史研究》1989 年第 6 期。
④ [英]莱特:《中国关税沿革史》,姚曾廙译,第 391 页。
⑤ 《会议赔款事宜》卷 1,第 8 页。

加价 4 文,作为赔款税源。[①]

大举外债

资本输出是帝国主义的一个重要特征。通过间接投资,以巩固、扩大列强在其各自势力范围内的侵略权益,是 20 世纪初叶帝国主义对华经济、财政侵略的一个重要手段。庚子至辛亥年(1900—1911),剔除由庚款等转化而来的外债数额外,清政府举借的外债数量高达近 3.4 亿两,其中铁路借款占 76.86%,财政军火借款占 14.66%。[②]按债务期限分类,30 年以上占 23.6%,20 年以上占 50.6%,5—20 年的占 14.6%,4 年以下的短期借款占 11.3%。从整个债务结构来看,实业借款、长期借款占绝大部分,其中虽有用于弥补财政支出的部分,然而与民国北京政府靠借债维持军政费用的开支,显然有所区别。

帝国主义列强从这些贷款中攫取了重大的经济、政治利益。首先,这些借款,尤其是长期借款,绝大部分是帝国主义强加在中国头上的,其主要目的在于巩固和扩大自己在华的势力范围。列强争夺势力范围的斗争又集中地通过贷款权表现出来,其破坏性远远超出了财政经济范围。其中尤以湖广铁路借款和币制实业借款为典型。其次,清末十二年长期借款的折扣一般为90%,年利率虽较短期借款低,但由于折扣过大,实际利率与短期借款相差不大。最后,长期借款往往附带许多苛刻的条件,如购买贷款国的材料,由贷款国派员管理、分成利润,聘用贷款国技师等等,或者以企业资产、股份作为抵押担保,成为外国资本控制乃至吞并清政府所办的厂矿企业的利器。财政借款则附带税源担保条件以及外人监督等条款。

问题在于清政府为什么在财政状况十分糟糕的情况下大量举借

---

① 民国盐务署编:《清盐法志》卷 3,征榷门。

② 徐义生:《中国近代外债史统计资料》,第 90 页。

外债,主要用于建设铁路、兴办实业呢? 回答这个问题,仅仅用列强"强迫"解释是不够的,国家的经济政治状况显然也是极为重要的因素。

19世纪末、20世纪初,中国还是一个落后的农业国,缺乏大规模推进近代化建设的资金积累。引进外国的资本和技术,这是符合当时社会经济发展需要的。但是,如何引进、如何运用外国资本,则取决于国内的政治状况。学者们注意到,在甲午战争以后,国内私人资本的投资数额大量增加,并超过了国家资本的数额,清政府也采取了鼓励私人资本的政策。但是,我们必须注意到,对于一些近代国民经济的重要部门,如铁路、矿山等,清政府并没有轻易地放松统制政策。通过对这些部门的大量投资和统制,进而控制整个国民经济,这仍然是一个中央集权的专制政府的基本国策,因为专制政府的目标和存在的基础,就是在政治、经济和意识形态领域的全面控制。在财政窘迫的情况下,国家资本不得不收缩对轻工业等部门的投资,这是问题的一方面;而通过大量举借外债,以保证国家在重工业和近代经济动脉铁路上的投资优势,在更高的层次上实现对经济的控制,这是问题的另一方面。(清末国家银行的设立、币制改革,其着眼点也在于此。)因此,处于列强积极推进对华投资、民众收回利权运动高涨漩涡中的清政府,其政策天平最后转向"借款自办",有它自己的支点。

清政府曾对举借外债的利弊得失在内部进行过一次较大的争论。宣统二年(1910)七月,东三省总督锡良、湖广总督瑞澂先后入都陛见,认为"实行借债造路,可为我国第一救亡政策"。他们从内政外交两方面阐述了这一主张的理由:"我国果下借债造路之令,则美英法比诸国之财团,势必纷纷竞输财于吾国,而俄日更借,必极困难,理化家所谓,既长我之财力,必缩短彼之财力也。此议果行,十年之后,可收铁路之益,即十年之内,推行币制之时,亦可免于危险。不特国内宪政进行更速,即各国谋我图我,亦必苦于财力之不给,釜底抽薪,莫便于此。"之后,他们又申论道:"今中国国大不得国大之益,人多而不得人多之力。铁路果成,财聚力富,势增百倍,庶可与列强竞争于世。""行政之易,亦如破竹。"将国际资本控制于满族亲贵之手,对外与列强抗衡,对内加强其统治,这是清王朝行将灭亡之前的一番梦呓。两广总督袁树勋指出,"若今日中国之借债,则动机悉出于外人,并强迫以借",必须"通盘计划,免蹈借款自亡之覆辙"。云贵总督李经羲也认为,"借款造路,为救亡要策,然行于未有内阁国会以前,转适足以速祸"。他认识到了大量引进外资的政治条件并不具备。[①]

这场讨论几乎各省督抚都公开发表了自己的意见,这是中国近代史上关于利用外资的第一次大争论,涉及举借外债与内政外交经济社会各个方面,直接关系到清王朝的命运。

这场讨论后来进一步围绕着借款造路的政治条件展开,并集中到了召开国会、建立责任内阁上来,有些督抚发表的意见是颇有历史洞察力的。但是,在专制体制下,统治阶级内部的民主也是缺乏的。宣统三年四月(1911 年 5 月),清政府在取缔了国会请愿运动之后,悍然成立皇族内阁,宣布干路国有政策,以借债造路作为基本国策,最后引发了导致清王朝灭亡的保路运动。亡国之策被当作了救国之策,这是专制独裁者所不曾料到的。

第四节　币制改革与财政的清理整顿

清朝最后十二年,清王朝除了通过广拓财源以应付内政外交急剧扩大的经费开支、弥补巨额的财政赤字外,还对财政制度进行了一系列的改革。之所以要进行这方面的改革,是因为腐朽不堪的封建财政管理体制已远远不能适应社会经济向近代转轨的需要;自太平天国以来财政权的下移到庚子以后进一步获得了可能摆脱中央控制的推动力;由巨额的战争赔款和外债,中国财政的状态引起列强直接

---

① 　上引材料均见李振华辑《近代中国国内外大事记》,宣统二年。

干涉并置于国际共管的危险性空前地增长了。因此,清政府花了极大精力从事这项生死攸关的工作,企图集中财政权,以应付和避免日益迫近的事变。

币 制 改 革

清末的币制空前紊乱。银钱平行,制钱又有大钱、小钱、官铸、私铸、轻重之别,银两的成色秤量各地千差万别,各国银元同时流通,纸币除外国银行发行的五花八门的洋纸之外,国内还有各种官帖、私帖。各种货币的兑换手续、比价关系纷繁复杂,与清末各地商品经济的发展、经济联系的紧密产生了尖锐的矛盾。这种矛盾由于铜元的兴铸更趋尖锐了。[①]

清末铜元的兴铸,是制钱制度走向没落的产物。同治、光绪以来,由于铸本不敷钱价,各省铸钱局相继停铸,加以"铜价日昂,私毁日多"[②],制钱急剧减少,于是造成了"钱荒",对商业贸易、财政税收影响严重。光绪二十一年(1895),署两江总督张之洞奏报:"窃查各省停铸制钱以来,市用铜钱日见其少……小民生计艰难,商贾即多折阅,民间完纳丁漕、厘课,尤为苦累。百事窒碍,民情惶扰,时近岁暮,生事可虞。"[③]湖北也是"钱少价昂,商民交受其困"[④]。各地情况大同小异,"钱荒之害,薄海受困"[⑤]。广东地区民间搭用香港之当十铜仙以补制钱之不足,这启发了广东当局。二十六年六月,两广总督李鸿章决定仿照香港铜仙,自行开铸铜元。发行以后,"行销无碍,军民称便"。接着福建、江苏相继开铸。二十七年十一月(1902 年 1 月),清

---

① 　参见张振鹍《清末十年间的币制问题》,载《近代史研究》1979 年第 1 期。

② 　《林文直公奏稿》卷 4,第 3 页。

③ 　张之洞:《拨款购铜附铸制钱折》(光绪二十一年十二月二十二日),《张之洞全集》第 2 册,第 1098—1099 页。

④ 　《端忠敏公奏稿》卷 3,第 12—13 页。

⑤ 　御史徐道焜光绪二十四年十月二十六日奏。

政府通谕沿江各省筹款仿办,铜元遂在全国范围内大量铸造。各省铸造铜元之初,对于救济钱荒,不无裨益,市价颇高。同时,铸造铜元,余利丰厚,[①]这对于严重支绌的清朝财政无异于一支强心针,各省遂不顾流通的实际需要,拼命开铸。到光绪三十一年(1905),开铸铜元的已达 17 个省份,设厂 20 处。[②] 据三十三年陈璧的调查,各地铸造的铜元多达 123.8 亿枚,[③]到宣统二年(1910),度支部估计流通市面的铜元价值已达 1 亿两。[④] 加上国内及外洋私铸的铜元,数目远在此之上。如此巨额的铜元充斥于流通领域,造成了货币价格、商品价格的严重紊乱,金融风潮迭起。这里仅就财政方面的影响述之。

铜元价格于发行之初,一块银元仅换铜元 80 枚,光绪三十年末增至 88 枚,三十一年换 96—107 枚,三十二年换 110 枚,三十四年为 120 枚,宣统元年为 180 枚。[⑤] 铜元价格的日趋跌落,使铜元余利逐年减少,失去了原来赖以挹注的财源,这对于各省财政的威胁几乎是致命的。

其次,从 19 世纪 70 年代以后,银价对于钱价即成不断下跌之势。咸、同年间各地所定的丁漕钱价长期维持不动,成为地方财政的重要收入。1897 年虽经核减提盈,但州县盈余仍然相当可观。光绪二十八年以后,随着银钱比价的回升,地方的丁漕钱价盈余遂化为乌有,虽然规复原价,仍无济于事。到三十一年,各省普遍呼叫"近年银价腾贵,州县征钱解银,亏累过巨"[⑥]。安徽巡抚朱家宝指出:"在昔银贱钱贵,州县多有盈余,今则情势渐更,未免俱形苦累。推原其弊,皆

① 如湖北自 1902 年 9 月开铸至 1910 年,赢利七百数十万两。见《庸庵尚书奏议》卷 12。其他各省情况见《望嵓堂奏稿》卷 6,截至 1907 年,各省余利高达三千万两。

② 杨端六:《清代货币金融史稿》,第 345 页。

③ 陈璧:《望嵓堂奏稿》卷 6。

④ [美]耿爱德:《中国货币论》,蔡受白译,第 392 页。

⑤ 梁启超:《各省滥铸铜元小史》,《饮冰室文集》之二十一。

⑥ 端方:《端忠敏公奏稿》卷 9,第 14 页。

铜元充斥,银价翔贵。"①"在任者动求交卸,新任者视为畏途,岌岌情形,通省一致。"②州县财政也陷入了极端的困境。建立完善的货币制度成为社会关注的焦点问题之一。

　　清末币制改革最初是在列强的压力下被迫进行的。光绪二十八年(1902)中英商约规定:"中国允愿设法立定国家一律之国币,即以此定为合例之国币。"1903年中美、中日商约也作了同样规定。中国的币制改革遂成为一项由不平等条约所规定的义务。二十九年三月(1903年4月),美国为干涉中国币政,组成国际汇兑委员会。清政府也设立财政处,以筹划铸造统一式样的银币。③ 当年底(1904年初),国际汇兑委员会成员精琦(J. W. Jenks)来华,向清政府抛出了《中国新圜法条议》。这一方案是企图在中国实行金汇兑本位制,"其实施以能得赔款国之多数满意为归","应派一洋员为司泉司",并举借外债作为币制改革的基金。④ 方案一出笼,即遭到了社会舆论的强烈抵制,因此,清政府采取了"上不失主权、下不拂民情"⑤的方针,与之周旋。精琦又向鹿传霖、盛宣怀、张之洞、端方游说,并无成效。⑥ 这位洋专家终于没有完成海约翰给他的"求定一易金之圜法"⑦的指令,悻悻地回国了。

　　由精琦方案而引出的确立中国货币本位制度的争论并未因此平息。早在光绪二十九年,一些驻外公使如胡惟德、汪大燮、张荫棠等人就建议中国采用金本位制,但曲高和寡,无人理睬。现在外人干涉的阴云已经临头,加以银贵钱贱和铜元充斥的冲击,各地督抚的争论

---

① 安徽巡抚朱家宝宣统二年十二月二十六日奏。

② 陈夔龙:《庸庵尚书奏议》卷10。

③ 《光绪朝东华录》(五)总5013、5097页。

④ 陈度:《中国近代币制问题汇编》第1册,上海瑞华印务局1932年版,第46—48页。

⑤ 赵尔巽档,赵尔巽与精琦会谈记录。

⑥ 赵尔巽档,精琦致赵尔巽函(英文原件)。

⑦ 赵尔巽档,海约翰致精琦函。

也热闹起来了。湖广总督张之洞铸造一两重银元的主张,还得到了参加商约谈判的税务司贺璧理、戴乐尔的支持,占了上风。三十一年十月,财政处与户部即奏准了以库平一两银币为本位货币的章程。这是清政府颁布的第一个国币法规。

但是,章程颁布以后,反对的意见不少。湖北试铸的一两重银币"未甚行用,旋即收回熔毁"。到光绪三十四年(1907)三月,度支部又奏准"改从七钱二分之制,以便推行"。直隶总督袁世凯上奏表示反对,政务处不得不向各省征询意见。结果意见更加纷杂,有的主张采用一两制,有的主张七钱二分制,有的主张七钱制,即使秤量相同,内部又有成色的差异。政务处最后以"主张一两者有十一省之多"为由,奏准仍采用一两制,又遭到度支部的反对。政务处遂决定设立币制调查局,调查以后再行决定。宣统二年四月(1910年5月),由度支部奏准公布了《国币则例》二十四条:国币单位定名为圆;一元银币重量库平七钱二分,含纯银九成;银辅币分五角、二角五分、一角三种;镍币五分一种;铜币有二分、一分、五厘、一厘四种。并下令"将现铸之大小铜元一律停铸",新币铸造由中央政府直属的天津铸币厂统一管理。但据度支部调查,"银元一项,自光绪十六年间开铸至三十四年止,各省局厂报告铸数,大银元约四十余兆,小银元约共一千四百余兆,为数甚巨"。"铜元一项,开铸以来,铸数值银一百兆以上。"[①]这总值在15亿以上的旧币回收、新币投放,无疑是一笔极为巨额的币制整理费,是千疮百孔的清朝财政所无法承受的。唯一的途径是举借外债。

宣统二年七月,清政府因币制和东三省实业的需要,正式与美国接洽借款。美国垄断资产阶级正积极企图向东三省投资,在日、俄势力范围内打入楔子,并且一向企图控制中国的币制改革。清政府的要求正中下怀,很快达成了整顿币制和东三省实业借款五千万美元

---

① 上引资料均见《中国近代货币史资料》第1辑下册,第752、784—790页。

的协议。但在这年四月,美国银行团已挤入了清政府原向英、法、德银行团举借的湖广铁路借款,再承担币制实业借款,心有余而力不足。因此,背着清政府向英、法、德银行团请求协助,之后,又逼迫清政府接受四国银行团的借款,并要求任美国人作为币制改革的顾问,清政府"除抗议外别无选择"①,于宣统三年三月十七日(1911 年 4 月 15 日)被迫在币制实业借款合同上签字,总额 1,000 万英镑,年息五厘,九五折扣,期限 45 年。关于聘请外国顾问一事,最后确定以四国银行均能接受的荷兰人卫斯林(G. Vissering)。根据合同规定,东三省实业如有急需款项,经四国银行团同意,可于债票发行前先垫借 100 万英镑。英法两国便"把湖广借款之缔成作为履行币制借款的先决条件"②,清政府不得不于四月二十二日(5 月 20 日)在湖广铁路借款合同上签字。这笔借款导致了保路运动的爆发。先已成立的币制实业借款除了支付 40 万镑垫款外,并未正式发行债券。③ 迅速被革命浪潮吞没的清王朝自然来不及搞什么"币制改革"了。

财政清理与财政预算

庚子以后,由于对外赔款、外债偿付,使清政府原有的财政管理体制无法正常运转;由于新政、宪政的推行,各地捐税大量增加,征收权限、税收归属无明确规定,税率标准极不统一;中央财政的摊派有增无已,与地方的矛盾日益尖锐;地方督抚因财政支绌而举借外债,中央也无法控制;清朝中央政府对于全国的财政情况不甚了了,控制调度力日益衰弱。这些情况表明,财政已到了非整顿不可的地步了。光绪三十三年(1907)十一月御史赵炳麟奏请"制定预算决算,以整理

① [美]查尔斯·威维尔:《美国与中国:财政和外交研究(1906—1913)》,张玮瑛等译,社会科学文献出版社 1990 年版,第 142 页。
② 《德国外交文件中有关中国交涉史料选译》第 3 册,孙瑞芹译,商务印书馆 1960 年版,第 107 页。
③ 徐义生:《中国近代外债史统计资料》,第 50—51 页。

财政而端治本"①,但当时度支部因循保守,并无重大举措。比较积极的是宪政编查馆。

财政清查

财政清理作为清政府预备立宪的重要措施之一,其目标是以度支部为财政中枢,划分国家税与地方税,办成预算决算。而"预备自上者,则以清理财政、编查户籍为最要"②。根据光绪三十四年(1908)宪政编查馆与资政院合拟的《逐年筹备事宜清单》规定,当年须由度支部颁布清理财政章程;次年调查各省岁出岁入总数;第三年进行复查并厘订地方税章程,试办各省预算决算;第四年会查全国岁出入确数,颁布地方税章程,厘订国家税章程;第五年颁布国家税章程;第六年试办全国预算,颁布会计法;第八年确定皇室经费;第九年确定预算决算,制定明年确定预算案。③ 宣统二年十一月(1911 年 1 月)改为五年预备立宪后,财政方面的预备步骤改为宣统三年厘定国家税、地方税各项章程,四年确定预算决算。④

光绪三十三年七月,考察政治馆改为宪政编查馆,下设编制、统计二局,统计局第一科掌属于外交、民政、财政之事。统计局向各科、各省发出了大量的统计表格,其中财政表格共 178 份。该局认定,"统计惟财政为最繁,亦惟财政为最要","预算成立,固准此为权舆,年鉴刊行,即视斯为嚆矢"。⑤ 为保证《统计年鉴》的编纂,宪政编查馆又奏准饬各省设立调查局,各部院设立统计处。调查范围包括政治、经济、文化、社会各个方面。这次大规模社会调查的成绩,

① 《清末筹备立宪档案史料》下册,中华书局 1979 年版,第 1016 页。
② 《光绪朝东华录》(五)总 5976 页。
③ 《清末筹备立宪档案史料》上册,第 61—67 页。
④ 《宣统政纪》卷 4,光绪三十四年十二月辛未。
⑤ 宪政编查馆:《奏定财政统计表式举要》,上海商务印书馆编译所编《大清新法令》第 5 卷,商务印书馆 2010 年版,第 115、119 页。

还有待于研究。

光绪三十四年(1908)以后,财政方面的统计调查与财政清理整顿同步进行。这年十一月,度支部奏定清理财政办法六条,接着又拟定清理财政章程,在度支部设清理财政处,各省设立清理财政局,全面调查光绪三十四年的出入款项,编制财政说明书,限于宣统二年(1910)六月底报部。宣统元年闰二月十四日(1909 年 4 月 4 日),度支部派定各省财政正监理官,[①]直接干预地方财政清理。各部院大臣、各省督抚大为不满,"各部院之中,竟有主张一部中财政独立之说者"[②]。甘肃藩司毛庆蕃阻挠清理,被革职,但"监理官之电部辞职、沥陈困难者,不一而足"[③]。尽管阻力重重,但由于度支部尚书载泽"威权最重","虽部臣疆吏不便所为,未有敢公然抗命者"。[④] 到这年年底,度支部命令各省提前将光绪三十四年出入总数电咨到部,"又经往返驳查更正,各省协拨款项,彼此收支,其中虽多有重复,然出入大纲,略可概见"[⑤]。宣统二年秋季,各省的财政说明书基本编竣,"全国财赋之籍,始总于京师"[⑥]。

宣统二年初,在了解了光绪三十四年各省收支情况(参见本章表6-2)之后,度支部又下令"清理财政局将宣统元年出入总数按照预算册式分类分款造册送部"。据各省报告汇总,统计宣统元年各省岁入除受协不计外共收银 263,219,700 两,岁出除协款不计外共支银 269,876,432 两。[⑦] 这一统计数据剔除了协款重复计算的因素,显然比上年的统计数较为准确一些。

---

① 《宣统政纪》卷 9,宣统元年闰二月甲午。
② 李振华辑:《近代中国国内外大事记》宣统元年,第 855 页。
③ 同上,第 1075 页。
④ 苓泉居士:《觉花寮杂记》卷 1。
⑤ 李振华辑:《近代中国国内外大事记》宣统元年,第 1141—1142 页。
⑥ 苓泉居士:《觉花寮杂记》卷 1。
⑦ 《清理续文献通考》卷 67 考 8234。

试办宣统三年财政预算

与复查各省财政收支统计数字的同时,宣统二年(1910)清政府还着手进行了试办宣统三年财政预算案的工作。省预算由各省清理财政局编制,编竣后经督抚核准上报度支部,再由度支部汇总中央各部院预算经费,编制全国预算书。各省谘议局开会之时,纷纷要求督抚将省预算交议,虽然勉强获准,但实际上度支部在编制全国总预算时,并没有将各省谘议局要求修正的收支补入。资政院在审议度支部的全国预算案的时候,各省同时也正在审议省预算,因此,资政院对度支部的预算所做的修正,也无法充分吸收各省谘议局的修改意见。省预算与全国总预算无法吻合是显而易见的。经资政院议决的全国预算案奏准之后,预算名义上成立了。由度支部原报的预算收入为 296,962,719 两,支出为 338,652,272 两;资政院复核后,调整为收入 301,910,294 两,支出 260,745,079 两。[①] 这个由赤字高达四千万两调整为总赢 3,461,931 两的财政预算案,各省督抚纷纷奏请修改,以致预算案有被推倒之虞,连墨守成规的度支部也不得不两次奏请维持原案。[②]

关于宣统三年财政预算案虽然是"各种杂乱无章之账簿"[③],但作为近代第一份全国财政预算,并不会因此而失去其研究价值。

从存在的问题来说,首先在于编制预算的准备条件还不成熟。如会计法、国家税地方税划分等法规尚未制订,公库尚未统一,贸然编制预算,自然矛盾百出。会计法没有颁布,则无法确定会计年度、会计科目、核算方法。以会计年度为例,清政府原意从宣统三年元日开始,至于除夕结束,但各省实施却不一致,如江苏宁属预算案就以

① 《清续文献通考》卷 68 考 8245—8246。

② 《宣统政纪》卷 53,宣统三年四月丁亥。具体情况,参见刘增合《光宣之交清理财政前夕的设局与派官》,《广东社会科学》2014 年第 2 期。

③ 梁启超:《为筹制宣统四年预算案事敬告疆吏》,《饮冰室文集》之二十五(下)。

六月初一日为施行之期。[①] 国地税收划分未定,则中央与地方收支预算编制的权限本身也就成为问题。其次,财政预算应根据国家大政方针、施政重点以确定财政收支。但宣统三年(1911)的预算案则无政策重点,"纷然杂陈,欲合文明政治悉举而推行,无政治计划"[②]。第三,财政预算收支应该平衡,如有赤字,应明确弥补之办法。但无论是各省还是全国的预算,都是以赤字预算交议。因此,在以后清政府和各省督抚通过发行公债和举借外债来弥补财政赤字后,又与资政院和谘议局发生了种种冲突,后者无法制约行政部门的借债权限。第四,中央政府无统一编制之部门。宣统三年预算案实际编制权在各省和各部院,负责财政的度支部仅起了汇总作用。产生上述问题的基本原因,一是由于宪政筹备本身计划不周,如置编会计法与划分国地收入于试办预算之后,二是由于清朝政治自身的弊病,"财权政权均不统一"。

通过试办宣统三年预算,暴露了清王朝在政治、财政方面的一系列问题,但其对于中国的政治发展产生了积极的影响,对近代财政体系的形成,其影响也是深远的。

在政治上,从财政预算的编制到成立,充满了激烈的矛盾和冲突。立宪派领导的国会请愿运动,直接以财政问题警告清廷:"埃及、印度之亡,由于财政穷蹙,法国革命之起,由于财政紊乱。"[③]要求速开国会以解决财政问题。当清政府试办宣统三年预算之后,各省谘议局俨然以地方议会、资政院以国会自居,要求审议预算。度支部以试办预算为由,认为不必交议。直省谘议局联合会便公决对待各省督抚不交预算案办法六条。[④] 这个"对待办法"虽然具有浓厚的妥协性,

---

① 《国风报》第 2 年第 12 号,第 99 页。
② 《清朝续文献通考》卷 68 考 8244。
③ 《国会请愿同志会意见书》,张枬、王忍之编《辛亥革命前十年间时论选集》第 3 卷,生活·读书·新知三联书店 1977 年版,第 611 页。
④ 《国风报》第 1 年第 25 号,第 101—120 页。

但毕竟破天荒地迫使专制王朝将其财政收支交付公议了。

漏洞百出的预算案一旦公布于世,又加剧了谘议局与督抚的冲突。各省谘议局在基本接受原定预算的前提下,削减了一些明显浮滥的行政开支,以缩小财政赤字。督抚不是抱怨"窒碍难行,实有不敷"[1],就是坚持"不能照减"[2]。两江总督张人骏拒不接受议员马良拨补复旦公学银十万两的要求,甚至导致了江苏谘议局常驻议员集体辞职,以表抗议。[3] 对资政院审议过的预算案,各省督抚又纷纷奏请更改,接着又拖延公布时间。福建巡抚扣压"三阅月而不获札复",浙江省只公布预算之半。专制政体与近代财政预算制度的矛盾充分地表现了出来。

通过清理财政和试办预算,清朝中央与地方、部院与部院之间、地方与地方之间的矛盾也激化了。处于财政冲突中心的度支部在《遵章试办宣统三年预算谨缮总表呈进并沥陈财政危迫情形折》中谈道:"在京各部院职务所系,彼此各不相谋,但求尽其在我者,为极意经营之举……顾财力能否胜任,则非其所知矣……若在外各督抚,固习知筹款艰难者也,然一收一支,假乎于人,不敢信其尽实,冗事冗费触处皆是,不能必其裁。"哀叹"政权涣散,意见……分歧,财用杂糅"[4]。预算案成立后,各省督抚"视同无物,纷纷请变异"[5]。度支部根据各监理官报告,"多谓各省用款糜滥,仍复如前;预算之案,置之不顾;节省之款,鲜有所闻"[6],坚决要求维持预算。摄政王载沣在当中不得不充和事佬,说什么"部臣专司稽核,规定固不得不严;疆臣力促进行筹备,亦不容少缓。要在内外互相维持,各任其艰"[7]。最后采

---

① 浙江巡抚增韫宣统三年二月二十四日奏。

② 《锡良遗稿》第 2 册第 1326 页。

③ 两江总督张人骏宣统三年四月初九日奏。

④ 度支部宣统二年八月二十七日奏。

⑤ 梁启超:《为筹制宣统四年预算案事敬告部臣疆吏》。

⑥ 度支部宣统三年二月二十三日奏。

⑦ 上谕档,宣统二年十二月二十八日。

取折衷方案，各官公费，"暂照部定数目办理"，其余各款，按照"认定数目"（即部定院核后督抚承认的数目）办理，①对地方督抚作了很大的让步。但各省仍以"情事既不相同，预算安能适用"②等各种要求修改院核预算。京师各衙门也对预算置之不理，礼亲王世铎称，"八旗预算核减，窒碍难行"③，步军统领衙门经院核裁撤，便以"深恐人心动摇，于京畿地方甚有关系"相威胁，④摄政王不得不再次让步，煌煌上谕也不算数了。宣统三年预算案对于统治阶级内部分崩离析的影响同样是深刻的。

宣统四年预算案

清政府在宣统三年（1911）又着手编制宣统四年的财政预算。惩于宣统三年财政预算案之失，宣统四年预算"改订办法，入款则以田赋、盐务等为纲，出款则以外交、民政、财政、军政等为纲，眉目厘然，渐合绳尺"⑤。同时也划分了国地收支，预算国有收入为228,050,010两，地方收入为25,027,145两；国家支出为213,888,360两，地方支出为40,588,643两；国家经费盈余14,161,650两，地方不敷15,561,498两。⑥国家经费拨补地方后，赤字为1,399,848两，预算赤字大大缩减了。但是皇室财政预算的赤字却有增无已。宣统三年的皇室预算收入为780万余两，而宣统四年预算收入增加至8,383,057两，增加了58万两，而上报的预算支出数却达10,246,974两，比宣统三年增加了244万两，赤字达1,863,917两，并明确仿照

---

① 上谕档，宣统三年二月二十四日。
② 《宣统政纪》卷50，宣统三年三月癸卯。
③ 《宣统政纪》卷55，宣统三年六月丁丑。
④ 《宣统政纪》卷52，宣统三年四月庚午。
⑤ 度支部宣统三年八月二十七日奏。
⑥ 内阁宣统三年八月十六日奏。

日本,皇室经费"国会不得置议"①。宣统四年预算的编制集中于财政处。

这份预算因清朝灭亡而未能实施,但对民国初年的财政管理仍具有指导意义。当时负责宣四预算的总办杨寿枏,后在北京政府供职,他说:

> 鼎革以后,整理内外财政,犹以宣四预算为蓝本。袁项城置诸案头,手自批注,尝语余曰:"前清预备立宪,惟度支部最有成绩,余皆敷衍耳。"②

在编制宣四预算的同时,清政府内部还进行了会计年度、划分国地收支、税制改革的探讨。对于会计年度,多数督抚主张根据国情,应以阴历六月或七月为年度开始,有的还主张改定历法,废除置闰,"历法改而后会计年度始可得而议"。③ 民国后会计年度以公历 7 月 1 日开始,与此不无关系。

国地收支的法规清末虽未产生,但各省清理财政说明书已有初步意见,至宣四预算基本确定。民国元年(1912)11 月公布的《国家税及地方税税法草案》就是在此基础上产生的。

关于税制改革的讨论,以考察日本国宪政大臣李家驹的意见最为完备。他认为必须整顿目前混乱的财政系统,整顿的办法包括:(1)改良旧税,如统一田赋、盐课专卖、收回关税主权。(2)归并旧税,如将地丁、租课、漕粮、漕折、耗羡裁并划一。(3)废去旧税,包括厘金、统捐、常关税、茶税及其他繁复之杂税。(4)扩充旧税,如烟税、酒税、印花税通行全国。(5)增加新税,如收益税类:营业税、财产税、家屋税;如所得税类:特别税、所得税、通常所得税、兵役税;如消费税类:饮料税、物品税、使用税;如行为税类:承继税、所引税、运输税。

---

① 《宣统政纪》卷 60,宣统三年八月乙巳。
② 苓泉居士:《觉花寮杂记》卷 1。
③ 《国风报》第 2 年第 17 号,第 81 页。

他还提出政府应该对官有财产和官办实业的收入以及行政规费和罚金等非赋税收入认真经营,他主张通过发行公债的办法筹措清理田赋和整顿币制的经费。[①] 这是一个完整的资本主义性质的税制改革方案,民国以后的税制基本上是循此演进的。

财政预算科目的变化

自光绪十年(1884)财政会计科目作了改动之后,直到光绪二十九年,清政府基本上按照这套会计核算体系总汇全国财政。但是,这套会计科目既无法对全国财政收支进行动态管理,又不能反映年度财政运行的成果,国内外人士均有不少非议。甲午战后,要求设立预决算会计表的呼声逐年提高。如郑观应要求,"凡一出一入编立清册,综核比较为赋财出入表。出有逾则节之,不可任其渐亏也。入有余则储之,不可供其虚耗也。此合国内各省为通盘理财之法也"[②]。戊戌变法期间,庶吉士丁惟鲁上奏请编制岁出岁入表。光绪帝虽明令着手编制,但因戊戌政变发生,此事不了了之。

对于清末财政预算科目变化影响较大者,主要是西人对于清朝财政收支的统计方法。[③]

首先是英国驻沪领事哲美森所编的《中国度支考》。哲美森无法根据刘岳云所看到的户部档案,只能根据大量的邸报和海关资料对甲午战争前夕中国财政收支情况作一汇总估计。他所设的收入科目有:地丁、漕米、盐课盐厘、货厘、洋关税、土药税厘、杂税七项。支出科目有:京饷旗兵饷需及内务府经费、北洋海军经费、南洋海军经费连闽广水师、炮台枪炮边防连洋操练军经费、东三省边防经费银、甘肃新疆经费银、云南贵州广西协饷银、归还洋债本利银、筑造铁路存

---

① 《宣统政纪》卷47,宣统二年十二月己丑;《国风报》第2年第1号。

② 郑观应:《盛世危言·度支》,夏东元编《郑观应集》上册,上海人民出版社1982年版,第578页。

③ 参见刘增合《西方预算制度与清季财政改制》,《历史研究》2009年第2期。

款银、黄河工程及海塘工程经费银、各关税收经费连灯塔浮表巡船等、各省地方经费及兵饷等。哲美森的科目设置并无特殊的优点可言,但他的编制方法采取了收支平衡表的方法,这是财政预决算的最基本的原则。

庚子赔款谈判期间,西方列强通过赫德对中国财政进行了比较深入的调查,但是,由于户部档案遭到损失,无法直接根据户部档案中原有科目汇总全国财政收支,因此,赫德自行编制了一份财政收支表。他所设立的收入科目有:地丁钱粮、地丁钱粮(耗羡)、各省杂税、各省杂项收入、漕折、盐课盐厘、厘金、常关税、海关税、一般货物、洋药、土药等十二项。支出科目有:各省行政费、陆军、海军、京城行政费、旗饷、宫廷经费、海关经费、出使经费、河道工程、铁路、债款开支、准备金十二项。这套收支科目不仅采取了收支平衡表的编制方法,而且科目设置简洁明了,缺点是债务和特种会计收入(如官业收入)没有反映。其收入科目均按户部北档房提供的材料统计财政收入总数,而支出科目则对北档房提供的数据分类作了相当大的调整。[1] 此外,西人巴卡也根据调查设计了一套科目,值得注意的是,在收入类中设有捐纳、内国公债及捐款两个科目。[2]

光绪三十年(1904),清政府第一次公布了光绪二十九年财政收入情况,"举岁入而不及岁出",在综计全国财政收支上仍然一无所措。即使到1908年财政清理开始时,清政府也只是按省份进行调查,最后形成的收支数也不能比较准确地反映全国财政的实际收支情况。

---

[1] 户部所列的支出分类有:各省留支地丁、各省余数留用耗羡、各省全数留用杂税、各省解部漕折、各省解部四成洋税、各省旗绿各兵饷、各省防勇练军薪饷、各省防勇薪饷、各海关开支本关及税务司经费、内务府经费、铁路经费、甘肃新饷、东三省官兵俸饷、出使经费、海军经费、山东防汛经费、洋款本息及不敷镑价、拨船炮价、京饷、边防经费、筹备饷需、加放俸饷、固本兵饷、旗兵加饷、加复俸饷共 25 项。(据唐文治《农曹职司随笔》卷 1)

[2] 《清朝续文献通考》卷 68 考 8248。

宣统三年(1911)财政预算科目在形式上已经基本符合了近代国家财政预算的体系。在收入方面,按照税种、特种收入、公债、捐纳四大类分别设立科目;在支出方面,按照主管单位,分外务、度支、学部、陆军、海军、法部、农工、商、邮传、理藩十部分列支出科目。分列明晰,条理分明。宣统四年的财政预算科目则更为简洁明确,中央财政与地方财政分别编制预算,中央收支款目均依各部门收支统计,加上中央解款与各省协款两目。地方预算款目均按收支性质制定,如收入门有田赋、盐课、关税、货物税、正杂各税、正杂各捐、官业收入、杂收入;支出门则与中央财政基本一致,有外交费、内务费、财政费、教育费、陆军费、海军费、司法费、农商费和交通费等。①

盐务整顿

甲午战争以来,清政府不断采用盐斤加价的办法以弥补财政赤字,导致了各地盐价异常混乱。光绪三十年(1904)户部在奏报中指出:

> 例价率皆道光以前所定,嗣后已不知几经变易。近年屡办加价,并不问未加之先原价若干,既加之后共价若干。虽直隶有死价活秤之说,汉口有随时悬牌定价之法,究竟每斤实在给盐若干,每月实在定价若干,亦不报部。是今之盐务,名为官盐,实无官价,殊与道光以前盐法不合。②

盐价的混乱加剧了各地争夺引地的斗争、私盐的畅行和官吏的贪污腐败。各省督抚为确保和增加盐税收入,一方面希望加价,另方面又不愿高于邻省盐价,于是"各立变通章程,以防官盐滞销之病"③。

---

① 参见贾士毅《民国财政史》第 1 编,第 33—39 页。
② 户部光绪二十九年十二月初九日奏片。
③ 沈家本光绪二十七年五月初二日奏。

清政府对封疆大吏之间"涉引地则动成争执,不顾课食之亏蚀"①也大感头痛。私盐因各地盐价高低悬殊,十分盛行。"查私盐有枭私、邻私、粮私、船私四弊,而枭私为害尤烈。千百成群,公然拒捕。"②"苏、松、常、镇、扬、通一带,盐枭林立,俨分引岸。"③至于官吏贪污中饱,更不胜枚举。"关卡贪横,侵吞扰累。"如安徽正阳关盐务总办方硕辅用小秤查盐,大包过秤,总多出数斤,以为缴公之费,名曰太平盐,"悉入私囊,每年不下数万金"。五河总办倪姓也如法炮制。④"海州运判徐绍垣朋比为奸,串通分肥"⑤。"场官多半膏粱子弟,熏心货利"⑥。盐税加重,私枭猖獗和官吏的贪污,造成了盐本加重和官盐滞销,使盐商们陷入困境。"宜(昌)、沙(市)各处盐商折本歇业者日见其多"⑦,两淮盐商"所获余利,不敷缴捐"⑧,"广东盐务情形,则积弊之深、商力之弊、私盐之多、饷课之绌,非亟整顿,将有不能支持之势"⑨。

盐法的崩坏与盐课在财政收入中的比重日益上升形成了尖锐的矛盾。"国家岁征盐税,同治以前不过一千一二百万两,光绪季年增到二千八九百万两,及试办宣统三年预算,各省盐务收入乃增至四千余万,足与地丁钱粮相埒。"⑩因此,清政府决定改革盐政官制,将盐政权全部收归中央。

宣统元年十一月十九日(1909 年 12 月 31 日),清摄政王下令:"派贝子衔镇国公载泽为督办盐政大臣,凡盐务一切事宜,统归该督

---

① 奕劻等宣统二年二月二十三日奏。
② 御史王步瀛光绪三十二年九月初六日奏。
③ 徐德沅奏片,光绪二十八年军机处录副奏折 30—31 折包。
④ 御史英奎奏片,光绪二十九年军机处录副奏折 28—30 折包。
⑤ 御史王步瀛光绪三十二年九月初六日奏片。
⑥ 署两江总督江苏巡抚鹿传霖光绪二十六年三月十五日奏。
⑦ 湖广总督张之洞、两江总督刘坤一、四川总督奎俊光绪二十六年十一月二十四日奏。
⑧ 两江总督刘坤一光绪二十六年闰八月二十九日奏。
⑨ 两广总督岑春煊光绪二十九年九月二十九日奏。
⑩ 奕劻等宣统三年八月十六日奏。

办大臣管理,以专责成。其产盐省份各督抚本有兼管盐政之责,均著授为会办盐政大臣,行盐省份各督抚于地方疏销缉私等事,考核较近,呼应亦灵,均著会办盐政大臣衔。"[1]次年正月,督办盐政处又奏准暂行章程三十五条,规定"嗣后凡各省盐务,一切用人行政事宜,均归臣处专责;其关系款项者,责在臣部;关系地方者,责在督抚"[2],将盐务用人、理财权全部收归中央,引起了地方督抚的喧哗。

对朝廷竭力推行中央集权政策夙抱不满的东三省总督锡良首先领衔电奏抗议。接着他又联合直隶、两江、四川、两广、云贵各总督和奉天、山西、浙江巡抚联衔会奏,对新章程的重要条款逐条批驳,认为"若仅集权中央,而揆诸吾国历史及地方各种关系,以求适用,恐新章颁布后,督抚之命令既有所不行,督办之考察又有所不及,机关窒滞,庶务因循,将成一痿痹不仁、散涣无绝之盐务。理辞益纷,其害盖有不可胜言者"[3]。督抚群起攻击朝廷政策,使摄政王恼羞成怒,下令传旨申饬。[4]

载泽持了尚方宝剑,便大刀阔斧地推行盐务整顿,拟定了一系列办法。如改良盐质以重卫生,推广盐井盐池以增产额,划一盐价以信民用,裁汰盐务冗员以节经费。[5] 如清理盐务规费,"上自督抚,下至盐官,旁及各府州县,凡私行取给盐商、未经提归正项造报开支者,限一月内逐款查明,和盘托出,分晰造报。如有朦混,即行奏参,以重鹾政"[6]。接着又整顿了山西北路的盐务,充实了云南盐官,裁撤滇黔计岸两局和两江驻宜昌的加抽川盐厘局。[7] 至宣统三年八月二十六日

① 《宣统政纪》卷 26,宣统元年十一月乙丑。
② 《宣统政纪》卷 30,宣统二年正月辛酉。
③ 《各督抚为盐政新章请军机处代奏电》,《国风报》第 1 年第 10 号。
④ 《宣统政纪》卷 34,宣统二年四月甲申。
⑤ 《国风报》第 1 年第 11 号,第 79—80 页。
⑥ 《国风报》第 1 年第 19 号,第 89—90 页。
⑦ 《宣统政纪》卷 40,宣统二年八月戊寅。

（1911年10月6日），清政府进一步决定，改督办盐政处为盐政院，设盐政大臣一员，管理全国盐政，统辖盐务各官；产盐区域设正监督，行盐区域设副监督，"各省督抚毋庸再兼会办盐政大臣及会办盐政大臣衔"[1]。但四天以后爆发的武昌起义，使清王朝盐政高度集权的计划成了一枕黄粱。1912年1月7日，内阁奏准"盐政院事务较简，请将行政事宜归并度支部办理，毋庸另设专院"[2]。

清末最后十二年的财政，盐政和币制的整顿和改革，具有一定的积极意义。推行这一系列改革，必须加强中央集权，各自为政是不行的。财政是国家政权直接的经济基础，通过改革集中财政权，以巩固自身的统治地位，这是面临统治危机的清王朝采取的重大国策。在西太后驾崩之后，各地尾大不掉、财政割据、货币割据的态势更形严重。为了挽救政权的解体，摄政王载沣激烈地推行中央集权政策，这就进一步激化了中央与地方的矛盾。但是，这个腐朽的王朝拒绝了资产阶级和其他社会阶层参政的要求，又激化了它与人民大众的矛盾。因此，在推行中央集权的过程中，其政治基础日益缩小。皇族内阁的成立，表面上将大权集于满洲贵族手中，实际上却成了毫无政治基础的空心大佬，最后不得不求助于列强，清王朝最终被人民唾弃也就势所必然了。在推行近代化改革的过程中，必须相应地扩大各阶层参政的范围，这是清王朝覆灭的历史教训。

第五节　财务行政机构、公库制度及税制的变化

财务行政机构

清末在官制改革和整顿财政的过程中，对财务行政机构也作了

---

① 奕劻等宣统三年八月十六月奏。
② 《宣统政纪》卷68，宣统三年十一月壬午。

一系列的调整，以加强中央集权。

首先是税务处的设立。光绪三十二年四月十六日（1906 年 5 月 9 日），清政府发布上谕："户部尚书铁良著派充督办税务大臣，外务部右侍郎唐绍仪著派充会办税务大臣，所有海关所用华洋人员统归节制。"[①]海关原来"管辖之权属总理衙门"，至此改归税务处，由赫德控制的海关在清政府中的行政地位明显下降了。光绪三十四年三月（1908 年 4 月），税务处设立税务学堂，着手培养本国的高级海关税务人员，准备接管由洋员控制的海关行政权。这是清末收回利权运动推动下的结果，[②]但从中也透露出 20 世纪初叶帝国主义各国在华势力消长的消息。

光绪三十二年七月（1906 年 9 月），户部改名度支部，内部的职官也有所调整。设尚书、侍郎各一人，左右丞、左右参议各一人，下分承政、参议两厅，设田赋、漕仓、税课、筦榷、通阜、库藏、廉俸、军饷、制用、会计十司和金银库、稽察处。原财政处归并，专设币制局。

宣统元年（1909），清政府又设立了清理财政处、督办盐政处。

"一部三处"的中央财政管理体制是中央财政趋于统一管理的过渡性体制。"三处"的首席长官均由度支部尚书兼任，中央财政事权达到了基本统一。

太平天国以来由督抚统管一省财政的格局，使度支部的权力受到很大的限制。督抚与度支部尚书平级，遇事直接奏报皇帝，无须得到度支部的批准，使度支部无法对地方财政直接发号施令；地方财政机构则事权不一，政出多门。为了改变这种局面，宣统元年，清政府又对地方财政机构进行了调整、统一的工作。如直隶原有海防支应局、淮军钱粮所、练饷局、筹款局、印花税局、直隶振抚局、水利局、北洋建造局等，财政机构紊乱。宣统二年改设财政总汇处，下设海防粮

①　《光绪朝东华录》（五）总 5513 页。

②　参见陈诗启《论清末税务处的设立和海关隶属关系的改变》，《历史研究》1987 年第 3 期。

饷、淮军粮饷、练军粮饷、筹款四股,其余归并裁撤。① 不久又打破分股体制,改为分科治事,所有各股原充坐办、帮办之候补道员一律裁撤,任命科长。"藩、运、道各库款项,统存于直隶省银行,各衙门局所应领之款,先由财政处核准,发给支票,向银行领取,使收入与支出,权限各分,不相混合……又因各署局发款,或用行平,或用公砝平,或用京平,参差不一,已一律改作库平,以九四折发,俾归划一",将财政行政、公库和货币统一起来。② 江南设财政总局,下设支应、筹防、筹款三局。③ 宣统二年(1910),江苏裁撤苏省厘局、淞沪厘局、善后局、房捐局,设立度支公所,分设总务、田赋、筦榷、典用、主计五科,下分设机要、文书、库藏、庶务、稽征、勘报、苏厘、沪厘、税捐、经理、支放、稽核、编制十三课,④规模可谓庞大。福建设财政局,下设七科,原有善后、税厘、济用、赈捐、交代各局归并裁撤。⑤ 此外,江西、安徽、山东、山西、湖南、湖北、广东、广西、新疆等省均设公所总汇财政,分科治事。⑥ 地方财政的机构重叠、多头分管的现象得到了遏制,为民国以后近代型地方财政官制的形成创造了条件,这也标志着近代财政科层体制的确立,产生了真正意义上的职业财政官僚群体。四川自宣统三年"省城各署设公所后,刑钱幕友多改充科长。惟省外各属,尚有延聘幕友者"⑦。可见,科层官僚彻底取代幕僚体制,还是在民国以后。⑧

　　各省藩司或度支使通过局所归并,名义上恢复了行省最高财政

① 陈夔龙:《庸庵尚书奏议》卷13。
② 《国风报》第2年第1号,第90页。
③ 两江总督端方光绪三十三年十二月十二日奏。
④ 《宣统政纪》卷38,宣统三年七月辛亥。
⑤ 闽浙总督松寿宣统二年六月二十五日奏。
⑥ 《清朝续文献通考》卷133考8924—8925。
⑦ 周询:《蜀海丛谈》卷2《幕友》,第169页。
⑧ 有关晚清幕僚、书吏向科层制官员演变的历史过程,关晓红做了相当深入的研究,参见《从幕府到职官:清季外官制的传型与困扰》,生活·读书·新知三联书店2014年版。

长官的地位,并兼任清理财政局总办,清政府企图通过这种办法形成由度支部垂直控制地方财政的体制。但藩司受制于督抚,已非一日,加以地方财政利益已经形成,也不可能完全听命于中央。因此,清政府又采取由度支部直接派监理官至各省,目的在于恢复对地方财政的完全控制。因此,督抚、藩司均感不满。曾任新疆藩司的王树枏写道:

> 自刚毅搜刮各省之财,而各省之财政遂不可支;自载泽奏请各省设官监理各省之财,而国家之财政遂至大坏而不可救。其所谓监理者,于外间应兴应革之事毫无知觉,但箝制之使不得动作,日日造表册而已。①

因此,清廷积极推行中央集权政策过程中,在如何处理与地方关系的问题上,显然存在着规复旧制的倾向。当然,在国家政权向近代化转型的过程中,如何在新的历史条件下处理好中央与地方的关系,这是新的课题。一个专制王朝只能从其传统的统治经验中去寻找答案。

公库制度

清末最后十二年公库制度的变化,也反映了由传统向近代转变时期的特点。

首先,实物库藏继续缩小。光绪二十七年(1901),清政府以京师全年所放米石数约 80 余万石,规定每年江浙漕粮运京必须达 100 万石。嗣应被八国联军破坏的粮仓陆续恢复,共二百余座仓厫,可储米

---

① 《陶庐老人随年录》光绪三十四年,中华书局 2007 年版,第 69 页。当然,并非所有的监理官都是如此,也有个别监理官与地方和衷共济,却与度支部顶牛的。如河南全省岁入原六百余万两,财政监理官唐瑞铜与副监理官蹇念益到任"清理后,蠲除各规费,乃得九百余万两"。"度支部以河南收入骤增,将提司库剩款二百余万两内用,唐君力争,留本省充巡警、教育各费"。(黄濬:《花随人圣庵摭忆》第 490 页所录林志钧撰蹇念益墓表)

200万石,因此,户部奏定以200万石为储米标的。到光绪三十二年(1906),储米已至110万石。但三十三年以后,江浙两省不断截留,当年截40万石,三十四年截10万石,宣统二年(1910)截36万石,宣统三年截30万石,除宣统元年补运14.3万石外,"统计两省积欠已有一百万之巨",到宣统三年秋,"约计仓存米数不过六十万石",比十年之前已减少了几乎一半。①

其次,货币,尤其是银行信用货币在公库收支中的地位明显增长。光绪三十年清政府决定创办户部银行,"以为财政流转总汇之所"②。当年夏,户部奏定银行章程,创办资本共400万两,户部认股一半,这是中国创办国家银行之始。三十四年改名为大清银行,设银行监督,扩充资本至1,000万两。大清银行总行设在京师,至宣统二年,已设有天津、上海、汉口、济南、张家口、奉天、营口、库伦、重庆、南昌、杭州、开封、太原、福州、长春、广州、芜湖、长沙、西安、云南、江宁21个分行,35个分号。其业务范围包括发行纸币和国币、经理国库、存放款项等。宣统二年资政院与度支部奏准统一国库章程二十五条,企图以大清银行及各分行经理国库收支。但实行起来阻力颇多。

从度支部来说,自身即设有银库,经管官员通过现银收放,牟利颇多。在大清银行设立时,银库经常储银仍达500万两左右,③而"度支部库款之存放总分各行者,最多之时亦达千万"④。如果全部交由大清银行经理,银库官员的既得利益将化为乌有,其阻力是显而易见的。光绪三十二年八月,度支部订立银库与银行往来章程,从中可以清楚地看出大清银行参与管理中央国库的程度。章程规定:一、银库现在存储现银无多,所存银行之票暂以百万为度;二、银库所存银行之票如已至百万,银行再以银票交款,仍准照收,限十五日以内兑交

---

① 瑞丰、俞廉三宣统三年八月二十八日奏。
② 《清朝续文献通考》卷65考8125。
③ 《光绪二十九年部库进出款表》。
④ 大清银行总清理处:《大清银行始末记》,第178页。

现银；三、银库所存银行之票，无论已及百万未及百万，均宜随时酌量支取搭放，以冀流通；四、银库与银行往来之款约五十万足敷周转，所有浮存之款，不得逾五十万；五、发交银行之款，立有券据。至浮存之款，数目无定，难立券据，每届盘库，令该银行临期照数具呈，加盖图记送库，以备查验。[①] 也就是说，度支部在大清银行的经常存款以百万两为度，超过此数，十五天之内即需兑现以交银库；临时往来款结存余数不得超过五十万两。这样，到光绪三十二年（1906），大清银行实际参与度支部银库管理的份额反而比初创时下降了。

各省存在的问题更多。各省大多自设官银钱号和省银行，据统计清末共有 24 家，[②]已有经理省库之业务。地方大吏与商人合股设立的一些银号、银行，也已享有公款存储的利益。各省财政都有支绌之虞，官银钱号、省银行资本较少，在财政上还需要向票号等私人金融机构透支，因此，必须将公款分储于一些民间信用机构。交储公款的经手人还可以从中得到回扣。大清银行各分行为争取地方公款的存储，也往往不得不与之竞争。如光绪三十四年监督张允言写信给重庆分行总办刘宇泰说："各商号存汇官款者，暗中必有酬应，银行亦不必过于执着，不妨探明，仿照办理。"[③]近代公库制度的形成，显然还有一段艰难的道路。

此外，光绪三十三年邮传部设交通银行，"将轮路电邮存款改由该行经理"[④]，属于财政特别会计的公库由此初步建立。

新兴的货币信用机构之纷纷参与经理公库，改变了以呆滞的贵金属搬运调度财政资金的落后方式，方便了财政资金的调度运用，节省了贵金属搬运的费用和损耗，也有利于政府向这些机构透支以应付财政急需和这些机构利用闲置的财政存款放款于工商业，在财政

---

① 大清银行总清理处：《大清银行始末记》，第 203 页。
② 魏建猷：《中国近代货币史》，第 159—161 页。
③ 大清银行总清理处：《大清银行始末记》，第 178 页。
④ 《清朝续文献通考》卷 65 考 8217—8218。

上和经济上都有积极意义。

税制的变化

义和团运动以后,清朝的税制也出现了一些值得注意的变化。

一是厘金改办统捐。光绪二十九年(1903)江西省设商务局,先后将本省出产的大宗货物如木植、夏布、土靛、瓷器和外省运来的麻、烟叶等改收统捐。"因各货情形不同,或添设专卡,或由厘卡兼办,或归州县就地征收"①。江西的经验后奉上谕推行全国。三十一年湖北改征统捐,裁局卡 29 处,留存局卡 34 处。② 浙江省则将本省大宗货物如锡箔、纸张、纸扇、洋货、土布、茶叶、靛青、毛猪、柴炭、竹木、磁器、药品、棉花、烟酒等,由商家认捐包缴。③ 江苏的商会认为,"认捐与统捐之问题,即裁厘与不裁厘之关系",要求缓办统捐,通过认捐的方式来裁撤厘金。④ 其实认捐也是认统捐,认捐与统捐的征收方式虽有不同,还是厘金制度范围内的变化。在全国还在全面推行统捐的情况下,仅一二个省份之内实现认捐,是无法废除厘金的。

在近代厘金向统税的演进过程中,统捐是一个重要的发展阶段。统捐的征收一般是在产地或销场,对象为大宗货物。缴捐之后,沿途加强稽查,不再重征,这是它具货物税或统税特征的方面。但是,各省统捐的税率不一,同一货物在本省缴纳统捐之后,运销他省仍不免重征厘金,因此,它还是一个没有切断其与厘金母体脐带的胎儿。

土药厘金改为统捐是统捐改革的特殊部分。光绪二十八年,土膏统捐首先在湖北、江西抽收,于宜昌设立总局。三十年又并湖南、

---

① 《江西各项财政说明书》卷 2,第 1—6 页。
② 《湖北通志》卷 50,"征榷门",厘金项,参见马敏、朱英《传统与近代的二重变奏——晚清苏州商会个案研究》,巴蜀书社 1993 年版,第 372 页。
③ 《光绪朝东华录》(五)总 5192—5193 页。
④ 马敏、朱英:《传统与近代的二重变奏——晚清苏州商会个案研究》,第 372—374 页。

安徽两省合办，"较各省分办之时，溢收甚巨"①。三十一年（1905）三月，清政府遂根据铁良的奏请，将两广、苏、闽并入，宜昌总局扩大为八省总局，派柯逢时任八省土膏统捐大臣。② 三十二年经财政处与户部会同商议，决定十八省统一税则，统捐库平银 100 两，随收经费银 15 两。③ 当年年末，清政府宣布，"定十年以内，将洋药土药之害一律革除净尽"④。这是清朝自 1838 年以来又一次禁烟运动。宣统元年正月（1909 年 2 月），各国在上海召开禁烟会议，中国代表端方要求各国协助中国政府禁烟。在国际进步舆论的压力下，宣统三年（1911），长期支持鸦片贸易的英国政府不得不同意清政府将洋药税厘并征加至每百斤收银 350 两，清政府也相应提高土药税率至每百斤 230 两，⑤有关征收事宜移交各省督抚，土膏统捐局名存实亡。土膏统捐自统一税则后，在清朝官文书中混称"统税"，这也透露出统捐与统税之间的某种渊源关系。

一是印花税。印花税起源于 17 世纪的荷兰，之后，欧洲各国相继仿效。这是对于一切财产及权利关系的契约、簿据等凭证所征收的一种税目。19 世纪末介绍入中国。光绪二十八年清政府准备于通商口岸试办，未果。⑥ 二十九年练兵处又拟通过印花税筹饷，也未能付诸实施。⑦ 三十三年因禁烟之议起，度支部拟另筹税源以抵补烟税，曾颁布《印花税则》十五条，准备于次年八月在直隶试办。嗣因天津商会反对，改于宣统元年正月各省一律施行。届期各省督抚均请暂缓，⑧于是又延至九月。民国出版的财政史著作都认为清末最终未

---

① 柯逢时光绪三十一年五月十二日奏。
② 《光绪朝东华录》（五）总 5320—5321 页。
③ 《天津商会档案汇编（1903—1911）》下册，天津人民出版社 1989 年版，第 1611 页。
④ 《光绪朝东华录》（五）总 5616 页。
⑤ 度支部宣统三年四月十一日奏。
⑥ 《德宗实录》卷 495，光绪二十八年二月己亥。
⑦ 《光绪朝东华录》（五）总 5133 页。
⑧ 杜岩双：《我国印花税制史之研究》，《直接税月报》第 1 卷第 4 期。

行印花税,①但据周棠在宣统二年(1910)记载,印花税"迄今殆界乎行与废之间,湖南湖北,虽云奉行,买用者少"②。看来个别省份确有发行的,宣统四年的财政预算中,已列有 93,187 两的预算收入了。③ 印花税在西方近代税制中的地位虽不十分重要,却是中国近代引进的第一个西方近代税种。④

第六节　举借内债的失败

庚子以后,由于庚子赔款,举办新政、宪政和练兵筹饷,清朝财政支出急剧膨胀,入不敷出更加严重。因此,除增加捐税之外,屡议举借内债。清末最后十年发行内债的情况,尚无系统的资料整理,我只能根据目前所掌握的资料进行初步的探索。

国家公债

助国宝券　光绪三十年(1904),在一片"筹饷练兵"的呼声下,当时任署户部尚书的赵尔巽曾拟定《助国宝券办法》。所谓"助国宝券",是一种以金为本位的公债券。《办法》规定,每金两合库平足银四十两,或银元六十元、制钱六十千。为推行宝券,清政府准备在京师设立总局,各省设分局,从光绪三十一年起在全国各地募集,所募款项用于偿还外债。后来担心筹款不易,卒未发行。⑤

赎路公债　光绪三十四年,清政府为收赎京汉铁路,由邮传部与

---

① 如《财政年鉴》(1935 年)第 7 编第 1055 页称:度支部"改定宣统元年各省一律开办,届时各省督抚复请展缓,故终清之世,竟不果行"。

② 周棠:《中国财政论》,第 270 页。

③ 贾士毅:《民国财政史》第 2 编,第 619 页。

④ 清政府采取发行印花税以抵鸦片烟税的情况,参见刘增合《鸦片税收与清末新政》第 4 章,生活·读书·新知三联书店 2005 年版。

⑤ 赵尔巽档,署户部尚书,卷 76。

度支部奏准发行赎路公债。第一批公债计银 1,000 万元，由交通银行承售债票，年息 7 厘，期限 12 年，自第八年起，分五年还本。"除应给官息外，以国家所得京汉铁路余利划出四分之一，仍按该路成本金额，摊此一千万票本应分之数，付给债主，作为活利。凡期满之本票，可在交通银行及臣部官办铁路、电报局所，作为通行银元行使。其每年应还本息，统由臣部所管各局所实收余利内提出，尽先拨付，不得丝毫短欠，并需现款支还，不得另用他法抵还。"接着设立管理公债处，由梁士诒、李经楚任总理。① 这是中国近代史上第一笔实业内债，利息优厚，担保可靠。但由于清政府债信已坏，发行以后竟无人应募。因此，当年十一月二十二日（12 月 15 日），由交通银行出面，向英国汇丰、法国汇理、日本正金和德国德华四家银行借款 650 万两库平银，宣统二年七月十一日（1910 年 8 月 15 日）又向日本正金银行借款 220 万日元（合 1,707,771 两库平银），九月初九日（10 月 9 日）再向英商伦敦密得伦银行和邓费雪公司借款 45 万英镑（合 3,398,845.65 两库平银）②。所谓的内债变成了彻头彻尾的外债。第二批赎路公债自然不敢再出笼了。

富签债票　宣统元年，农工商部又抛出了试办劝业富签公债券的计划。所谓"富签债票"，是将彩票与公债相结合的一种公债形式，俗称有奖公债。计划发行 1,000 万张，每张面额 1 元，得奖票为 100 万张，奖额共 300 万元。余 900 万张作为公债票，年息 2 厘，期限 60 年。扣除奖金及发行费用，实收 600 万元，"均存官办银行，专备兴办农工商矿各项实业及补助商办各项实业之需"。③ 奏折递上之后，舆论颇为强烈，摄政王载沣便向军机大臣询问："此项债票与彩票是否有利，有无流弊？"军机处复奏称，彩票"奖金为诱掖之计，不得奖者，

① 《三水梁燕孙先生年谱》，第 80 页。
② 徐义生：《中国近代外债史统计资料》，第 42—47 页。
③ 《宣统政纪》卷 20，宣统元年八月戊戌。

除取还本息外,绝不干涉他事,自无别项流弊",只建议将期限缩短。因此,载沣批准"该部妥议试办详章,奏明办理"①。十二月,农工商部拟定试办章程,载沣终因舆论反对,下令缓办。②

"爱国公债" 宣统三年八月(1911 年 10 月)武昌起义爆发后,各省相继独立,垂死挣扎的清王朝又发行了所谓的"爱国公债"。据北京政府 1912 年 5 月颁布的《爱国公债条例》称:"此项公债于前清宣统元年十月初九日经资政院议决,于十一月初一日施行。"③这里的"元年"当为"三年"之误。这笔公债更无人应募。到 1912 年 1 月 3 日,隆裕太后不得不根据姜桂题等将领的要求,命宗人府传知各王公等,将存放的私有资产尽力购买国债。但王公贵族们无动于衷,于是又有督抚联衔电奏之请,隆裕太后不得不再申前旨。④ 一个月以后,清王朝便寿终正寝了。据统计,这笔公债实际发行 1,160 万元,其中由清室内帑银购买的共 1,016 万元,其余为王公贵族、文武官员所认购。⑤ 民国政府仅认还民间购买的这部分公债。

地方公债

清末地方公债的举借虽然起于鸦片战争时期,但以债票形式向社会发行,则始于 1905 年的直隶。之后,各省仿效,总计达 13 次,但发行成功的并不多。⑥

---

① 《宣统政纪》卷 25,宣统元年十一月戊午。
② 《宣统政纪》卷 28,宣统元年十二月壬辰。
③ 《内国公债库券汇编》第 1 册,第 4 页。
④ 《宣统政纪》卷 67,宣统三年十一月戊寅;卷 68,十一月乙卯、庚辰。
⑤ 千家驹:《旧中国公债史资料(1894—1949 年)》序,第 6 页。
⑥ 清末地方公债的情况,材料十分缺乏。民国时期财政史专家贾士毅利用北京政府档案,仅列了直隶、湖北、安徽、湖南四笔公债,发行情况也不甚了了,其他则"无案可稽,暂从阙略"(《民国财政史》第 4 编第 106 页)。此处的统计亦未必完整,如广东公债,据胡思敬:"粤督请借洋款办新政,户部驳之曰:'洋款流弊多,利权外溢。北洋公债善,可仿行之。'"(胡思敬:《国闻备乘》,《近代稗海》第 1 辑,第 121 页)但广东公债是否发行,未找到直接史料,在此存录备考。

直隶公债　光绪三十年十二月十五日（1905 年 1 月 20 日），直隶总督袁世凯奏准试办直隶公债。债额 480 万两，分 6 年还本，第一年 7 厘行息，以后每年加 1 厘，至第六年还清为止。公债票大票库平足银或行平化宝银一百两，小票库平足银或行平化宝银十两，按甲、乙、丙、丁、戊、己分号列收。期满之票计本息向天津银号兑现，亦可交纳直隶地丁钱粮、关税、厘金、盐课、捐款。偿还本息财源指定藩库 30 万两，运库 35 万两，永平七属盐利 15 万两，直隶银元局余利 40 万两。三十三年七月（1907 年 8 月）因铜元滞销停铸，改指烟酒税 40 万两为担保财源。此项公债主要用于支付北洋军饷。[①] 发行情况据梁启超调查，"奏准之后，袁氏亲邀天津豪富，劝其担任，而应者仅得十余万。卒乃复用强逼之法，硬分配于各州县，令大县认二万四千两，中县一万八千两，小县一万二千两。官吏借此名目，开婪索之一新径。时甫经团匪之后，疮痍未复，怨声载道。至第二次收银届期，应募者犹不及一百万两。袁氏坐是为言官所劾，无计复之，卒乃向日本正金银行借三百万以塞责。犹有不足，则强上海招商局及电报总局承受之。此直隶办公债之实情也"[②]。梁氏并戏称为"袁世凯式之公债"。

福建公债　光绪三十三年七月（1907 年 8 月），闽浙总督崇善奏请"拟按照直隶现办章程，劝募公债一百二十万元"，并以各府州县及税厘局卡差缺酌提平余银两为担保财源。度支部要求崇善详细声明"每年提取各项平余究有若干，如何摊还"后再行核办。[③] 后无下文，估计未曾发行。

湖北公债　宣统元年七月二十七日（1909 年 9 月 11 日），湖广总督陈夔龙以湖北财政支绌，奏请发行公债 240 万两；大票库平百两，

---

①　《袁世凯奏议》下册，第 1066—1523 页。

②　梁启超：《论直隶湖北安徽地方之公债》，《饮冰室文集》之二十一。

③　《光绪朝东华录》（五）总 5691 页。

小票十两,利息第一年7厘,以后每年加1厘,至第六年还清为止。偿还财源指定藩库6万两,盐库10万两,江汉关6万两,整顿税契7万两,官钱局盈余银20万两,签捐局盈余3万两。^① 但实际发行远未足额,便于宣统二年七月初七日(1910年8月11日)及八月十五日(9月18日)向华俄道胜银行各借库银10万两,10月7日又向日本正金银行借库平银76.5万两。^②

安徽公债 宣统二年正月(1910年2月),安徽巡抚朱家宝以财政支绌,奏请发行公债120万两,借款条件与湖北相同,偿还财源指定藩库14万两,牙厘局出口米厘15万两。^③ 当第一期发行时,即向英商怡大洋行借了库平银110万两,^④余10万两是否发行,不得而知。

湖南公债 宣统二年七月十六日(1910年8月20日),湖南巡抚杨文鼎以"湘省财殚亏巨",奏请募集公债120万两,由湖南官钱局经理,指定以出售水口山铝砂利银26.5万两为偿还利源,"所有递年加息及收付办法,酌照鄂省成规"。^⑤ 奏准之后,遭到咨议局、资政院及湘人的强烈抗议,乃转借外债。宣统二年十二月初十日(1911年1月10日),向日本横滨正金银行借洋例银50万两(合库平银469,351.36两),三年闰六月十五日(1911年8月9日)又向德商礼和洋行借洋例银70万两(合库平银657,091.9两)。^⑥

吉林公债 宣统元年,吉林巡抚陈昭常以该省银价日昂,市面凋敝,币制财政整理,实需巨款,向咨议局提议募集公债1,000万元。咨议局认为,本省商民交困,此项公债恐难募集,莫若招徕邻省客商,

① 陈夔龙:《庸庵尚书奏议》卷22。
② 徐义生:《中国近代外债史统计资料》,第44—45页。
③ 《华制存考》宣统二年二月,政务,第47—48页。
④ 徐义生:《中国近代外债史统计资料》,第44—45页。
⑤ 《宣统政纪》卷39,宣统二年七月丁巳。
⑥ 徐义生:《中国近代外债史统计资料》,第48—49、52—53页。

兴办实业，广集股本，扩充彩票，庶可吸收外币以资补助。吉抚意不谓然，令该局下次开会，再为切实商议。① 宣统二年（1910）咨议局如何决议，情况不详，但从吉林省宣统三年预算中未列入公债收入、清政府举借东三省实业和整理币制的外债来看，这笔公债当未发行。

云南公债　宣统二年春，云贵总督李经羲因兴办实业，筹款困难，奏请由度支部拨借 300 万两。度支部议复，以库帑支绌，无款可筹，准云南仿照直隶办法，暂募债 300 万两以应急需。如滇省难募此数，可饬令各省大清银行分募，将来筹还之款，则由度支部与滇省分认。② 此笔公债后"寂无所闻"，从当年冬天云南藩库交由大清银行云南分行经理来看，似仍试图发行，但终未成事实。

江南公债　宣统二年八月，两江总督张人骏电奏，江苏宁属库储久空，支绌情形，势难终日，拟仿照直隶等省成案，募集公债银 240 万两。以 190 万两抵还历年借款及济饷要需之不足，以 50 万两筹付劝业会为振兴实业之用。由江南财政公所暨裕宁官银钱局岁筹银 57 万两作为抵还公债财源。③ 1915 年 11 月江苏财政厅厅长胡翔林、裕宁清理处处长陶湘在向财政部报告裕宁官银钱局清理情况时，未提到这笔公债，④看来未曾发行。

奉天公债　宣统二年秋，东三省总督锡良在奉省咨议局常年会期间，提交募集公债 200 万元的议案。八月初七日，锡良撤回此项议案。⑤

福建二次公债　宣统二年秋，闽浙总督向咨议局提交募集 20 万两公债的议案，月息 6 厘，期限 5 年。⑥ 该局是否通过，情况不详。但

---

① 周棠：《中国财政论》，第 248—249 页。

② 同上，第 248—249 页。

③ 《国风报》第 1 年第 23 号，宣统二年八月二十一日。

④ 姜宏业主编：《中国地方银行史》，第 81—82 页，湖南出版社 1991 年版。

⑤ 《国风报》第 1 年第 25 号，宣统二年九月十一日。

⑥ 周棠：《中国财政论》，第 250 页。

经度支部批准,福建向大清银行借银达 80 万两,[①]内含此项公债当无疑义。

直隶二次公债 宣统二年(1910)三月,直隶总督陈夔龙奏请募集公债 320 万两,用于新政经费,偿还财源指定藩库 30 万两,运库 35 万两,永平七属盐务余利 15 万两。至宣统三年第一次公债偿清后发行。[②] 这笔公债于三月二十六日(5 月 5 日)奏准,当年秋咨议局开会时遭到议员质问,未及核准,便于年终发行。先以公债票作为抵押,由直隶省银行垫银 80 万两,"他银行担任若干万"[③],用于支付空欠军饷。宣统三年三月二十四日(1911 年 4 月 22 日),直隶省银行致函天津商务总会协助劝募,[④]因辛亥革命爆发停止。

四川公债 此项公债,情况不详。据报道:"赵制军(尔巽)以新政筹款维艰,而明年(宣统三年)预算不敷之款甚巨,拟仿直隶举办公债票,遍发各州县,劝告民间购票,需款二百余万两。"[⑤]

江西公债 宣统三年六月十二日(1911 年 7 月 7 日)江西巡抚冯汝骙奏,赣省岁入不敷二百余万,拟请试办公债。[⑥] 这时保路风潮已起,度支部自然没有同意。

国内金融机构垫借

庚子以后,国内的金融机构大量增加,除了票号、钱庄以外,还有各省的官银钱号、省银行以及商办银行,清政府则有大清银行、交通银行等。在清朝财政危机日益加深的形势下,清朝各级政府向各种金融机构的借垫款项日益增加。宣统三年十一月,仅度支部向京师

---

① 大清银行总清理处:《大清银行始末记》,第 62 页。
② 《天津商会档案汇编(1903—1911)》上册,第 699—701 页。
③ 《国风报》第 2 年 1 号,宣统三年正月十一日。
④ 《天津商会档案汇编(1903—1911)》上册,第 699 页。
⑤ 《蜀报》第 4 期,宣统二年九月初一日。
⑥ 《宣统政纪》卷 55,宣统三年六月戊寅。

各票号的欠款即达 700 余万两。[1] 清朝灭亡后,票号向各地政府的大量财政垫款也无法收回,纷纷倒闭。湖南财政公所借欠湖南官钱局达 100.78 万两,湖北官钱局垫借公家的款额达 375 万。[2] 这些只是清朝灭亡后的截止数。由此可见,清末最后十年清政府与国内各种金融机构的借款发生额可能超过前此六十年的内债总额。

晚清内债的历史,大致可以分为三个阶段。第一阶段,道光二十年至光绪二十年(1840—1894),主要是地方政府因财政急需、临时资金周转困难向票号、银号等金融机构举债,一般款额较小,借款时间较短,有的是随借随还,长期拖欠的情况较少。只有左宗棠西征时才有中央政府的借款。第二阶段,光绪二十年至二十六年(1894—1900),除了上期内债形式继续发展以外,出现了国家正式发行的公债。按照国家提出的借款条件向民间募集资金,这种近代的公债形式与封建专制的等级制度发生了尖锐的矛盾。清王朝因发行息借商款和昭信股票而债信扫地,其政治后果的严重性直接反映在以后的内债发行上。第三阶段,光绪二十六年至民国元年(1900—1912),由于这一阶段清王朝的财政危机日益加深,不仅向各种金融机构大量的临时借款无法及时清偿,积欠累累,而且发行内国公债的举措几乎一败涂地。

在第三阶段中,国家公债计划发行有 4 次,两次流产,1 次转为外债,1 次几乎完全由内帑银购买,失去了发行的意义。地方公债中,计划发行的有 13 次,实际发行仅 6 次,其中有 4 次部分或全部转为外债,外债在发行总额中的比重,直隶公债为 62.50%,湖北公债为 40.21%,安徽公债为 91.67%,湖南公债为 93.87%。福建、直隶两次公债以债票向银行抵押借款数不过 100 万两。6 次发行地方公债由国内认购的债票总额不到 400 万两。清朝政府通过发行内国公债

---

① 《山西票号史料》,第 283 页。

② 姜宏业主编:《中国地方银行史》,湖南出版社 1991 年版,第 50、63 页。

来弥补巨额财政赤字的企图完全落空了。

梁启超分析清末内债发行失败的原因时指出:"欲公债之成立,其必不可缺乏条件有五。一曰政府财政上之信用孚于其民,二曰公债行政纤悉周备,三曰广开公债利用之途,四曰有流通公债之机关,五曰多数人民有应募之资力。五者缺一,则公债不可得举也。"[①]他认为清末内债发行缺乏这些必要条件,故不免失败。根据中国近现代内债发行的实践,民国政府、革命根据地政府以及中华人民共和国中央人民政府发行内国公债成功的例子不少,但并不都是具备了上述五项条件的。因此,清末公债发行的失败,显然还有更为深刻的原因。

财政是国家行政权力赖以运作的经济基础。政府发行公债,是为了弥补财政支绌,保证国家机器的正常运作。民众认购公债,既是一种经济行为,也是一种政治行为,它曲折地反映了民众对于发行公债的行政主体合法性的承认。如果说息借商款、昭信股票的发行未能成功,可以用梁氏的理论来解释的话,那么庚子以后的情况则远非如此简单。宣统年间几乎所有发行地方公债的计划都遭到了咨议局的抗议,国会请愿运动也公开宣称,召开国会是解决财政问题的先决条件。这说明,在政府的合法性逐渐丧失之时,它所发行的公债,民众是不会大量认购的。

与清末公债惨淡经营形成鲜明对照的是国民捐运动和筹还国债运动。看一下民众对于国民捐运动与筹还国债运动不同态度,或许更有助于我们说明这个问题。

国民捐发端于光绪三十二年(1906),"原为清偿外债起见"。这一摆脱外债桎梏我国财政的建议,得到了朝野人士的普遍支持。京津一带,"上至朝官,下逮贩竖,莫不输纳恐后"。黑龙江劝募达近10

---

① 梁启超:《论直隶湖北安徽之地方公债》,《饮冰室文集》之二十一。

万两。① 但由于官为经理，到三十四年，"统计成数，清还洋款，尚难预期"，最后不得不把捐款退还捐款人。② 宣统元年（1909），风传海牙公会将监督中国财政的消息，天津商会发起筹还国债会，号召共纾国难，急筹捐款，在三年内清偿甲午、庚子赔款。"各省闻风兴起，函电交驰，异常激动，争思早日观成。"相戒"万不可仍如前之国民捐"，"此事必不由官吏经手"。北京津浦铁路学堂师生纷纷认捐，第一女工厂女工 159 人每人捐血汗工资 10 枚铜钱。滨江商务分会开会募款，当场即收到银千余两。吉林长春筹还国债分会集议十一次，"先后交款、认款者，甚形踊跃"。丹桂茶园重修开张后，即组织义演两日。③这次由资产阶级领导的、波及全国的筹还国债运动，在第一次国会请愿运动失败后也随之消沉下去了，民众的注意力日益集中到国会问题上。但他们对爱国捐款与认购公债所采取的截然不同的态度，十分清楚地表明了他们的政治立场。

公债发行的连连失败，使清政府感到了政治上的沉重压力。在江西省奏请发行公债时，度支部立即拒绝批准，认为这样做，"前途至为危险"④。然而，这并不能改变专制王朝"无可奈何花落去"的历史命运。

英、法早期资产阶级革命的发生，是由王室财政极端困难，资产阶级拒绝增加赋税、贷款作为导火线的。在清末财政史上，如果说甲

---

① 《光绪朝东华录》（五）总 5690—5691 页。
② 《清朝续文献通考》卷 71 考 8281。据度支部光绪三十四年四月奏："光绪三十一年京师创设劝办国民捐，以清偿外债。其时因此项捐款应按年存放生息，暂由臣部银行代收……创议之始，内外官绅士庶均动于公议，踊跃输捐……所有前项捐款，至今本息合计，仅得四十一万三千余两。近日捐款益复零星，清偿外债，殊难悬望。"[见《光绪朝光华录》（五）总 5890 页]这只是京城的国民捐数额。江苏开办之初，只有京口旗营捐银 3,790 两，由司库垫付，在季饷内扣还；试用知府姚某捐 500 元；省城钱庄仅捐十余元（《庸庵尚书奏议》卷 8）。可见主要是官方行为，绅民并不积极。
③ 上引资料均见《天津商会档案汇编（1903—1911）》下册，第 1899—1942 页。
④ 转引自彭雨新《辛亥革命前夕清王朝财政的崩溃》，载《辛亥革命论文集》，湖北人民出版社 1981 年版。

午战争之前是清政府与资产阶级财政借贷关系形成时期的话,那么,甲午战后四五年中,这种借贷关系已经与封建等级制度发生了尖锐的冲突。而到庚子以后,如果清政府不在政治上作出重大让步的话,资产阶级就不会认购国债。与英、法资产阶级革命不同,中国资产阶级在革命前并没有议会这个阵地,因此,革命爆发前的焦点问题不是财政,而是国会的召开与否。但是,资产阶级革命发生的一般规律,从晚清财政史和内债史中仍然是清晰可见的。

第七章　财政演变中的经济与社会

　　我们已经对从鸦片战争到清王朝崩溃的晚清财政作了一个概述。在叙述过程中，我们也试图在财政史的框架内阐明财政与政治、经济和社会的发展关系，但是，由于问题本身的复杂性、广泛性以及作者的学力所限，我深知这样的论述是远远不够的。我想最后就晚清财政与近代经济、社会关系的几个一般性的问题谈一下自己的看法（其中有些内容已在书中略有叙述），作为本书的结束。

第一节　晚清财政与市场经济

高度货币化财政与农业经济收入的再分配

　　清朝财政是一个高度发展了的货币化财政，这个财政货币化的过程一直延续到鸦片战争以后，这个基本特点对于近代经济的发展产生了重要的影响。正如我们在本书第一章中就指出的那样，清代财政货币化的程度远远超出了当时商品经济发展的水平。经过太平天国时期南方六省的漕粮改折以及庚子以后江浙漕粮的改折，实物收入在清朝财政中的比重更低了，而当时中国农村经济的商品化程度恐怕不会超过 20％。① 由此我们可以看出，清朝财政的高度货币化，是推动近代农产品走向市场的一个重要因素。

清代财政农业税收入的一个重要特点是比较彻底地贯彻了"赋从租出"的原则，也就是纳税人必须是土地所有者。因此，高度货币化的财政从理论上说，应该首先是迫使地主强化地租货币化的进程，再由地租货币化强化农产品的货币化。但实际上并非如此。马克思指出，由产品地租向货币地租转化，是一个困难的过程："没有社会劳动生产力的一定的发展，这种转化是不能实现的，下述事实就证明了这一点：罗马帝国屡次试图实行这种转化都遭到了失败，本来打算至少把实物地租中作为国税存在的那部分转化为货币地租，可是后来又恢复了实物地租。又如在法国革命前，货币地租和先前各种地租形式的残余混杂在一起，也表明了这种转变的困难。"②可见国家政权榨取货币收入的冲动早在古罗马帝国时代就有了。

从有关统计材料来看，从清代到民国时代，货币地租并没有获得明显的发展。根据嘉庆朝（1796—1820）刑部案件中有关地租的 272 份案卷统计，实物地租占 65.07％，货币地租占 34.93％。③ 而到 1934 年对 22 省 874 县所作的调查统计，实物地租占 78.8％，货币地租占 21.2％④。这当然不是说，民国时期货币地租的比重还不如清代高，这其中有统计因素的差异，但是我们至少可以作一个基本估计，从清代到民国，货币地租大约为农业地租的四分之一到三分之一

---

① 1913 年对山东胶州附近的农村进行了一份调查称，42 亩地的自耕农出售农产物和副业产品的现金收入为其总收入的 38％，20 亩地的佃农是 28.6％，14 亩地的自耕农仅 24.5％（章有义编《中国近代农业史资料》第 2 辑，第 423 页）。黄逸平先生评论道："农民出售农产物所得，有相当大部分是要用来纳税银、完赋税、偿还积欠之用，所余才能购置一些生活资料和生产资料。"（黄逸平：《中国近代经济变迁》，上海人民出版社 1992 年版，第 224 页）因此，实际的商品化程度要比统计数所反映的要低得多。

② 马克思：《资本论》第 3 册，《马克思恩格斯文集》第 7 卷，人民出版社 2009 年版，第 901 页。

③ 据李文治编《中国近代农业史资料》第 1 辑，第 70 页。

④ 金德群：《民国时期农村土地问题》，红旗出版社 1994 年版，第 49 页。

之间，并且不能排斥实物地租在此区间内有增强的可能性。清朝财政的高度货币化并没有对地租货币化起到有力的推动作用。这种财政的高度货币化完全是国家的一种超经济强制，虽然这种超经济强制仍然要以"社会劳动生产力"的一定发展为前提。

在自然经济占统治地位的时代，"社会劳动生产力"的发展程度水平也必然很低，因此，农产品在转变为货币的时候，市场的风险极大。在清代，最典型的就是银钱比价波动的风险。我们且不论"社会劳动生产力"的地区间的差异，仅以"社会劳动生产力"表现的一般等价物货币而言，就有银两、银元和制钱等形式，它们之间的比价是经常波动的。农产品的直接市场价格是依制钱计算的，而清政府的税收是依银两计算的。钱贵银贱于纳税农户有利，而银贵钱贱于纳税农户不利。（太平天国以后，原太平天国占领区内自耕农的人数有所增加，大土地所有制有所衰弱，因此，在纳税农户中，虽然地主阶级仍占主导地位，但自耕农的人数应有所提高。）我们可以通过银钱比价的长期趋势来看赋税对于农民的实际负担的影响（图中虚线为规元对制钱的比价，实线为银两对制钱的比价）[1]。

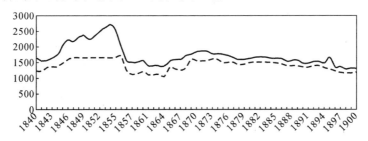

图 7-1　1840—1900 年银钱比价

[1]　规元对制钱的比价据郑友揆《中国近代对外经济关系研究》第 147—149 页表编制；银两对制钱的比价分别据严中平等编《中国近代经济史统计资料选辑》（科学出版社 1957 年版）第 37 页、彭信威《中国货币史》第 843 页、王宏斌《晚清货币比价研究》第 95—97 页及其他散见的资料。1900 年以后因铜元铸造发行，市场价格体制发生很大变化，故不再编入图中。

一般说,银钱比价在上升的时期,农民的赋税负担会无形中加重,反之,则会相对减轻。1840—1858年比价急剧上升,这也是社会矛盾最为尖锐的一段时期。1858年以后,比价突然下跌,到1864年跌到最低点,农民起义也走向低潮。之后,比价又一度上升,到1873年达到一个次高点,时间也达10年之久,但是,由于各地的减赋,农民起义并未重新高涨。1873年以后,随着内战的结束,银钱比价开始出现了长期跌落的趋势,一直持续到1900年,该年银钱比价的指数已经低于鸦片战争爆发的1840年。

考察农民的赋税负担当然仅仅从银钱比价这方面来看是不够的,农产品的物价水平也是一个十分重要的因素。米价是最有代表性的农产品价格之一,从下表可以看出鸦片战争后,米价处于长期上升的趋势。

表 7-1　1841—1915 年上海米价及其购买力　指数:1913＝100

年　代	中等米价 元/市石	米价指数	批发物价 指　数	米的购买力
1841—1850	3.79	52.6		
1851—1860	2.87	39.8		
1861—1870	4.40	61.0		
1871—1880	3.14	43.6	68.4	63.7
1881—1890	3.09	42.9	68.4	62.7
1891—1895	3.45	47.9	70.8	67.7
1896—1900	4.97	68.9	83.0	83.0
1901—1905	5.50	76.3	98.2	77.7
1906—1910	6.64	92.1	105.4	87.4
1911—1915	7.39	102.5	107.4	95.4

资料来源:吴承明《中国资本主义与国内市场》,中国社会科学出版社 1985年版,第 293 页。

国内其他地方的粮价没有像上海那么高,但是增长的趋势是相同的。如许道夫据其他资料统计,同期的粮价变化情况如下表:

表 7-2 1841—1911 年米价及其指数

年代	平均价格(元/市担)	指数(1926=100)
1841—1850	1.04	18.87
1851—1860	0.79	14.34
1861—1865	3.06	55.54
1866—1875	1.56	28.31
1876—1880	1.41	25.59
1881—1890	1.47	26.68
1891—1895	1.66	30.19
1896—1900	2.34	42.47
1901—1911	3.49	63.34

资料来源:许道夫《中国近代农业生产及贸易统计资料》,第 89 页。

小麦的价格也同样呈上升趋势,总之,从 1840 年到 1911 年,粮价大约平均上涨了两至三倍。粮价的持续上涨,对于农民从农业生产中获得更多的货币收入而减轻税负是有利的,它也从一个侧面说明了为什么农业社会还能够承受清末财政的大幅度扩张(这种扩张的税源当然不完全取之于农业社会)。粮价的上升趋势还间接地回答了这样一个问题:尽管处于高度货币化财政的压力下,为什么实物地租在近代仍然长期占居主导地位,而没有削弱的迹象。地主阶级总是会设法采取或者维持于自己最有利的地租形态的。

高度货币化的财政是近代农业生产商品化的一个因素,是市场体制之外的一个因素,因此,在 1853 年清政府大规模实施漕粮改折以后,改变了市场的供求关系,造成了粮价一度大幅度跌落。而到 60

年代以后,由于经济近代化的进程加快,城镇人口增加,对于粮食的需求上升,而农村则由于经济的残破、饥荒的流行,使粮价不断上涨,反映了市场经济对于农村自然经济的侵蚀的加深,化解了非市场因素对于粮价的影响。

清政府采取的田赋税则基本上是一种固定税率的制度,因此,由市场供求关系拉动的粮价上涨,并不能使清王朝从农业收入的再分配中获得更大的份额。在 19 世纪 40 年代,清政府的田赋收入在3,000万两左右,80 年代以后超过 3,000 万两,一直到 20 世纪初,清政府的田赋收入基本上维持在这一水平。由此可见,从粮价上涨中获得最大利益的仍然是地主阶级。虽然清政府还通过盐斤加价、厘金等从农业征收间接税,但是,这基本上是按农业人口而不是按农业的主要生产资料——耕地收入而征收的税收,因此对于占人口大多数的佃农而言,由于地租水平并没有下降,他们反而因各种间接税的增加而加重了赋税负担。

清王朝当然也不是物价上涨的得益者。造成这种情况的原因在于,清政府的田赋虽然实现了高度的货币化,但却是在自然经济的条件下形成的,因此,它并不能适应市场的变化,随着土地出产的货币收入的增加而增加,反而会随着土地货币收入的增加而减少田赋的实际收入。这用一个简单的例子就可以说明这个问题:一担粮食如1840 年的价格为 1 两银子,到 1900 年为 2 两银子,那么,在 1840 年将这一担粮食折成 1 两银子征税后,到 1900 年清政府要从市场上买回这一担粮食的话,就需花 2 两银子了。这种追逐财政高度货币化的动力是在自然经济条件下形成的,随着商品经济的发展,又会迫使政府按照市场经济的机制来调整自己的行为。民国政府在通货膨胀的压力下恢复田赋征实,原因即在于此。

晚清财政在参与农业收入再分配过程中,在近代市场经济发展的大环境下,实际处于一种不利的地位,这是我的一个基本估价。

晚清财政与国际国内市场

我们还可以从更加宏观的金融、物价变动中来考察晚清财政参与国民收入再分配的份额。

清朝财政收入以白银为主，在 19 世纪 40 年代，清政府因银钱比价的急剧上升，白银的购买力提高，财政的实际收入上升。但是，到 50 年代，由于白银的回流，银钱比价急剧跌落。70 年代以后，又由于国际市场白银价格的暴跌，促成了国内银钱比价的长期趋跌。这对于中国的物价水平产生了深刻的影响。

中国国内的物价，在 19 世纪存在着两种基本的物价体制，一个是制钱物价体制，其活动范围主要是零售；一个是白银物价体制，其活动范围主要是批发。这两种价格体制的过渡，是近代商业贸易中关键问题之一。由白银价格体制过渡到制钱价格体制，最典型的例子是食盐，食盐基本上由政府垄断，招商经营，其价格的成本基础是白银。在银贵钱贱的情况下，食盐由批发市场转入零售时，因制钱价格过高，销售便十分困难，是造成 19 世纪 30—40 年代盐商的大批破产基本原因之一。相反，农产品、手工业产品的价格首先是在零售市场上形成的，因此，农产品和手工业产品价格往往随制钱比价的跌落而跌落，随制钱价格的上升而上升。这会降低以白银作为基本收入的社会群体的购买力，反过来对物价上涨形成抑制力。但到 19 世纪末，由于国际市场的拉动和国内市场的内在压力，造成了整个物价急速上涨。其情况由 19 世纪末 20 世纪初中国批发物价指数的变化可见一斑。

从下图可以看出，20 世纪初叶的批发物价指数较 19 世纪 70 年代上升了三分之一左右，而上升的时间段主要集中在 1897 年到 1911 年这 15 年中。这意味着，仅仅在这 15 年间，清朝财政实际收入因物价上涨而下降了三分之一。我们还没有将零售市场物价上涨的因素考虑进去。

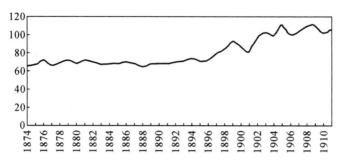

图 7-2　1874—1911 年中国批发物价指数（1913＝100）

　　资料来源：据孔敏、彭贞媛等编《南开经济指数资料汇编》，中国社会科学出版社 1988 年版，第 499 页。

　　与闭关时代的清朝财政不同，晚清财政还受到国际金融市场波动的影响。我们在前面已经指出，19 世纪 70 年代和 90 年代，国际金融市场因受德国和印度先后放弃银本位而造成了白银价格的大幅度下降。

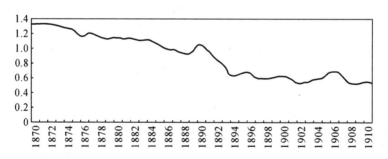

图 7-3　1870—1911 年世界白银价格的下跌（美元/每盎司银）

　　资料来源：据耿爱德《中国货币论》，第 227—229 页。

　　在四十年左右的时间内，白银价格下跌了一半以上，而以 19 世纪 90 年代下降的速率更快。这意味着整个清朝财政的收入，如果按照国际白银价格来计算的话，在这四十年间减少了一半。在国际性白银价格暴跌中，在财政收入方面损失最大的是海关税。海关税的损失包括两个方面,一是按照 1858 年订立海关税则时的从价税率征税,使清政府失去了因物价上涨而得以增加的海关税收入。二是海关税收入虽然由于贸易量的增长而增加,但海关收入的白银的实际价格却大幅度的下降了,比如 1894 年,海关税收入是 1872 年的一倍,而折算成美元,还不到 1872 年的美元收入。[①] 财政支出方面损失最大的是外债,即镑亏,我们已经在前面谈到了。清政府无力排除列强对于关税方面的控制,只有出于增加国内捐税收入一途。

　　我们了解了整个国内物价变动和国际白银价格下跌的情况之后,我们不难得出这样的结论,那就是,在自然经济环境下形成的清朝财政体制,随着商品市场经济的发展和中国经济日益卷入到世界资本主义市场体系中以后,它的不适应性日益暴露了出来。撇开晚清的内忧外患所造成的财政支出大幅度增加不论,就是这种物价和金融的压力,也足以迫使清王朝加速它的财政规模的扩大。从 1895 年到 1911 年,清朝财政规模由 1 亿两扩大至 3 亿两,也正是物价上涨最为猛烈和银价下跌最为迅速的时候。在我们谴责清政府的种种倒行逆施时,不应该忽视清末财政扩张中的这种必然因素,正是这些客观因素使中国国家的财政由封建走向近代,而近代国家乃至现代国家是不能无视财政收支的市场风险的。清末政府对于币制问题的重视,这也是一个重要原因。

第二节　晚清财政与资产阶级

资产阶级与封建国家财政关系的比较

　　资产阶级与封建国家的财政关系,取决于整个社会经济结构的

[①]　1872 年海关收入共 11,216,146 海关两,折合美元 17,721,511 元;而 1894 年收入 22,523,605海关两,折合美元仅 17,343,176 元,见杨端六、侯厚培编《六十五年来中国国际贸易统计》第 123 页。

基本状况。中国的封建社会制度与欧洲的封建社会制度有着很大的区别,因此,在封建制度解体过程中,资产阶级与国家的财政关系的发展有着很大的不同。

11 世纪以后,西欧随着城市经济的发展,商品经济日益发达,促使封建庄园的自然经济逐步瓦解。11 到 13 世纪的十字军东征,增加了封建领主对于货币的需要,推动了实物地租向货币地租的转化,到 13 世纪,货币地租已经相当普遍。在战争耗尽财力的国王、封建诸侯、贵族无不陷入财政的困境之中,不得不抵押土地等不动产,不断地向从贸易和商品经济的发展中积累了巨大财富的城市商人们举借高利贷。城市则通过向国王支付赎金的方式取得自治权,并为了维护这种自治权而向国王不断提供捐助,以保证国王对诸侯的斗争中赢得胜利,促进国家的统一。

历史学家周谷城在谈到欧洲专制王权的兴起时写道:

> 中央集权的专制政府,能从领主、教会及自由城市支配之下统一交通制,统一税收制,统一度量衡,统一法律制,统一审判制。凡此等等,都是工商阶级所迫切需要的;所以他们为着自身利益,须帮助国王促成专制政治。其促成专制政治的方式,可以下之各项为例:一、供给政府以各种税款;政府拿这税款,可以招募士兵,可以购置军火,可以雇用公务人员。二、供给政府以各种专门人材;如税收人材、司法人材、行政人材、军事人材等。三、供给政府以学术知识;尤其是巩固专制的学术知识,多出自新兴的工商阶级。①

王室的财政特权是在与诸侯的长期斗争中逐渐形成的。在英、法资产阶级革命以前,王室财政的收入主要有三个方面:一是特权阶级缴纳的赞助金;二是君主个人的财产收入;三是特权收入。特权阶

---

① 周谷城:《世界通史——世界范围之扩大》第 3 册,商务印书馆 1958 年版,第 617—618 页。

级的赞助金由原来的诸侯对于国王的封建义务转化而来。君主的财产收入主要是指国王通过经营个人的财产而取得的收入。特权收入是指国王通过所拥有的征税权、造币权、专卖权、特许权以及管理权所得到的财政收入。特权收入是王室财政最主要的收入。但国王如果要扩大特权收入的范围，非得经议会同意不可。在通常情况下，议会只同意国王征收临时的赞助税，以避免王室财政的危机。在财政权利受到议会制约的情况下，国王一般采取保护工商业的政策，以保证自己的特权收入；在王室财政入不敷出的情况下，举借公债或者卖官鬻爵。即使王室的特权收入，也有不少是由包税人上缴的，包税人通过承包税额与实收税额的差额中牟取利益，这些包税人大都来自资产阶级。在这种财政体制下，国王的保护工商业政策和向臣民举借公债，最终的得益者，主要是新兴的资产阶级。即使卖官鬻爵，购买官职的大部分也是出身于资产阶级。资产阶级还可以从宫廷的订货、军需物资的采购等活动中获取暴利。因此，资产阶级在支持专制王权的过程中同时也获得了巨大的政治经济利益。在专制王权"反以奴役和掠夺来回答它的同盟者的支援"（恩格斯语）之前，资产阶级已经积蓄了足以推翻封建专制制度的政治、经济实力。

西欧各国君主对于资本主义的扶持既有财政上的因素，还与逐渐兴起的民族国家的观念有着密切关系。亨利·皮朗写道：

> 国王与诸侯们对资本主义进展所表示的赞助，并不仅仅出于财政上的考虑。当他们的权力增加时所开始产生的国家观念，促使他们自认为是"公共福利"的维护者。城市自我主义发展达到高度的14世纪，也是经济史上王室权力诞生之时。在此以前，王室只间接插足于经济领域，履行裁判、财政、军事的特权。[1]

---

① ［比］亨利·皮朗：《中世纪欧洲经济社会史》，乐文译，上海人民出版社1964年版，第195页。

在王权上升过程中,皮朗所谓的"城市自我主义"开始逐步为"国家自我主义"即民族国家主义所取代。在专制君主时代的西欧,重商主义成为国家财政经济的指导思想。马克斯·维贝尔指出:"重商主义的实质在于把资本主义工业的观点灌输到政治中去,对待国家仿佛它仅仅只存在资本主义的企业主……所以重商主义意味着国家作为一个政治权力而得到了发展,而这种发展是直接由增加人民的纳税能力来实现的。"①而最有纳税能力的阶级恰恰就是资产阶级。

但是,反观中国资产阶级与清朝的财政关系,情况大不一样。

中国自秦汉以来,就建立了高度集权的封建专制制度,到清代达到了一个新的高峰。在这种政治框架内,统治者排斥了其他社会阶级参与政权,更无须资产阶级在资金、人材和知识方面的支持。各项赋税制度虽然历代均有变化,但是基本框架没有变化。重农抑商的经济思想虽然指导着封建国家的经济政策,而在财政上却恰恰相反,即国家的主要财政收入是田赋而不是工商税收。这种情况到了太平天国以后才发生重大变化。厘金、关税和盐税三大收入成为新的财政支柱。

盐税收入到清末逐渐超过了田赋收入。但就性质而言,是一种按消费者人头课征的间接税,基本上由食盐消费者承担,盐税的大幅度增加,直接受害者归根到底还是占中国人口百分之九十以上的农民。因此,从农业直接税田赋方面来说,清末由于农产品价格的上涨,土地所有者实际的田赋负担有所下降,但是,如果我们将盐税这个间接税因素考虑进去的话,那么,农业人口的税收负担很难说得到了减轻。田赋的对象是土地所有者,而盐税是每一个居民,性质是根本不同的。

关税、厘金同样也是间接税。就关税而言,西欧专制王权时代,

---

① [德]马克斯·维贝尔:《世界经济通史》,姚曾廙译,上海译文出版社 1981 年版,第 294—295 页。

采取的是保护关税政策，即高额征收进口税而降低出口税，通过这种税制，以保护本国工业免受外来商品的打击，打开本国产品的国外市场。而中国向来无保护关税的意识。到了近代，由于协定关税的束缚，实际海关税税率下降到百分之五以下。因此，资产阶级不可能从关税中获得任何保护，反而处于外国商品的打击之下。西欧的资产阶级借助专制王权的力量，力求扫清国内的关税壁垒，而在中国民族资本主义发端之时，厘金制度使得国内关税壁垒有不断加重的趋势。因此，在太平天国以后清政府所获得的所有主要新增加收入，都是与资产阶级的利益处于对立地位的，使它无须也无法取得资产阶级的支持以摆脱财政困难。整个 19 世纪下半叶的清朝财政扩张的方向是与资产阶级的利益相冲突的，即使在 20 世纪初清政府试图争取资产阶级支持的时候，它也无法摆脱这种历史的包袱和惯性。

在资产阶级革命爆发前，处于专制政权之下的中国资产阶级与西欧资产阶级走了一段完全不同的道路。

清政府征自资产阶级的捐税

关于中国资产阶级的形成，学术界还存在着分歧。过去一般认为，中国的资产阶级于 19 世纪 60 年代以后开始出现，到 19 世纪末 20 世纪初形成。其实，19 世纪 60 年代出现的只是近代工业资本家，而近代商业资本家包括从事国际贸易的买办资本家[1]则至少应该从鸦片战争以后公行制度废除以后就出现了。对于这个新兴的富有阶级的课征，清政府始终缺乏一个系统的财政政策。

鸦片战争以前，清政府对于传统的商业乃至金融业，均无税收管理。一般只向官府领取照帖（营业执照）后，交一定的帖费后，就可以

---

[1]　丁日初先生认为："在 19 世纪下半期，买办基本上是中国商业资产阶级中从事对外贸易的那一部分人。"是中国民族资产阶级的一部分。参见丁日初《对外经济交往与近代中国资本主义现代化的关系》，载《旧上海的外商与买办》，上海人民出版社 1987 年版。

合法经营,除了少量年捐之外,没有其他税收。到鸦片战争以后,情况有所变化,但是也以临时捐款为主,各地办法也不一律。光绪十年(1884),清政府为筹措中法战争经费,曾比较详细地叙述了鸦片战后商业税收的演变:

> [推广牙帖捐输。]查同治二年六月间,准江苏巡抚咨请劝商捐输牙帖请由部给发,经户部援照湖北、江西章程,奏明颁给部帖,并将条款十六则随帖开列。查条款内开,各行商人捐领新帖,系为报效军饷,其从前各衙门陋规,一概删除。酌定江苏上海地方,上等捐银五百两,二等捐银三百两,三等捐银一百五十两,下等捐银五十两。偏僻等地方,上等捐银二百两,二等捐银一百五十两,三等捐银一百两,下等捐银五十两。应令永为定额以裕经费等因。窃维从前筹备军饷,江苏既经请行,今尚间年赴部请领牙帖。此外惟湖北、陕西有牙帖捐款,他省有无似此举办,无从查考。拟令各省一体查明生意较旺及偏僻地方,能否分别定则,捐发牙帖,裁免陋规。各省即以万家计,截长补短,每家银一百两,计数可得百万两上下,于军饷不为无补。
>
> 烟酒行店入赀给帖。查同治三年十二月十三日,两江总督曾国藩奏称,江北粮台进款,有统捐及花布行栈捐名目。窃以从前军需紧要,江南省曾办行栈铺捐。湖北巡抚胡林翼亦有抽收行店月厘办法。后以军务稍平,部议停止。现在军饷紧要,拟收行店捐款以济急需。惟查各项行店,若一概抽收,又恐物价腾昂,惟烟酒二行,栈店最多,获利颇厚。若稍有抽取,究于民生日用无大关系。然月厘铺税,又似漫无限制,易滋中饱。不若仿照牙帖办法,颁给烟行酒行部帖,核其成本大小,明定科则,按年交纳课银一次。应由各省督抚查明,除资本微末铺户不计外,每省烟酒行店,大店各实有若干处所,某某字号,住址某处,核定课银数目,造册请帖,定限解款,以杜欺隐之弊。
>
> 汇兑商入赀给帖。查农民力田皆完纳丁漕,贩商当商亦纳

厘税，惟京外各处富商，分设汇兑票号，毫无交官之款，凭空罔
利，坐拥厚赀……嗣后京外汇兑票号，应令请领部帖，以便稽查。
拟参仿牙帖办法。如有汇兑票号，由地方官查明实系殷实富商，
责令各票号出具连环保结，申请承领部帖，方准汇兑绅民私款。
每号每年应令纳帖课银六百两。①

也就是说，直到光绪十年(1884)，清政府对于商业和金融业的税
收管理仍局限于帖费和年捐。对于商业行户的年捐，仅止于烟酒两
行；对于金融业的年捐，仅止于汇兑票庄。对于所有行户的年捐，只
有湖北、陕西和江苏上海等少数地区实行。"农民力田皆完纳丁漕，
贩商当商亦纳厘课"一语，典型地反映了清政府商业税收思想。在它
看来，商人已经缴纳了厘课，再缴纳其他捐税是一种不合理的现象。
因此，于年捐一事，对行业作了严格的规定。对于经营汇兑业务的票
庄，实行年捐的做法，还有强化注册管理的作用。年捐是对于商业、
金融业中少数行业具有直接税性质的营业税，总数不过百余万两，在
清朝财政收入中微不足道，不会影响到清朝财政政策。

其他各地的商捐情况十分复杂，如奉天从咸丰六年(1856)始对
商户征捐，有所谓日捐和厘捐两种，"厘捐不过按货抽厘，分取于各买
主，责成铺户扣收呈缴"，与过境税的厘金在性质上不同；"至日捐则
按铺逐日捐钱，不论出货之多寡，但论铺面之大小，计大铺每日捐东
钱数十文至二三十文不等"。到光绪二年，日捐被裁撤，而厘捐仍保
留着，成为一种类似现代的消费税。②

工业税收方面，清政府更是一片空白。在矿业方面，"清初鉴于
明代竞言矿利，中使四出，暴敛病民，于是听民采取，输税于官，皆有
常率"③。有比较明确的税收制度，分为金银课、铜铁锡铅及水银、硃

---

① 《光绪朝东华录》(二)总 1874—1875 页。
② 《光绪朝东华录》(一)总 237 页。
③ 《清史稿》卷 124《食货五》矿政。

砂雄黄课等,但在清朝的财政收入中,列入杂课之列,并不受重视,各地税率亦不一致。光绪二十四年(1898)清政府曾公布过一个《大清矿务章程》,分矿税为矿界年课和矿产出井税,但未正式施行。① 洋务运动时期,民用机器矿业中发展较早的是机器采煤业,使清政府开始考虑对于机器采煤业的征税问题。1876 年台湾基隆煤矿着手开办,福建巡抚沈葆桢奏准每吨征税一钱,已带有直接税性质。但其他土煤的运销出口,仍按每担四分纳税,运到国内其他口岸又须纳复进口税 2.5%。开平矿务局成立后,光绪七年亦请照基隆煤矿例每吨纳税一钱。而洋煤进口税每吨不过税银五分,机器采煤的税收仍高出洋煤一倍,而一般民矿每吨煤的出口税加复进口税的税银仍达一两多,高出洋煤达 20 倍。② 漠河金矿在创办之初就规定,余利分作二十成,交黑龙江将军衙门六成,报充军饷;商股十成;本厂员友司事花红四成。③ 其中并未提到金课。大体上,清政府对于官督商办的洋务企业还比较重视自己的财政利益,但很少用税收的形式确定下来,对于煤矿业的税收只是一个特例。而对于民族资本主义近代工业来说,清政府几乎毫无税收管理和税收政策可言,基本上满足于抽收厘金。

到 20 世纪初叶,各种课捐大量增加,但我们看到的实际情况是,各种所谓的商税商捐基本上仍在局限于商业和手工业范围之内。《天津商会档案汇编》比较系统地反映了清末各种城镇杂捐的情况,其名目有茶捐、铺捐、酒捐、鲜鱼虾蟹捐、藕捐、晓市摊捐、钱捐、学捐、车捐、鲜货捐、广告捐、粮捐、土碱杂捐、驮饭捐、免单捐等,④这些显然还基本属于零售商业、小手工业和服务行业范围的杂捐。天津是清末国内近代工商业最为发达的城市之一,近代企业直接税却基本上

① 参见北京经济学院财政教研室《中国近代税制概述》,北京经济出版社 1988 年版,第 47 页。
② 参见魏子初编《帝国主义与开滦煤矿》,神州国光社 1954 年版,第 4—5 页。
③ 孙毓棠编:《中国近代工业史资料》第 1 辑卜册,第 729 页。
④ 《天津商会档案汇编(1903—1911)》下册,第 1349—1497 页。

尚未发育,可见清朝的税收制度已经远远落后于近代经济的发展。

　　为什么近代企业直接税制会出现难产?首先是由于列强在中国设立的各类企业,在《马关条约》签订以前并无条约依据,清政府无从对其进行税收管理,只有通过厘金之类的过境税才能既实现对其产品的征税,同时又避免在事实上承认其合法性。其次,有相当多的华商为了避免封建势力的阻挠,也采取托庇于外商的手段,投资近代企业,对于洋人挂名华商出资和华洋合股的企业,清政府也无可奈何。在这种特殊情况下,清政府自然不可能于企业征税问题上有所作为。到《马关条约》签订后,外资在华设立企业已经有了条约依据,因此清政府在第二年与日本商订商约时,即提出了征收出厂税的问题。中方谈判代表张荫桓屡次向日方提出,《马关条约》于"制造货离厂等税,应否豁免,一字未提。如果可以免征,断无不提明之理;既不提及,其为应征,自无疑义。且中国系自主之国,原可任便妥定公平章程,征收税项"[1]。但日方代表林董强词夺理,"马关条约既准日人机器制造,若尚须征收厘税断无不提及之理。盖收税者,即与机器制造原意权利背弃也。是马关约第六款应照本国家所立见解,乃为妥协"[2]。因此于出厂税一事毫无成果。一直到光绪二十八年(1902)的中英修约谈判,清政府又试图改变外资企业无税的情况,与英方达成了初步的协议。光绪二十八年中英《续议通商行船条约》第九节规定:

　　　　凡洋商在中国通商口岸或华商在中国各处用机器纺成之棉纱及制成之棉布,须完一出厂税,其数系倍于光绪二十七年议和条约所载之进口正税。惟各该机器厂所用之棉花,若系外洋运来者,应将已完进口正税全数及进口加税三分之二发还;所用者若系土产棉花,须将已征之各税及销场税全数一并发还。凡以

①　王芸生:《六十年来中国与日本》第 3 卷,三联书店 1980 年版,第 153 页。
②　同上,第 152 页。

上所指华、洋各商在中国用机器纺织之纱布既完出厂税后,所有出口正税、出口加税、复进口半税以及销场税概行豁免。此项出厂税须由海关征收。凡别项货物与洋货相同者,若洋商在通商口岸、或华商在中国各处用机器造成者,亦须按照以上章程办法办理。惟湖北之汉阳大冶铁厂及中国国家现有免税各厂,以及嗣后设立之制造局、船澳等厂所出之物件,不在此款所言出厂税之列。[①]

这就是所谓的机器制造货税。有些著作认为此条在清末已经实施,[②]其实并不然。此节中所谓"出厂税"是清政府允诺在加税裁厘后英国才同意设立的新税种。但条件是"凡在中国应享优待均沾之国亦须与中国立约,允照英国所定英商完纳加增各税并所许各项事宜,中国方能允照此条所载各节办理"[③]。正如我们在前面已经指出的,清政府直到它灭亡都没能做到这一点,这个"机器制造货税"自然无法开征。既然清政府无法对外资企业征税,那么对于华商的近代工业企业自然也无法征税。[④] 从上面的分析我们可以看出,加税裁厘问题实际上成了 20 世纪初叶中国税收制度改革的一大关键,而在不平等条约的束缚下,清政府于此无能为力。企业直接税的难产,根本原因即在于此。在没有企业直接税的情况下,近代民族工业与清王朝的财政利益处于一种若即若离的疏远状态,与欧洲资本主义的发展与专制王权的密切关系恰恰形成鲜明的对照。

厘金是清政府最主要的工商税收入。但是,厘金的征收对象主体不是近代民族工业的产品,而是农产品、农副产品和手工业产品。

① 王铁崖编:《中外旧约章汇编》第 2 册,第 106 页。

② 参见周伯棣《中国财政史》,第 475—476 页;北京经济学院财政教研室《中国近代税制概述》,北京经济学院出版社 1988 年版,第 28 页。

③ 王铁崖编:《中外旧约章汇编》第 2 册,第 107 页。

④ 莱特写道:"对中国境内制造的洋式工厂产品所拟议的百分之十厂货税,始终没有实施。"(《中国关税沿革史》,姚曾廙译,第 372 页)

据估算,直到 1920 年,新式产业在国民总产值的比重只有 7.84%,[①]
这还是经过中国民族工业黄金时代以后的情况,估计在辛亥革命前,
新式产业的比重最多在 5% 左右。因此,从理论上说,近代产业并不
是厘金的主要受害者。不过,因厘金对于近代产业的打击而受到的
舆论谴责却比来自其他社会阶层的要多得多,[②]除了资产阶级拥有自
己的代言人和近代舆论工具之外,近代产业多为进口替代型和出口
加工型企业,它们对于外商所享有的关税和子口税的优惠条件使自
己在竞争中处于不利地位的反应特别敏感。所以,对于近代资产阶
级来说,直接税负并不重,但问题并不在于交纳的税收多少,而在于
税收是否体现了在市场竞争机制下所要求的公平性。在这种情况
下,资产阶级不可能不与清王朝(子口税的得利者之一)和地方督抚
(厘金的得利者之一)处于对立的地位。近代国家的财政利益与资产
阶级的经济利益如果不相协调而是对立冲突的话,是无法稳固政
权的。

第三节　晚清财政与财政利益集团

　　国家财政是国家政权参与国民收入再分配的一种形式,财政收
入主要用于维持庞大的官僚集团和军队。而在封建的财政体制上,
还有大量的寄生于清朝财政的各种社会群体,如介入地方财政事务
的士绅、吏胥、书差等等。这些经制的和非经制的群体在财政中分享
的份额会随着财政的演变而不断变化。

---

① 　许涤新、吴承明主编:《中国资本主义发展史》第 2 卷,第 1051 页。
② 　下层民众对于苛捐杂税的抗议采取的办法通常是武力反抗,这在清末最后十年特别频
　　繁,但我们很少看到工业资产阶级为抗捐税而采取的联合行动。

官僚集团

清代"官俸之薄,亘古未有"[1]。至雍正朝实行耗羡归公、增发养廉银的改革以后,官俸问题实际上并没有解决。取得养廉银的官员均为地方实缺官员,地方佐杂官员和京官的俸禄问题并没有解决。清代官场盛行的各种陋规节礼,实际上已成为官俸的补助金,这是因官俸制度极不合理而附着在清朝财政肌体上的痼疾。

至太平天国以后,为了克服财政危机,清廷利用官员有陋规收入,不断采取扣平减成的方式减少官员的俸禄和养廉银,使官僚的生计问题日益突出。如咸丰三年(1953)二月,京官文职三品以上、武职二品以上俸银停发一年,接着各直省文职七品以上的养廉银分别减成支放,自咸丰六年夏定为一、二品只发七成,三、四品发八成,五至七品之正印官及武职三品以上,发八成,一直延续到光绪十二年(1886)。光绪二十年又一律核扣三成充饷。以山东济南府为例,知府应得俸银 105 两,养廉银4,000两,经过各种扣平减成之后,实得俸银 51.112 两,养廉2 658.8两。[2] 京官俸禄本少,经过不断刻扣之后,生活自然更加艰难。瞿鸿禨于同治十年成进士,任翰林院庶吉士、编修、河南学政,至光绪五年母亲去世,因家贫,"称贷举丧"[3]。任官已达八年,连办母亲丧事的钱也没有。林鸿年"由状元放知府,升至云南巡抚,罢官而归,余囊仅有三千金。其时年事已高,谓年用三百金,分作十年之用,可以就木矣。谁知老而未死,乃赖正谊书院掌教束脩以度日。官至巡抚,不为小矣,其宦囊竟不足以送死"。沈葆桢官至两江总督后才致书友人称"今日皮衣方稍全备"[4]。俸薄再加刻扣,令廉官生不足以存体面,老不足以供善养,这是清廷的刻薄寡恩之处。

---

① 何刚德:《客座偶谈》卷 1,第 2 页。

② 据何烈《清咸、同时期的财政》,第 327 页。

③ 瞿宣朴等:《先府君行述》,载《近代史资料》第 83 号。

④ 何刚德:《客座偶谈》卷 4,第 10 页。

在银贵钱贱和财政危机的冲击下,州县官员忙于应付解款协款,入不敷出,寅吃卯粮,无不亏空累累。即使至光绪年间,州县的亏空仍然十分普遍。光绪九年(1883),护理江西巡抚刘芝田奏报,有 14 个州县交代亏短,无不在千两以上,有的多达近五千两。[1] 这些亏欠自然要追赔的。为官一任,非但没有财产积蓄,离任后还要用家产赔垫,死后还要向家属追赔。待官之苛,有清一代也是绝无仅有的。清政府也清楚,"州县俸廉无几,所入不偿所出,不得不藉资陋例"[2]。而因其婪索陋例,清代州县官在民众面前的面目总是可憎的。

而陋规的收入也不是州县官独吞。何绍基到四川按试时,"共考过十五府州厅,每接见各牧令,询问地方情形,无不以上司到任及节寿陋规为苦者。缘各州县每年致送总督、藩、臬及本管道府三节两生日,并到任规礼,缺分优者约一万数千两,中下者以次递减,瘠者十余缺,止送本管道府"[3]。四川的陋规来源主要是契税盈余。同治初年,一位官员在奏折中曾长篇论述外官陋规收入的分配及困难情形,剖析事理十分清楚:

> 至于京官之羡外官,正所谓"好官不过多得钱"。而以今之外官论,则无一应得之钱,然终于羡之者,岂人人思为贪墨哉,则以外官有相沿不除之陋规也。陋规之大端,惟州县征收钱粮,平余折耗,尽取于民。于是,上司亦以节寿为名,道府取之州县,院司取之道府,其不能除而几于人人皆然、处处皆然。何也?盖自耗羡归公,代以养廉银,大员事简而廉厚,道府以下,事愈多而廉愈少。即以州县论,廉多者不过千数百两,少者五六百两,而州县延一幕友,辄数百金,故冲剧岁入之廉,不能敌其岁出十分之一,此犹以承平时言之也。至于目前捐摊之款,日积日多,自州

① 刘芝田:《奏各州县旧案交代算结疏》,《刘中丞(芝田)奏稿》卷 1。
② 刚毅:《牧令须知》卷 1,陋规。
③ 何绍基:《请旨饬裁陋规折》(咸丰四年五月),《东洲草堂文集》卷 2。

县以至道府,所谓养廉,非但化为乌有,捐摊之数,且溢于养廉之数。捐摊者,捐廉摊廉也。至于捐廉而廉尽,藩司尽扣其廉不足以抵,犹复严催补解,取盈而后止,亦不计所补解者安从得也。此犹以道府、州县言之也。院司养廉较厚,捐摊所不能尽,而减折以来,所余亦遂无几。臣在四川,见总督养廉银万三千两,仅余二千四百两,其刑名幕友束脩即千三百两,幕友不止一人,费亦不仅延幕一事,其所余将以办公乎?以自养乎?近日官捐,动曰廉俸所积,其实并无所得,又安从积,不过出其陋规之余耳……如今所谓陋规,朝廷未尝不知之,特以其不败而听之。幸而不败,则以为操守廉洁;不幸而败,则以为卑鄙无耻,是上下相蒙,教之作伪也。因而绅民挟持州县,州县挟持上司,地方有事,州县不敢诘,州县不肖,大吏不敢诘,各殚其才力聪明,以为弥缝隐徇之计,遂有"家家贩私酒,不犯是高手"之谣。①

陋规毕竟是法外之征,难免弊端重重。故而从咸丰到光绪,一些能干的督抚无不先从控制经制外的各种陋规着手。湖北巡抚胡林翼首先采取措施,在折漕的同时,裁汰浮费,为粮道州县明定赢余。曾国藩在两江总督任上,也在核减钱漕的同时,将全省陋规裁定,名曰"公费"。左宗棠在浙江也进行了改陋规为公费的改革。沈葆桢在江西也将通省陋规裁定立案,阎敬铭在山东也进行了类似的改革。安徽则改名为"津贴"②。张之洞在山西进行公费改革,裁减陋规达78,916两之多。③ 对于公费改革,盛康曾评论道:

外吏津贴,东南各省多有奏定章程,裁革陋规,以充公费。权宜之举,立意未为不善。然取盈无术,仍不能不借资需索,于是公费而外,又有陋规,浸以重困。当日耗羡归公,言者已有耗

---

① 蒋琦龄:《应诏上中兴十二策疏》,盛康编《皇朝经世文续编》卷13。
② 黄体芳:《请分别裁定陋规以肃吏治疏》,盛康编《皇朝经世文续编》卷20。
③ 张之洞:《裁革公费馈送折》(光绪八年六月十二日),《张之洞全集》第1册,第108页。

羡之外复生耗羡之虑,是津贴之说,无补吏治,徒伤政体,利不胜其弊。且利未见而弊已生,大失权宜之本意矣。[1]

节寿陋规,是耗羡之外的耗羡,养廉之外的养廉。将陋规合法化为公费,可由督抚直接控制,但难免公费之外的陋规重新滋生。盛康的担忧不是没有道理的。但就公费改革本身而言,却对官僚的既得利益是一个打击。张之洞到山西,剔除盐务、夫马、陋规三大弊端,"尽夺官绅之利,仇怨已不可复解","浮议烦多",以至在奏疏中有"虽复陨身碎首,亦决不敢稍自顾惜"之语。[2]

光绪一朝,经过各省的公费改革,地方官俸银养廉之外,又有津贴一名。原来送给京官的规礼,则由各省统一以津贴之名解交各部。到庚子以后,因物价上涨,津贴的数量也不断增加。但是官俸微薄的局面仍然未能根本改观。何刚德谈道:"亡国之后,项城[袁世凯]初到,即定为京官无论大小,每人月俸六十元,然即如此,已较前清官俸倍蓰矣!"[3]

如果我们注意一下 19 世纪下半叶整个财政经济的状况,太平天国时期的财政危机、官俸的不断刻扣、70 年代以后银价的大幅度下跌、90 年代以后物价的迅速上涨,那么,我们不难看出,在这一时期依存于旧的财政体制下的官僚集团的个人收入是呈下降态势的。清末京城乃至各地官场的确出现了奢侈之风,这只是一些有职有权的大官通过各种手段进行贪污勒索的非法收入而出现的殊相,并非所有官僚的常态。

就是向来被视为肥缺的常关监督,由于清季税收的改革,官吏贪污中饱的机会也大大减少了。常关监督例由满员充任,积弊甚深,贪

① 书王堃《请定外吏津贴公费疏》(同治八年)后,盛康编《皇朝经世文续编》卷 20。
② 有关清末革陋规为公费过程的系统论述,参见关晓红《晚清直省"公费"与吏治整顿》,《历史研究》2010 年第 2 期。
③ 何刚德:《客座偶谈》卷 3,第 2 页。

污中饱十分严重。清末北京崇文门常关和粤海关由内务府直接派员监督,崇文门每年只征数万两,最多时只有 17 万两。肃亲王善耆管理崇文门一年,实收实报,竟至 64 万两,可见每年至少有 50 万两落入私囊。[①] 粤海关额定年征 500 万两,而每年解部额仅为三百万左右。光绪二十九年(1903),岑春煊因得慈禧宠幸,破例允许他对粤海关进行监督,派亲信充任提调,当年征收 660 万两,也就是说,以往粤海关每年约有一半的收入被侵吞了。[②] 次年,清政府下令粤海关以后改为由两广总督监督。在海关兼管常关以后,满人在常关税收方面的管理特权进一步削弱了。

但这只是一方面。另一方面,依存于新增的财政收入的官僚集团的收入却呈上升趋势。清代通过合法和非法各种途径取得优厚报酬的几乎都集中在税务机构,最主要的是关税和厘金等征税部门。

晚清的海关自设立总税务司以后,一直到清末,共控制了 46 个海关,规章制度日益完善,实行了严格的薪金制度。光绪元年,海关职员人数为 1,825 人,到三十一年达到 10,789 人,[③]到清灭亡前,海关职员的总人数在 19,169 人。[④] 光绪元年,海关经费支出为 135.9 万两,而到宣统二年(1910),海关经费支出已达 503 万两。[⑤] 海关职员的薪金在当时政府雇员的薪金水平中是最高的。总税务司的年薪最初为 12,000 两,达到了总督的水平,后又增加到 24,000 两。[⑥] 赫德以后的总税务司月薪更高达一千英镑(相当于关平银 6,700 两)。一级税务司的月薪原来为 750 两,相当于巡抚一级的俸银,1898 年又增加一倍,超过了总督的最高收入。海关洋员的薪金也普遍高于华

① 丁士源:《梅楞章京笔记》,《近代稗海》第 1 辑,第 435 页。

② 岑春煊:《乐斋漫笔》,《近代稗海》第 1 辑,第 98—99 页。

③ 汪敬虞:《赫德与近代中西关系》,人民出版社 1987 年版,第 71 页。

④ 《新海关题名录》(1910),转引自戴一峰《近代海关与中国财政》第 120 页。

⑤ 汤象龙:《中国近代海关税收和分配统计》,第 153、158 页。

⑥ [美]马士:《中华帝国对外关系史》第 2 卷,张汇文等译,第 49 页。

员,超等洋员帮办每月 500 两,而超等华员帮办仅 350 两。洋员供事最低级每月 100 两,而同级华员月薪仅 25 两。而在薪金之外,海关职员还可以得到诸如恩俸、加薪、假期给薪之类的优待,也是华员低于洋员。[①] 但即使如此,在海关工作的华员比在政府其他部门的官员的薪俸要高得多。

“署一年州县缺,不如当一年厘局差”[②],这是清末官场的一句习语,从中反映了一个厘局差使的收入也要比一个代理的正印县官要多得多。罗玉东先生曾研究过厘局人员的收入。从厘金报销上看,厘局人员的薪金并不高。山东厘金总局总办一人,月薪 300 两,会办一人,月薪 100 两,另有夫马费 60 两。文案连津贴合计,每月 48 两。收支委员月薪为 46 两,津贴 18 两。收发与缉私委员皆月支 24 两,核对一员月薪 18 两,分卡司事一名,月薪 8 两。省外设十三分局,各局正办,月薪为 40 两,夫马费 20 两,司事月薪 12 两,字识 5 两,勇役每名月支工食钱 3 两。各省虽然不一,但一般总局人员待遇较高,局卡人员均较低。但正薪之外,厘局人员还有其他的收入,罗先生列举了至少有五种额外收入:一、公费。公费按厘金征收数提存,广西每百两提存 2 两,如超过额征数,还可加数提存,其他省份办法虽有不同,但公费收入确实是委员的一部分收入。二、津贴。局卡办事人员皆有津贴或夫马费,数额数十两至数两不等。三、罚款。客商如有偷漏厘金,一经查出,则必须交纳罚款。罚款收入由局卡员绅和巡丁共同瓜分。四、恩关。清制,年初和年终开放恩关一至二日,各局卡皆减价征税,商旅往往乘减税之时过关,收入较旺,恩关期间的收支大部分由局中人员匀分。五、钱价。厘局收税,按市价折银,而交库兑银则按官价定例。官价低于市价,赢余即入收支委员私囊。罗先生估计,局中各人一年额外所得合法与非法之收益,常超于薪金数倍、

---

① 参见彭雨新《清代海关制度》,湖北人民出版社 1956 年版,第 51—52 页。

② 《光绪朝东华录》(一)总 851 页。

十余倍,甚或数十倍。① 厘局因系新设机关,没有那么多传统的各种官场陋规上交,因此,即使厘局人员不侵吞公项,所有的额外收入实际上主要落入私囊,这与州县官的额外收入要由上司参与瓜分是不同的。

张仲礼先生测算,晚清大约 22,830 名汉族官员的实际年收入总额约在 11,400 万两,而他们应得的经制收入不过近 630 万两,总收入是他们固定收入的 19 倍。② 这个测算的可靠性还有待进一步探讨,但官僚们体制外收入的数量可能远远超出我们的一般想象。

幕　僚

近代幕僚制度与古时不同,广义的说,督抚在太平天国运动时期所立的许多局所均是督抚的幕僚,可由督抚直接任免。但这些局所却又是近代科层官僚的萌芽,与传统幕僚又有所不同。我们在这里重点讨论传统幕僚的待遇。在传统幕僚体制下,幕僚的收入除幕主私人出聘金外,还有其他许多灰色收入。周询曾十分详细地描述了四川幕僚的收入:

> 总督及布、按两司暨盐茶道,皆管辖通省,其刑、钱脩金,岁均约一千数百两,督署若一席专办,则为二千余两。然当时各府厅州县,对此数署之幕友,三节皆例馈节敬,大席每节每郡邑多者二十金,少亦数金,督署且略厚,各小席多者十金,少亦四金。故此数署之大席,每年合脩金、节礼,多者可及七八千金,少亦三四千金,称为最优之馆地。即小席亦年有一二千金者。
>
> 此外,各道、府、厅、州、县刑、钱一席之脩金,则例以地方公务之繁简为等差,最高者每年一千四百四十两,次为九百六十,又次为七百二十,又次为五百六十,最低为三百六十。然道、府、

---

① 罗玉东:《中国厘金史》,第 95—98 页。

② 张仲礼:《中国绅士的收入》,费成康、王寅通译,上海社会科学出版社 2001 年版,第 42 页。

直隶州所辖之州县，三节亦须馈本管道、府、州幕之节礼，其丰啬
则视所辖之多寡繁简而异，最多者合之修金，年亦可得三四千
两。各小席之岁脩，大署亦不过二三百两，州县署则百两，且有
数十两者，即有节礼可收之地，亦不过数百金，即为极优矣。①

因此，在州县官的陋规收入中，幕僚也切去了一大块，州县幕僚
每年百数十两的陋规收入又不断层层上交到上司的幕僚手中，形成
了另一个瓜分陋规的群体。道府以上的幕僚收入有时要比州县还
要多。

幕僚之事本为吏之职，"州县幕友，其名有五：曰刑名、曰钱谷、曰
书记、曰挂号、曰征比。剧者需才至十余人，简者或以二三人兼之。
其事各有所司，而刑名、钱谷实总其要"②。俗语云，"官去衙门在"，衙
门实际上为吏把持，而吏之所以能把持衙门事务，主要在于他们熟悉
各种律外之例。清代官员主要通过科举考试进入仕途，所学非所用，
无法干预衙门事务，甚或为吏愚弄，因此需要私聘幕友帮办衙门事
务。一个县衙门三五个幕友，其人数即是正印官的三至五倍，道府、
督抚衙门的幕友人数更多。如果我们估计整个幕僚群体的人数与整
个官僚集团的人数相等，大概不会离事实太远。据张仲礼估计，地方
督抚以下至州县官员聘请的幕僚总数约为 16,200 人，修金等收入总
额约在 905 万两。③

士　绅

清代士绅，一般指在乡具有生员、举人功名和致仕、丁忧和革职
的官员，通过捐纳、军功而取得功名或官衔的人士也包括其中。其收
入来源相当庞杂，除官俸、廪饩之外，还有一些所谓"绅士功能"（张仲

①　周询：《蜀海丛谈》卷2，《幕友》，第170页。
②　《佐治药言·办事勿分畛域》。
③　张仲礼：《中国绅士的收入》，费成康、王寅通译，第81页。

礼语)性收入,如裁断纷争和调解诉讼,经理本乡、本省或宗族的水利、团练、义仓、救济、义学、修志、族务等公共事务等等。私人产业和塾师脩金,也是他们的一部分收入来源。息讼和地方公益性事务为官府所需要、民间所乐从,往往得到官府的支持、授权或由乡规民约所规定,士绅们有与官府交接之便利,在地方上享有一定的声望,自然是他们活动和牟利的主要"公共领域"。一些公共事业或事务的费用,以士绅公议形式向民间摊派,也较少阻力。这些领域由于存在着社会声望的无形资源和实在的经济利益,士绅们往往不许其他阶层的人士染指或主持,①内部有时也会发生激烈的冲突,即使州县官员也往往为之左右,由此而产生了清代社会严重的所谓"刁绅劣监"的问题。

士绅在裁断纷争、调解诉讼中如果失衡或两造不服告官判决,会影响到士绅的声望。因此,他们往往会暗中参与诉讼,使官府作出符合他们希望的判决。这一过程中所形成的收入,远高于息讼双方给付的礼金,是一些绅士流为"讼师"的重要原因之一。代书状纸,"包揽词讼",成为"讼棍",即是"刁绅劣监"的一笔非法收入。清代州县官员胥吏在征收地丁钱粮要带征大量的耗羡、陋规、平余、劳务和运输费用,并且从中染指。地方士绅往往以"地方利益"代表的身份与州县谈判"丁漕钱价"的数额,也要从中分杯羹。分羹的数额大小不等,有的仅限于地方少数大绅,有的则依等第遍洒全县士绅,这在江南漕粮征收中尤其严重,这批白食征漕利益的士绅被人称之为"漕口"。清代交纳钱粮虽然规定由花户自行纳柜,但一县方圆百里,农民上县缴纳,诸多不便,"包纳钱粮"便成为士绅一个重要有偿服务收入。包纳数量越多,收费自然越多,与胥吏的房费、差费争执或是通

---

① 1858 年春天,浙江平阳赵启创金钱会,以"捍御长毛"为名搞起了团练,在地方上敛钱,遭到了地方士绅的强烈反对,立白布会相对抗,官方对这两支团练的态度也发生分歧,最后酿成了金钱会起事。参见聂崇岐编《金钱会资料》,上海人民出版社 1958 年版。

同作弊的情况也就自然发生了。与胥吏房费、差费的数额之争，士绅之间包揽钱粮的"地盘"之争，有时会引发惊天大案。① 道光二十四年（1844），御史陈岱霖奏道：

> 地方之刁生劣监，平时出入衙门，包揽词讼。一遇收漕届期，州县官广张筵席，邀请至署，面议粮价，分送漕规，多者数百两，少者数十两，谓之"漕口"。又有不受漕规，但代各花户包揽完纳，一切帮费，任其入己，阳避食漕之名，阴收渔利之实，谓之"情米"。倘所欲未盈，则把持阻挠，无所不至。②

咸丰以后，太平军兴，士流从军，招勇营、入军幕，成为突出的历史现象。有漕省份相率减赋折漕，加以一些地方陆续推行公费改革，相当一部分陋规变成了合法的带征，士绅挟制州县，白食漕规的情况，很少见诸奏章，这部分收入应该大量减少了。而地方多事，团练、支应、清查、善后等各种筹款不断，又为士绅收入开辟了新的财源机会；地方督抚因行政事务繁多，设立不少局所，聘请大量士绅入局襄办，除大批候补官员任"委员"之外，还有为数不少的"委绅"。

厘金是清末财政收入增长最快、数额最大的财源之一。雷以諴创办时，显然是听从了已革扬州知府张廷瑞的建议。胡林翼在湖北推广厘金，以"不用吏胥而用士类"为善法。咸丰十年（1860），两湖办法得到清廷认可："办理厘捐，不使吏胥经手，则弊端较少。现在湖南、湖北厘捐，分济本省及各省征剿之饷，无论本籍外籍，但求廉勤不苟者，延请入局，不专令候补人员及地方州县经办，以收实效。"③但同治元年（1862）九月，御史丁绍周奏请裁革捐厘委员，各省厘金局卡统归地方官经理，④清廷下旨照此办理。四川总督骆秉章、湖北巡抚严

---

① 第 2 章中所述钟人杰起事，就是一个典型的例子。
② 陈岱霖：《请严革征漕积弊疏》，盛康编《皇朝经世文续编》卷36。
③ 光绪《大清会典事例》卷 241，第 16 页。
④ 御史丁绍周同治元年九月初三日奏，军机处录副奏折，档号 03－4888－044。

树森、湖南巡抚毛鸿宾先后上奏,请朝廷收回成命。毛鸿宾明确主张,用地方官不如用委员,用委员不如用绅士。[①] 但由于镇压太平天国运动期间,增加了大批军功、捐班候补人员,补缺十分困难。内战基本结束后,厘金局卡成为安置候补、军功人员的重要去处,各省的委绅大幅减少。至光绪中叶,各省唯湖南仍重用委绅,省局委员 41 人,委绅占 26 人;省外局卡委员 661 人,而委绅竟占 595 人。[②] 然嗣因添设委绅大抵列衔而已,至三十三年(1907)巡抚岑春蓂遂"取绅权而归之委员"。[③] 光绪年间一般士绅与军功、候补人员"竞争上岗"在厘金系统的失利,恐怕只是他们在新设局所中失势的一个侧面。军功、捐班候补人员,大多本起于地方士流,因与清政府的特殊关系而排挤了地方绅士向省级财政利益进取之路,这是晚清地方财政形成过程中值得注意的现象。

但戊戌维新运动和清末宪政,尤其是地方自治,给了士绅们以更广阔的活动空间,以分润财政扩张的巨大利益,同时也遇到了正在兴起的新式知识分子群体的有力竞争。仅就地方自治而言,自治局、工程局以及警察、教育、卫生和县议会等、城镇董事会等,都需要地方士绅和新式知识分子的参与,巨大的地方自治经费筹措和开支的前景,成为地方士绅和新式知识分子积极支持立宪运动的重要经济动因之一。科举制的废除,留学、学校的蓬勃发展,使传统士绅人群逐渐萎缩,历来为其把持的地方公共事务的地盘在清末立宪运动中的有力扩张,不得不与代表历史新潮流的新式知识分子、商人分享。如果说,洋务运动时期洋务学堂、留学归国的学生还不得不仰视或归附为

---

① 《皇朝政典类纂》卷 98,第 8 页。

② 据《湖南厘务汇纂》卷 9,员绅额数统计。罗玉东《中国厘金史》第 90 页记为省外局卡委员 654 人,委绅竟占 588 人。林丽月《厘金与清末湖南省的财政》(《中国近代现代史论丛集》第 35 册)注 55,总数统计采罗玉东书,但其各局分别统计数舛误达 9 处,总数与细数合计不相符合。

③ 《湖南财政说明书》卷 7。

士流,进入 20 世纪,士流则不得不随世风之变而办新学,开报馆、业工商,内部出现了急剧的分化、分流。民国以后,传统士绅群体在维护自身地方政治和财政利益份额方面的挣扎和溃散,最终使之淡出了国家财政史的画面。这种社会巨大变迁的细节,有待于晚清和民国社会史研究的进一步深入。

　　张仲礼先生研究晚清绅士的收入,他估计,每年在州县层面的地方事业服务总收入达 4,687.5 万两,其中除宗族事务收入外,来自地方捐款的部分约为 3,400 万两。[①] 这些收入当然不包括“委绅”们在省级局所的薪水、陋规等所得,也没有地方自治的薪水。虽然在光绪末清理财政以前,地方带征的各种摊捐基本上没有被纳入到财政收支体制之内,但数达几千万的捐款毕竟是民众实实在在的负担。

吏 与 役

　　冯桂芬说:“谈者谓今天下有大弊三:吏也,例也,利也。任吏挟例以牟利,而天下大乱,於乎,尽之矣!”[②]清代“凡京吏之别三:一曰供事,二曰儒士,三曰经承……外吏之别四:一曰书吏,二曰承差,三曰典吏,四曰攒典”[③]。京吏中,宗人府、内阁、翰林院、詹事府、文渊阁、中书科、上谕馆、内廷三馆、修书各馆、各衙门则例馆之吏,均称为供事。部院衙门的堂吏、门吏、书吏、知印、火房、狱典等,统称经承。礼部除经承外,另有儒士。外吏中,总督、巡抚、学政、各仓各关监督之吏,称书吏;其受命承办差务之吏称承差。司、道、府、厅、州、县之吏称典吏。首领官、佐贰官、杂职官之吏称攒典。[④] 赵世瑜先生根据《大清会典事例》统计,京吏的额定人数为 1,247 人,地方吏数总数约

①　张仲礼:《中国绅士的收入》,费成康、王寅通译,第 81 页。
②　冯桂芬:《校邠庐抗议・省则例议》,第 14 页。
③　光绪《大清会典》卷 12。
④　参见戴逸、罗明主编《中国历史大辞典・清史(上)》,上海辞书出版社 1992 年版,第 147 页。

5.4 万人，①这样额定由政府开支薪金的吏员总数至少在 5.5 万人以上。但实际上远不止此数，还有不少挂名的吏胥，有贴写、掌案等名目，而且在晚清有不断增加的趋势。

对于中央政府之吏数，冯桂芬估计，每部不下千人，六部即达六千人，加上其他各衙门的编外吏员，中央部吏至少是额定数的十倍。各地之吏员在清前期就有人估计达 30 万人。② 这还是最保守的估计，即使按照每县三百吏的保守统计，清朝州县约 1,303 个，③那么吏员应在近 40 万。到晚清，游百川估计，"大邑每至二三千人，次者六七百人，至少亦不下三四百人"④，折衷估算，也达近 70 多万人。加上督抚司道府衙门的吏员，全国吏员的人数当在 75 万人左右。这相当于当时全国军队的人数。

吏员的薪金是极低微的，据赵世瑜的研究，在清初，月薪普遍在一两以下。而到康熙年间连这点微薄的薪金也给裁撤了。之后逐渐恢复，改名为工食，同于差役。也就是说，即使到了清末，全国吏员总数增加到约 75 万人，不论编内编外，在财政中列支的吏员薪金总数不过在一百万两左右。这是一个十分荒唐可笑的数字，但却是历史的事实。这样的"工食"标准显然无法维持吏员及其家庭的正常生活，因此，与朝廷的苛薄相共生的必然是吏员的贪黩。

清代吏员获取生活来源的法宝是"以例牟利"，实际生活决不像人们从其微薄的薪金而想象的那么凄惨。冯桂芬曾写道：吏户工兵四部，"每部不下千人，渠数十人，车马、宫室、衣服、妻妾之奉，埒于王侯。内外交结，隐语邮书，往来旁午。辇金暮夜，踪迹诡秘，莫能得其赃私都数。尝与一绍兴人拟议，吏部四司，岁约三百万，兵部官少而费更巨，户部有盐漕，工部有河工，计四部岁不下千万。外省大小衙

---

① 赵世瑜：《吏与中国传统社会》，第 169—170 页。
② 侯方域有"千县则三十万"之说，见《清经世文编》卷 24，第 4 页。
③ 瞿同祖：《清代地方政府》，法律出版社 2003 年版，第 9 页，光绪二十五年统计数。
④ 游百川：《请惩治贪残吏胥疏》，盛康编《皇朝经世文续编》卷 38。

门,人数尤众,婪赃更多,更不啻千万"①。京衙部吏万人,部费千万,人均即达千两,这个估计可能过高。如我们以吏员年收入一百两计,八十多万人即达八千万两。这是清朝财政支出中所没有的支出数,但却是人民必须负担的费用。

部费是京吏最主要的收入,房费则是司道府吏的主要收入,州县书吏的额外收入向民间勒索。关于部费之害,道光时御史佘文铨写道:

> 外省每遇奏销地丁,则向州县提取奏销部费,报销钱粮,则提取报销部费,并有首府首县行用印文催提者。甚至调一缺,题一官,请一议叙及办理刑名案件,皆以部费为词,有打点、照应、招呼、斡旋各名目。河工、军需、城工、赈恤诸务,则曰"讲分头"。所需部费,自五六万至三四十万两不等。此等银两,非先事于公项提存,即事后于各属摊派,上司既开通融之门,属员遂多浮滥之用,克扣侵欺,弊端百出。且事后摊派,各州县焉肯自出己资,势必横征苛敛,虐取于民。在部中书吏,受嘱舞弊,诚所不免。而外省司书幕友局员,串通京师奸猾,借名部费,诈骗分肥者,尤居十之七八,殊于国计民生大有关系。②

吏员名义上是"召募考补",但因吏员是"以例牟利",因此掌握"例"成为吏员的不传之秘,往往形成职业世袭制。"鄂省大小衙门,皆有底缺,世守其业,换官不换吏。州县户粮书一项为尤甚。"③如果子孙不守此业,此底缺可以展转售卖。地位较高的吏员的"充顶之费,辄须数千金"④。京吏与外吏大体上都是如此。他们是寄生于封建专制制度上的一个特殊的社会群体,甚至朝代变了,他们中有相当

---

① 冯桂芬:《校邠庐抗议·易吏胥议》,第 16 页。
② 《宣宗实录》卷 42,道光二年九月庚戌。
③ 方宗诚:《鄂吏约》(同治二年代严中丞作),盛康编《皇朝经世文续编》卷 25。
④ 费庚吉:《请严定惩创书役扰害章程疏》,盛康编《皇朝经世文续编》卷 28。

一部分人能依然守其世业。

晚清以来，随着财政权的下移，京吏的收入受到了严重的威胁。同治三年(1864)变通军需报销一案，使户、兵、工各部吏员失去了一大笔部费。地方财政可以支持外销，部例不合者径由外销开支，京吏借部例刁难勒索部费的机会也减少了。清末各种新政的兴起、法律的改革以及官僚的逐渐专业化，打破了许多旧例，使他们赖以牟利的地盘越来越小了。这个社会群体随着封建专制制度的衰落而日益没落。吏来自民间，本有善与不善，而吏弊则来自封建专制制度本身。

州县各房书吏，例应轮充。但地方上不可能那么多不在士列而熟悉衙门事务的管理人材，作为一个职事集团，也会极力维护自己的既得利益。通过贿赂州县官以保住自己的职位，便成为清代州县书吏的一种常态。以广东为例：

> 粤东州县履任时，书差例有进奉，名曰新任礼，多者数千元，少亦数百元。此外复有充房费，有三年或五年一充者，有一新任一充者。其法：书办或有革退撤换情事，则补额之新书办须缴纳房费于官，始得准其补充，为数甚巨。于是三年或五年即为换充之期，旧有各书吏既循例缴纳房费，仍得以原名应充。或新任到后既需换充，则书吏亦即缴纳房费。向时大缺，此项充房费有逾万者，中小各缺亦数千元。其中仓粮各房缴费最多，礼、兵、刑各房纳费较少。其私例，实任全充，署事者半之。①

书吏薪工微薄，本难以赡养身家，还要进贡巨额的充房费，其收入当然不外乎鱼肉乡民。

比吏地位更为低下的役，主要在衙门中从事体力劳动，备供杂差，又称为差役。差役系由民间折役纳钱，州县出钱代雇，本有定额。但正役往往配备不足，衙门不得不超额募役，形成所谓"白役"。"县

---

① 清广东清理财政局编订、广东省财政科学研究所整理：《广东财政说明书》，广东经济出版社 1997 年版，第 55—56 页。

役分壮、快、皂、捕四班,班各头役十名、十余名不等"①,此外还有门子、仵作、禁子、轿夫、马夫、库子、斗级、斋夫、膳夫、水夫、铺兵等,小县额设百余名,大县多达三百余名。至于白役的人数则往往超过正役的三四倍。而百余人要应付一个州县催征、库房、捕盗、验尸、监狱、门房、邮驿以及衙门的膳食供应、官员的出巡等各种杂差,是根本忙不过来的。因此,"白役有禁,然州县事剧役繁,必藉其力,不能尽革也"②。差役的薪金十分低下,以招远县为例,道光时共有正役 130 名,年支工食银 793 两,其中还包括马夫的马料,平均每人每年只有 6 两都不到,③根本无法维持生活。而白役的薪金是没有正项来源的,只能由州县的钱粮浮收中开支。差役的薪金不足,只能采取各种非法的手段向民间勒索。俗语云"署中多一差,乡里添一虎"④,差役在人民眼中的形象自然是十分丑恶的。差役的数量,以每县五百人计,至少也达六七十万人。他们的生活需要如果我们依照一个士兵的开支,平均为四两五钱的话,一年需 54 两,总计达 3,500 万两以上。这也是清朝财政收支账上所没有的开支。

官僚的陋规中饱、幕僚的陋规,吏胥的部费、房费,差役几乎全部的收入,再加上地方政府的外销费用等等,这一切构成了晚清财政的另一个侧面,这个侧面的收支总数恐怕永远都无法弄清楚了,仅根据作者的粗略估计,恐怕也要在两亿两以上。清末清理财政,有一部分进入了国家的财政预算,但仍有相当部分依然是财政之外的财政。我们在考察晚清财政史时,如果不考虑这些因素,我们就会对晚清财政史产生全然的错误认识。

清代的政权建设止于县,县以下的村社由民间自治,但征赋、派差却仍需要借助民间的自治组织如乡约宗社或里甲进行,在这些自

---

① 舒梦龄:《治巢琐言》,盛康编《皇朝经世文续编》卷 26。

② 《清史稿》卷 121《食货二》赋役。

③ 参见袁良义《清一条鞭法》第 150—151 页。

④ 刚毅:《牧令须知》卷 1,书役。

治组织中的执事人员往往也要从征赋、派差中取得收入,这也是一笔无法弄清的庞大支出。到民国以后,随着村社一级政权组织的建立,这些开支也逐步进入了国家财政。

军　人

晚清军人的地位是逐步提高的。这不仅表现在随着军事制度的进步,士兵的素质有所提高,而且军人的月饷也有了较大幅度的提高。清末的军人可分为四种类型。第一类是清代前期沿袭下来的八旗和绿营兵。第二类是在镇压太平天国运动期间建立的湘军和淮军,有些省份仿湘淮营制,建立军队,称为防军[光绪三十一年(1905)后陆续改为巡防营]。内战结束以后,一部分绿营略仿湘淮军制,并改练西式军操,称为练军。第三类是在甲午战争后期开始编练的新建陆军,完全按照西式军制组建。后来发展为编练三十六镇的练兵计划。第四类是庚子以后,清廷大幅度裁减八旗绿营,编练常备续备军,或分流为巡警,其饷章只有京旗常备军等达到新军标准,大部分仍循八旗、绿营旧章。这些不同类型的军队的饷章和待遇各有不同。

八旗和绿营兵的月饷有如下表:

表 7-3　清代八旗绿营士兵月饷表

绿　营 驻防八旗	马兵		战兵		守兵	
	0.3 石　2 两		0.3 石　1.5 两		0.3 石　1 两	
京师八旗	亲军前锋护军 等营领催	马甲	步军营领催	步甲	养育兵	
	1.85 石 4 两	1.85 石 3 两	0.883 石 2 两	0.883 石 1.5 两	0.133 石 1.5 两	

资料来源:据皮明勇《晚清军人地位研究》(油印稿),转引自茅海建《天朝的崩溃》,生活・读书・新知三联书店 2014 年版,第 72 页。

如此微薄的饷银显然不足以养家糊口。满洲八旗虽然地位最高,但生活上却越来越贫困。绿营兵在饷银和社会地位上均低于八旗,但绿营兵外出经商雇工相当普遍,自身及家庭的生活却未必比八旗兵差。

太平军兴起时,清政府大量招募勇营,饷银有所提高,但各地饷章又各有不同,如张国樑勇营月饷五两四钱,江忠源勇营月饷四两五钱。咸丰三年(1953)胜保招勇营,月饷也是四两五钱,不久江南大营也遵照办理。曾国藩立湘军时,参考了张、江两营的饷章,定湘军水陆两营饷章,咸丰九年添练马队,复订马队饷章,月饷均远高于八旗绿营。如亲兵、护勇日饷一钱五分,月以三十日计,即四两五钱;正勇日饷一钱四分,月四两二钱。马勇日饷二钱四分,月七两二钱。① 八旗绿营在出战时,虽然饷银有所增加,但战争结束,即复旧章。而湘军则不论战时平时,一律实行同一饷章,士兵的收入比较稳定。至于一般军官,其饷银和津贴要比八旗、绿营多得多。

甲午战争时期,清政府编练新建陆军,所定饷制兵丁月饷为四两五钱,护勇和号勇月饷为五两五钱,马兵月饷九两,均略有提高。② 以后编练的新军基本上按照这个饷章执行。与湘淮军不同的地方还在于,新军比较重视士兵的教育,士兵的家属还享有赋役和法律方面的优待,这些待遇过去只有士人才能获得的。③ 新军士兵的饷银虽然与湘、淮军差不太多,但群体素质和社会地位却要高得多。

军人集团收入在晚清财政的经制开支中很大。在道光年间,八旗、绿营的兵费达 2,200 万两以上。光绪二十年(1894),八旗、绿营的饷乾维持在 22,766,735 两,占财政开支的 28.36%;勇饷为 18,908,026两,占 23.55%,几乎占整个财政开支的 52%。份额仍道

---

① 参见罗尔纲《湘军兵制》第 113—115 页。

② 袁世凯:《新建陆军兵略录存》,《北洋军阀》资料丛刊(一),上海人民出版社 1988 年版,第 22—28 页。

③ [澳]冯兆基:《军事近代化与中国革命》,郭太风译,上海人民出版社 1994 年版,第 28—30 页。

光之旧,但支出规模已不可同日而语。宣统三年(1911)预算支出,陆军 77,915,885 两,海军 9,997,946 两,总计 87,913,831 两,比光绪二十年(1894)翻了一倍以上。新式陆军和海军军人的收入明显提高,但军费在财政总支出的比重下降为三分之一。如果减除其中筹备军装、军事教育、制造局所、兵工厂、牧厂、炮台、军驿等军火、装备、经费等开支,军人的直接收入在财政开支中降幅可能更大。

旗人生计

清朝入关以后,对旗人给予了一系列特权优待。进入关内的八旗兵通过圈地,在中原地区圈占了大批的耕地,采用农奴制的方式进行土地经营。驻京旗营和驻防旗营,由朝廷发给兵饷;到雍正时,按驻防旗营家庭的实际人口发放口粮;除了兵役以外,旗人享有免除徭役和赋税的特权;旗人不得从事经商或农耕之外的其他生产劳动,否则革出旗籍。清代前期实行的是由国家把入关的八旗旗人全部养起来的政策。但这一政策到乾隆朝实际上已经无法维持下去。由于旗人内部的两极分化和土地兼并的发展,八旗庄田大量地被出典绝卖。乾隆帝曾三次出内帑银赎回旗地,但仍无法扭转八旗庄田瓦解的趋势。雍正朝规定的按旗营家庭人口发放口粮的政策,无法应付日益增长的旗人,因此雍正朝的规定实际上成了一成不变的定额,由各驻防营内部自行分配。随着银钱比价和物价的变动,旗兵薪饷的购买力不断下降,而需要负担的家庭人数却越来越多。一个享有特权的社会阶层,在朝廷的种种优待下养成了好逸恶劳的恶习,加速了他们的贫困,到了晚清时代,旗人已经沦为中国社会最贫困的社会阶层之一。

韩国学者任桂淳女士曾十分细腻地描述了驻防八旗中一般旗人的贫困状况:他们的住房比汉人差,有相当部分的旗人无钱娶妻成家,在晚清频繁的财政危机中,他们甚至不免于饥荒乃至饿死。在贫困的压迫下,不少八旗子弟堕落为赌徒、罪犯。作为一个统治民族,旗人却没有因经济上的贫困而放弃对一般汉族民众的作威作福。[①]
晚清采取了对旗民招垦土地、招勇入营等一系列优惠措施,清末新政
时,京城的警察也招募了不少旗人入队,加入新军也是旗人一条出
路。有些地方的驻防八旗甚至允许旗人设厂开矿,但绝大部分旗人
依然仰食于清王朝发给的微薄军饷和口粮。一个国家的财政是无法
供养一整个民族的,而靠国家财政来供养的民族只能造成这个民族
的衰落和危机。这是晚清财政史告诉我们的又一个历史教训。从这
个意义上说,清王朝的灭亡,对于满族自身也是一个解放。[②]

---

① 　参见[韩]任桂淳《清朝八旗驻防兴衰史》,生活·读书·新知三联书店 1993 年版。
② 　参见潘洪钢《辛亥革命与驻防八旗》,载《辛亥革命与近代中国》,中华书局 1994 年版。

参考书目

档案、官修政书

1. 中国第一历史档案馆：上谕档（《嘉庆道光两朝上谕档》《咸丰同治两朝上谕档》《光绪宣统两朝上谕档》已由广西师范大学出版社出版）

2. 中国第一历史档案馆：军机处录副奏折

3. 中国第一历史档案馆：朱批奏折

4. 中国第一历史档案馆：户部银库黄册

5. 中国第一历史档案馆：赵尔巽档

6.《穆宗毅皇帝圣训》，光绪五年敕编。

7.《清实录》，中华书局 1987 年影印本。

8. 宝鋆等编：《筹办夷务始末（同治朝）》，中华书局 2008 年版。

9. 道光《钦定户部漕运全书》（海南出版社"故宫珍本丛刊"第319—321 册）。

10. 嵇璜等纂：《清朝通典》，浙江古籍出版社 2000 年影印本。

11. 纪昀等总纂：乾隆《钦定大清会典则例》（四库全书本）。

12. 贾桢等纂：《筹办夷务始末（咸丰朝）》，中华书局 1979 年版。

13. 昆岗等总纂：光绪《钦定大清会典事例》，台湾新文丰出版公司影印本。

14. 刘郇膏等：《江苏省减赋全案》，同治五年刻本。

15. 乾隆《大清律例》，田涛、郑榛点校，法律出版社 1999 年版。

16. 托津等总纂:嘉庆《钦定大清会典》(文海出版社"近代中国史料丛刊"本)。

17. 文庆等编:《筹办夷务始末(道光朝)》,中华书局1964年版。

18. 兴奎辑:《浙江省减赋全案》,同治十二年刻本。

19. 英琦等辑:《户部陕西司会议奏稿》,光绪刻本。

20. 于敏中、蔡履元等编:《钦定户部则例》,乾隆四十六年武英殿刻本。

21. 载龄、董恂等编:《钦定户部则例》,同治十三年校刊。

22. 张廷玉等纂:《清朝文献通考》,浙江古籍出版社2000年影印本。

23. 左宗棠、吴棠等:《浙江海运全案新编》,同治五年刻本。

文献史料

1.《德国外交文件中有关中国交涉史料选译》,孙瑞芹译,商务印书馆1960年版。

2.《国家图书馆藏近代统计资料丛刊》,国家图书馆古籍馆编,北京燕山出版社2009年版。

3.《国家图书馆藏清代税收税务档案史料汇编》,国家图书馆文献开发中心2008年版。

4.《华制存考》,清末撷华书局排印本。

5.《清代碑传全集》,上海古籍出版社1987年版。

6.《清代民国财政预算档案史料汇编》,全国图书馆缩微复制中心2006年版。

7.《清末民国财政史料辑刊补编》,中央财经大学图书馆辑,国家图书馆出版社2008年版。

8.《清末民国财政史料辑刊》,北京图书馆出版社影印室辑,2007年版。

9.《太平天国革命时期广西农民起义资料》,中华书局1978年版。

10. 蔡冠洛编著:《清代七百名人传》,中国书店 1984 年版。

11. 陈度:《中国近代币制问题汇编》,上海瑞华印务局 1932 年版。

12. 陈锋主编:《晚清财政说明书》,湖北人民出版社 2015 年版。

13. 程宗裕编:《教案奏议汇编》,光绪二十七年上海书局石印本。

14. 大清银行总清理处:《大清银行始末记》,中国国际商业银行 1915 年版。

15. 戴逸、罗明主编:《中国历史大辞典·清史》,上海辞书出版社 1992 年版。

16. 但湘良编:《湖南厘务汇纂》,光绪十五年刻本。

17. 帝国主义与中国海关资料丛编:《中国海关与义和团运动》,中华书局 1983 年版。

18. 帝国主义与中国海关资料丛编:《中国海关与英德续借款》,科学出版社 1959 年版。

19. 帝国主义与中国海关资料丛编:《中国海关与中日战争》,科学出版社 1958 年版。

20. 丁宝桢总纂:《四川盐法志》,光绪八年刻本。

21. 杜翰藩编:《光绪财政通纂》,蓉城文伦书局光绪三十一年铅印本。

22. 方濬师辑:《醿政备览》,两广运使署光绪二年刊本。

23. 冯煦主修、陈师礼总纂:《皖政辑要》,黄山书社 2005 年版。

24. 葛士浚编:《皇朝经世文续编》,光绪十四年上海集成书局刊本。

25. 故宫博物院明清档案部编:《清末筹备立宪档案史料》,中华书局 1979 年版。

26. 国家档案局明清档案馆编:《义和团档案史料》,中华书局 1959 年版。

27. 国家图书馆编:《明清赋役全书》(第 1 编),国家图书馆出版社 2010 年版。

28. 贺长龄、魏源等编:《清经世文编》,中华书局 1992 年版。

29. 翦伯赞、郑天挺:《中国通史参考资料》近代部分,中华书局 1980 年版。

30. 蒋良骐:《东华录》,中华书局 1980 年版。

31. 金毓黻、田余庆等编:《太平天国资料》,科学出版社 1959 年版。

32. 近代史研究所编辑部编:《近代史资料》,中华书局、中国社会科学出版社连续出版。

33. 李文海等编:《近代中国灾荒纪年》,湖南教育出版社 1990 年版。

34. 李文治编:《中国近代农业史资料》,生活·读书·新知三联书店 1957 年版。

35. 李希圣:《光绪会计录》,上海时务报馆光绪二十二年印本。

36. 李振华辑:《近代中国国内外大事记》,沈云龙主编"近代中国史料丛刊"续编第 67 辑,文海出版社。

37. 林从龙等编:《近代黄河诗词选》,河南人民出版社 1984 年版。

38. 林振翰:《川盐纪实》,商务印书馆 1919 年版。

39. 林振翰:《盐政辞典》,中州古籍出版社 1988 年版。

40. 刘锦藻编:《清朝续文献通考》,浙江古籍出版社 2000 年影印本。

41. 刘岳云:《光绪会计表》,教育世界社光绪二十八年刊本。

42. 鲁子健编:《清代四川财政史料》上册,四川社会科学出版社 1984 年版。

43. 马传德、徐渊编:《咸丰泉汇》,上海人民出版社 1994 年版。

44. 民国盐务署编:《清盐法志》,1920 年铅印本。

45. 聂崇岐编:《金钱会资料》,上海人民出版社 1958 年版。

46. 彭泽益编:《中国近代手工业史资料》,中华书局 1962 年版。

47. 千家驹:《旧中国公债史资料(1894—1949 年)》,中华书局 1984 年版。

48. 《清代档案史料选编》,上海书店出版社 2010 年版。

49. 山东省历史学会编:《山东近代史资料》第 3 分册,山东人民出版社 1961 年版。

50. 上海商务印书馆编译所编:《大清新法令》,商务印书馆 2010 年版。

51. 上海社会科学院历史研究所编:《上海小刀会起义史料汇编》,上海人民出版社 1980 年版。

52. 邵之棠辑:《皇朝经世文统编》,上海慎记光绪二十七年石印本。

53. 盛康编:《皇朝经世文续编》,光绪二十三年武进盛氏思补楼刊本。

54. 四川新都县档案史料组:《清代地契史料》,1995 年印。

55. 苏州博物馆等编:《何桂清等书札》,江苏人民出版社 1981 年版。

56. 孙毓棠编:《中国近代工业史料》,科学出版社 1957 年版。

57. 台湾"国史馆":《清史稿校注》,台湾商务印书馆 1999 年版。

58. 太平天国历史博物馆编:《清咸同年间名人函札》,档案出版社 1992 年版。

59. 太平天国历史博物馆编:《太平天国资料汇编》,中华书局 1979 年版。

60. 太平天国历史博物馆编:《吴煦档案选编》,江苏人民出版社 1983 年版。

61. 汤象龙编著:《中国近代海关税收和分配统计》,中华书局 1992 年版。

62. 汤志钧主编：《近代上海大事记》，上海辞书出版社 1989 年版。

63. 唐文治：《职思随笔》（稿本）。

64. 天津市档案馆等编：《天津商会档案汇编（1903—1911）》，天津人民出版社 1989 年版。

65. 天津市社会科学院历史研究所编：《1901 年美国对华外交档案》，齐鲁书社 1984 年版。

66. 汪敬虞：《中国近代工业史资料》第 2 辑，科学出版社 1957 年版。

67. 王铁崖编：《中外旧约章汇编》，生活·读书·新知三联书店 1957 年版。

68. 王先谦编：《东华续录》，上海古籍出版社 2007 年版。

69. 王延熙、王树敏编：《清朝道咸同光奏议》，商务印书馆 1970 年影印。

70. 王彦威、王亮辑：《清季外交史料》，书目文献出版社 1987 年版。

71. 王钟翰点校：《清史列传》，中华书局 1987 年版。

72. 魏允恭编：《江南制造局记》，光绪三十一年编印。

73. 武同举等编：《再续行水金鉴》，湖北人民出版社 2004 年版。

74. 席裕福、沈师徐辑：《皇朝政典类纂》，光绪二十九年上海图书集成局印本。

75. 项晋蕃：《淮北票盐续略》，两淮海州分司光绪十六年刻本。

76. 撷华主人辑：《己酉大政纪》，宣统元年铅印本。

77. 徐义生：《中国近代外债史统计资料》，中华书局 1962 年版。

78. 许道夫：《中国近代农业生产及贸易统计资料》，上海人民出版社 1983 年版。

79. 严中平等编：《中国近代经济史统计资料选辑》，中国社会科学出版社 2012 年版。

80. 杨端六、侯厚培等编：《六十五年来中国国际贸易统计》，民国中央研究院社会科学研究所专刊，1931 年。

81. 姚贤镐编：《中国近代对外贸易史资料》，中华书局 1962 年版。

82. 张寿镛编：《皇朝掌故汇编》，光绪二十八年求实书社铅印本。

83. 张廷玉等：《明史》，中华书局 1974 年版。

84. 张侠等编：《清末海军史料》，海洋出版社 1982 年版。

85. 赵尔巽等：《清史稿》，中华书局 1977 年版。

86. 浙江辛亥革命史研究会等编：《辛亥革命浙江史料选辑》，浙江人民出版社 1981 年版。

87. 中国第一历史档案馆编：《清代档案史料丛编》第 1 辑，中华书局 1978 年版。

88. 中国第一历史档案馆编：《清政府镇压太平天国档案史料》，中国社会科学出版社 1996 年版。

89. 中国第一历史档案馆编辑部编：《义和团档案史料续编》，中华书局 1990 年版。

90. 中国人民银行山西省分行、山西财经学院编：《山西票号史料》，山西经济出版社 1990 年版。

91. 中国人民银行上海市分行编：《上海钱庄史料》，上海人民出版社 1978 年版。

92. 中国人民银行总行参事室编：《中国近代货币史资料》第 1 辑，中华书局 1964 年版。

93. 中国人民银行总行参事室编：《中国清代外债史资料》，中国金融出版社 1991 年版。

94. 中国史学会主编：《北洋军阀》资料丛刊，上海人民出版社 1988 年版。

95. 中国史学会主编：《戊戌变法》资料丛刊，神州国光社 1953 年版。

96. 中国史学会主编:《鸦片战争》资料丛刊,神州国光社 1954 年版。

97. 中国史学会主编:《洋务运动》资料丛刊,上海人民出版社 1961 年版。

98. 中国史学会主编:《中日战争》资料丛刊,新知识出版社 1956 年版。

99. 中华民国财政部编:《财政年鉴》,商务印书馆 1935 年版。

100. 朱寿朋编:《光绪朝东华录》,中华书局 1958 年版。

101. 朱偰:《中国运河史料选辑》,中华书局 1962 年版。

方　志

1. 光绪《顺天府志》,北京古籍出版社 1987 年版。

2. 民国《安县志》,1938 年石印本。

3. 民国《华阴县志》,1932 年印本。

4. 孙葆田等总纂:《山东通志》,宣统元年刻印。

5. 张仲炘总纂:《续修湖北通志》,湖北省长公署 1921 年刻印。

报刊杂志

1. 《东方杂志》,上海书店 2012 年影印版。

2. 《国风报》,中华书局 2009 年影印版。

3. 《申报》,上海书店 2008 年影印版。

4. 《时务报》合订本。

5. 《蜀报》。

清人文集

1. 包世臣:《齐民四术》,中华书局 2001 年版。

2. 蔡尚思、方行编:《谭嗣同全集》(增订本),中华书局 1981 年版。

3. 曾国藩:《曾国藩全集》,岳麓书社 1987 年起陆续出版。

4. 曾纪泽:《使西日记》,湖南人民出版社 1981 年版。

5. 陈璧:《望嵓堂奏稿》,1932 年铅印本。

6. 陈夔龙:《庸庵尚书奏议》,德清俞氏民国二年刻本。

7. 陈蒲清主编:《陶澍全集》(修订版),岳麓书社 2017 年版。

8. 陈善同:《陈侍御奏议》,河南商务印刷所 1913 年印本。

9. 陈义杰整理:《翁同龢日记》,中华书局 2006 年版。

10. 端方:《端忠敏公奏稿》,1918 年铅印本。

11. 法式善:《陶庐杂录》,中华书局 1959 年版。

12. 樊增祥:《樊山集》,西安臬署光绪二十八年刻本。

13. 冯桂芬:《显志堂稿》,光绪二年刻本。

14. 冯桂芬:《校邠庐抗议》,上海书店出版社 2002 年版。

15. 凤岗及门弟子编:《三水梁燕孙先生年谱》,1940 年铅印本。

16. 刚毅:《牧令须知》,光绪十五年刻本。

17. 顾廷龙、戴逸主编:《李鸿章全集》,安徽教育出版社 2008 年版。

18. 桂超万:《宦游纪略》,养浩斋同治三年刻本。

19. 郭嵩焘:《郭侍郎奏疏》,光绪二十八年刻本。

20. 何刚德:《客座偶谈》,上海书店 1983 年版。

21. 何家祺:《天根诗文钞》,光绪三十二年刻本。

22. 何绍基:《东洲草堂文集》,光绪年间刻本。

23.《洪亮吉集》(五册),刘德权点校,中华书局 2001 年版。

24. 胡林翼:《胡林翼集》,岳麓书社 1999 年版。

25. 胡思敬:《国闻备乘》,1924 年刻本。

26. 黄钧宰:《金壶七墨全集》,光绪二十一年上海扫叶山房石印本。

27. 黄浚:《花随人圣庵摭忆》,上海古籍书店 1983 年版。

28. 金安清:《水窗春呓》,中华书局 1984 年版。

29. 李伯元:《庚子国变弹词》,世界繁华报光绪二十九年铅印本。

30. 李慈铭:《越缦堂日记》,广陵书社 2004 年版。

31. 李斗:《扬州画舫录》,周春东注,山东友谊出版社 2001 年版。

32. 李桓:《宝韦斋类稿》,武林赵宝墨斋光绪六年刻本。

33. 李星沅:《李文恭公奏议》(李概编),芋香山馆同治五年刻本。

34. 李岳瑞:《春冰室野乘》,关中丛书 1937 年印本。

35. 梁启超:《饮冰室合集》,中华书局 1989 年版。

36. 梁章鉅:《浪迹丛谈》,中华书局 1981 年版。

37. 廖一中、罗真容编:《袁世凯奏议》,天津古籍出版社 1987 年版。

38. 林绍年:《林文直公奏稿》,1915 年刻本。

39. 苓泉居士(杨寿枏):《觉花寮杂记》,载《云在山房类稿》,台北文史哲出版社 1994 年版。

40. 刘泱泱等编:《左宗棠全集》,岳麓书社 1987 年起陆续出版。

41. 刘芝田:《刘中丞奏稿》,光绪二十二年刻本。

42. 陆建瀛:《陆文节公奏议》(卢靖编),沔阳卢氏慎始基斋同治五年刻本。

43. 罗正钧:《左文襄公年谱》,光绪二十三年刻本。

44. 骆秉章:《骆文忠公奏议》,粤东双门翰墨园刻本。

45. 吕贤基:《吕文节公奏议》,淳福堂光绪刻本。

46. 缪梓:《缪武烈公遗集》,光绪七年刻本。

47. 莫友芝:《邵亭遗文》,光绪元年刻本。

48. 平步青:《霞外捃屑》,上海古籍出版社 1982 年版。

49. 容闳:《西学东渐记》,湖南人民出版社 1981 年版。

50. 荣孟源、章伯锋主编:《近代稗海》,四川人民出版社 1985 年起陆续出版。

51. 沈衍庆:《槐卿遗稿》,同治二年刻本。

52. 盛宣怀:《愚斋存稿》,上海人民出版社 2018 年版。

53. 宋晋:《水流云在馆奏议》,光绪十三年刻本。

54. 孙鼎臣:《畚塘刍论》,云间丽泽学会光绪二十七年石印本。

55. 汪士铎辑:《胡文忠公抚鄂记》,岳麓书社 1988 年版。

56. 王闿运:《湘绮楼日记》,岳麓书社 1997 年版。

57. 王闿运:《湘军志》,岳麓书社 1983 年版。

58. 王茂荫:《王侍郎奏议》,黄山书社 1991 年版。

59. 王庆云:《荆花馆日记》,商务印书馆 2015 年版。

60. 王庆云:《石渠余纪》,北京古籍出版社 1985 年版。

61. 王树枏:《陶庐老人随年录》,中华书局 2007 年版。

62. 魏源:《圣武记》,中华书局 1984 年版。

63. 魏源:《魏源集》,中华书局 1976 年版。

64. 吴庆坻:《蕉廊脞录》,中华书局 1990 年版。

65. 夏东元编:《郑观应集》上册,上海人民出版社 1982 年版。

66. 徐鼒:《未灰斋诗文集》,巴蜀书社 2009 年版。

67. 薛福成:《庸庵笔记》,江苏人民出版社 1983 年版。

68. 薛福成:《庸庵文别集》,上海古籍出版社 1985 年版。

69. 姚莹:《中复堂遗稿》,同治七年刻本。

70. 苑书义等主编:《张之洞全集》,河北人民出版社 1998 年版。

71. 张集馨:《道咸宦海见闻录》,中华书局 1981 年版。

72. 张亮基:《张大司马奏稿》,光绪十七年刻本。

73. 张廷骧:《不远复斋见闻杂志》,1915 年铅印本。

74. 张曜:《山东军兴纪略》,收入《捻军》资料丛刊(四),神州国光社 1953 年版。

75. 张一麐:《心太平室集》,1947 年铅印本。

76. 昭梿:《啸亭杂录》,中华书局 1980 年版。

77. 赵炳麟:《赵柏岩集》,广西人民出版社 2001 年版。

78. 赵春晨编:《丁日昌集》,上海古籍出版社 2010 年版。

79. 赵树贵、曾丽雅编:《陈炽集》,中华书局 1997 年版。

80. 震钧:《天咫偶闻》,北京古籍出版社 1982 年版。

81. 中国科学院历史研究所第三所编:《刘坤一遗集》,中华书局 1959 年版。

82. 中国科学院历史研究所第三所编:《锡良遗稿》,中华书局 1959 年版。

83. 周庆云纂:《盐法通志》,鸿宝斋 1928 年印。

84. 周天爵:《周文忠公尺牍》,同治七年刻本。

85. 周询:《蜀海丛谈》,巴蜀书社 1986 年版。

86. 朱孔彰:《中兴将帅别传》,岳麓书社 1989 年版。

专 著

1. 北京经济学院财政教研室:《中国近代税制概述》,北京经济出版社 1988 年版。

2. 编写组:《满族简史》,中华书局 1979 年版。

3. 蔡尔康、林乐知编译:《李鸿章历聘欧美记》,湖南人民出版社 1982 年版。

4. 曾仰丰:《中国盐政史》,商务印书馆 1936 年版。

5. 陈登元:《中国土地制度》,商务印书馆 1932 年版。

6. 陈锋、蔡国斌:《清代财政史》(《中国财政通史》第 7 卷),湖南人民出版社 2015 年版。

7. 陈锋:《清代财政政策与货币政策研究》,武汉大学出版社 2008 年版。

8. 陈锋:《清代军费研究》,武汉大学出版社 1992 年版

9. 陈锋:《清代盐政与盐税》,中州古籍出版社 1988 年版。

10. 陈恭禄:《中国近代史》,商务印书馆 1936 年 12 月版。

11. 陈翰笙:《陈翰笙文集》,复旦大学出版社 1985 年版。

12. 陈诗启:《中国近代海关史》,人民出版社 2002 年版。

13. 陈守实:《中国古代土地关系史稿》,上海人民出版社 1984 年版。

14. 陈支平：《清代赋役制度演变新探》，厦门大学出版社 1988 年版。

15. 戴建兵：《中国银两制度史》，中国社会科学出版社 2007 年版。

16. 戴一峰：《近代中国海关与中国财政》，厦门大学出版社 1993 年版。

17. 戴逸：《中国近代史稿》第 1 卷，人民出版社 1958 年版。

18. 邓绍辉：《晚清财政与中国近代化》，四川人民出版社 1998 年版。

19. 邓亦兵：《清代前期关税制度研究》，北京燕山出版社 2008 年版。

20. 丁名楠等：《帝国主义侵华史》第 1 卷，人民出版社 1973 年版。

21. 樊百川：《淮军史》，四川人民出版社 1994 年版。

22. 范文澜：《中国近代史》上册，人民出版社 1962 年版。

23. 冯林主编：《重新认识百年中国》，改革出版社 1998 年版。

24. 郭松义：《清代赋役、商贸及其他》，天津古籍出版社 2011 年版。

25. 关晓红：《从幕府到职官：清季外官制的转型与困扰》，生活·读书·新知三联书店 2014 年版。

26. 郭道扬编著：《中国会计史稿》，中国财政经济出版社 1982 年版。

27. 郭豫明：《上海小刀会起义史》，中国大百科全书出版社上海分社 1993 年版。

28. 何烈：《清咸、同时期的财政》，台北"国立"编译馆 1981 年版。

29. 何平：《清代赋税政策研究：1644—1840 年》，中国社会科学出版社 1998 年版。

30. 洪葭管：《在金融史园地里漫步》，中国金融出版社 1990 年版。

31. 侯厚吉、吴其敬主编：《中国近代经济思想史稿》第 1 卷，黑龙江人民出版社 1984 年版。

32. 胡汉生：《四川近代史事三考》，重庆出版社 1988 年版。

33. 胡钧：《中国财政史》，商务印书馆 1920 年版。

34. 胡如雷：《中国封建社会形态研究》，生活·读书·新知三联书店 1979 年版。

35. 黄国盛《鸦片战争前的东南四省海关》，福建人民出版社 2000 年版。

36. 黄鉴晖：《山西票号史》（修订本），山西经济出版社 2002 年版。

37. 黄逸平：《中国近代经济变迁》，上海人民出版社 1992 年版。

38. 贾士毅：《民国财政史》，商务印书馆 1917 年版。

39. 贾熟村：《太平天国时期的地主阶级》，广西人民出版社 1991 年版。

40. 姜宏业主编：《中国地方银行史》，湖南出版社 1991 年版。

41. 姜鸣：《龙旗飘扬的舰队》（增订本），生活·读书·新知三联书店 2002 年版。

42. 金家瑞：《义和团运动》，上海人民出版社 1959 年版。

43. 孔敏、彭贞媛等编：《南开经济指数资料汇编》，中国社会科学出版社 1988 年版。

44. 赖惠敏：《乾隆皇帝的荷包》，中华书局 2016 年版。

45. 李文治、江太新：《清代漕运》（修订版），社会科学文献出版社 2008 年版。

46. 李文治：《明清时代封建土地关系的松解》，中国社会科学出版社 1993 年版。

47. 梁方仲：《中国历代户口、田地、田赋统计》，上海人民出版社

1980 年版。

48. 廖声丰：《清代常关与区域经济研究》，人民出版社 2010 年版。

49. 林克光：《一代名妃的悲剧》，中国人民大学出版社 1991 年版。

50. 林满红：《银线：19 世纪的世界与中国》，詹庆华等译，江苏人民出版社 2011 年版。

51. 林庆元：《福建船政局史稿》，福建人民出版社 1986 年版。

52. 林增平：《中国近代史》，湖南人民出版社 1979 年版。

53. 刘秉麟：《中国近代外债史稿》，生活·新书·新知三联书店 1962 年版。

54. 刘彦：《帝国主义压迫中国史》，上海太平洋书店 1927 年版。

55. 刘增合：《"财"与"政"：清季财政改制研究》，生活·读书·新知三联书店 2014 年版。

56. 刘增合：《嬗变之境：晚清经济与社会研究疏稿》，中国社会科学出版社 2017 年版。

57. 刘增合：《鸦片税收与清末新政》，生活·读书·新知三联书店 2005 年版。

58. 罗尔纲：《绿营兵志》，中华书局 1984 年版。

59. 罗尔纲：《湘军兵志》，中华书局 1984 年版。

60. 罗玉东：《中国厘金史》，商务印书馆 2010 年版。

61. 马伯煌主编：《中国近代经济思想史》上册，上海社会科学院出版社 1988 年版。

62. 茅海建：《天朝的崩溃：鸦片战争再研究》（修订版），生活·读书·新知三联书店 2014 年版。

63. 宓汝成：《帝国主义与中国铁路》，上海人民出版社 1980 年版。

64. 倪玉平：《从国家财政到财政国家——清朝咸同年间的财政

与社会》，科学出版社 2017 年版。

65. 倪玉平:《清朝嘉道关税研究》，科学出版社 2017 年版。

66. 倪玉平:《清代漕粮海运与社会变迁》(第 2 版)，科学出版社 2017 年版。

67. 倪玉平:《清代关税:1644—1911 年》(第 2 版)，科学出版社 2017 年版。

68. 彭信威:《中国货币史》，上海人民出版社 1988 年版。

69. 彭雨新:《清代海关制度》，湖北人民出版社 1956 年版。

70. 彭泽益:《十九世纪后半期的中国财政与经济》，人民出版社 1983 年版。

71. 祁美琴:《清代榷关制度研究》，内蒙古大学出版社 2004 年版。

72. 秦翰才:《左文襄公在西北》，岳麓书社 1984 年版。

73. 瞿同祖:《清代地方政府》，范忠信、晏锋译，法律出版社 2003 年版。

74. 任智勇:《晚清海关再研究——以二元体制为中心》，中国人民大学出版社 2012 年版。

75. 上海银行周报社:《废两改元问题》，上海银行周报社 1928 年版。

76. 申学锋:《转型中的清代财政》，经济科学出版社 2012 年版。

77. 史志宏:《清代户部银库收支和库存统计》，福建人民出版社 2009 年版。

78. 岁有生:《清代州县经费研究》，大象出版社 2013 年版。

79. 孙毓棠:《抗戈集》，中华书局 1981 年版。

80. 汤象龙:《中国近代财政经济史论文选》，西南财经大学出版社 1987 年版。

81. 王尔敏:《淮军志》，中华书局 1987 年版。

82. 王宏斌:《晚清货币比价研究》，河南大学出版社 1990 年版。

83. 王宏斌:《晚清银钱比价研究》,河南人民出版社 1990 年版。

84. 王家俭:《李鸿章与北洋舰队》(校订版),生活·读书·新知三联书店 2008 年版。

85. 王戎笙主持:《清代全史》,辽宁人民出版社 1991 年版。

86. 汪敬虞主编:《中国近代经济史(1895—1927)》,人民出版社 2000 年版。

87. 王树槐:《庚子赔款》,中研院近代史研究所 1974 年版。

88. 韦庆远:《明清史辨析》,中国社会科学出版社 1989 年版。

89. 魏光奇:《有法与无法——清代的州县制度及其运作》,商务印书馆 2010 年版。

90. 吴承明:《中国资本主义与国内市场》,中国社会科学出版社 1985 年版。

91. 吴昌隐:《晚清协饷制度研究》,社会科学文献出版社 2018 年版。

92. 吴廷燮:《清财政考略》,1914 年版。

93. 伍跃:《中国的捐纳制度与社会》,江苏人民出版社 2013 年版。

94. 武堉干:《中国关税问题》,商务印书馆 1930 年版。

95. 夏东元:《晚清洋务运动研究》,四川人民出版社 1985 年版。

96. 许大龄:《明清史研究》,北京大学出版社 2000 年版。

97. 许大龄:《清代捐纳制度》,哈佛燕京学社 1950 年刊印。

98. 许涤新、吴承明主编:《中国资本主义发展史》第 1 卷,人民出版社 1985 年版。

99. 许涤新、吴承明主编:《中国资本主义发展史》第 2 卷,人民出版社 1990 年版。

100. 杨端六:《清代货币金融史稿》,生活·读书·新知三联书店 1962 年版。

101. 严中平主编:《中国近代经济史(1840—1894)》,人民出版社 1989 年版。

102. 叶世昌:《鸦片战争前后我国的货币学说》,上海人民出版社 1963 年版。

103. 叶松年:《中国近代海关税则史》,上海三联书店 1991 年版。

104. 袁良义:《清一条鞭法》,北京大学出版社 1995 年版。

105. 苑书义:《李鸿章传》,人民出版社 1991 年版。

106. 张国辉:《晚清钱庄和票号研究》,中华书局 1989 年版。

107. 张国辉:《洋务运动与中国近代企业》,中国社会科学出版社 1979 年版。

108. 张力:《四川义和团运动》,四川人民出版社 1982 年版。

109. 张仲礼:《中国绅士》,上海社会科学院出版社 1991 年版

110. 张仲礼:《中国绅士的收入》,费成康、王寅通译,上海社会科学出版社 2001 年版。

111. 张仲礼:《中国绅士——关于其在 19 世纪中国社会中作用的研究》,上海社会科学出版社 1991 年版。

112. 赵靖、易梦虹主编:《中国近代经济思想资料选辑》,中华书局 1982 年版。

113. 赵世瑜:《吏与中国传统社会》,浙江人民出版社 1994 年版。

114. 郑友揆:《中国近代对外经济关系研究》,上海社会科学出版社 1991 年版。

115. 中国史学会编:《辛亥革命与近代中国》,中华书局 1994 年版。

116. 周伯棣:《中国财政史》,上海人民出版社 1981 年版。

117. 周谷城:《世界通史——世界范围之扩大》第 3 册,商务印书馆 1958 年版。

118. 周健:《维正之供:清代田赋与国家财政(1730—1911)》,北

京师范大学出版社 2020 年版。

119. 周棠:《中国财政论》,宣统三年印本。

120. 周育民:《史海试勺:晚清史管窥》,上海人民出版社 2011 年版。

121. 周育民、邵雍:《中国帮会史》,武汉大学出版社 2012 年版。

122. 周志初:《晚清财政经济研究》,齐鲁书社 2002 年版。

论　文

1. 陈诗启:《论清末税务处的设立和海关隶属关系的改变》,《历史研究》1987 年第 3 期。

2. 陈先松:《〈光绪会计表〉中的"财政盈余"问题》,《历史档案》2010 年第 1 期。

3. 陈先松:《海防经费原拨数额考》,《中国经济史研究》2010 年第 3 期。

4. 陈先松:《海军衙门经费析论》,《清史研究》2018 年第 5 期。

5. 陈先松:《甲午战前 20 年南洋海防经费收数考》,《中国经济史研究》2012 年第 4 期。

6. 陈先松:《修建颐和园挪用"海防经费"史料解读》,《历史研究》2013 年第 2 期。

7. 戴一峰:《论清末海关兼管常关》,《历史研究》1989 年第 6 期。

8. 丁日初:《对外经济交往与近代中国资本主义现代化的关系》,载《旧上海的外商与买办》,上海人民出版社 1987 年版。

9. 杜岩双:《我国印花税制史之研究》,《直接税月报》一卷四期。

10. 关晓红:《晚清直省"公费"与吏治整顿》,《历史研究》2010 年第 2 期。

11. 郭松义:《论"摊丁入地"》,载《清史论丛》第 3 辑。

12. 韩祥:《晚清财政规模估算问题初探》,《中国经济史研究》2014 年第 3 期。

13. 何本方:《清代户部诸关初探》,《南开学报》1984 年第 3 期。

14. 李文杰:《息借商款与晚清财政》,《历史研究》2018 年第 1 期。

15. 廖文辉:《咸丰时期户部银库实银收支问题再研究》,《近代史研究》2017 年第 1 期。

16. 林丽月:《厘金与清末湖南省的财政》,《中国近代现代史论丛集》第 35 册。

17. 刘克祥:《十九世纪五十至九十年代清政府的减赋和清赋运动》,载《中国社会科学院经济研究所集刊》(7),中国社会科学出版社1984 年版。

18. 刘增合:《由脱序到整合:清末外省机构的变动》,《近代史研究》2008 年第 5 期。

19. 刘增合:《光宣之交清理财政前夕的设局与派官》,《广东社会科学》2014 年第 2 期。

20. 刘增合:《晚清保疆军费的运筹》,《中国社会科学》2019 年第 3 期。

21. 刘增合:《西方预算制度与清季财政改制》,《历史研究》2009 年第 2 期。

22. 罗玉东:《光绪朝补救财政之方案》,载《中国近代经济史研究集刊》第 1 卷第 2 期。

23. 宓汝成:《清政府筹措镇压太平天国的军费及其后果》,载《太平天国学刊》第 1 辑,中华书局 1983 年版。

24. 彭雨新:《清末中央与各省财政关系》,《社会科学杂志》第 9 卷第 1 期(1947 年 6 月)。

25. 彭雨新:《清代田赋起运存留制度的演进》,《中国经济史研究》1992 年第 4 期。

26. 彭雨新:《辛亥革命前夕清王朝财政的崩溃》,载《辛亥革命论文集》,湖北人民出版社 1981 年版。

27. 彭泽益:《论鸦片赔款》,《经济研究》1962 年第 12 期。

28. 彭泽益:《清代财政管理体制与收支结构》,《中国社会科学院研究生院学报》1990 年第 2 期。

29. 戚其章:《甲午战争赔款问题考实》,《历史研究》1998 年第 3 期。

30. 任智勇:《1850 年前后清政府的财政困局与应对》,《历史研究》2019 年第 2 期。

31. 商衍鎏:《清末广东的赌——闱姓》,《广东文史资料》第 1 辑。

32. 邵义:《咸丰朝户部银库实银收支数质疑》,《历史研究》2012 年第 4 期。

33. 宋惠中:《票商与晚清财政》,载《财政与近代历史》论文集上册,中研院 1999 年印。

34. 孙毓棠、张寄谦:《清代的垦田与丁口记录》,《清史论丛》第 1 辑。

35. 汪士信:《乾隆时期徽商在两淮盐业经营中应得、实得利润与流向试析》,《中国经济史研究》1989 年第 3 期。

36. 汪熙:《论晚清的官督商办》,《历史学》季刊 1979 年第 1 期。

37. 王树槐:《庚子地方赔款》,载《"中央研究院"近代史研究所集刊》第 3 期。

38. 魏光奇:《清代后期中央集权财政体制的瓦解》,载《近代史研究》1986 年第 1 期。

39. 吴承明:《中国资本主义的发展述略》,《近代中国资产阶级研究》,复旦大学出版社 1984 年版。

40. 吴慧:《明清(前期)财政结构性变化的计量分析》,载《中国经济史研究》1990 年第 3 期。

41. 夏笠:《关于鸦片贸易合法化的几个问题》,《上海师范大学学报》1990 年第 4 期。

42. 夏鼐:《太平天国前后长江各省之田赋问题》,《清华学报》第

10 卷第 2 期,1935 年 5 月。

43. 徐昂:《昭信股票与晚清华资金融业关系研究》,《近代史研究》2015 年第 5 期。

44. 许檀、经君健:《清代前期商税问题新探》,《中国经济史研究》1990 年第 2 期。

45. 薛瑞录:《清代养廉制度简论》,《清史论丛》第 5 辑。

46. 于善浦:《豪华的慈禧陵》,《北京史苑》1982 年第 2 期。

47. 张晓堂:《乾隆年间清政府平衡财政之研究》,《清史研究集》第 7 辑,光明日报出版社 1990 年版。

48. 张振鹍:《清末十年间的币制问题》,《近代史研究》1979 年第 1 期。

49. 周健:《陋规与清嘉道之际的地方财政》,《"中央研究院"近代史研究所集刊》第 75 期(2013 年 3 月)。

50. 周育民:《1840—1849 年的清朝财政》,《山西财经学院学报》1982 年第 2—3 期。

51. 周育民:《漕运水手行帮兴起的历史考察》,《中国社会经济史研究》2013 年第 1 期。

52. 周育民:《从江海关到江海新关(1685—1858)》,《清史研究》2016 年第 5 期。

53. 周育民:《关于清代厘金创始的考订》,《清史研究》2006 年第 3 期。

54. 周育民:《清末〈各省厘金创办年月及人名表〉的订正与评议》,《上海师范大学学报》2008 年第 2 期。

55. 周育民:《穷奢极欲的慈禧六旬庆典》,《历史知识》1985 年第 1 期。

56. 周育民:《晚清的厘金、子口税与加税免厘》,载上海市历史学会 1986 年年会论文集《中国史论集》

57. 周育民:《晚清厘金历年全国总收入的再估计》,《清史研究》

2011 年第 3 期。

58. 庄吉发:《财政与边政:清季东北边防经费的筹措》,载《清史论丛》(十三),台北文史哲出版社 1997 年版。

59. 庄吉发:《清初火耗归公的探讨》,载《清史论丛》(十九),台北文史哲出版社 1997 年版。

外人著述及其中译本

1. [澳]冯兆基:《军事近代化与中国革命》,郭太风译,上海人民出版社 1994 年版。

2. [比]亨利·皮朗:《中世纪欧洲经济社会史》,乐文译,上海人民出版社 1964 年版。

3. [德]马克斯·维贝尔:《世界经济通史》,姚曾廙译,上海译文出版社 1981 年版。

4. [俄]罗蒙诺夫:《帝俄侵略满洲史》,民耿译,商务印书馆 1937 年版。

5. [法]布罗代尔:《15 至 18 世纪的物质文明、经济和资本主义》,顾良等译,生活·读书·新知三联书店 1992 年版。

6. [韩]任桂淳:《清朝八旗驻防兴衰史》,三联书店 1993 年版。

7. [美]安德鲁·马洛泽莫夫:《俄国的远东政策(1881—1904 年)》中译本,商务印书馆 1977 年版。

8. [美]曾小萍:《州县官的银两——18 世纪中国的合理化财政改革》,董建中译,中国人民大学出版社 2005 年版。

9. [美]查尔斯·威维尔:《美国与中国财政和外交研究》,张玮瑛等译,社会科学文献出版社 1990 年版。

10. [美]杜赞奇:《文化、权力与国家:1900—1942 年的华北农村》,王福明译,江苏人民出版社 1994 年版。

11. [美]费正清主编:《剑桥中国晚清史》中译本,中国社会科学出版社 1985 年版。

12. [美]耿爱德:《中国货币论》,蔡受百译,商务印书馆 1929

年版。

13. ［美］郝延平：《中国近代商业革命》，陈潮等译，上海人民出版社 1991 年版。

14. ［美］黄宗智：《华北的小农经济与社会变迁》，中华书局 2000 年版。

15. ［美］马士：《东印度公司对华贸易编年史》，中国海关史研究中心组译，中山大学出版社 1991 年版。

16. ［美］马士：《中华帝国对外关系史》，张汇文等译，商务印书馆 1963 年版。

17. ［美］欧弗莱区：《列强对华财政控制》，郭家麟译，上海华东人民出版社 1951 年版。

18. ［美］珀金斯：《中国农业的发展（1368—1968）》，宋海文等译，伍丹戈校，上海译文出版社 1984 年版。

19. ［美］施坚雅：《中国农村的市场和社会结构》，史建云、徐秀丽译，中国社会科学出版社 1998 年版。

20. ［美］王业键：《清代田赋刍论（1750—1911）》，高风等译，人民出版社 2008 年版。

21. ［美］威罗贝：《外人在华特权和利益》，王绍坊译，生活・读书・新知三联书店 1957 年版。

22. ［美］哲美森编：《中国度支考》，林乐知译，商务印书馆 1903 年版。

23. ［日］百濑弘著：《清朝的财政经济政策》，郑永昌译，载《财政与近代历史》下册，中研院近代史研究所 1999 年印。

24. ［日］滨下武志：《中国近代经济史研究：清末海关财政与通商口岸市场圈》，高淑娟、孙彬译，江苏人民出版社 2006 年版。

25. ［日］东亚同文会编：《对华回忆录》，胡锡年译，商务印书馆 1959 年版。

26. ［日］加藤繁：《中国经济史考证》，吴杰译，商务印书馆 1973

年版。

27. ［日］片山刚:《清末广东省珠江三角洲地区图甲制的矛盾及其改革(南海县)——税粮、户籍、宗族》,载《明清广东社会经济研究》,广东人民出版社 1987 年版。

28. ［日］松井义夫:《清朝经费的研究》,《满铁调查月报》卷 15 第 1 期。

29. ［日］信夫清三郎:《日本外交史》天津社会科学院日本问题研究所译,商务印书馆 1980 年版。

30. ［日］岩井茂树:《中国近代财政史研究》,付勇译,范金民审校,社会科学文献出版社 2011 年版。

31. ［日］伊原泽周:《关于甲午战争的赔偿金问题》,载《中华文史论丛》第 54 辑,上海古籍出版社 1995 年版。

32. ［苏］门德尔逊:《经济危机和周期的理论和历史》第 2 卷,吴纪先等译,三联书店 1976 年版。

33. ［英］G. C. 艾伦:《近代日本经济简史》,商务印书馆 1962 年版。

34. ［英］贺璧理:《币制问答》,上海易堂书局 1906 年版。

35. ［英］季南:《英国对华外交(1880—1885)》,许步曾译,商务印书馆 1984 年版。

36. ［英］莱特:《中国关税沿革史》,姚曾廙译,生活·读书·新知三联书店 1958 年版。

37. 王光祈译:《瓦德西拳乱笔记》,中华书局 2009 年版。

38. H. B. Morse, *The Trade and Administration of China*, Longmans, Green & Co. 1920.

39. Henry Charles Sirr: *China and the Chinese: Their Religion, Character, Customs, and Manufactures*, 2vol. London: Wm. S. ORR & CO., 1849.

40. J. Edkins, *The Revenue and Taxation of the Chinese*

Empire，Shanghai：Presbyterian Mission Press，1903.

41. Srinivas R. Wagel，*Finance in China*，North-China Daily News & Herald，Ltd，Shanghai，1914.

42. The Maritime Customs of China，*Treaties*，*conventions*，*etc.*，*between China and Foreign States*. vol. I，second edition. Shanghai，1917.

后　记

《晚清财政与社会变迁》终于写完了。

完成这本书稿，我首先得益于在晚清财政史上曾经进行过辛勤耕耘过的前辈汤象龙、彭泽益、彭雨新、梁方仲、许大龄等教授们的研究成果。他们确立了晚清财政史研究严谨的学风。在撰写的过程当中，我曾得到过汤象龙、彭泽益先生的鼓励，他们对学术的献身精神和对我的鼓励已经凝聚在这本书的字里行间。我现在多么想听到他们的批评意见啊。

还在大学时代，我的毕业论文的选题就是《1840—1849 年的清朝财政》，得到了魏建猷和夏笠教授的悉心指导。他们一直鼓励我坚持下去，完成晚清财政史的研究。1984 年我报考魏建猷先生的研究生时，魏老竟同意按照我的要求，确定我的专业方向为中国近代经济史。他对我的宽宏和理解，终生难忘！现在他们都已相继离开了人世，但我不会忘记，在我进行研究和撰写的过程中，包含着他们多大的希望、得到过他们多大的支持。

毕业留校工作后不久，戴逸、李文海诸位先生在中国人民大学清史研究所创办了中国近代史进修班，我有幸在进修班进修一年，抓住这个难得的机会，每天课余就从北京西郊赶到故宫西华门内，在第一历史档案馆阅读档案。本书中使用的相当一部分档案史料，就是在那一年积累下来的。清史研究所老师们的严谨扎实的治学风格、诲人不倦的教学态度给我们树立了良好榜样。如果说这本书不是浮躁之作的话,我只能说,除了晚清财政史学本身具有的传统以外,还得益于他们的精神感召。在此,我谨向戴逸、李文海、胡绳武、王道成、林克光、林敦奎等清史所的老师们表示深深的谢意,感谢戴逸、胡绳武先生拨冗特为本书作序,并感谢曾热情接待过我的第一历史档案馆的同志们。

本项课题的研究,得到了中华青年社会科学基金的资助。在成书过程中,沈渭滨、洪葭管、陈绛、黄逸平、戴鞍钢、唐正权等先生提出了许多宝贵的批评意见,汪敬虞、林华国、茅海建、朱宗震、朱金元、熊月之、黄国盛等先生还提供了宝贵的资料和很有价值的意见。上海师范大学历史系的领导和同事们,给我的研究提供了许多方便和照顾,上海师范大学图书馆、上海师范大学人文学院资料室的同志们为我提供了长期而周到的服务。在此一并致以深切的感谢。

在写完本书最后一页的时候,在我心头浮现的并不是成功喜悦,而是一种深深的遗憾。这种遗憾我想是许多学者都曾有过的。还在我进入大学的时候,师长们就要求我们"板凳要坐十年冷",所以一开始我就选择了这个比较"冷"而能坐得长的课题。虽然,完成这本书所坐板凳的时间已经远远不止十年。坐十年冷板凳,应该拿出的是精品,而不是现在这样的书。而这一坐十几年的冷板凳,也使我的家庭付出了经济上和精神上的沉重代价,他们曾支持我拿出全部的家庭积蓄购置了进行这项研究必须用的电脑、在我微薄的工资中支付购买图书资料,并牺牲了无数次家庭的欢聚,我只能向我的妻子王颥真和儿子周书垚表示真诚的歉意。

如果说晚清史料之丰富是治史者尽毕生精力都无法穷尽的话,那么,在这丰富的史料中,财政史料大约可以占到五分之一以上,它也是尽毕生精力无法穷尽的史料,而且其整理的难度要比其他史料高得多。因此,晚清财政史的研究,注定是要几代人才能完成的工作。汤象龙、彭泽益、彭雨新等教授从青年时代就从事这项工作,但是,他们都没有撰写晚清财政史,而是甘为人梯,做了大量的基础性研究和史料的整理、考订工作。在基础史料整理研究还没有完成的情况下,我抛出这样一块砖头,比照前辈学者的精神,使我时时感到汗颜,诚惶诚恐。所以,在 1996 年完成初稿后,时时不敢定稿,不断加以修改、补充。最后还是把它拿出来,一是师友们的催促,二是科研项目总要结项,三是想到学术界目前的确缺少一本比较全面系统地论述晚清财政史的专著,用这本多有疏漏的作品或许可以引出更好、更全面的学术著作来。如果能这样,这本书的目的也就达到了。

我诚恳地希望得到大家的批评指正。

周育民

1998 年 9 月

又,本稿编校过程中,收到黄国盛先生刚出版的大著《鸦片战争前的东南四省海关》和熊月之提供的中研院近代史研究所编印的《财政与近代历史》。黄国盛关于鸦片战争前后有关浙海关、江海关的统计资料,进一步证实了我原来的观点,即上述海关的统计系洋税与常税是分别统计的。《财政与近代历史》一书中所收郑永昌先生翻译的日本学者百濑弘先生的《清朝的财政经济政策》中有关地方米谷的统计资料、宋惠中先生《票商与晚清财政》一文中有关票号在咸丰初年即参与财政款项汇兑的研究成果,亦为本书所采用。谨向黄、熊两位先生及著译者致谢。

2000 年 4 月

修订本后记

《晚清财政与社会变迁》出版二十年后再版，有许多感慨，又不知从何说起。

1977年中国大陆恢复高考，我有幸进入上海师范大学历史系。第二年春天入学之后，最初以中国近代经济史为主攻方向，最后定下来为晚清财政史。忙了两年多，才完成了学士学位论文《1840—1849年的清朝财政》。1982年春天毕业留校工作以后，我参与了历史系中国近代史研究室有关第二次鸦片战争史的一部分工作。接着去中国人民大学清史研究所进修班进修一年，戴逸、李文海、胡绳武等前辈亲自授课，还邀请了王庆成、陈庆华、张守常等几十名知名学者做专题讲座，王道成、胡绳武先生还带全班同学在北京、承德、威海等地考察、调研，极大地开拓了我的视野。这样的办班模式和水准，在当时国内是空前的，也是我学习生涯中受益最多的一年。进修班的学习内容丰富而紧张，我只能利用课余时间搜集晚清财政史料了。每天课一结束，便从西郊海淀赶到西华门的第一历史档案馆看档案，没有检索工具，只能一个个拆包地寻找、抄录。晚上，便在人民大学的图书馆看沈云龙主编的《近代中国史料丛刊》。那一年，紧张而充实，至今难忘。也因为太忙，没能向当时正在档案馆研究晚清粮价资料的王业键先生和住在三里河的彭泽益先生更多求教，至今仍感到遗憾。但他们两位前辈和汤象龙先生的长信鼓励，使我深感前辈学者对来者的厚重期待。

结业回校之后，学校要求青年教师报考在职研究生。魏建猷先生是近代货币史的专家，我便报考在了他的门下。他答应了我继续研究晚清财政史的要求，还请了黄逸平、洪葭管先生给我上经济史和金融史的课，为我的财政史研究打好基础。研究生的学习生涯，学制三年，因患肝炎推迟了一年。魏先生年事已高，当时正在进行会党史研究，并筹备第一次会党史研究学术讨论会和中国会党史研究会成立的繁重工作。作为学生，不能不协助他这方面的工作，我的工作重心也就不知不觉地转到了中国秘密社会史领域。在完成了硕士学位论文《甲午战争与晚清财政》之后，实际上全部精力转移到了魏先生去世以后的未了工作，和邵雍一起撰写《中国帮会史》。1993 年这本书出版以后，我才有机会集中精力继续研究晚清财政史。到 1996 年书稿基本完成后，还来不及清稿，系里承担的上海中学历史教科书编写任务便紧锣密鼓地展开了。当时不知此事何时了局，我请研究生看了一下稿子后便联系送交出版社了。这么算起来，前后拖了十几年，而真正集中精力花在这本书上的时间，不过六七年。

20 世纪 80 年代到 90 年代，是高校和科研机关青年教师、研究人员充满希望而又最艰难的时期。微薄的收入要应付巨大的生活压力和学术的追求，十分艰难，但大家一路走来，无怨无悔。青年学子们被"文化大革命"压抑的求知欲，在改革开放的大潮中空前地迸发出来。没有那么多功利之念，只是为了夺回被迫虚耗的青春，只是因为对终于能够把握自己命运的珍惜，只是想要继续推进先辈们因战乱、动乱而不得不中断的未竟事业。

那个年代的科研条件，用今天的话来说，基本上是前现代化的，而青年研究者的收入微薄，也很难置备基本的图书。到图书馆、档案馆，公交往返得两三个小时；索书取书，要花不少时间；资料抄录，全靠手工，一天下来，能找到、抄录两三条史料就不错了，工作效率十分低下。有关图书和论文的信息，也比较闭塞，产生了成书过程中的种种局限。这是今天坐在家里，利用电脑和互联网就可以搜集到大部分史料,无须抄录,无须逐字誊录的工作效率所难以想象的。但这种工作方式也有一个好处,就是你得靠自己翻阅大量的文献史料,潜移默化地受到形成这些史料的现场感熏陶,了解这些史料更广阔的背景。这是通过电子搜索和索引功能来搜集史料的方式所无法取代的。

晚清财政史料恐怕是中国历史上专制皇权时代留下的最为丰富的一个史料宝库。在我初涉这一领域时,虽然有些专题性的著作和论文,而全貌叙述大多语焉不详,境外文献受制于当时条件和本人外文能力,不能涉猎。当时只是凭着青年人的热情和精力而投入,"初生牛犊不怕虎",一旦踏入进去,发现进入了一个几乎是自己完全无知的领域。所以,当时我给自己定下的一个目标,大致勾勒出晚清财政史的全貌,使自己由无知到有知,同时为后来者阶。这个目标是否达到,当然是由读者来判定。可喜的是,本书出版之后,又有为数不少的晚清财政史的专著和论文问世,对于晚清财政史的研究大大深化了,涌现出了一批学术新人。在这种情况下再版此书,令我有点诚惶诚恐。

之所以接受出版社再版的要求,在我来说,主要有三点考虑:一是要纠正初版时因仓卒和粗疏造成的错误,二是要吸收我在完成国家清史工程《厘金篇》项目时的一部分研究成果,三是想在本书的既有框架之内,采纳一些相关的新学术成果。这样做的目的,只是为了它能更好地起到晚清财政史的"入门书"作用。当然,随着年事渐高,精力衰退,加以再版合同的时限,未能遍览同行佳作,有些成果限于框架篇幅,未能纳入,只能抱歉了。去年恰好完成熊月之先生委托我撰写的《上海通史》第六卷,翻译出版了北华捷报社编的《上海年鉴(1852)》,有个学术研究的空档期,也是我乐意接受本书修订出版工作的原因。

本书的修订工作,绝大部分是在今年1月到3月的举国大抗疫时期进行的。在新冠病毒肆虐、万家闭户的时候,我少了许多应酬,得以静心地修改旧稿。进上海师范大学历史系工作,从撰写《晚清财政与社会变迁》开始,到完成此书修订再版而退休,在形式上好像也算是个有始有终的人生经历。回想踏入"知天命"之后的几场大病,曾平添了许多"心有余而力不足"的无奈。2005 年之后能承担并完成清史工程的《厘金篇》项目,今天还能为本书作些修订,实在是"人生之幸",在惶恐之余,我不能不珍惜。整个民族正以各种方式全力抗疫,我们的医生、护士无畏地在前方抗击病毒的肆虐,我们的工人、农民、店员、战士乃至"快递小哥",千方百计地保障着我们民族肌体的正常运行,在这样一个时刻,我还能在书斋平静工作,同样不能不怀着感恩之心,倍加珍惜。

这次修订,保留了原有的章节,增加的字数(包括注释)不到三万字,以保持本书的可读性,但有些部分的数据和内容作了较大的修改或补充,并增加了"参考书目"。书中引用的一些第一历史档案馆藏的清宫档案,是在 20 世纪 80 年代抄录的,无法一一补上新的档号了。对于本书的批评和订正,就本人发现的,尽量在修订中给予适当回应或直接采纳。有些读者批评本书于"社会变迁"内容不够,我基本保持原样的原因是:过去一般财政史著作的写法,略述时代背景后,即论述财政制度、收入、支出等情况,不太注意财政与政治、社会、经济各方面的关系,本书在相关章节中已在篇幅允许的范围内,尽可能地提示了两者之间的关系,当然重点依然是财政问题本身。如果"晚清财政"与"社会变迁"两个方面在本书中平分秋色,不仅无法安排全书结构,也非我力所能及。夏远鸣先生对第七章缺漏士绅阶层财政利益叙述的批评完全正确,[1]这次修订,我择要叙述了士绅在晚清财政相关关系演变中的一些主要环节。就社会变迁与晚清财政的关系而言,本书第七章只是一个概括性的论述,期待更深入的研究。

---

[1]　夏远鸣:《晚清财政变迁与地方利益群体——评〈晚清财政与社会变迁〉》,《广东财经大学学报》2018 年第 2 期。

晚清财政史由于其史料极为丰富，牵涉问题相当之多，弥漫古今中外、庙堂江湖、经济社会，吸引了许多研究生和专家学者的关注和研究。有关晚清财政的数据量极大，需要建设大数据库来进行处理，这个工程需要几代人的努力。省级财政及其与府州县财政的相互关系，晚清实物财政的情况，有待关注。晚清体制外财政的规模和运作情况，基本上还是学术研究的"蛮荒之地"。解决这些问题，不仅需要新史料的发掘和开拓，还需要对民国财政史的深入研究，需要更多不怕虎的"初生牛犊"和他们的广阔视野。

世事茫茫，典籍浩瀚，以有涯之人生，欲窥晚清财政史沧海全貌，难免"不求甚解"，或有武断之处，仍祈见责。

周育民

2020 年 6 月

又，编辑吴宇琦对修订稿许多宝贵意见，并订正了不少失误，其严谨负责的态度令我深受感动，在此特别表示感谢。（2023 年 6 月 29 日）